Veranstaltungsmanagement

Thomas Sakschewski · Siegfried Paul

Veranstaltungsmanagement

Märkte, Aufgaben und Akteure

 Springer Gabler

Thomas Sakschewski
Beuth Hochschule für Technik Berlin
Berlin, Deutschland

Siegfried Paul
Beuth Hochschule für Technik Berlin
Berlin, Deutschland

ISBN 978-3-658-16898-8   ISBN 978-3-658-16899-5   (eBook)
DOI 10.1007/978-3-658-16899-5

Die Deutsche Nationalbibliothek verzeichnet diese Publikation in der Deutschen Nationalbibliografie; detaillierte bibliografische Daten sind im Internet über http://dnb.d-nb.de abrufbar.

Springer Gabler
© Springer Fachmedien Wiesbaden GmbH 2017

Gedruckt auf säurefreiem und chlorfrei gebleichtem Papier

Springer Gabler ist Teil von Springer Nature
Die eingetragene Gesellschaft ist Springer Fachmedien Wiesbaden GmbH
Die Anschrift der Gesellschaft ist: Abraham-Lincoln-Str. 46, 65189 Wiesbaden, Germany

Vorwort

Die Planung, Organisation und Leitung von Veranstaltungen ist eine sich immer wieder neu gestaltende und projektbezogene Aufgabe. Ziele, Akteure und Ressourcen verändern sich von Projekt zu Projekt und müssen jeweils neu zu einem Ergebnis zusammengestellt werden. Dies geschieht unter hohem Druck. Zumeist ist die Zeit knapp, sind die Mittel beschränkt und die räumlichen Umstände vorher nur unzureichend bekannt. Rechtliche Auflagen, Sicherheitsaspekte, Nachhaltigkeit und nicht zuletzt künstlerische Herausforderungen bestimmen die Veranstaltungsbranche ebenso wie die Bedingungen dieses besonderen Marktes, in dem das gemeinsame Erlebnis einer Veranstaltung strukturiert und umgesetzt werden muss.

In unserer Lehrtätigkeit im Bereich Veranstaltungsmanagement an der Beuth Hochschule für Technik Berlin haben wir uns immer wieder aufs Neue bemüht, eine Systematik der Veranstaltungsbranche als Markt und eine eigenständige Theorie des Managements von Veranstaltungen zu entwickeln. Dieses Lehrbuch bietet erstmalig eine strukturierte Übersicht über die Gesamtheit der Veranstaltungsbranche. Es beschreibt und analysiert die marktwirtschaftlichen Mechanismen in den Teilmärkten sowie deren Akteure mit ihren Aufgaben und Kompetenzfeldern und stellt die besonderen Aufgaben des Veranstaltungsmanagements heraus. Das Lehrbuch richtet sich an Studierende wie auch an Praktiker. Für die Studierenden in den Bereichern Eventmanagement, Kulturmanagement, Veranstaltungsmanagement, Sportmanagement, Tourismus- oder Medienmanagement ist das Lehrbuch eine willkommene Lernhilfe, die einzelne Phänomene systematisiert und einen übersichtlichen Zusammenhang zu anderen Teilmärkten herstellt. Für die Praktiker in Dienstleistungsbetrieben oder Spielstätten ist das Lehrbuch eine Unterstützung bei der Lösung praktischer Fragen und hilft bei der Einordnung der eigenen Kompetenzbereiche. Damit richtet sich das Buch sowohl an Veranstalter als auch an die Agenturen und Dienstleister der Branche. Auf beiden Seiten befinden sich zum Teil die gleichen Personen, die im Laufe der Zeit wechseln und vom Dienstleister zum Initiator werden. Kaum eine Branche ist so durchlässig und von einer so flachen Hierarchie geprägt wie die Veranstaltungsbranche. Führen und geführt werden bedeuten Kompetenz und Erfahrung, die Veranstaltungsmanager sich aneignen müssen. Die Rollen vertauschen sich schnell.

Die wissenschaftliche Betrachtung der Veranstaltungsbranche ist eine junge Disziplin. Noch in den 1980er Jahren war die Veranstaltungsbranche mehr oder weniger innerhalb der Musikszene zu finden. Shows auf Messen kreierten die Musiker und Tänzer der Stadttheater in ihrer Freizeit und in den Hotels war der Oberkellner auch für die Tontechnik und Diashow verantwortlich. Technische Entwicklungen besonders im Bereich der Beschallung, der Medien und Beleuchtung machen vollkommen neue, von ehemals theatralen Darstellungsformen unabhängige Präsentationen möglich. Weltumspannende Kommunikation in Echtzeit verändert die Gesprächskultur, vergrößert aber auch die Teilnehmerzahl von Veranstaltungen, sie vereinfacht Planung und Organisation, macht sie aber auch häufig komplizierter. Mit dem Fokus auf den notwendigen Kompetenzen in allen Teilmärkten der Veranstaltungsbranche – bei Sportveranstaltungen, der MICE-Industrie, bei Kulturveranstaltungen, Konzertveranstaltungen, Fernsehproduktionen, im Messe- und Ausstellungsbau und bei Volksfesten – stellt das Lehrbuch einen wichtigen Schritt zur Theoriebildung des Veranstaltungsmanagements dar.

Die vorliegenden Seiten geben in sieben Kapiteln die gesamte Bandbreite des aktuellen Stands des Veranstaltungsmanagements wieder. Sie vermitteln und vertiefen Besonderheiten, Akteure und unterschiedliche Anforderungen. Veranstaltungsmanagement hat sich gelöst von der strengen hierarchischen Gliederung der Stadttheater oder Kunsthallen. Freie Formen von Veranstaltungen, Festivals, Themenparks, TV-Events, Kooperationen, ja auch Fan-Meilen haben sich in den letzten Jahren als eigenständige, sich weiterentwickelnde Formate etabliert. Das spezifische Veranstaltungsmanagement muss seine Form und seine Kompetenzen finden. Hierbei hilft die Erfahrung der unterschiedlichen Disziplinen. Diese in dem vorliegenden Buch darzustellen und in ihrer teilweise starken Differenziertheit zu untersuchen war die Aufgabe, die sich nach jahrzehntelanger Beschäftigung mit diesen Fragestellungen stellte. Wir hoffen, dass die Arbeit nicht zu Ende ist, sondern sie sich genauso wie die Veranstaltungswelt als Branche weiterentwickelt.

Die Lösungen zu den Aufgaben und Fragen können Sie kostenlos als „OnlinePlus"-Angebot auf der Verlagshomepage zum Buch abrufen.

Berlin, Deutschland   Thomas Sakschewski
                                                                                    Siegfried Paul

Inhaltsverzeichnis

Über die Autoren

Thomas Sakschewski studierte Psychologie und Betriebswirtschaft (MA). Er war in verantwortlichen Positionen als Ausstellungsmacher und Projektmanager mit unterschiedlichen Aufgabenfeldern wie Veranstaltungsleitung, Projektleitung oder Technische Leitung für verschiedene Auftraggeber in Berlin tätig. Seit 2003 ist er Lehrbeauftragter für Veranstaltungsmanagement an der Beuth Hochschule für Technik Berlin und doziert seit 2010 ebenfalls an der HWR Berlin im Studiengang Non-Profit und Public Management als Lehrbeauftragter für Projektmanagement. Er ist Autor zahlreicher Publikationen im Themenkreis Veranstaltungsmanagement.

Siegfried Paul geboren 1953 in Berlin Professor an der Beuth Hochschule für Technik Berlin und Gründer der Mediapool Veranstaltungsservice GmbH Berlin. Er ist Mitglied in der Architektenkammer Berlin und der Deutschen Theatertechnischen Gesellschaft. Siegfried Paul studierte an der TU Berlin und FH Köln Architektur. 1979 begann er seine Laufbahn bei den Bühnen der Stadt Köln als Technischer Assistent. Nach der Technischen Leitung der 750 Jahrfeier in Berlin, West 1987 und dem Konzert The Wall am Potsdamer Platz 1990 gründete er 1991 in Berlin die Agentur Mediapool Veranstaltungsservice, die neben Kunst und Kulturprojekten maßgeblich Großveranstaltungen plant und durchführt. Seit 2001 ist er Professor für Veranstaltungstechnik und Veranstaltungsmanagement an der Beuth Hochschule für Technik Berlin.

Einleitung

1

Die Veranstaltungsbranche ist eine noch recht junge Branche, in der sich erst langsam qualifizierte Ausbildungswege und Hochschulabschlüsse durchsetzen. Die Ausbildungsberufe zum Veranstaltungstechniker bzw. zur Kauffrau und Kaufmann für audiovisuelle Medien wurden 1998 gegründet. Seit 2001 existiert der Ausbildungsgang zum Veranstaltungskaufmann bzw. zur Veranstaltungskauffrau. Der Ingenieursstudiengang des Theatertechnikers bzw. seit Aufteilung des Studiengangs der Studiengang Veranstaltungstechnik und -management besteht seit 25 Jahren. 31 staatliche und private Hochschulen bieten in Deutschland derzeit Bachelor- und/oder Masterstudiengänge im Veranstaltungsmanagement bzw. Event-Management an. Eine größere Anzahl von Anbietern vermittelt Grundkenntnisse in Lehrgängen, Workshops oder zertifizierten Qualifizierungsangeboten. Während die Ausbildungsschwerpunkte der Ausbildungsberufe mit dem Curriculum der überbetrieblichen Ausbildung bundesweit vereinheitlicht ist, bestehen große Unterschiede im betrieblichen Teil der Ausbildung, denn die Veranstaltungsbranche ist heterogen strukturiert und eine Ausbildung kann sowohl in einem stark planenden oder künstlerischen Betrieb, aber auch in einem sehr technischen Umfeld in der Durchführung erfolgen. Da sich auch die Teilmärkte Kulturveranstaltungen, Fernsehproduktionen, Messe und Ausstellungsbau, Sportveranstaltungen, Konzertveranstaltungen und Volksfeste deutlich unterscheiden, sind die erforderlichen fachlichen Kompetenzen ebenfalls sehr unterschiedlich. Auch die Schwerpunkte der Hochschulausbildungen sind trotz vergleichbarem Abschluss in starkem Maße abhängig von der Ausrichtung der Hochschule sowie der Zuordnung zu den jeweiligen Fakultäten bzw. Fachbereichen.

Charakteristisch sind Spielstätten, bühnentechnische Betriebe, Produktionsstätten für szenische Darstellungen, Messe- und Dekorationsbaufirmen, Unternehmen der Meeting, Incentive, Congress und Event (MICE) Branche, die als Full Service Agentur oder Spezialanbieter am Markt aktiv sind, Konzert- und Tourneeveranstalter oder Künstleragenturen.

© Springer Fachmedien Wiesbaden GmbH 2017
T. Sakschewski und S. Paul, *Veranstaltungsmanagement*,
DOI 10.1007/978-3-658-16899-5_1

Hinzu kommen veranstaltungstechnische Dienstleister, wie Firmen aus den Bereichen Sicherheit und Personal, Catering, Bühnenbau sowie Unternehmen für audiovisuelle Mediengestaltung, Werbe- und Printmedien. Die Zuordnungen dieses breiten Anbieterspektrums im sogenannten NACE-Code zur statistischen Systematik der Wirtschaftszweige in der Europäischen Gemeinschaft macht diese heterogene Struktur deutlich. Dem Branchenverzeichnis der Europäischen Gemeinschaft folgend, können die Bereiche Event-Caterer, Messe-, Ausstellungs- und Kongressveranstalter einem eigenen Wirtschaftszweig zugeordnet werden. Ebenso bilden kreative, künstlerische und unterhaltsame Tätigkeiten einen eigenen Branchenzweig. Dazu zählt auch der Betrieb von Kultur- und Unterhaltungseinrichtungen (Europäische Kommission 2008, S. 81 ff.). Aus den elf Teilmärkten der Kultur- und Kreativwirtschaft lassen sich weitere Teilbereiche der Branche zuordnen. Der Teilbereich Musikwirtschaft beinhaltet Theater- und Konzertveranstalter, Konzertdirektionen, Agenturen, Musicalbühnen und Musiktheaterproduktionen. Die Grenzen zu den Teilbereichen „Markt für darstellende Künste" sowie „Designwirtschaft" und „Werbemarkt" sind fließend (Söndermann 2012, S. 41 f.).

Bei der Planung und Umsetzung von Veranstaltungen wirken in der Regel eine größere Anzahl selbstständiger Unternehmungen in unterschiedlichen Rollen wie der Betreiber oder der Veranstalter mit (DIN 15750 2013-04). Mit der Konzeptionierung und Planung kann der Veranstalter eine Agentur beauftragen. Ihr Fokus liegt auf der reinen Planung und Konzepterstellung sowie in der Beauftragung und Kontrolle von Aufgaben der Dienstleister. Seitens des Veranstalters, der Agentur oder des Betreibers werden bei einer Veranstaltung zumeist viele weitere Dienstleister beauftragt. Veranstalter, Betreiber oder Agentur treten in diesem Fall als Auftraggeber auf. Die Künstler stellen häufig den Besuchsgrund und das Verbindungsglied zwischen der Veranstaltungsplanung und -organisation und den Besuchern dar. Der Erfolg einer Veranstaltung hängt in hohem Maße von den Künstlern ab. Das Zusammenwirken der Akteure in der Planungs- und Umsetzungsphase weist viele Eigenschaften des Projektmanagements auf.

Eine Besonderheit stellt in diesem Zusammenhang der hohe Anteil an Einzelunternehmern und Selbstständigen dar, die nur selten feste Mitarbeiter haben, sondern sich in Netzwerken organisieren. Besonders auffällig ist die hohe Anzahl von sogenannten Soloselbstständigen. Soloselbstständige sind Unternehmer, die keine eigenen Angestellten beschäftigen. Im Mittelpunkt ihrer Arbeit stehen die eigene Arbeitskraft und so die eigenen Kompetenzen. Die Kapital- bzw. Materialausstattung dagegen ist meist gering. Soloselbstständige sind als Künstler und Kreativschaffende, wie z. B. Lichtdesigner oder Toningenieure oder als freie Techniker tätig, die ihr Spezialwissen im Bereich Licht-, Ton-, Video- oder Bühnentechnik anbieten. Zusätzlich gibt es zahlreiche Hilfskräfte, so genannte „Stagehands", die häufig auch als selbstständige Unternehmer handeln.

Die Veranstaltungsbranche ist daher nicht als einzelner, eindeutig beschreibbarer Wirtschaftszweig zu verstehen, sondern als Konglomerat unterschiedlicher Wirtschaftsbereiche, in denen sowohl die unterschiedlichen Veranstaltungsarten und -formen (z. B. Messen, Konzerte, Ausstellungen, Theateraufführungen, Tagungen, Events usw.) als auch die unterschiedlich ausgerichteten Betriebe und Organisationen, für die Planung, Organisation und Durchführung von Veranstaltungen einen wesentlichen Tätigkeitsschwerpunkt bilden (z. B. Konzertveranstalter, Messegesellschaften, Messebaufachunternehmen, Stadtmarketingagenturen usw.), zu fassen seien (BIBB 2008, S. 1).

Zunächst werden in Kap. 3 zum ersten Mal in dieser Form alle unterschiedlichen Teilmärkte der Veranstaltungsbranche genauer identifiziert und die Tätigkeitsfelder in den Märkten beschrieben. In einer ausführlichen Betrachtung werden in den Teilmärkten die wichtigsten Akteure, die spezifischen Wertschöpfungsketten und ihre wirtschaftliche Bedeutung analysiert und so Gemeinsamkeiten und Unterschiede herausgearbeitet. Das Kap. 4 widmet sich noch einmal einigen Besonderheiten der Veranstaltungsbranche wie der Rolle eines Projektmanagements, der Bedeutung von Selbstständigen sowie der Notwendigkeit an wechselnden Einsatzorten tätig zu sein. Im Kap. 5 gilt es, das Management der Veranstaltungsbranche, seine Anforderungen und Tätigkeitsfelder, genauer herauszuarbeiten, um daraus im nächsten Schritt abzuleiten, welchen besonderen Kompetenzanforderungen Führungskräfte in der Veranstaltungsbranche genügen müssen. Dabei werden zunächst allgemeine für alle Teilmärkte der Veranstaltungsbranche zutreffende Aufgabenfelder und Kompetenzanforderungen formuliert, um dann genauer auf diejenigen besonderen Anforderungen einzugehen, die in den Teilmärkten notwendig sind. Im Kap. 6 ist der Blickwinkel stärker auf spezifische Rollen in der Veranstaltungsproduktion gerichtet. Die Aufgaben und Anforderungen der Technischen Leitung, der Veranstaltungsleitung, der Produktionsleitung und des Eventmanagements werden beschrieben und unterschieden. Im Kap. 7 folgt eine genauere Betrachtung von besonderen Aufgaben des Veranstaltungsmanagements, die unabhängig von Teilmärkten und auch von den Rollen bei vielen Veranstaltungen zu bewältigen sind, wie die Sicherheitsplanung, die Genehmigungsplanung, Kunst und Technik oder ein Nachhaltigkeitsmanagement.

Literatur

BIBB Bundesinstitut für Berufsbildung. (2008). *Kompetenzerwerb in der AV Medien- und Veranstaltungstechnik. Karrierewege für Fachkräfte: Kosten und Nutzen – Durchlässigkeit von beruflicher Qualifizierung in Betrieb und Hochschule* (Wissenschaftliche Diskussionspapiere Heft 98). Bonn: BIBB.

DIN 15750:2013-04: Veranstaltungstechnik – Leitlinien für technische Dienstleistungen.

Europäische Kommission. (2008). NACE Rev. 2: Statistische Systematik der Wirtschaftszweige in der Europäischen Gemeinschaft. Luxemburg: Amt für amtliche Veröffentlichungen der Europäischen Gemeinschaften.

Söndermann, M. (2012). *Monitoring zu wirtschaftlichen Eckdaten der Kultur- und Kreativwirtschaft 2010* (Forschungsbericht Nr. 594). Berlin: Bundesministerium für Wirtschaft und Technologie.

Begriffsbestimmungen

2

Zur Klärung der Bedeutung der Veranstaltungsbranche und der Kompetenzen der Akteure ist es erforderlich, die Begriffe des Veranstaltungsmanagements, des Event- Managements und Eventmarketings sowie den Begriff der Kompetenz genauer einzuführen. Da zwischen Veranstaltungsmanagement und Eventmanagement nur sehr ungenau unterschieden und zwischen Eventmanagement und Eventmarketing im Sprachgebrauch kaum eine Abgrenzung erfolgt, ist hier eine möglichst trennscharfe begriffliche Abgrenzung für die weitere Argumentation relevant. Der Begriff der Kompetenz wiederum ist als Verbundbegriff so sehr in den Sprachgebrauch übergegangen, dass mit der nachfolgenden Begriffsbestimmung der Wortgebrauch im Rahmen dieses Bandes festgelegt werden muss.

2.1 Veranstaltungsmanagement

Veranstaltungen können verstanden werden als die „gleichzeitige Anwesenheit vieler Menschen, die von einem Veranstalter zu einem erzieherischen, geselligen, kulturellen, künstlerischen, politischen, religiösen, sportlichen oder unterhaltsamen Anlass, zu einem festgelegten Zeitpunkt an einem bestimmten Ort eingeladen wurden" (Kluge 2005, S. 13). Ähnlich argumentiert Wochnowski, indem er eine Veranstaltung als die zeitlich abgrenzbare Einheit von einem oder mehrerer Ereignisse begreift, die „unter räumlich kongruenter und zeitlich simultaner Anwesenheit mehrerer Nachfrager" (Wochnowski 1996, S. 12) erbracht wird. Weniger von der Veranstalterseite, sondern eher aus der Perspektive des (Event-) Marketings beschreibt Wochnowski (1996, S. 17) Veranstaltungen.

▶ Veranstaltungen sind demnach personendominant erstellte Dienstleistungsangebote mit begrenzter zeitlicher Nutzenstiftung, nämlich nur im Zeitraum des Live-Erlebnisses. Sie sind immer zielgerichtet, geplant und an einem Veranstaltungsort konzentriert.

© Springer Fachmedien Wiesbaden GmbH 2017
T. Sakschewski und S. Paul, *Veranstaltungsmanagement,*
DOI 10.1007/978-3-658-16899-5_2

Die Autoren Holzbaur et al. (2010, S. 1) folgen der Definition von Wochnowski. Sie charakterisieren den Begriff jedoch zusätzlich durch folgende Merkmale:

- Ereignishaftigkeit
- Einmaligkeit des Ereignisses für die Besucher
- Positive Wahrnehmung und Aktivierung der Besucher
- Zielgerichtete Organisation und geplante Inszenierung
- Ort der Durchführung

Der Erfolg einer Veranstaltung ist abhängig von einer effizienten Planung und Organisation der Veranstaltung, denn im Vordergrund steht nicht das subjektive Erleben, sondern der Ablauf. Holzbaur et al. (2010, S. 17) betonen die Einmaligkeit einer Veranstaltung, was mit dem Risiko einhergeht, dass die Planung unzureichend ist und die Ziele einer Veranstaltung nicht erreicht werden. Ist der Veranstaltungstermin festgelegt, was in der Regel der Fall ist, lässt sich dieser nur mit wirtschaftlichen Folgen für den Veranstalter verschieben.

▶ **Veranstaltungsmanagement** Veranstaltungsmanagement beinhaltet die Planung, Steuerung und Kontrolle einer Veranstaltung, um die Einmaligkeit für den Besucher durch eine geeignete Konzeption und eine systematische Planung zu unterstützen und zielgerichtet die gleichzeitige Anwesenheit vieler Menschen, mit einem positiven Erlebnis zu verbinden.

Dies erfolgt durch einen effizienten Einsatz von Ressourcen, die gemäß nachfolgender Definition limitiert sind.

Gemäß der DIN-Norm 69901 werden Projekte definiert als „Vorhaben, die durch die Einmaligkeit der Bedingungen in ihrer Gesamtheit gekennzeichnet sind. Dazu zählen z. B. Zielvorgaben, zeitliche, finanzielle und personelle Begrenzungen. Projekte sind gegenüber anderen Vorhaben – z. B. Routinetätigkeiten, anderen Projekten oder Programmen – abgegrenzt und weisen eine projektspezifische Organisation auf" (DIN 69901-1:2009-01).

Auch bei über Jahren gewachsenen Veranstaltungsproduktionen, die bereits tausendfach aufgeführt wurden, wie das Performance Musical der Blue Man Group in Berlin oder das Musical Starlight Express im Ruhrgebiet, führt der Live-Charakter wie Ausfall eines Künstlers durch Krankheit, kurzfristiger Schaden an Licht- und Tontechnik situativ zu Veränderungen und Anpassungen im Ablauf. Veranstaltungen sind also nicht nur für die Besucher wenn nicht einmalig so zumindest ein besonderes Erlebnis, sondern auch in der Gesamtheit der Bedingungen immer einmalig. Die personellen und finanziellen Ressourcen für die Planung und Durchführung einer Veranstaltung stellen bei vielen Veranstaltungen gerade im kulturellen Bereich wichtige Restriktionen dar. Steht der Termin für die Durchführung fest, so ist der zeitliche Rahmen für die Planung ebenfalls begrenzt.

Klein (2005, S. 12 ff.) nennt weitere Merkmale, die den projektspezifischen Charakter des Veranstaltungsmanagements unterstreichen. Neben der Limitierung von Zeit, Personal und materiellen Ressourcen führt er die Beschränkungen der räumlichen

Kapazitäten und technischer Ressourcen auf. Des Weiteren nennt er als Merkmal die Komplexität von Veranstaltungen durch die vielfältigen Anforderungen und sich zum Teil widersprechenden Zielvorstellungen, sowie die Interdisziplinarität des Projektteams, um diese Anforderungen zu erfüllen. Die räumlichen Kapazitäten beziehen sich auf den Veranstaltungsort. Ein System wird komplexer, je mehr Standorte, Prozesse und Schnittstellen berücksichtigt werden müssen (Boysen 2011, S. 25). Damit wird eine Veranstaltung um so komplexer, je mehr Standorte wie z. B. die Kooperation in der Planung mit verteilten Standorten und in Netzwerken, je mehr Arbeitsschritte in der Umsetzung wie z. B. in der zu planenden Infrastruktur und je mehr Schnittstellen z. B. zu technischen Dienstleistern, Catering oder Behörden koordiniert werden müssen.

Wir können die Arbeitsdefinition für Veranstaltungsmanagement daher dadurch ergänzen, dass Veranstaltungsmanagement die systematische und zielgerichtete Planung der gleichzeitigen Anwesenheit vieler Menschen unter Anwendung der Instrumente und Methoden des Projektmanagements meint.

2.2   Eventmanagement und Eventmarketing

Eventmarketing ist bei Einteilung des Marketings in die klassischen vier Marketing-instrumente – Produktpolitik, Preispolitik, Kommunikationspolitik und Distributions-politik – als Teil der Kommunikationspolitik zu verstehen (Bruhn 2015, S. 12). Hierbei sollte Eventmarketing in die Unternehmenskommunikation in zeitlicher, inhaltlicher und formaler Hinsicht strategisch eingebunden werden (Erber 2000, S. 42). Auch Meffert, Burmann und Kirchgeorg betrachten das Eventmarketing als ein Instrument der Unternehmenskommunikation. Dieses soll den Zielgruppen etwas besonders Interessantes und emotional Berührendes bieten (Meffert et al. 2015, S. 676). Eventmarketing ist nach Nufer ein „interaktives sowie erlebnisorientiertes Kommunikationsinstrument, das der zielgerichteten, zielgruppen- bzw. szenenbezogenen Inszenierung von eigens initiierten Veranstaltungen sowie deren Planung, Realisierung und Kontrolle" dient (Nufer 2012, S. 22). Die Kommunikationspolitik eines Unternehmens lässt sich in Anlehnung an Bruhn als die Gesamtheit der Instrumente und Maßnahmen eines Unternehmens beschreiben, die dazu dienen, das Unternehmen und seine Leistungen internen und externen Zielgruppen darzustellen (Bruhn 2015, S. 5).

▶ **Eventmarketing** Eventmarketing meint die Planung, Gestaltung, Durchführung und Kontrolle von erlebnisorientierten firmen- oder produktbezogenen Veranstaltungen im Rahmen der Kommunikationspolitik eines Unternehmens (Zanger und Sistenich 1996, S. 234 f.).

Die Eigenständigkeit des Eventmarketings als Kommunikationsinstrument wird damit betont (Zanger und Sistenich 1996, S. 234 f.; Zanger 2007, S. 4). Das Ziel des Eventmarketing ist, anhand emotionaler und physischer Stimulanz, aktiv unternehmensgesteuerte Botschaften zu vermitteln sowie die Erreichung der Kommunikationsziele, deswegen sollen vornehmlich affektivorientierte Kommunikationsziele verfolgt werden (Drengner 2015, S. 3; Bruhn 2015, S. 241).

Weniger eindeutig beschreibt Nickel Eventmarketing zwar ebenfalls als die „zielorientierte, systematische Planung, Organisation, Durchführung und Kontrolle von Events" (Nickel 2007, S. VIII), ergänzt aber als Kommunikationsinstrumente „Werbung, Verkaufsförderung, Public Relations oder interne Kommunikation" (Nickel 2007, S. VIII). Noch weiter fasst Kinnebrock den Begriff des Eventmarketings. Als Eventmarketing fasst er diejenigen kommunikationsorientierten Einzelmaßnahmen zusammen, die zur Inszenierung eines Ereignisses genutzt werden. Wozu er auch Sponsorship, Public Relations, Direct Marketing und Special Events zählt (Kinnebrock 1993, S. 52 f.). Dieser sehr weit gefasste Begriff ist durch seine fehlende Abgrenzungsgenauigkeit somit wenig hilfreich.

Bruhn betrachtet Eventmarketing präziser, als die „zielgerichtete, systematische Analyse, Planung, Durchführung und Kontrolle von Veranstaltungen als Plattform einer erlebnis- und/oder dialogorientierten Präsentation eines Produktes, einer Dienstleistung oder eines Unternehmens" (Bruhn 2015, S. 465). Er leitet aus seiner Definition vier dieser Merkmale des Eventmarketing als eigenständiges Kommunikationsinstrument ab. Eventmarketing baut auf einen eigenen, systematischen Planungsprozess auf, dem Eventmanagement. In diesem werden Ziele und Strategien sowie einzelne Maßnahmen festgehalten. Bei dem Eventmanagement steht im Rahmen des Eventmarketings stets eine Kommunikationsbotschaft im Vordergrund. Das Event erfüllt damit nicht nur die Funktion eines Mediums, sondern hat das besondere Erlebnis für die Besucher selbst zur Botschaft. Die Kommunikationsabsicht bildet den Mittelpunkt des Events. Diese Tatsache grenzt das Eventmarketing z. B. vom Event-Sponsoring ab, bei dem die Veranstaltungen fremd initiiert und -finanziert werden (Meffert et al. 2015, S. 679). Des Weiteren zielt Eventmanagement zur zielorientierten Erfüllung des Eventmarketings auf die emotionale Beeinflussung des Besucher bzw. Teilnehmer einer Veranstaltung.

Im Rahmen dieses Bandes wird zur besseren Eingrenzung Eventmarketing als ein eigenständiges Instrument der Kommunikationspolitik verstanden. Dabei wird hier nicht unterschieden zwischen Eventmarketing und Events im Rahmen des Veranstaltungsmarketing, also denjenigen Marketingmaßnahmen, die zur Planung, Organisation und Durchführung von kulturellen, sportlichen, touristischen politischen, wissenschaftlichen oder wirtschaftlichen Veranstaltungen notwendig sind (Zanger 2001, S. 1722). Eventmanagement dient somit zur Erreichung von Zielen, die im Rahmen des Eventmarketing definiert wurden.

▶ **Eventmanagement** Unter Eventmanagement ist die zielorientierte Planung, Durchführung und Kontrolle von erlebnisorientierten Veranstaltungen als Teil einer integrierten Unternehmenskommunikation zu verstehen. Events selbst können damit Teil eines Eventmarketings oder Element anderer Kommunikationsinstrumente sein.

Sowohl Events als auch Eventmarketing weisen als konstitutive Merkmale Erlebnisorientierung, Inszenierung, Interaktivität und Eigeninitiierung auf (Nufer 2012, S. 19 ff.). Damit können Event und Eventmarketing von einem weiter gehenden Verständnis eines Events als besonderes Erlebnis, das fremd initiiert ist, abgegrenzt werden. Zwischen Event und Eventmarketing bestehen jedoch keine grundsätzlichen Unterschiede, sondern nur verschiedene Ausprägungen. Während die Eigeninitiierung als das wesentliche Merkmal des Eventmarketings gilt, stellt die Erlebnisorientierung eher ein indirektes Merkmal des Eventmarketings dar. Indirekt bedeutet, dass beim Eventmarketing Events eingesetzt werden. Die Erlebnisorientierung wiederum gilt als wichtigstes Merkmal eines Events, eigeninitiiert jedoch muss nicht jedes Event sein. Bei der Erlebnisorientierung kommen mehrere Erlebniskomponenten zu tragen (Drengner 2015, S. 121 f.):

- Emotionale (Subjektive Verknüpfung)
- Atmosphärische (Situationen der erlebten Gemeinschaft)
- Sensorische z. B. Genießen von Speisen beim Event-Catering
- Intellektuelle z. B. Hören eines Vortrages
- Symbolische (Bedeutung des Besuchs einer Veranstaltung im sozialen Umfeld)
- Transzendente (Entkopplung von Zeit und Ort durch eine Nicht-alltägliche Erfahrung)

Diese Komponenten wirken gleichzeitig, so dass sich Events als multisensuale Erlebnisse in den unterschiedlichen Graden der Erfüllung der genannten Erlebniskomponenten widerspiegeln. Anders als bei dem Begriffsverständnis des Events aus der Sicht des (Event-)Marketings, wird im Verständnis des Eventmanagements der Begriff des Events weniger als ein Kommunikationsmittel, d. h. in der Zweckorientierung, verstanden, sondern eher aus der Umsetzung. Hier gelten Events als besondere Ereignisse. Sie sind kurzfristig und vergänglich. Sie werden kreiert und inszeniert (Kiel 2005, S. 39).

▶ **Events** Events sind inszenierte Ereignisse in Form von geplanten Veranstaltungen, bei denen definierte Besuchergruppen zielgerichtet etwas Einmaliges oder zumindest Besonderes erleben sollen (Nickel 2007, S. XIII; Zanger 2007, S. 4).

2.3 Kompetenz

Kompetenz ist wie Nachhaltigkeit ein Verbundbegriff, der unterschiedliche Fachdiskurse mit ihren jeweiligen speziellen Ansätzen und Methoden zusammen führt. Er dient der Verständigung, der Vernetzung und der Orientierung (Kahl 2008, S. 1 ff.). Dieser Charakter spiegelt sich in der Vielzahl der Definitionsansätze und einer für die unterschiedlichen Disziplinen angepassten Schwerpunktsetzung wie den Zusammenhang zu Lerntheorien in den Erziehungswissenschaften oder der Arbeitswissenschaft, die Bedeutung als intellektuelles Kapital in der Finanzwirtschaft oder den Zusammenhängen zwischen individuellen Kompetenzen der Mitarbeiter und Führungskräfte und den Kompetenzen einer Organisation, worin Organisationslehre und Innovationsmanagement den Ansatzpunkt sehen. Allen Verwendungen jedoch gemein, ist ein Verständnis von Kompetenz als „Selbstorganisationsdisposition"

(Erpenbeck und von Rosenstiel 2006, S. XV). Sie ermöglicht also Lösungen für auch bislang unbekannte Situationen oder noch allgemeiner als „Handlungsfähigkeit im Sinne nachhaltig erfolgreichen Handelns" (Pawlowsky et al. 2005, S. 343). Nachhaltig erfolgreiches
Handeln oder Selbstorganisationsdisposition beziehen sich in der ersten Linie auf Individuen. Kompetenzen sind im Individuum angelegt, doch die Qualität und Ausprägung dieser persönlichen Kompetenzen hängen stark von den Umweltbedingungen ab. Hülsmann
und Müller-Martini nennen dies „Kontextspezifität" (Hülsmann und Müller-Martini 2006,
S. 385). Die Autoren betrachten Kompetenz als ein „erworbenes Potenzial eines Individuums, sich selbst gesteuert situationsadäquat zu verhalten" (Hülsmann und Müller-Martini
2006, S. 385). Auch Rothe definiert Kompetenz als „die Befähigung eines Individuums zur
Selbstorganisation seines Handelns mit dem Ziel der effizienten Lösung von Aufgaben und
Problemen [...]" (Rothe 2003, S. 114).

Knoll verweist auf die Langfristigkeit und Anpassungsfähigkeit vorhandener Kompetenzen, wenn er Kompetenz als die Fähigkeiten beschreibt, „die dem Menschen helfen,
über die konkrete Einzelsituation hinaus unterschiedliche Situationen und Handlungsfelder zu erschließen und zu gestalten" (Knoll 2001, S. 135). Einen organisationalen statt
individuellen Ansatz verfolgen hingegen Sanchez et al. (1996), indem sie Kompetenz
als Handlungspotenziale im Wettbewerb des Unternehmens um den Zugang zu passenden Informationen und Wissen betrachten. Ähnlich erläutern Kruse et al. Kompetenz
als die Fähigkeit einer Person, sich auch in komplexen und veränderlichen Situationen
erfolgreich zu organisieren (Kruse et al. 2005, S. 405) Freiling et al. stellen die personellen Fähigkeiten in einen organisationalen Kontext. Sie beschreiben daher Kompetenzen als „wiederholbare, auf Nutzung von Wissen beruhende, durch Regeln geleitete und
daher nicht zufällige Handlungspotenziale einer Organisation, die zielgerichtete Prozesse
sowohl im Rahmen der Disposition zukünftiger Leistungen als auch konkreter Marktzu-
fuhr- und Marktprozesse ermöglichen" (Freiling et al. 2006, S. 57). Charakterisiert werden Kompetenzen danach durch Merkmale wie

- Inkorporation einer Bearbeitungsroutine oder eines beschriebenen Prozesses
- Beständiges, aber nicht statisches Potenzial zum Handeln
- Basierend auf Lernprozesses
- Wiederholbarkeit, Nutzbarkeit und Abrufbarkeit
- Beruhend auf eine Wechselbeziehung von Selbststeuerung als Handlungen und Interpre-
  tationen von Individuen und Fremdsteuerung als Einflussnahme er Unternehmensführung
  (Freiling et al. 2006, S. 57)

Vor dem Hintergrund dieser Wechselbeziehungen zwischen organisationaler Fremdsteuerung und individueller Selbststeuerung, die als Merkmale für Kompetenz gelten, grenzen
Pawlowsky et al. (2005, S. 343 ff.) definitorisch den Kompetenzbegriff durch ein Mehrebe-
nenkonzept ein. In diesem wird die Kompetenz nicht nur auf der Analyseebene der Organisation und des Individuums, und deren Wechselbeziehung berücksichtigt, wie dies bei
Freiling et al. dargestellt wird, sondern auch im Zusammenhang mit der Gruppe und dem

Netzwerk. So ergibt sich ein Kompetenzbegriff, der vom Einzelnen ausgeht, um über die interindividuellen Relationen in einer Gruppe zum komplexeren System einer auf formale Strukturen angewiesenen Organisation zu führen. Das Verständnis wächst bis hin zu einem Kompetenzbegriff, der auf Netzwerkebene interorganisationale Relationen berücksichtigt. Das Grundverständnis von Kompetenz auf der Mesoebene der Gruppe unterscheidet sich in der Vermittlungsebene vom organisationalen und individuellen Kompetenzbegriff. Die Handlungsfähigkeit wird hier nicht durch individuelle Lernprozesse, sondern durch interaktionsorientierte Prozesse, also wechselseitige Lernprozessen innerhalb einer Gruppe ermöglicht. Dabei bewerten in einem wechselseitigen Prozess die Gruppenmitglieder die Handlungsfähigkeit, sprich Kompetenz, des Individuums und das Individuum die Handlungsfähigkeit der Gruppe. Während als Erfolgsfaktoren eines Kompetenzbegriffs auf Individuumsebene Elemente wie Selbstwirksamkeitswahrnehmung, individuelle Berufserfolg und zukünftige Anforderungsbewältigung wirken, gelten als Erfolgsfaktoren auf Gruppenebene somit die Handlungs- und Steuerungsfähigkeit sowie Lern und Entwicklungsprozesse in der Gruppe.

Der Kompetenzbegriff auf Organisationsebene ist vornehmlich wettbewerbstheoretisch bzw. ressourcenorientiert, sodass hierbei Kompetenz als Wirksamkeit spezifischer Ressourcen zur Sicherung von Wettbewerbsvorteilen betrachtet wird (Freiling et al. 2006, S. 57 f.). Damit können als Erfolgsfaktoren, zum einen die Handlungs- und Wettbewerbsfähigkeit der Organisation und zum anderen die Möglichkeiten zur Prozessoptimierung und Wertschöpfung ausgemacht werden. Auf der Netzwerkeben sind kooperationsspezifische Fähigkeiten zur Wertgenerierung sowie Netzwerkmanagement Bestandteile des Kompetenzbegriffs. Auch hier sind Wettbewerbs- und Handlungsfähigkeit relevante Erfolgsfaktoren, aber auch Innovationsfähigkeit und die Möglichkeit zur gemeinsamen Entwicklung (Pawlowsky et al. 2005, S. 343).

▶ **Kompetenz** Im Rahmen dieses Bandes wird Kompetenz als individuelles Potenzial der situationsadäquaten Handlungsfähigkeit verstanden. Es wird davon ausgegangen, dass mit zunehmender Komplexität der Analyseebene, von der Gruppe über die Organisation hin zum Netzwerk, der Austausch zwischen Selbst- und Fremdkontrolle und damit auch die wahrgenommene Kompetenz der jeweils komplexeren Ebene individuell und in der Gruppe wirksam wird.

Fragen/Aufgaben

1. Unterscheiden Sie zwischen Event- und Veranstaltungsmanagement.
2. Welche Komponenten eines Erlebnisses kennen Sie?
3. Was sind die Merkmale von Kompetenzen?
4. Unterscheiden Sie zwischen einem Kompetenzbegriff auf der Mesoebene der Gruppe und einem individuellen Verständnis von Kompetenz.

Literatur

Boysen, W. (2011). *Kybernetisches Denken und Handeln in der Unternehmenspraxis/Komplexes Systemverhalten besser verstehen und gezielt beeinflussen.* Wiesbaden: Gabler.

Bruhn, M. (2015). *Kommunikationspolitik Systematischer Einsatz der Kommunikation für Unternehmen* (8. Aufl.). München: Vahlen.

DIN 69901-1:2009-01: Projektmanagement – Projektmanagementsysteme – Teil 1: Grundlagen.

Drengner, J. (2015). *Sport als Erlebnisrahmen im Eventmarketing.* Wiesbaden: Springer Gabler.

Erber, S. (2000). *Eventmarketing – Erlebnisstrategien für Marken.* Munchen: MI Wirtschaftsbuch.

Erpenbeck, J., & Rosenstiel, L. von. (2006). Einführung. In J. Erpenbeck & L. von Rosenstiel, (Hrsg.), *Handbuch Kompetenzmessung. Erkennen, verstehen und bewerten von Kompetenzen in der betrieblichen, pädagogischen und psychologischen Praxis* (2. Aufl., S. XVII–XXXII). Stuttgart: Schäffer-Poeschel.

Freiling, J., Gersch, M., & Goeke, C. (2006). Eine „Competence-based Theory of the Firm" als marktprozesstheoretischer Ansatz. In G. Schreyögg & P. Conrad (Hrsg.), *Management von Kompetenz* (S. 37–83). Wiesbaden: Gabler.

Holzbaur, U., Jettinger, E., Knauss, B., Moser, R., & Zeller, M. (2010). *Eventmanagement/Veranstaltungen professionell zum Erfolg führen* (4. Aufl.). Heidelberg: Springer.

Hueman, M. (2002). *Individuelle Projektmanagement-Kompetenzen in projektorientierten Unternehmen.* Frankfurt a. M.: Lang.

Hülsmann, M., & Müller-Martini, M. (2006). Kompetenzen externer Individuen im Competence-based View – einige Basisüberlegungen. In C. Burmann, J. Freiling, & M. Hülsmann (Hrsg.), *Neue Perspektiven des Strategischen Kompetenz-Managements* (S. 373–393). Wiesbaden: Gabler.

Kahl, W. (2008). Einleitung: Nachhaltigkeit als Verbundbegriff. In W. Kahl (Hrsg.), *Nachhaltigkeit als Verbundbegriff* (S. 1–38). Tübingen: Mohr Siebeck.

Kiel, H.-J. (2005). Inszenierung von Events. Eventmarketing als modernes Kommunikationsinstrument. In F. Haase & W. Mäcken (Hrsg.), *Handbuch Event-Management* (S. 35–96). München: Kopaed.

Kinnebrock, W. (1993). *Integriertes Event-Marketing. Vom Marketing-Erleben zum Erlebnismarketing.* Wiesbaden: Gabler.

Klein, A. (2005). *Projektmanagement für Kulturmanager* (2. Aufl.). Wiesbaden: VS Verlag.

Kluge, S. (2005). *Veranstaltungstechnik – Grundlagen von Veranstaltungen.* Norderstedt: Books on Demand.

Knoll, J. (2001). …dass eine Bewegung entsteht. *Quem-report, 67,* 135–148.

Kruse, P., Ditler, A., & Schomburg, F. (2005). nextexpertizer und nextcoach: Kompetenzmessung aus der Sicht der Theorie kognitiver Selbstorganisation. In J. Erpenbeck & L. von Rosenstiel (Hrsg.), *Handbuch Kompetenzmessung. Erkennen, verstehen und bewerten von Kompetenzen in der betrieblichen, pädagogischen und psychologischen Praxis* (2. Aufl., S. 515–553). Stuttgart: Schäffer-Poeschel.

Meffert, H., Burmann, C., & Kirchgeorg, M. (2015). *Marketing – Grundlagen marktorientierter Unternehmensführung. Konzepte, Instrumente, Praxisbeispiele* (12. Aufl.). Wiesbaden: Springer Gabler.

MVStättVO Muster-Versammlungsstättenverordnung. Musterverordnung über den Bau und Betrieb von Versammlungsstätten. Fassung Juni 2005 (zuletzt geändert durch Beschluss der Fachkommission Bauaufsicht vom Juli 2014).

Nickel, O. (2007). *Eventmarketing: Grundlagen und Erfolgsbeispiele* (2. Aufl.). München: Vahlen.

Nufer, G. (2012). *Event-Marketing und -Management. Grundlagen – Planung – Wirkungen – Weiterentwicklungen.* (4. Aufl.,). Wiesbaden: Gabler.

Pawlowsky, P., Menzel, D., & Wilkens, U. (2005). Wissens- und Kompetenzerfassung in Organisationen. In Arbeitsgemeinschaft Betriebliche Weiterbildungsforschung e. V. (Hrsg.), Kompetenzmessung in Unternehmen (S. 341–452). Münster: Waxman.

Rothe, H.-J. (2003). Wissensdiagnose auf Basis von Assoziieren und Struktur-Legen. In J. Erpenbeck & L. von Rosenstiel (Hrsg.), *Handbuch Kompetenzmessung. Erkennen, verstehen und bewerten von Kompetenzen in der betrieblichen, pädagogischen und psychologischen Praxis* (2. Aufl., S. 85–96). Stuttgart: Schäffer-Poeschel.

Sanchez, R., Heene, A., & Thomas, H. (1996). Towards the theory and practice of competence-based competition. In Dieselben (Hrsg.), *Dynamics of competence-based competition* (S. 1–35). Oxford: Pergamon.

Wochnowski, H. (1996). *Veranstaltungsmarketing. Grundlagen und Gestaltungsempfehlungen zur Vermarktung von Veranstaltungen.* Frankfurt a. M.: Lang.

Zanger, C. (2001). Veranstaltungsmarketing. In H. Diller (Hrsg.), *Vahlens Großes Marketinglexikon* (2. Aufl., S. 1722). München: Vahlen.

Zanger, C. (2007). Eventmarketing als Kommunikationsinstrument – Entwicklungsstand in Wissenschaft und Praxis. In N. Oliver (Hrsg.), *Eventmarketing: Grundlagen und Erfolgsbeispiele* (2. Aufl., S. 3–16). München: Vahlen.

Zanger, C., & Sistenich, F. (1996). Eventmarketing. Bestandsaufnahme, Standortbestimmung und ausgewählte theoretische Ansätze zur Erklärung eines innovativen Kommunikationsinstruments. *Marketing ZFP, 18*(4), 233–242.

Veranstaltungsbranche

3

Unter dem Oberbegriff der Veranstaltungsbranche werden sehr unterschiedliche Teilmärkte zusammengefasst, in denen abhängig von den Veranstaltungsarten und der Position in der Wertschöpfungskette unterschiedliche wirtschaftliche Subjekte Veranstaltungen allein, in Kooperation mit Partnern oder in enger Zusammenarbeit mit Lieferanten konzipieren, planen und umsetzen. Diese Wertschöpfungsketten werden im nachfolgenden Kapitel analysiert und verglichen Nach einer Darstellung möglicher Kategorisierungen von Veranstaltungen wird eine eigene sich aus den Wertschöpfungsketten ergebende Unterteilung vorgestellt. Diese Teilmärkte der Veranstaltungsbranche, die von kulturell-kreativen Tätigkeitsfeldern bis zu handwerklich-konstruktiven Arbeiten reichen, werden genauer unterschieden, sodass zunächst eine präzisere Darstellung der Veranstaltungsarten und die Einbeziehung der Trägerschaft mit der groben Untergliederung in privatem, gemeinnützigem und öffentlichem Sektor erfolgt. Dabei kann durch Berücksichtigung verschiedener Quellen die wirtschaftliche Bedeutung der sechs Teilmärkte der Veranstaltungsbranche gesamthaft vermittelt werden. Die gängigen Unternehmensformen und Unternehmensgrößen in der Veranstaltungsbranche werden dabei herausgearbeitet und bilden die Grundlage, um Besonderheiten der Veranstaltungsbranche wie die starke Projektorientierung und die ortsvariable Tätigkeit unter Einbeziehung einer großen Anzahl von selbstständigen Kräften zu beschreiben.

3.1 Teilmärkte

Zur Unterscheidung werden in der Literatur verschiedene Kategorisierungen vorgenommen. Holzbaur et al. klassifizieren Veranstaltungen inhaltlich nach den Veranstaltungsarten in:

- „Tourneen, Informations- und Präsentationsveranstaltungen
- Tage der offenen Tür, Exkursionen, Besichtigungen
- Messen, Ausstellungen, Verkaufsveranstaltungen

© Springer Fachmedien Wiesbaden GmbH 2017
T. Sakschewski und S. Paul, *Veranstaltungsmanagement*,
DOI 10.1007/978-3-658-16899-5_3

- Seminare, Tagungen, Workshops, Vorträge
- Versammlungen, Sitzungen
- Feste, Jubiläen, Feiern, Musik-, Sport-, Stadtfeste
- Freizeitveranstaltungen, Sportveranstaltungen
- Exkursionen, Ausflüge" (Holzbaur et al. 2010, S. 17)

Diese inhaltliche Kategorisierung ist wenig hilfreich, da zum Beispiel die Einbeziehung von denjenigen Versammlungen problematisch ist, die unter der nach Art. 8 des Grundgesetzes geschützten Versammlungsfreiheit fallen. Auch die Abgrenzung zwischen Exkursionen und Workshops oder Seminaren und Sitzungen fällt in der Praxis schwer. Als weitere Möglichkeiten zur Kategorisierung unterscheiden Holzbaur et al. in direkt gewinnorientierte und nicht direkt gewinnorientierte Veranstaltungen sowie nach Größe in Abhängigkeit von der Zeitdauer und der Besucher- bzw. Teilnehmerzahl.

Bowdin et al. (2011, S. 23 f.) kategorisieren Veranstaltungen nach der Form und den Inhalt in

- Kulturveranstaltungen (Cultural Events)
- Sportveranstaltungen (Sports Events)
- Unternehmensveranstaltungen auch Industrieveranstaltungen genannt (Business Events).

Erber stellt eine Kategorisierung nach Inhalten, Zielgruppen und Anlässen vor. Gerade die Aufteilung nach Anlässen erscheint jedoch wenig sinnvoll, da hierbei eine lange Reihe von Veranstaltungstypen entsteht, bei der für jeden neuen Anlass eine eigene, neue Kategorie zu bilden ist wie z. B. Public Viewing als relativ neue Form eines Events. Nach der Zielgruppe und Zweck unterteilt er in folgende Eventtypen:

- Arbeitsorientierte Veranstaltungen (Hauptsächlich Vermittlung von Wissen und Austausch von Informationen, kognitiv orientiert wie z. B. Tagungen)
- Infotainment (Verbindung von informativen Elementen mit einem Unterhaltungsprogramm, um die Aufnahmebereitschaft zu erhöhen wie z. B. Quiz-Shows)
- Freizeitorientierte Aktivitäten (Fokussierung auf den Unterhaltungswert, starke Emotionalisierung, affektiv orientiert wie z. B. Konzerte) (Erber 2000, S. 21 f.)

Diese Aufteilung führt also zu größeren Abgrenzungsproblemen. Wie wird z. B. zwischen informationsorientierten Veranstaltungen zur Arbeitswelt und Infotainment unterschieden? Die Unterteilung in Freizeit, Arbeit und Information erscheint daher für Veranstaltungen, die ja häufig Mischformen darstellen, kaum anwendbar. Die Kategorisierung führt mit einer wachsenden Liste von Einzelanlässen zu Zuordnungsproblemen. Daher schlägt Nufer (2007, S. 41) eine Kategorisierung nach dem zugrunde liegenden Eventmarketing-Konzept vor:

- Anlassorientierte Events: Präsentation von besonderen Ereignissen wie z. B. Firmenjubiläen
- Anlass- und markenorientierte Events: Zwar ist der Zeitpunkt des Events durch ein Anlass festgelegt, jedoch werden zusätzlich Markenbotschaften vermittelt
- Markenorientierte Events: Emotionale Positionierung von Marken

Diese Unterteilung ist jedoch in einem sehr engen Rahmen auf Überlegungen des Eventmarketings beschränkt, die in ähnlicher Form auch Drengner (2008) zur Systematisierung entwickelt hat. Hier wird zwischen Events zur Verwirklichung von unternehmerischen Zielen und Events zur Verwirklichung sonstiger Ziele unterschieden. Bei den Events mit unternehmerischen Zielen unterteilt Drengner in Events als Produkte oder Dienstleistung (Veranstaltungsmarketing) und in Events als Kommunikationsmittel im Rahmen der Kommunikationspolitik. Diese können entweder fremd inszeniert sein (Sponsoring) oder eigeninszeniert. Bei den eigeninszenierten Events unterscheidet er drei Typen: Events als strategisches Leitkonzept, Events als Kommunikationsmittel anderer Kommunikationsinstrumente und Marketing-Events als Kommunikationsmittel eines eigenständigen Kommunikationsinstruments: Eventmarketing (Drengner 2008, S. 31).

Näher an eine Kategorisierung, die Veranstaltungsarten und branchenspezifische Marktverteilungen berücksichtigt, ist hingegen das Modell von Getz (2012, S. 41). Getz unterscheidet in der Veranstaltungsbranche sechs größere Gruppen:

- Cultural Celebrations: Festivals, Karneval, Prozessionen und Pilgerreisen, Paraden
- Business and Trade: Meeting, Messen und Ausstellungen, Firmenveranstaltungen, Konferenzen und Kongresse
- Arts and Entertainment: Konzerte, Theater, Shows, Kunstausstellungen, Kunst-Installationen, Preisverleihungen
- Sport and Recreation: Ligaspiele, Touren, Unterhaltungsveranstaltungen, Sportliche Wettkämpfe
- Political and Staff: Gipfelkonferenzen, VIP Besuche, Festakte, Politische Kongresse
- Private Functions: Parties, Hochzeiten, Jubiläumsfeiern

Vergleichbar mit der Unterteilung von Getz schlagen wir eine Kategorisierung in sieben Teilmärkte vor. Die Unterteilung verzichtet bewusst auf eine starre Orientierung an Veranstaltungsarten und betont stattdessen die zugrunde liegenden Wertschöpfungsprozesse, um so Unterschiede bei den Akteuren in den Teilmärkten der Veranstaltungsbranche deutlich herauszuarbeiten. Folgende Teilmärkte können unterschieden werden:

- Kulturveranstaltungen
- Fernsehproduktionen
- Messen und Ausstellungen

- Sportveranstaltungen
- MICE-Industrie (Meeting, Incentive, Conventions und Event)
- Konzertveranstaltungen
- Volksfeste

Diese Unterteilung ermöglicht eine Analyse der Abläufe bei der Konzeption, Planung und Umsetzung von Veranstaltungen auf Grundlage der Form, der Inhalte bzw. Ziele und der Akteure. Nachfolgend werden daher die einzelnen Teilmärkte genauer beschrieben.

3.1.1 Kulturveranstaltungen

Bei Veranstaltungen mit einer weitestgehend kulturellen oder unterhaltenden Zielsetzung steht das Live-Erlebnis eines kulturellen Ereignisses im Vordergrund. Die Besucher nehmen an einem Programm teil, hören oder schauen zu wegen der Inhalte, der Form des Programms und/oder dem gesellschaftlichen Erlebnis.

▶ **Kultur** Unter Kultur ist die Gesamtheit der menschlichen Hervorbringungen und Artikulationen, also auch individuellen und gemeinschaftlichen, praktischen und ästhetischen Äußerungen zu verstehen (Schnell 2000, S. 267).

Im engeren Sinne nutzen kulturelle Veranstaltungen Ausdrucksformen, in denen menschliche Lebenssituationen und Empfindungen zur Sprache gebracht werden (Enquete-Kommission 2007, S. 48). Als der klassische Träger von Kulturveranstaltungen gilt die öffentliche Hand mit einer großen Vielfalt an Spielstätten und Veranstaltungsformen wie Theatern, Konzertsälen und z. B. Mehrzweckhallen. Kulturveranstaltungen können aber auch durch Non-Profit Organisationen im gemeinnützigen Sektor oder durch privatwirtschaftliche Unternehmen der Kreativwirtschaft geplant und umgesetzt werden. Die Kreativwirtschaft berücksichtigt die Unternehmungen im privaten und stellt eine begriffliche Festlegung dar, die zur Ermittlung vergleichbarer statistischer Daten innerhalb der Europäischen Gemeinschaft präzisiert wurde.

▶ **Kultur- und Kreativwirtschaft** „Unter Kultur- und Kreativwirtschaft werden diejenigen Kultur- und Kreativunternehmen erfasst, welche überwiegend erwerbswirtschaftlich orientiert sind und sich mit der Schaffung, Produktion, Verteilung und/oder medialen Verbreitung von kulturellen/kreativen Gütern und Dienstleistungen befassen" (BMWi 2014, S. 3).

Mit Einigung der Wirtschaftsministerkonferenz besteht seit 2008 eine länderübergreifende und europaweit durchgängige Vereinheitlichung der amtlichen Statistiken. In der Kreativwirtschaft werden dabei elf Teilmärkte unterschieden: Musikwirtschaft, Buchmarkt, Kunstmarkt, Filmwirtschaft, Rundfunkwirtschaft, Markt für Darstellende Künste,

Architekturmarkt, Designwirtschaft Pressemarkt, Werbemarkt, Software/Games-Industrie und Sonstige. In Bezug auf die Veranstaltungsbranche sind von diesen elf Teilmärkten in Bezug auf Kulturveranstaltungen die Teilmärkte der Musikwirtschaft, des Marktes für Darstellende Künste, des Werbemarktes und mit geringem Anteil des Buchmarktes relevant, da nur diese neben der Erstellung von Produkten wie z. B. Bücher oder Tonträger bzw. Dienstleistungen wie Konzeption und Entwurf im Architekturmarkt auch die Dienstleistung einer Veranstaltung beinhalten. Der Teilmarkt Werbung meint die Wirtschaftszweige der Werbegestaltung und Werbemittelverbreitung, die PR-Beratung sowie die Markt- und Meinungsforschung. Agenturen, die sich auf Veranstaltungen spezialisiert haben, werden darin mit erfasst (Berlin 2009, S. 39). Die Wertschöpfung in der Musikwirtschaft reicht von der Herstellung von Musikinstrumenten, Herstellung und Verkauf von unbespielten Tonträgern bis zum musikalischen Schaffen von Komponisten und Musikproduzenten und Musikern und zu Agenturen, die durch Live-Auftritte Musiker vermitteln sowie zu Betreibern von Veranstaltungsorten, an denen die Auftritte stattfinden (Berlin 2009, S. 55). Der Markt für Darstellende Künste umfasst die künstlerischen Akteure wie Theaterensembles, Ballettgruppen, selbstständige Bühnenkünstler, aber auch Theater- und Konzertveranstalter, Betreiber von Konzerthäusern und Theatern, Varietés oder Kleinkunstbühnen (Berlin 2009, S. 69). Im Rahmen des Buchmarktes werden hier ausschließlich Lesungen von Autoren als eigenständige Veranstaltungsform berücksichtigt. Diese machen innerhalb der Wertschöpfungskette des Buchmarktes nur einen geringen Teil aus.

Kulturveranstaltungen gehen vom schöpferischen Akt aus, der als eine gedankliche Konstruktion beschrieben wird, die durch das Werk wie z. B. bei einer Malerei oder durch den Schöpfer als Urheber wie bei einem Musikstück konkretisiert werden kann. Künstler bzw. Darsteller und Interpreten sind damit Träger des schöpferischen Aktes (Söndermann et al. 2009, S. 17), dem die Besucher als Zielgruppe einer Veranstaltung beiwohnen, wie es in der Abb. 3.1 dargestellt wird. Ausgehend von diesem schöpferischen Akt kann die Wertschöpfungskette von Kulturveranstaltungen über vermittelnde Instanzen verfolgt werden. Agenturen und Konzertveranstalter z. B. bei klassischen Konzerten sind dabei im privatwirtschaftlichen Sektor der Kreativwirtschaft zu finden, wohingegen die vermittelnde Tätigkeit im öffentlichen Sektor durch Regie und Intendanzen, als künstlerische Leitung einer Spielstätte bzw. dem Verlag als Vermittler von Lesungen seiner Autoren übernommen wird. Agenturen oder die Technische Leitung und die Verwaltung der Spielstätten wie Theater, Oper, Konzerthäuser aber auch Stadthallen oder Freilichtbühnen konzipieren und planen die Veranstaltungen, die dann von veranstaltungstechnischen Dienstleistern oder von den eigenen veranstaltungstechnischen Abteilungen bzw. technischen Werkstätten, wie an Theatern üblich, ungesetzt werden. Auf der Ebene der Konzeption und Planung liegt auch die Verantwortung für die Besucher-Services, worunter Catering, Garderobe, Einlass, Security, Information oder Akkreditierung zusammengefasst werden. Einen direkten Kontakt mit den Besuchern als Zielgruppe haben die Besucher-Services sowie in geringerem Maße auch die Veranstaltungstechniker, die während der Veranstaltung aktiv sind. Besuchsgrund für die

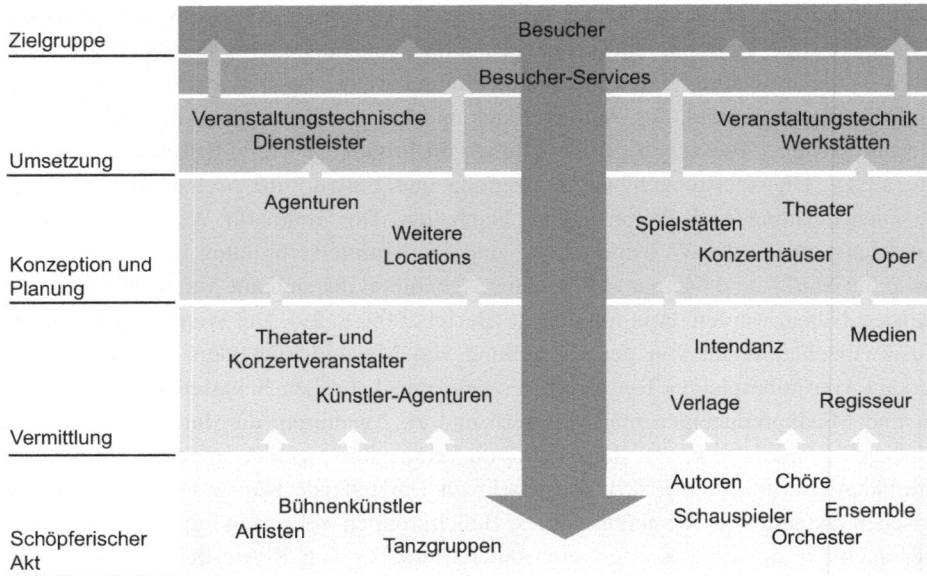

Abb. 3.1 Wertschöpfungskette von Kulturveranstaltungen. (Quelle: Eigene Darstellung)

Zielgruppe von Kulturveranstaltungen ist der schöpferische Akt der künstlerischen Urheber bzw. Darsteller und Interpreten, der über die Stufen der Vermittlung, Konzeption und Planung in Veranstaltungen umgesetzt wird.

3.1.2 Fernsehproduktionen

Fernsehproduktionen mit Elementen des Live-Entertainments wie politische Talkshows mit Zuschauern oder Live Produktionen in Mehrzweckhallen oder Stadien wie bei den derzeit beliebten „Contests", also Wettbewerben mit einer Jury (Deutschland sucht den Superstar, German Voice, Germany's Next Top-Model etc.), stellen einen eigenen Teilmarkt innerhalb der Veranstaltungswirtschaft dar, weil die Teilnehmer innerhalb des Teilmarktes nur eine eingeschränkte Schnittmenge zu anderen Teilmärkten aufweisen. Abzugrenzen ist der Bereich jedoch zu Fernsehproduktionen, die primär auf das Produkt eines ausgestrahlten Fernsehprogramms für Fernsehzuschauer abzielt. Diese Abgrenzung fällt jedoch nicht immer leicht.

Die Produktionsfirma BRAINPOOL TV GmbH ist mit 92,4 Mio. EUR im Jahr 2011 die Nummer sechs unter den zehn umsatzstärksten Produktionsfirmen in Deutschland (Castendyk und Goldhammer 2012, S. 68). Brainpool ist ein klassisches Produktionsunternehmen im engeren Sinne, doch die Verdopplung des Umsatzes im Vergleich zum Vorjahr ist vor allem durch die Produktion des „Eurovision Song Contest" 2011 in

Düsseldorf begründet. Der Wettbewerb mit vielen Millionen Zuschauern europaweit, ist andererseits eine Veranstaltung, die vom Live-Charakter mit mehreren tausend Vor-Ort-Besuchern lebt. Hier wird an einem Set, also einem inszenierten Raum für die Kamera, eine Produktion hergestellt. Die besonderen Elemente eines Live-Entertainments, also der Event-Charakter, stehen nicht im Vordergrund. Bei dem Beispiel jedoch werden die realen Besucher in das Fernseh-Ereignis integriert. Es entsteht eine Veranstaltung, die für die Vor-Ort-Besucher, analog einer Sportveranstaltung, ein Live-Erlebnis bedeutet. Gerade bei den täglichen Talkshows, bei Comedy-Shows und den Wettbewerben entsteht Authentizität durch den Live-Charakter der Veranstaltung. Die Zuschauer vor Ort wollen dem Ereignis beiwohnen, das sie nur aus dem Fernsehen kennen und das sie schätzen wegen ihrer alltagsanalogen Inszenierungen „natürlicher" Interaktionen (Schmidt et al. 2009, S. 267 f.). Da die Besucher vor Ort der Veranstaltung beiwohnen wollen, weil sie das Format, die Talk-Gäste oder die Moderation zuvor schon medial vermittelt erlebt haben und der technische Aufbau sowie der Programmablauf den Regeln eines Live-Entertainments folgt, sind bei einer Fernsehproduktion beide Besuchergruppen, die Vor-Ort-Besucher und die medial vermittelten Besucher, zu berücksichtigen.

▶   Die Fernsehausstrahlung des Live-Ereignisses stellt die primäre Funktion dar. Das Publikum vor Ort ist Teil der Inszenierung, da es unmittelbar für die Authentizität des Ereignisses und so mittelbar für die Echtheit der medial wiedergegebenen Emotionen steht. Live ist also nicht die Berichterstattung über eine Veranstaltung, sondern das Live-Event selbst ist die Berichterstattung.

Der Teilmarkt Fernsehproduktionen ist gekennzeichnet durch das duale Rundfunksystem mit dem Wettbewerb privater und öffentlich-rechtlicher Sendeanstalten (Hermanni 2008, S. 11). Hier könnte eine ähnliche Struktur der Bruttowertschöpfung im privaten und im öffentlich-rechtlichen Sektor wie im Teilmarkt Kulturveranstaltungen angenommen werden, doch kann von einer einfachen Analogie zu Kreativwirtschaft (private Produktionsfirmen) und Kulturbetrieb (öffentlich-rechtliche Produktionsstätten) nicht durchgängig ausgegangen werden. Privatwirtschaftlich organisierte Produktionsfirmen sind hingegen sowohl für private, wie auch für öffentlich-rechtliche Sendeanstalten tätig. Die Produktionsfirma übernimmt das wirtschaftliche Risiko einer Produktion und wirkt von Fall zu Fall auch in der Rolle eines Investors, sprich Geldgebers. Die Produktionsfirma plant das Projekt, organisiert durch den Verkauf der Verwertungsrechte die Finanzierung und koordiniert Aufgaben und Inhalte mit den kreativen Kräften wie Regisseure, Autoren oder Schauspieler (Wirtz 2013, S. 316 ff.). Castendyk und Goldhammer unterscheiden daher die audiovisuelle Produktionswirtschaft nicht nach den Sektoren, sondern nach den Medien in TV- und Kinofilm-Produktionsunternehmen sowie nach dem Grad ihrer wirtschaftlichen Ausrichtung in klassische Produzenten und Produzenten im weiteren Sinne. Klassische Produzenten tragen die wirtschaftliche Verantwortung einer TV- oder Kinofilm-Produktion. Sie steuern und organisieren den Herstellungsprozess. Zu den Produzenten im weiteren Sinne gehören Unternehmen, die Sender bei ihren Eigenproduktionen unterstützen und wesentliche Leistungen für eine Produktion beitragen (Castendyk und Goldhammer 2012, S. 20 ff.). Die Akteure in der Filmindustrie werden in der Abb. 3.2 dargestellt. Die bedeutende Funktion der Produktionsfirmen als Mittler zwischen Kreation und Verwertung bzw. Vermarktung zeigt sich hier. Produktionsfirmen handeln mit Rechten für ihre Produktion, für die sie im Tausch die Finanzierung der Produktion verwirklichen.

Da die Veranstaltungen nur einen Teilbereich der Filmwirtschaft ausmachen, sind für die Wertkette der veranstaltungsorientierten Fernsehproduktionen Produzenten eher als TV-Produktionsfirmen im weiteren Sinne gemeint. Dabei kann aber davon ausgegangen werden, dass in dem Teilmarkt Fernsehproduktion, in dem für Vor-Ort-Besucher Veranstaltungen umgesetzt werden, ähnliche Produktionsbedingungen bestehen, wie gesamthaft im Bereich Fernsehproduktionen.

Hier agieren neben privatwirtschaftliche Unternehmen, die als Dienstleister für die privaten Sendeanstalten arbeiten, eben auch privatwirtschaftliche Unternehmen, die zum Teil als Tochterfirmen der öffentlich-rechtlichen Sendeanstalten wie in einem Oligopol wirken. Dies bedeutet ein für die Veranstaltungsbranche untypisch hoher Konzentrationsgrad, bei dem ein Prozent der Produktionsunternehmen 49 % des Branchenumsatzes bestreiten (Castendyk und Goldhammer 2012, S. 42).

So machten zehn Produktionsfirmen sechzig Prozent aller Filme unter sich aus, zeichneten also für 163 Filme verantwortlich. Das waren neben der Ufa (Bertelsmann/RTL) mit 32 Filmen die Bavaria (BR, MDR, SWR, WDR) mit 26 und die hundertprozentige ZDF-Tochter Network Movie mit 21 Filmen auf den ersten drei Plätzen, gefolgt von Studio Hamburg (NDR, 18), Constantin (13), Ziegler (12), ARD-Eigenproduktionen (zwölf), NdF (elf), FFP New Media (zehn) und Eyeworks (acht) (Seewald 2015).

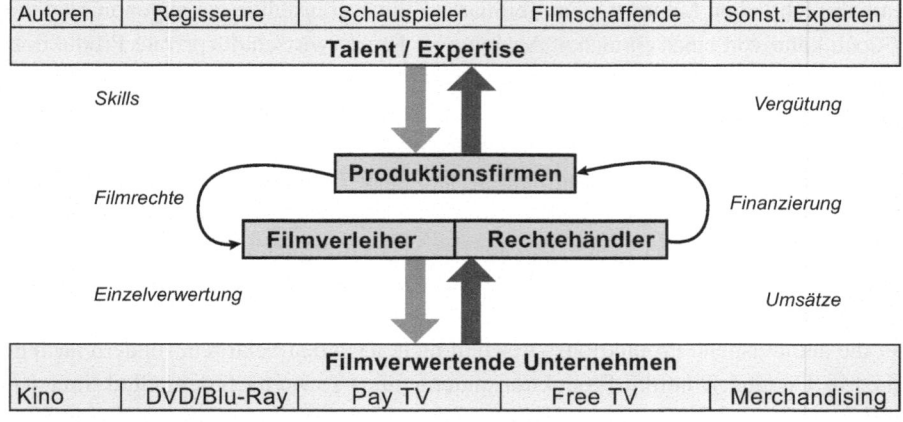

Abb. 3.2 Akteure und Wertschöpfungsprozesse in der Filmindustrie. (Quelle: In Anlehnung an Wirtz 2013, S. 317)

Durch die Analyse der Wertschöpfungskette im Teilmarkt Fernsehproduktion wird, wie in
der Abb. 3.3 erkennbar, der hohe Konzentrationsgrad deutlich. Dabei greifen die Produktionsfirmen zum Teil auf spezialisierte Veranstaltungsdienstleister oder Agenturen zurück
oder sie erbringen Leistungen, die sich über alle drei Stufen der Wertschöpfungskette
von der Vermittlung der Kreativen, über Konzeption und Planung bis zur Umsetzung,
erstrecken. Verstärkt durch die föderale Struktur der Fernseh- und Rundfunklandschaft
in Deutschland haben Sendeanstalten gerade im öffentlich-rechtlichen Sektor häufig
eine lokal dominante Rolle und fungieren als Auftraggeber für Produktionsfirmen aber
auch als eigenständige Instanz bei der Vermittlung, Konzeption und Planung. Produktionsbüros und Werkstätten können dabei als wirtschaftlich selbstständige Unternehmung
oder als abhängige Abteilung mit Aufgaben zur Umsetzung geplanter Veranstaltungen betraut werden. Die Besucher-Services wie Empfang und Betreuung, aber auch die
Durchsetzung besonderer Verhaltensregeln obliegt zumeist Veranstaltungsdienstleistern,
die von den Produktionsfirmen oder Sendeanstalten als Veranstalter oder vom Betreiber, dem Veranstaltungsort, beauftragt werden. Dabei kann die Vermittlung der Regeln
an die Vor-Ort-Besucher und die Kontrolle zur Einhaltung dieser Verhaltensregeln einen
großen Teil der Aufgaben ausmachen. Bei Fernsehproduktionen müssen Aufnahme oder
Mitschnitt mit Kameras oder Handys durch die Vor-Ort-Besucher häufig ausgeschlossen
werden, was einen erhöhten Personalaufwand und regelmäßig das Verbot der Mitnahme
des eigenen Handys in den Veranstaltungsraum beinhaltet. Schon ein bis zwei Stunden

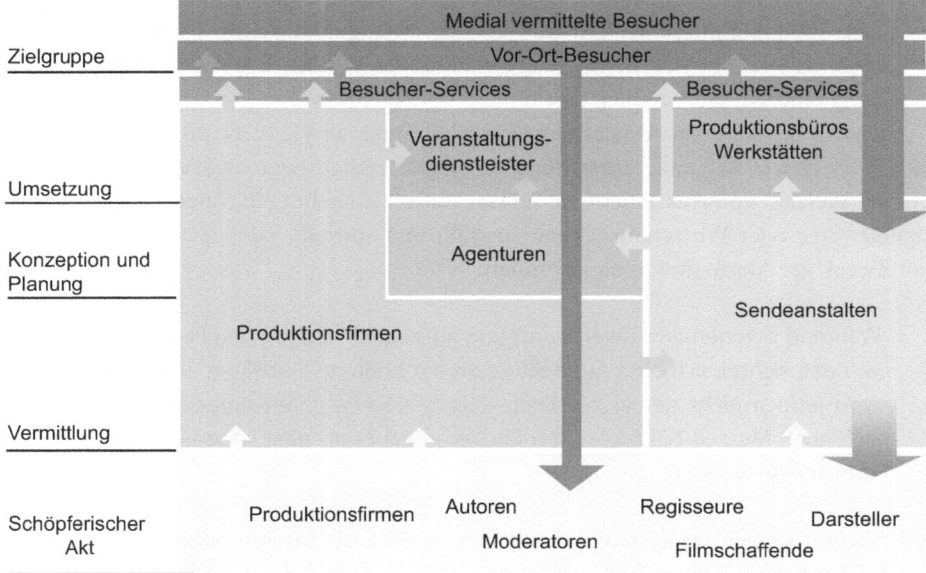

Abb. 3.3 Wertschöpfungskette von veranstaltungsorientierten Fernsehproduktionen. (Quelle:
Eigene Darstellung)

vor Sendebeginn gilt Anwesenheitspflicht, dann werden im Warm-Up durch Animateure Applaus und Jubel mit den Vor-Ort-Besuchern einstudiert und Verhaltensregeln wie der Umgang mit Werbepausen vermittelt. Die Versorgung der Vor-Ort-Besucher mit Geträn-ken und kleinen Snacks gehört bei den häufig mehrstündigen Produktionen ebenfalls zu den Besucher-Services. Die Inszenierung der Vor-Ort-Besucher dient den medial vermit-telten Besuchern als Authentizitätsbeweis. Sie sind für veranstaltungsorientierte Fernseh-produktionen primäre Zielgruppe. Sie müssen anders als die Vor-Ort-Besucher jedoch Sendeanstalten anschalten, um dem schöpferischen Akt beizuwohnen.

3.1.3   Messen und Ausstellungen

Laut § 64 Abs. 1 GewO (Gewerbeordnung) ist „eine Messe [...] eine zeitlich begrenzte, im allgemeinen regelmäßig wiederkehrende Veranstaltung, auf der eine Vielzahl von Ausstellern das wesentliche Angebot eines oder mehrerer Wirtschaftszweige ausstellt und überwiegend nach Muster an gewerbliche Wiederverkäufer, gewerbliche Verbrau-cher oder Großabnehmer vertreibt." Der Fachverband der deutschen Wirtschaft, der AUMA (Ausstellungs- und Messeausschuss der Deutschen Wirtschaft e. V.), unterteilt Messen in internationale Messen, bei denen mehr als 50 % der Besucher aus mindes-tens 100 km Entfernung, über 20 % aus mindestens 300 km Entfernung und mindestens 10 % der Aussteller aus dem Ausland kommen. Bei nationalen Messen ist der Besucher-schlüssel gleich, jedoch kommen die Aussteller vornehmlich aus dem Inland und weni-ger als 10 % aus dem Ausland. Bei regionalen Messen kommen über 50 % der Besucher aus unter 100 km Entfernung (AUMA 2015a). Weniger eindeutig ist der Begriff der Leitmesse, da sich der Begriff nicht an quantitativen Größen orientiert, sondern an der Bedeutung einer Messe für einen bestimmten Wirtschaftssektor.

Auch der Begriff einer Ausstellung lässt sich direkt der Gewerbeordnung entnehmen. Nach § 65 GewO ist „eine Ausstellung [...] eine zeitlich begrenzte Veranstaltung, auf der eine Vielzahl von Ausstellern ein repräsentatives Angebot eines oder mehrerer Wirt-schaftszweige oder Wirtschaftsgebiete ausstellt und vertreibt oder über dieses Angebot zum Zweck der Absatzförderung informiert."

▶ Während sich gemäß Gewerbeordnung also eine Messe an den Fachbesucher wendet, richtet sich eine Ausstellung an ein breiteres Publikum. In der Praxis wird jedoch nicht genau zwischen den beiden Begriffen unterschieden, da sich auch Messen häufig an den Endverbraucher als eine sogenannte Publi-kumsmesse wenden.

Andersherum werden in der Praxis Ausstellungen auch als Messen bezeichnet. Deswegen schlägt Prüser unter Bezugnahme auf Funke (1986, S. 3) vor, die Begriffe Messe und Aus-stellungen in einer vereinheitlichten Definition wieder zusammenzuführen und definiert diese als „zeitlich und örtlich festgelegte sowie turnusmäßige zu wiederholende Veranstaltungen,

durch die Anbieter und potentielle Nachfrager bestimmter Branchen sowie die Öffentlich-
keit eine Möglichkeit erhalten, miteinander in Verbindung zu treten" (Prüser 1997, S. 38).
In Bezug auf die Veranstaltungswirtschaft ist die Einbeziehung beider Begrifflichkeiten von
Bedeutung, da Unternehmen aus dem Messebau häufig auch im Ausstellungsbau tätig sind.

▶ **Ausstellungsbau** Als Ausstellungsbau wird derjenige Teil der Gestaltung, Planung
und des Auf- und Abbaus einer temporären Architektur zur Präsentation von Exponaten
verstanden, bei dem die Informations-, Erziehungs- oder Vermittlungsabsichten im Vordergrund stehen und nicht die Absatzförderung.

Koch (2011, S. 15) spricht in diesem Zusammenhang sogar von einem Gegenmodell zu
der in der Gewerbeordnung definierten Verkaufsausstellung, da die Kunstausstellung
einen zeitlich und örtlich begrenzten Schauzusammenhang von Exponaten darstellt,
der zum Zweck der Schaubarkeit und nicht des Verkaufs gezeigt wird. Damit findet ein
Teilmarkt der Kreativwirtschaft Berücksichtigung, der dem Kunstmarkt zuzuordnen ist,
nämlich Konzeption, Gestaltung und Umsetzung der Ausstellungsarchitektur von Wechselausstellungen in Museen. Da jedoch die Veranstaltungsart hinsichtlich der beteiligten
Akteure und in Bezug auf Dauer und Besuchsanlass zu Kulturveranstaltungen unterscheiden, ist der Ausstellungsbau für Wechselausstellungen in Museen dem Teilmarkt
„Messen und Ausstellungen" zugeordnet.

Statt eines schöpferischen Aktes wird der Messestand bzw. der Ausstellungsbau mit
dem Wunsch zur Messebeteiligung bzw. einer geplanten Ausstellung initiiert. Auslöser
ist die Absicht zur Messebeteiligung eines Unternehmens bzw. einer Organisation oder
die Schauabsicht von fest angestellten oder freien Kuratoren eines Museums wie in der
Abb. 3.4 sichtbar wird. Messeplatz, Standgröße und Grundzüge der Standkonzeption
entwickelt das Unternehmen als Auftraggeber zumeist im Dialog mit einer Agentur. Als
Full-Service-Agentur wird diese einen Messebeteiligung im Kundenauftrag vermitteln und
als Event-Agentur auch die Konzeption und Planung eines Messestandes übernehmen.
Ebenso ist die Beauftragung zur Konzeption und Planung an einen spezialisierten Anbieter durch die führende Agentur (Lead-Agentur) möglich. Oder aber eine Agentur vermittelt die Grundidee an ein Messebauunternehmen, das den Messestand konzipiert, plant
und umsetzt. Größere Messebauunternehmen wirken schon in der Konzeptionsphase mit
und setzen dann das mit der Agentur als Vertreter des Kunden abgestimmte Konzept auch
selbst um. Messebauunternehmen bauen aber auch den Stand auf Grundlage vorab fertig
gestellter Planungen. Im Ausstellungsbau existieren ebenfalls beide Varianten, doch erfolgt
die Umsetzung zumeist durch Spezialisten, im Auftrag der konzeptionierenden Agentur.

Von großer Bedeutung sind im Teilmarkt „Messen und Ausstellungen" die Messe-
gesellschaften, die für kleinere und mittlere Messebeteiligungen Pauschalpakete im
Sinne eines schlüsselfertigen Stands anbieten, die alle Teilbereiche einer Messebeteili-
gung umfassen (Güllemann 2009, S. 98). Von der Reiseplanung, über die Buchung von
Unterkünften, bis zum Messestand und der Vermittlung von Personal vor Ort reichen die
Dienstleistungen. Aber auch wenn nicht auf Pauschalpakete zurückgegriffen wird, bilden

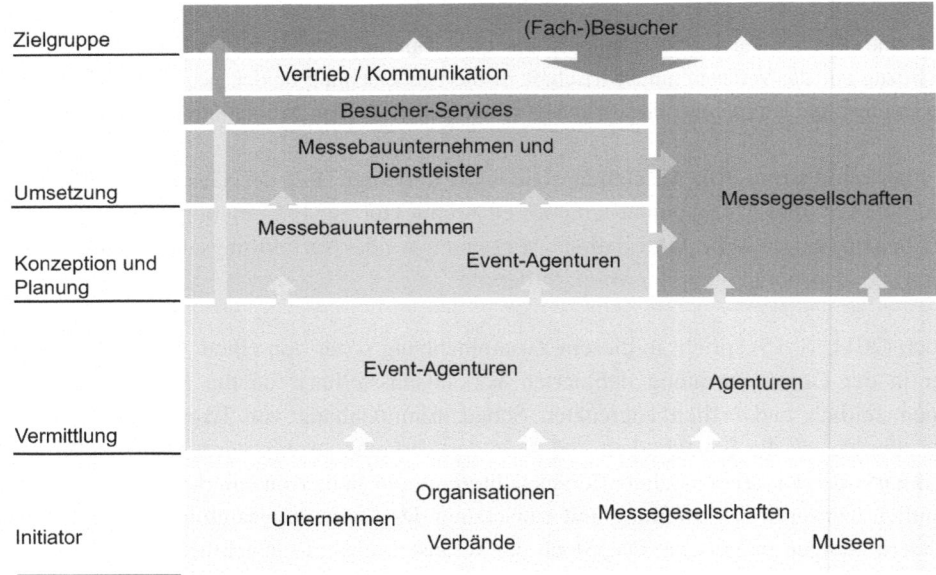

Abb. 3.4 Wertschöpfungskette von Messen und Ausstellungen. (Quelle: Eigene Darstellung)

die Messegesellschaften als Betreiber der Messeplätze die zentralen Ansprechpartner für alle mit der Messebeteiligung relevanten Tätigkeiten des Marketings z. B. beim Eintrag in den Messekatalog und dem Produktregister, der technischen Infrastruktur z. B. der Lokalisierung von Wasser- und Elektroanschlüssen oder der Logistik z. B. bei der Einlagerung von Leergut. Die Messegesellschaften sind in der Regel Veranstalter und Betreiber gleichermaßen, da sie auch Eigentümer des Messegeländes sind. Von den deutschen Messegesellschaften mit überregionalen Veranstaltungen sind rund 80 % fast vollständig im Eigentum der öffentlichen Hand (Kommune und Land) (Kresse 2003, S. 107).

Da der absatzfördernde Aspekt bei Messen im Vordergrund steht, sind bei Messen Mitarbeiter aus Vertrieb, Marketing und Kommunikation der Unternehmen bzw. der Organisationen vor Ort und stehen, unterstützt von Besucher-Services als Dienstleister, im direkten Austausch mit den Fach-Besuchern.

▶ **Messegesellschaften** Als Messegesellschaften werden die Unternehmen verstanden, „die Messegelände und Ausstellungshallen entweder selbst als Veranstalter oder einem Veranstalter zur Durchführung von Messen und Ausstellungen auf vertraglicher Grundlage zur Verfügung stellen" (Güllemann 2009, S. 96).

Im Ausstellungsbau in Museen oder anderen Orten für Informations- oder Kunstausstellungen wie z. B. Wanderausstellungen in Einkaufszentren findet ein nur sehr eingeschränkter Kontakt zur Besucherzielgruppe über Besucher-Services zumeist durch unterwiesenes Personal von entsprechenden Dienstleistern statt.

3.1.4 Sportveranstaltungen

Drengner definiert Sport als „freiwillig ausgeübte, der subjektiven Einschätzung einer Person unterliegende Betätigung in Form körperlicher Bewegungsaufgaben" (Drengner 2015, S. 7). Weiß und Norden betrachten Sport mehr im Sinne einer Veranstaltung als „eine körperliche Aktivität, die erlebnis-, gesundheits-, leistungs-, spiel- und wettkampforientiert betrieben wird" (Weiß und Norden 2013, S. 9). Bei Sportveranstaltungen steht die physische Aktivität im Vordergrund. Der Besucher einer Veranstaltung möchte dieser physischen Aktivität beiwohnen, wobei aus den Grundüberlegungen des Live-Erlebnisses einer Veranstaltung hier der Zuschauer vor Ort gemeint ist und nicht die Zuschauer, die eine Sportveranstaltung durch mediale Übertragung verfolgen, ohne sich zu einem anderen, als den gewohnten Aufenthaltsort zu bewegen. Dabei führt das breite Interesse an sportliche Großveranstaltungen wie Fußball Europa- oder Weltmeisterschaften zu einer Besonderheit: Das Live-Erlebnis muss nicht vor Ort stattfinden, sondern ein medial live übertragenes Ereignis wird wieder zu einer Veranstaltung, dem Public Viewing. So genannte Fanmeilen sind daher trotz der räumlichen Trennung zu den Bewegungsaufgaben als Sportveranstaltungen einzustufen. Zur Abgrenzung gegenüber andere Veranstaltungsarten fasst Riedmüller folgende definitorischen Merkmale von Sportveranstaltungen unter Berücksichtigung von Eigenschaften einer Veranstaltung und den Besonderheiten des Sports zusammen:

- „kompakte und zeitlich geschlossene Einheit von
- physischen Leistungsvergleichen,
- die nach genau definierten Regeln abläuft und
- nach außen hin gezielt in Szene gesetzt wird" (Riedmüller 2003, S. 52).

Zur Unterscheidung des Teilmarktes Sportveranstaltungen werden Konzertveranstaltungen oder Fernsehproduktionen, die in Spotarenen oder Stadien stattfinden, nicht durch Zuordnung zu der ursprünglichen Funktion der Spielstätte den Sportveranstaltungen, sondern den jeweiligen Teilmärkten zugerechnet. Dies erscheint durch die zunehmende Mischnutzung von Versammlungsstätten, Stadien und Arenen mit einer Kapazität von mehr als 10.000 Besucherplätzen durch andere Sportarten oder Konzerte, aber auch durch Teilvermietung und Nutzung als Kongress- und Konferenzstandort sinnvoll, auch wenn Höwing (2005, S. 165) bestätigen kann, dass in den multifunktionalen deutschen Sportstadien weiterhin vornehmlich Fußball gespielt wird. In den letzten Jahren wurde in allen größeren Sportstadien die Möglichkeit geschaffen, die Sportstätte als Veranstaltungsort für Nicht-Sportveranstaltungen zu nutzen, wie Tab. 3.1 zeigt.

Das breite Angebot sportlicher Veranstaltungen lässt sich nach unterschiedlichen Kriterien kategorisieren. Eine Möglichkeit besteht darin, sie nach dem Grad der aktiven Teilhabe zu unterteilen. Als eine passive Veranstaltung wäre dann der Besuch eines Bundesligaspiels, als eine aktive Veranstaltung die Teilnahme an einem Crosslauf mit einer tendenziell geringeren Anzahl an Zuschauern zu betrachten. Eine derartige

Tab. 3.1 Nutzungsmöglichkeit von Sportstadien in Deutschland Stand 2005. (Quelle: In Anlehnung an Höwing 2005, S. 165 f.)

Stadion	Messe, Kongresse, Tagungen	Ausstellungen, Firmenpräsentationen, Empfänge	Konzerte, Musikveranstaltungen Shows	Kulturveranstaltungen	Sonst. Angebote
Allianz Arena München	X				X
Volkspark Stadion Hamburg	X		X		X
VELTINS-Arena Gelsenkirchen	X		X	X	X
Schauinsland-Reisen-Arena Duisburg	X	X	X		X
AWD-Arena Hannover			X		X
BayArena Leverkusen	X		X		X
Berliner Olympiastadion	X				X
Borussiapark Mönchengladbach	X	X	X		X
Bremer Weserstadion	X		X		X
ESPRIT Arena Düsseldorf	X		X	X	X
Commerzbank-Arena Frankfurt			X		X
RheinEnergieStadion Köln			X		X
Volkswagen Arena Wolfsburg	X	X	X		X
Red Bull Arena Leipzig			X		X

Kategorisierung ist jedoch in starkem Maße von Entwicklungstrends im Sport abhängig, da die Anzahl der passiven Besucher sich mit gesellschaftlichen Trends wandelt, wie die wachsenden Besucherzahlen bei Veranstaltungen sogenannter Trendsportarten ebenso wie die zunehmende Bedeutung von nicht in Vereinen organisierten Sportlern als Zeichen für eine stärkere Individualisierung zeigen (Weisser 2013, S. 42). Dennoch bietet diese Unterscheidung im Einzelfall in der Relation zwischen passiven Zuschauern und aktiven Teilnehmern eine wichtige Orientierung für die Einordnung von Sportveranstaltungen. Willimczik gliedert die große Vielfalt von Sportveranstaltungen eher kursorisch in traditionelle Sportveranstaltungen, kommerzielle bzw. professionelle Sportveranstaltungen, medienwirksamer Zuschauersport, Freizeitsport, Gesundheitssport, Erlebnisbzw. Alternativsport und Natursport (Willimczik 2007, S. 23). Diese Kategorien können anhand von Merkmalen wie Leistung oder Grad der Bewegung voneinander unterschieden werden. Da eine eindeutige Kategorisierung kaum möglich ist, erstellt Riedmüller unter Bezugnahme mehrerer Quellen eine Übersicht von Merkmalen und deren möglichen Ausprägungsformen (Riedmüller 2003, S. 56)

- Im Mittelpunkt stehendes Sportgerät
  - Ballsport-Veranstaltung
  - Motorsport-Veranstaltung
  - Wassersport-Veranstaltung
- Veranstaltungsort
  - Outdoor-Veranstaltung
  - Indoor-Veranstaltung
- Klimatische Verhältnisse
  - Wintersport-Veranstaltungen
  - Sommersport-Veranstaltungen
- Mobilität der Zuschauer
  - Fixer Zuschauerplatz
  - Mobiler Zuschauerplatz
- Sportliche Wettbewerbsform
  - Direkter Vergleich mit Wettbewerber
  - Indirekter Vergleich über Rangliste
- Teilnehmer
  - Einzelsportler
  - Mannschaften
- Organisatorische Beziehungsstruktur
  - Einzelveranstaltung
  - Serienveranstaltung
  - Ligaveranstaltung
- Image
  - Exklusive Veranstaltungen
  - Dynamische Veranstaltungen
  - Jugendliche Veranstaltungen

Die Vielzahl der von Riedmüller genannten möglichen Merkmale ermöglicht kaum eine Komplexitätsreduktion. Außerdem überschneiden sich einige Kategorien zu stark wie die organisatorische Beziehungsstruktur und die sportliche Wettbewerbsform, andere jedoch sind zu wenig trennscharf, wie das im Mittelpunkt stehende Sportgerät, bei dem unter Ballsport in der öffentlichen Wahrnehmung so unterschiedliche Sportarten wie Basketball, Volleyball oder Fußball zusammengefasst würden.

Deswegen wird im weiteren Verlauf eher eine Unterteilung von Sportveranstaltungen in anderer Form berücksichtigt. Lucerna (1997, S. 129) differenziert nach den Kriterien Sportart, Beziehung und Leistungsniveau. Bei den Sportarten unterscheidet er in Individual- und Mannschaftssportarten. In Hinblick auf die Beziehung gilt als Merkmal das Maß der Abhängigkeit von anderen sportlichen Veranstaltungen wie z. B. beim Ligafußball, in dem die sportlichen Begegnungen jeweils im Rahmen der Liga stattfinden und sich die abschließenden Wettkämpfe aus den Ergebnissen vorheriger Spiele ergeben. Das Leistungsniveau gliedert sich in den Merkmalsausprägungen des Breitensports, des Freizeitsports und des Spitzensports. Wird diese um die Reichweite mit den Merkmalsausprägungen regionale Veranstaltung, nationale Veranstaltung und internationale Veranstaltung (Nufer und Bühler 2011) ergänzt, lassen sich damit sehr gut alle Sportveranstaltungen deutlich unterscheiden. Veranstaltungen, auch Großveranstaltungen existieren in allen möglichen Kategorien der sportlichen Betätigung. Individualsportarten wie das Laufen (Berlin Marathon) sind ebenso Anlass für Großveranstaltungen wie die besucherstarken Mannschaftsportarten allen voran der Fußball. Tendenziell nimmt die Besucherzahl in Abhängigkeit vom Leistungsniveau zu. Veranstaltungen des Breiten- und Freizeitsports sind eher regional bedeutsam, während Veranstaltungen des Spitzensports auch dann überregional oder sogar internationale Ausstrahlung haben können, wenn die Sportart an sich keine Breitenwirkung hat wie z. B. Leichtathletik oder Turnen.

Die Zielgruppe von Sportveranstaltungen lässt sich unterteilen in Vor-Ort-Besucher, medial vermittelte Besucher und Teilnehmer wie Abb. 3.5 zeigt. Riedmüller spricht hier von den Zuschauern vor Ort als unmittelbaren Nachfragern und den Zuschauern über Medien als mittelbare Nachfrager (Riedmüller 2003, S. 85 ff.). Die Vor-Ort-Besucher verfolgen die Veranstaltung im Stadion oder einer anderen Spielstätte. Die medial vermittelten Besucher wohnen der Veranstaltung nicht am realen, physischen Ort bei, sondern verfolgen die Sportveranstaltung zwar live, aber in räumlicher Entfernung. Bei der stark in Anzahl und Größe wachsenden Veranstaltungsart des Public Viewings sind die Besucher medial vermittelte Zuschauer der Live-Veranstaltung und gleichzeitig Vor-Ort-Besucher der Public Viewing Veranstaltung. Die Übertragung der Veranstaltung erfolgt hier medial auf Großbildleinwänden an anderen Orten (siehe Abb. 3.5) auf Plätzen, im öffentlichen Raum oder in Parkanlagen.

▶   Public Viewing ist ein Live-Erlebnis, das durch mediale Vermittlung und Übertragung auf Großbildwände unabhängig vom realen Veranstaltungsort ist.

Bei Sportereignissen mit großer medialer Wirkung, wie z. B. das Endspiel zur Fußballweltmeisterschaft 2014, erfüllen die Public-Viewing Veranstaltungen selbst alle Kriterien

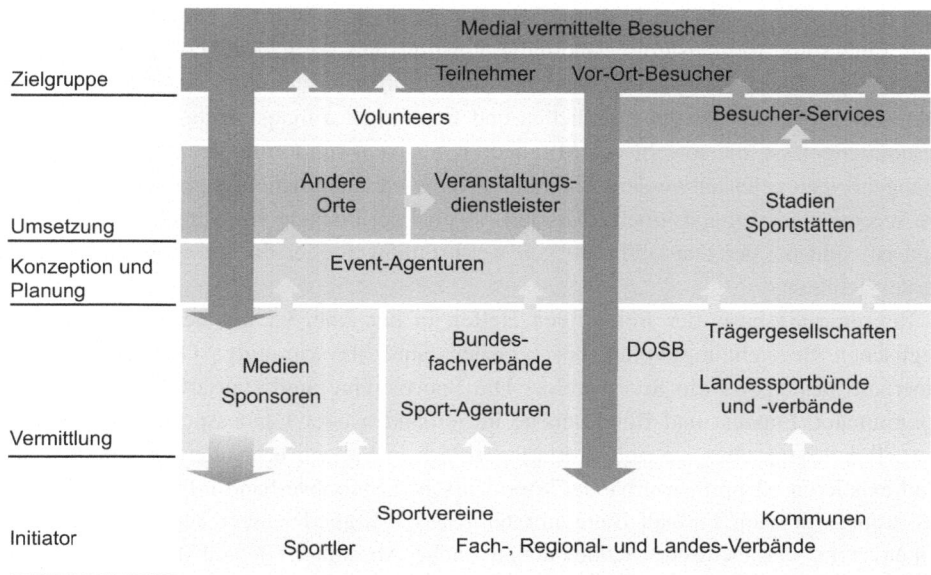

Abb. 3.5 Wertschöpfungskette von Sportveranstaltungen. (Quelle: Eigene Darstellung)

und sicherheitsrelevanten Besonderheiten einer sportlichen Großveranstaltung. Doch anders als das Spiel im Stadion verfolgen die Besucher dieses Spiel auf einer Leinwand auf privatem oder öffentlichem Verkehrsgrund, auf einer umzäunten oder nicht-umzäunten Veranstaltungsfläche mit einem privaten oder der Kommune als Veranstalter.

Die Teilnehmer bilden eine wichtige Zielgruppe bei Veranstaltungen des Breiten- und Freizeitsports wie z. B. bei Lauf- oder Radsportveranstaltungen. Hier kann die Anzahl der Teilnehmer schnell ebenso groß sein wie die der Vor-Ort-Besucher. Die Teilnehmer verlangen durch ihre Ausübung von körperlichen Bewegungsaufgaben eine besondere Betreuung wie z. B. die ausreichende Bereitstellung von Umkleideräumen oder die medizinische Versorgung. Neben privatwirtschaftlich organisierten Besucher-Services wie beim Catering oder beim Einlass sind Sportveranstaltungen geprägt von zahlreichen freiwilligen Helfern. „Die Helferabhängigkeit ist also ein […] konstitutives Element eines Sportevents" (Weisser 2013, S. 108). Diese übernehmen nicht nur Aufgaben in den Vereinen als Vorstandsmitglieder, Trainer oder Übungsleiter, sondern treten bei Sportveranstaltungen in allen Bereichen mit Kontakt zu Besuchern oder Teilnehmern als Helfer auf z. B. bei der Versorgung von Läufern mit Wasser entlang der Laufstrecke. Für die Bewertung einer Tätigkeit als Freiwilligenarbeit nennt Delschen (2006, S. 17) drei Kriterien:

- Freiwillige Mitarbeit benötigt keinen physischen, rechtlichen oder ökonomischen Zwang.
- Freiwillige Arbeit ist unentgeltlich. Der Tätigkeit liegt damit keine vertraglich vereinbarte, monetäre Gegenleistung zugrunde.
- Die Freiwilligenarbeit ist in diesem Sinne auch produktiv, denn es werden Leistungen erstellt.

Freiwilligenarbeit kann nach dem Grad der Institutionalisierung unterschieden werden. Eine stark formalisierte, dauerhafte Position und Aufgabenübertragung wird als eine ehrenamtliche Tätigkeit verstanden. Unter informelle Freiwilligenarbeit werden die zahlreichen Formen des unentgeltlichen und freiwilligen Engagements in Sportvereinen zusammengefasst, die sowohl von Mitgliedern, als auch von Dritte, wie z. B. von Familienangehörigen geleistet werden. Während also die ehrenamtliche Tätigkeit sich mehr auf die Vereins- und Verbandsarbeit fokussiert, was bei der Planung von Veranstaltungen relevant ist, sind bei der Durchführung von Veranstaltungen eher die freiwilligen Kräfte zu berücksichtigen.

Rekrutierungsbasis der freiwilligen Helfer, in der Abb. 3.5 mit der gebräuchlichen englischen Bezeichnung Volunteers versehen, sind als vorrangige Organisationsform innerhalb des Sports die Sportvereine. Die Sportvereine sind sportartübergreifend auf kommunaler, Landes- und Bundesebene in Verbänden oder Landessportbünden organisiert. Parallel tauschen sie sich sportartspezifisch in Spitzenverbänden aus. In Deutschland existieren 62 Spitzenverbände. Vom deutschen Skibobverband mit 398 Mitgliedern bis zum Deutschen Fußball-Bund mit 6.851.892 Mitglieder, aber auch der Deutsche Alpenverein, der Deutsche Schützenbund (siehe Abschn. 3.1.7 Volksfeste), der Deutsche Tennis-Bund und der Deutsche Turner-Bund zählen mehr 1 Mio. Mitglieder (DOSB 2015). An der Spitze der vertikalen Verwaltungsstruktur steht als Dachverband auf Bundesebene und gleichzeitig als Vertreter der Spitzenverbände auf nationaler Ebene der Deutsche Olympische Sportbund (DOSB) (Fahrner 2012, S. 58). Die Sportvereine und -verbände sind die Initiatoren von Sportveranstaltungen, häufig in enger Kooperation mit den Kommunen, die zumeist Eigentümer oder Teilhaber der Sportstätten bzw. Stadien sind. Da die Sportler meistenteils in Vereinen organisiert sind, sind die Sportler mittelbar ebenfalls als Initiatoren zu betrachten.

Die engen Verbindungen zwischen Wirtschaftsorganisationen, wie Sponsoren oder die Trägergesellschaften der Fußballvereine und -verbände, die wiederum häufig auch als Betreiber der Stadien wirken sowie zwischen Medien und Sportvereinen skizziert die Abb. 3.6 sehr genau. Spitzensportorganisationen, Medienorganisationen und Wirtschaftsorganisation stehen in einem engen Beziehungsgeflecht, in dem werbliche und mediale Rechte, die Grundlage eines wirtschaftlichen Austausches bilden.

▶ Vereine, Verbände und Spitzensportorganisationen sind die Initiatoren der Sportveranstaltungen. Wirtschaftsorganisationen sponsern die Sportorganisationen und gehen wiederum mit den Medienorganisationen Werbeverträge ein, womit die zunehmend teurer werdenden Übertragungsrechte für die Medienorganisationen refinanziert werden.

Die Übertragungsrechte der Fußball-Europameisterschaft in Frankreich 2016 hat der europäische Fußballdachverband UEFA zentral vermarktet. Die öffentlich rechtlichen Rundfunkanstalten ARD und ZDF haben für die Senderechte in Deutschland zusammen rund 180 Mio. EUR gezahlt. Zur Europameisterschaft 2012 in Polen und der

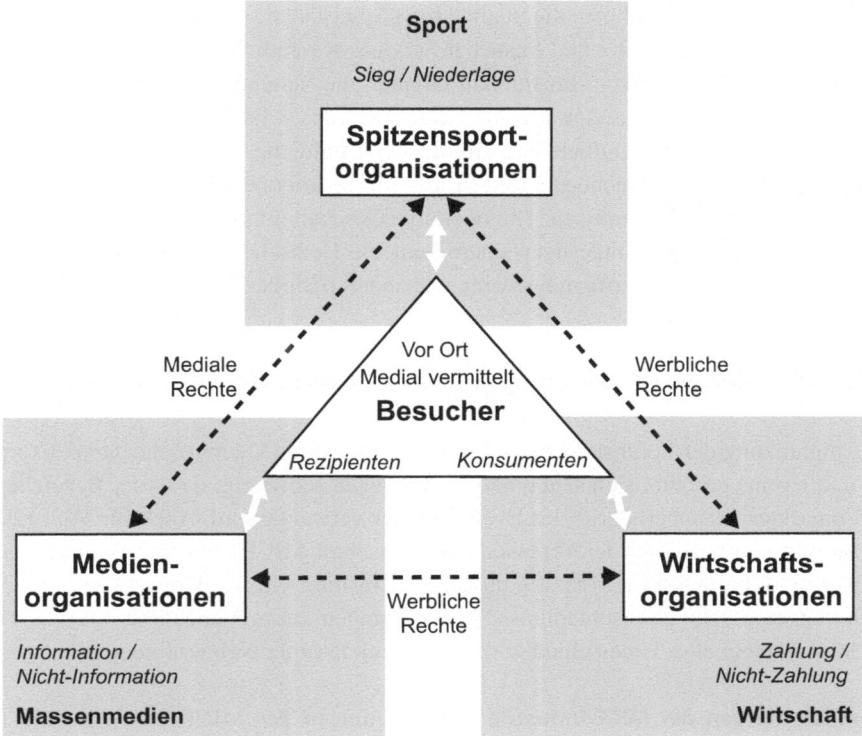

Abb. 3.6 Eigenlogiken und systemübergreifende Leistungsbeziehungen von Spitzensport, Massenmedien und Wirtschaft – vermittelt durch jeweils einschlägige Organisationen. (Quelle: In Anlehnung an Fahrner 2012, S. 194)

Ukraine waren es noch 120 Mio. EUR. Ein Steigerung von 50 % innerhalb von nur vier Jahren. Es bestehen enge wirtschaftliche Interessen und Abhängigkeiten zwischen Sport- und Medienorganisationen sowie Sponsoren und den privatwirtschaftlichen Akteuren der Sportvereine und Verbände, vertreten z. B. durch Trägerorganisation von Spielstätten aber vor allem gekennzeichnet durch die Rechtevertretungen, zentral bei den Verbänden oder ausgelagert in eigenständigen Unternehmungen. Das Beziehungsgeflecht basiert auf Handlungen bzw. Entscheidungen der drei im wechselseitigen Einfluss stehenden Akteure. Sieg und Niederlage eines Sportvereins entscheidet über Erhalt und Änderung existierender Sponsoringverträge, da nur über siegreiche Vereine in den Medien berichtet wird. Diese – wie Fahrner sie nennt – „Eigenlogiken" fließen in die Wertschöpfungskette ein durch die Darstellung der Rollen von Medien und Sponsoren auf der Ebene der Vermittlung und die Rolle der Betreiber der Spielstätten und Stadien auf der Ebene der Konzeption und Planung. Medien und Wirtschaftsorganisationen wie die Sponsoren wirken so auch auf die Vor-Ort-Besucher ein.

Eine besondere Rolle nehmen die Stadien bzw. Spielstätten selbst ein, die über Auswahl der Veranstaltungsdienstleister und Besucher-Services wesentlich auf das Vor-Ort-Erlebnis der Sportveranstaltung wirken. Im Fußball erhalten die Vereine bzw. Kapitalgesellschaften der 1. und 2. Bundesliga eine Lizenz durch „Die-Liga – Fußballverband e. V.". Diese Lizenz ist gebunden an detailliert aufgeführte wirtschaftliche, organisatorische und veranstaltungstechnische Rahmenbedingungen, die alle Stadionbetreiber (Vereine oder Trägergesellschaften) erfüllen müssen. Die operative Geschäftsführung der beiden durch den Ligaverband vertretenen Bundesligen übernimmt die Deutsche Fußball Liga GmbH, die unter anderem auch die Übertragungsrechte verhandelt (Fahrner 2012, S. 75 ff.).

3.1.5 MICE-Industrie (Meeting, Incentive, Conventions und Event)

Eine Eingrenzung der Veranstaltungen der MICE-Industrie (Meeting, Incentive, Conventions und Event) gestaltet sich schon alleine deswegen schwierig, da in der Bezeichnung des Teilmarktes der Oberbegriff des Events wieder verwandt wird. Auch für Mair (2014, S. 7) umgibt der Teilmarkt der Veranstaltungswirtschaft MICE eine große definitorische Unschärfe („definitional fuzzyness"), da darunter in Ihrer Größe, der Form und den Veranstaltungsorten sehr unterschiedliche Veranstaltungen zusammengefasst werden. Dennoch lässt sich bei aller Unterschiedlichkeit ein gemeinsamer Nenner finden.

▶ **Veranstaltungen der MICE-Industrie** Veranstaltungen der MICE-Industrie sind diejenigen Zusammenkünfte (congressus = die Zusammenkunft), die von privatwirtschaftlichen Unternehmen oder anderen Organisationen mit dem Ziel der Information, der Verbindung zu Partnern, der Absatzförderung, der Motivationsförderung oder der Unternehmenskommunikation – intern und extern – initiiert werden (Mair 2014, S. 8).

Unter Meetings sind dabei die Art von kleineren Zusammenkünften zur Vorbereitung, Planung, Abstimmung und Diskussion zu verstehen, die außerhalb der regulären Betriebsräume unter Einbeziehung von zusätzlichen Services wie Catering oder Präsentationstechnik durchgeführt werden. Das Convention Industry Council (2011, S. 11) nennt als Mindestgröße eines Meetings dabei eine Anzahl von zehn Teilnehmern, die eine Zeitdauer von mehr als vier Stunden in einem dafür angemieteten Raum verbringen. Diese Definition schließt somit einerseits Conventions (Kongresse und Konferenzen) ein, grenzt andererseits zu sozialen Aktivitäten wie Hochzeiten, regelmäßig wiederkehrenden Lehrveranstaltungen, ausschließlich unterhaltenden oder politischen Veranstaltungen sowie Werbe- und Promotion-Aktivitäten ab.

Als Incentives werden Veranstaltungen verstanden, bei denen die Teilnehmer durch gemeinsame zumeist sportlich-kreative Aktivitäten zu Verhaltensänderungen, zur Motivationsförderung oder zu anderen unternehmensspezifischen Zielen gebracht werden sollen. Die Society for Incentive Travel Excellence definiert Incentives folgendermaßen: „Travel incentives and motivational events comprise a business tool proven to change behavior, to improve profit, cash flow, employee and customer engagement and various other business objectives" (SITE 2013).

▶ **Incentive** Als Incentive gilt eine Veranstaltung, die durch Verwendung geeigneter Kommunikationsinstrumente der Motivation für die Erreichung gemeinsamer Unternehmensziele bei Mitarbeitern und Partnern dient oder sie fördert. Ein Incentive soll also eine definierte Zielgruppe die Möglichkeit verschaffen, aktiv und emotional an einem Erlebnis teilzuhaben.

Unter dem Sammelbegriff der Conventions werden nicht ausschließlich wirtschaftlich begründete Versammlungen an einen definierten Ort und zu einem definierten Zeitpunkt unter aktiver Teilnahme der Besucher zu einem oder mehreren ausgewiesenen Themen (Convention Industry Council 2011, S. 12) zusammengefasst. Veranstaltungsformen wie Kongresse, Symposien, Tagungen, Seminare oder zumindest auch eingeschränkt Kurse können darunter subsumiert werden. Diese unterscheiden sich in der Form, der Größe (Besucherzahl) und der Dauer. Seminare oder Workshops sind zumeist mehrtägige Veranstaltungen, zu einem Thema mit nicht mehr als 30 Teilnehmern. Seminare verlangen durch ihren fachlichen Charakter eine längere, inhaltliche und eine eher kurze technische Vorbereitungszeit. Konferenzen oder Symposien sind ebenfalls an einem Thema orientiert und versammeln bis zu 50 Teilnehmer. Sie dauern zumeist nur einen Tag. Eine Tagung kann neben einem thematischen Schwerpunkt weitere Veranstaltungsteile wie integrierte Workshops oder parallel Diskussionen zum Thema beinhalten. Sie sind zumeist auf eine Tag konzentriert, haben aber häufig durch einen Abschluss oder einem Willkommensprogramm am Vortag Elemente, die eine Übernachtung am Veranstaltungsort nötig machen. Mit bis zu 250 Teilnehmern verlangt eine Tagung eine etwas längere Planungszeit. Von einem Kongress wird gesprochen, wenn mehr als 250 Teilnehmer erwartet werden und die Veranstaltung über mehr als einen Tag und mit unterschiedlichen Programmpunkten z. B. mehreren Diskussionssträngen geplant wird. Die Planungs- und Vorbereitungszeit ist daher langfristig (Schreiber 2002, S. 7).

▶   Events als Teilbereich der MICE-Industrie umfassen Ausstellungen, Präsentationen und die Veranstaltungsformen, die als kulturelles, unterhaltendes oder informatives Begleitprogramm die Conventions ergänzen.

Eine besondere Rolle fällt im Teilmarkt MICE den Hotels zu, die auf die wachsende Nachfrage durch eine Bündelung von Dienstleistungen rund um alle Formen der Conventions reagieren:

- „Beherbergungsleistungen
- vielfältige differenzierte Bewirtungsleistungen
- Tagungsräume in verschiedenen Größen,
- Tagungsservice,
- Rahmen- und Beiprogramme
- Dienstleistungen im Freizeit – und Fitnessbereich" (Henschel 2002, S. 127).

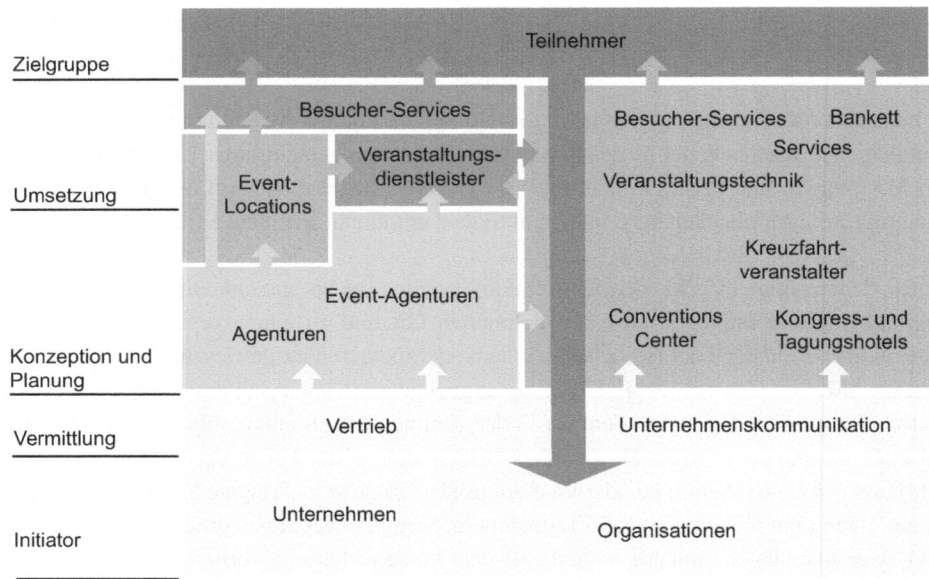

Abb. 3.7 Wertschöpfungskette im Teilmarkt MICE. (Quelle: Eigene Darstellung)

Diese hervorgehobene Rolle verdeutlicht die Abb. 3.7 zur Wertschöpfungskette im Teilmarkt MICE-Industrie durch die übergreifenden Tätigkeitsfelder von Hotels. Einen Teilbereich des Marktes umfasst auch der Kreuzfahrttourismus, in dem mit konkreten, erlebnisorientierten Angeboten unter Stichworten wie Heavy-Metal- oder Erlebnis-Kreuzfahrten neue Zielgruppen angesprochen werden. Aber auch im regulären Kreuzfahrtverkehr wird den Gästen ein breites Unterhaltungs- und Kulturprogramm angeboten, sodass der Erlebnischarakter der Veranstaltungen auf dem Schiff gegenüber dem Erlebnis der Reise mit einem Schiff zu Destinationen an Bedeutung gewinnt. Da hier die Kreuzfahrtschiffe wie schwimmende Spielstätten mit Unterkunft und Vollverpflegung funktionieren, ergibt sich ein Veranstaltungsbereich, der in Abhängigkeit von der Art des Angebots und der sich daraus ergebenden Zielgruppenansprache sowohl in der MICE-Industrie (Kreuzfahrt plus kulturelles Begleitprogramm auf dem Schiff) als auch im Teilmarkt der Konzertveranstaltungen (Festival im sich bewegenden Veranstaltungsraum Kreuzfahrtschiff) Berücksichtigung finden kann.

Wie bei Kreuzfahrten sichtbar, haben sich in der MICE-Industrie spezielle Tagungs- und Kongresshotels bzw. Conventions Center mit angegliedertem Hotelbetrieb etabliert, die durch ein spezifisches Leistungsbündel sich von anderen Hotels unterscheiden (Henschel 2002, S. 132) und von der Konzeption bis zur Umsetzung die einzelnen Stufen der Wertschöpfungskette im Auftrag der initiierenden Organisationen bzw. Unternehmen, vermittelt durch die Abteilungen Vertrieb und Unternehmenskommunikation abbilden. Anders stellt sich die Situation dar, wenn die Veranstaltung nicht in einem derartig spezialisierten Tagungsort stattfindet, sondern für ein Kongress oder eine Tagung eine besondere Location genutzt wird. In diesem zweiten Fall, dargestellt in der vertikalen Struktur auf der linken Seite der Wertschöpfungskette zur MICE-Industrie in Abb. 3.7, wird die Konzeption und Planung durch die Agentur bzw. die speziell damit beauftragte Event-Agentur konkretisiert und durch unabhängige oder vertraglich dem besonderen Veranstaltungsort verbundene Veranstaltungsdienstleister umgesetzt. Die besonderen Veranstaltungsorte oder Event-Locations können hierbei Aufgabenbereiche der Planung übernehmen und sind dann Ansprechpartner für alle Aufgaben während der Umsetzung. Die Zielgruppe bei Veranstaltungen der MICE-Industrie sind die Teilnehmer der Veranstaltung. Da die Teilnehmer, spätestens mit Beginn der Veranstaltung, namentlich bekannt sind, ergeben sich weitere Aufgabenfelder auf die später eingegangen wird.

3.1.6 Konzertveranstaltungen

Der Teilmarkt der Konzertveranstaltungen umfasst als Teilbereich der Musikwirtschaft nur denjenigen Teil, der die Konzeption, Planung und Umsetzung von musikalischen Veranstaltungen mit erwerbsmäßigen Absichten beinhaltet. Die Abgrenzung zu Konzerten im Teilmarkt Kulturveranstaltungen muss dabei zunächst unscharf bleiben. Die nahe liegende Unterscheidung zwischen Klassik als Domäne der Kulturveranstaltungen und Popularmusik als die der Konzertveranstaltungen schafft eine nur trügerische Sicherheit. Wenn Konzertveranstalter bei Classic Open Airs an Sommerwochenenden mit einem Potpourri bekannter Melodien aus Opern und Operetten ein breites Publikum ansprechen, mögen die gespielten Stücke musikhistorisch der Klassik zuzuordnen sein, in der Breitenwirkung jedoch ist die Veranstaltung populär, das bedeutet für ein breiteres Publikum leicht zugänglich. „Jede Musik kann heutzutage – weitgehend unabhängig von ihrer musikstilistischen Faktur und auch unabhängig vom früheren Popularitätsgrad – populär werden", wie Helmut Rösing zur Bestimmung der populären Musik formuliert (Rösing 2001, S. 137). Die Abgrenzung der Popularmusik jenseits einer einfachen Gleichsetzung von populär gleich Pop verlangt also immer eine Relation zur Person und zur Gesellschaft, denn eine nur quantitative Größe über die Anzahl der potenziellen Besucher ist schwer zu bestimmen. Auch eigentlich unpopuläre Darbietungen wie griechisch-orthodoxe Choralgesänge oder Carl Orffs Carmina Burana können für ein großes Publikum interessant sein und für die Freunde der zeitgenössischen elektronischen Musik zu Beginn der 1960er Jahre war Stockhausens hochkomplexes „Gesang der Jünglinge" ein Hit. Heintjes Versuch eines Comebacks als Erwachsener dagegen war unpopulär und nicht erfolgreich (Rösing 2001, S. 137). Weder eine musikstilistische Einordnung, noch ein vermuteter Zeitgeschmack taugen also zur Unterscheidung von Konzertveranstaltungen und denjenigen musikalischen Aufführungen, die unter Kulturveranstaltungen erfasst sind.

Hilfreich dagegen ist eine Orientierung an den Wertketten. Bei Betrachtung der Wertketten der beiden Teilmärkte zeigen sich jenseits des schöpferischen Aktes, dass bei Konzertveranstaltungen und Kulturveranstaltungen unterschiedliche Akteure wirken, da

die Tonträgerhersteller bei Kulturveranstaltungen kaum eine nennenswerte Rolle spielen
und die Konzertveranstalter ausschließlich in diesem Teilmarkt agieren.

Die Akteure in diesem Teilmarkt sind der Kreativwirtschaft zuzurechnen, sind jedoch
nicht identisch mit den wichtigsten Akteuren im Kerngebiet der Musikwirtschaft, das
sich auf die Darbietung, Aufnahme, Produktion, Vermarktung, Verwertung und Distribution von konservierter Musik, also Musikaufnahmen bezieht. Während in dem Kerngebiet die Tonträgerhersteller eine herausragende Funktion einnehmen, da sie Künstler
suchen und selektieren, Titel in Musikstudios mit Hilfe von Produzenten aufnehmen und
das Marketing betreiben (Wirtz 2013, S. 496), erfüllen die Musiklabels oder Plattenfir-
men in der Wertkette der Konzertveranstaltungen wichtige, aber eher begleitende Aufgaben. Sie vertreten die Rechte der Einzelkünstler und Bands und sind so Vertragspartner
bei der Konzeption und Planung von Konzertveranstaltungen. Die Konzertveranstalter
jedoch nehmen, wie in Abb. 3.8 gezeigt wird, zusammen mit dem Ticketing-Unterneh-
men die wichtigste Rolle in der Wertkette ein.

▶   Konzertveranstalter übernehmen die Mittlerfunktion zwischen Künstler und
       Vor-Ort-Besucher und erstellen mit Fachkenntnissen die Grundlagen zur Kon-
       zeption und Planung.

Konzertveranstalter machen damit das Live-Erlebnis erst möglich (Graf 1995, S. 36).
Dabei hat sich im Teilmarkt der Konzertveranstaltungen ein sehr ausgeprägtes System

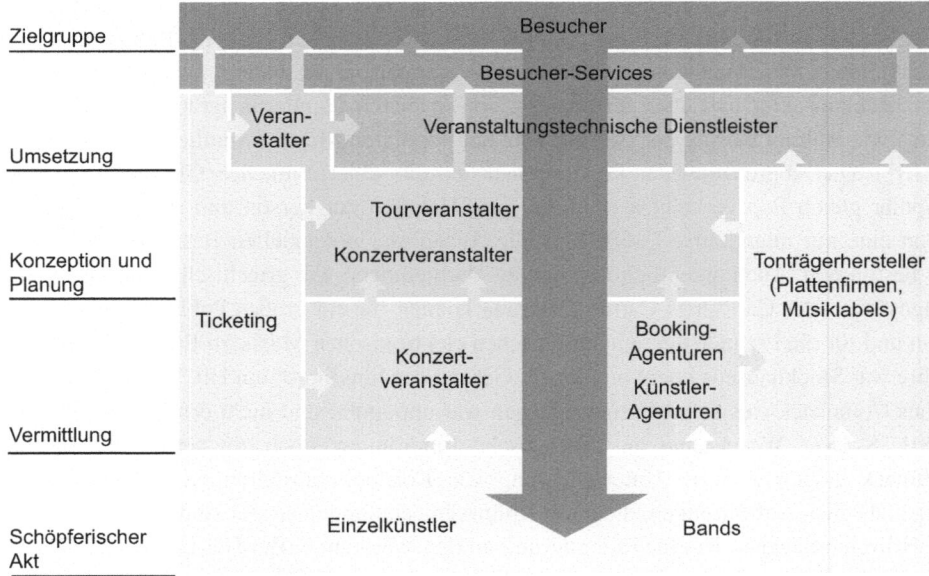

Abb. 3.8 Wertschöpfungskette im Teilmarkt Konzertveranstaltungen. (Quelle: Eigene Darstellung)

der Abhängigkeiten und wirtschaftlichen Verflechtungen entwickelt, denn der Live-Entertainment Bereich der Musikwirtschaft wächst kontinuierlich. Während der Verkauf von Tonträgern Jahr für Jahr rückläufig ist, steigen die Ticketpreise in immer neue Höhen. Preise von mehr als 100 EUR für ein einzelnes Konzert und mehr als 250 EUR für mehrtägige Festivals stellen keine Seltenheit mehr dar. Auch für Auftritte weniger bekannter Band in Klubs werden Eintrittspreise bis zu 50 EUR verlangt. Und das sind die offiziellen Preise. Im Graubereich des ‚Secondary Market', also der verschiedenen Marktplätze für den Wiederverkauf von Eintrittskarten zumeist über Online-Plattformen, scheinen keine Grenzen nach oben zu existieren. Für das Jubiläumskonzert der Rolling Stones anlässlich ihres fünfzigjährigen Bestehens 2012 in der Londoner O_2 Arena wurden in Ticketbörsen Eintrittskarten zum Preis von bis zu 1300 Pfund (damaliger Wert etwa 1630 EUR) angeboten (Seliger 2014, S. 113).

Die Vermittlungsebene wird bestimmt von Tour-Management (Tour-Veranstalter) oder spezialisierten Agenturen, die Einzelinterpreten oder Bands für mehrere Veranstaltungsorte oder nur für einen einzelnen Ort buchen. Sowohl die sogenannten Booking Agenturen als auch die Vermarkter der Bands, vertreten durch Labels, spielen bei Konzertveranstaltungen eine große Rolle. Der Agent arbeitet eng mit dem Management der Band zusammen und organisiert Auftritte in den wichtigen Klubs und bei den passenden Festivals. Der Tourneeveranstalter kümmert sich um das Marketing der gesamten Tour und ist Ansprechpartner für den örtlichen Veranstalter. Der örtliche Veranstalter führt das Konzert durch (Seliger 2014, S. 29). Sind die örtlichen Veranstalter nur für einen Veranstaltungsort aktiv, wirken sie wie eine Konzertdirektion oder die künstlerische Leitung einer kulturellen Spielstätte. Als Ansprechpartner für mehrere Veranstaltungsorte vermitteln sie einzelne Bands oder wirken als Vermittler zwischen Platten-Labels und Veranstaltungsorte. Dann mietet der örtliche Veranstalter, auch „Durchführer" genannt, den Veranstaltungsort an, organisiert das Personal und das Marketing und setzt das Konzert vor Ort um (Seliger 2014, S. 29).

Gerade bei Konzertveranstaltungen können Agenturen sowohl klassisch als Vermittler auftauchen, wobei die Agentur als Stellvertreterin eines Veranstalters handelt, oder als Gastspiel bzw. Konzertdirektion, wobei sie im eigenen Namen Verträge mit Künstlern aushandelt und so künstlerische Leistungen ein- und verkauft (Risch und Kerst 2011, S. 10). Der Verkauf von Eintrittskarten erfolgt frühzeitig durch spezialisierte Vorverkaufsstellen, die als Handelsvertreter Stellvertreter des Veranstalters sind (Risch und Kerst 2011, S. 38). Doch der Kartenvorverkauf übernimmt teilweise nicht nur die Aufgaben der Distribution, sondern ist zunehmend auch Partner beim Marketing einer Veranstaltung und einer der wichtigsten Akteure in der Wertschöpfungskette der Konzertveranstaltungen. Heutige Ticketing Unternehmen verkaufen nicht mehr allein Eintrittskarten in Vorverkaufsstellen, sondern haben Beteiligungen an Tour- und Konzertveranstaltern, sind Betreiber von großen Spielstätten, stehen im engen Kontakt zu den Tonträgerherstellern und sind schlussendlich durch Anteile an Festivals auch an der Umsetzung beteiligt. 2012 hat CTS Eventim, unangefochten die Nummer 1 auf dem deutschen Ticketing Markt, die Kölner Lanxess Arena (20.000 PAX) übernommen (Seliger 2014, S. 89). Auf diese Besonderheiten wird unter Abschn. 4.3.6 noch ausführlicher eingegangen.

3.1.7 Volksfeste

Unter den Teilmarkt Volksfeste sind öffentliche Veranstaltungen zur Unterhaltung und
Belustigung für ein breites Publikum ohne oder nur mit einem geringen pauschalen
Eintrittsentgelt zu verstehen. Die Gewerbeordnung definiert Volksfeste (§ 60b Abs. 1
GewO) als „eine im allgemeinen regelmäßig wiederkehrende, zeitlich begrenzte Veran-
staltung, auf der eine Vielzahl von Anbietern unterhaltende Tätigkeiten [...] ausübt und
Waren feilbietet, die üblicherweise auf Veranstaltungen dieser Art angeboten werden."
Die Unterhaltung der Besucher mit einem Programm auf einer oder mehreren Bühnen
und die Gleichzeitigkeit einer Anzahl von Anbietern von Leistungen und Waren stehen
bei Volksfesten im Vordergrund. Die Veranstaltungen haben daher häufig einen Markt-
charakter mit einer größeren Anzahl von Schaustellern, also Gewerbetreibenden mit
Reisegewerbe.

Unter dem Sammelbegriff Volksfeste werden folgende Veranstaltungsarten zusammengefasst:

- Schützenfeste
- Stadtteil- und Straßenfeste
- Kirmes
- Jahrmärkte
- Oktoberfeste
- Weihnachtsmärkte
- Volksfeste mit regionaler Tradition

Die aufgeführten Festarten gründen auf sehr unterschiedliche Traditionen. Kirmessen
erinnern und gedenken ursprünglich kirchlichen Festen zur Erinnerung an die Kirch-
weihe, an den Namenstag der Kirchenheiligen oder einen besonderen kirchlichen Tag
und wurden vom jeweiligen Bischof der Gemeinde genehmigt. Dem religiösen Teil, der
Kirchmesse, woraus dann später die Kirmes wurde, schloss sich eine weltliche Feier mit
Gauklern, Artisten und Spielleuten in direkter Nachbarschaft der Kirche, also innerhalb
der Domimmunität als Herrschaftsbereich der Kirche an.

Die älteste deutsche Kirmes, das Bad Hersfelder „Lullusfest", gründet ihre Tradition
auf den Todestag des Mainzer Erzbischofs Lullus am 16. Oktober 786. Die drittälteste
Kirmes, die „Herforder Vision" erinnert an eine Marienerscheinung auf dem Herforder
Luttenberge am 10. Juni 1011. (Szabo 2006, S. 25 f.). Zwischen Jahrmärkten und Kirmessen sind heute nur noch schwer Unterschiede festzustellen. Der Jahrmarkt als Markt
mit Verkaufs- und Schaubuden, Karussellen und allerlei Belustigungen hatte jedoch
schon im Mittelalter einen säkularen Charakter, der sich in der Verleihung der Markt-
rechte gründet. Der Markt diente hier dem oftmals zollfreien Austausch von Waren und
natürlich dem Austausch von Neuigkeiten aus der Welt (Szabo 2006, S. 27). Auch Schützenfeste haben ihre Wurzeln im Mittelalter. Auch die Schützengemeinschaften waren
säkularer Natur und dienten im ausgehenden Mittelalter der Verteidigung der Städte

mit Marktrecht, die sich aus den Verpflichtung gegenüber dem Adel entlassen, nun selbst verteidigen mussten (Ramus 2013, S. 22). Die Schützenfeste entwickelten sich aus den Schießwettbewerben dieser Bürgermilizen.

Volksfeste, die ja mittlerweile als Oberbegriff dienende Bezeichnung für eine festliche Veranstaltung für die gesamte Bevölkerung, sind eine jüngere Erscheinung. Die ersten auch als solche bezeichneten Volksfeste entstehen im 19. Jahrhundert, wie die beiden größten deutschen Volksfeste das „Münchner Oktoberfest" und die „Cannstatter Wasen". Das Oktoberfest gründet seine Tradition auf der Zeremonie zur Hochzeit von Kronprinz Ludwig und Prinzessin Therese von Sachsen-Hildenhausen auf einer Wiese vor den Toren Münchens am 12. Oktober 1810, die zu Ehren der Vermählung seitdem Theresienwiese heißt und heute mitten in der bayerischen Hauptstadt liegt. Die „Cannstatter Wasen" gründet sich auf eine landwirtschaftliche Leistungsschau, dem „Landwirtschaftlichen Hauptfest zu Kannstatt" mit Prämierungen, Viehschau und Pferderennen, das am 16. März 1818 zum ersten Mal stattfand (Szabo 2006, S. 28 ff.).

Ein im Vergleich zu Volksfesten neues Phänomen stellen Straßen-, Kiez- oder Stadtteilfeste dar. Diese lokalen Feste sind zumeist in den 1980er Jahren auf Eigeninitiative von Anwohnern und unterstützt durch politische Initiativen sowie Organisationen des bürgerschaftlichen Engagements wie Parteien, Nachbarschaftsgruppen oder Bürgerinitiativen entstanden, wie das Bergmanstraßenfest in Berlin-Kreuzberg oder das Rotlintstraßenfest in Frankfurt Nordend. Aus diesen zunächst dem Anliegen nach als Nachbarschaftstreffen auf öffentlichen Straßen und Wegen gedachten Feiern entwickelten sich Veranstaltungen mit mehreren Tausend Besuchern. Geprägt werden diese lokalen Veranstaltungen durch Anwohner und Anlieger, den Cafes und Gaststätten, den Einzelhändlern, den Ständen und Buden der Anwohner sowie dem Vorrang des Austausches und eines bürgerschaftlichen Engagements vor kommerziellen Interessen. Eine Besonderheit stellt in diesem Zusammenhang das „MyFest" in Berlin-Kreuzberg dar. Das „MyFest", jedes Jahr am 1. Mai, entstand 2002 auf Initiative von Anwohnern und Anliegern in Kreuzberg, um die seit 1986 alljährlich wiederkehrende Routine aus Demonstration, Auflösung der Demonstration, Auseinandersetzung mit der Polizei und gewalttätigen Ausschreitungen durch ein Straßenfest zu unterbrechen und das Konfliktpotenzial frühzeitig zu entschärfen. Das „MyFest" erstreckt sich mit mehreren Bühnen und einer großen Anzahl von Verkaufsständen auf den Straßen und Plätzen in Kreuzberg, die in den Vorjahren besonders häufig Schauplatz gewalttätiger Auseinandersetzungen zwischen Polizei und Demonstranten gewesen waren. Wegen dieser Besonderheit genießt das Stadtteilfest den Status einer politischen Veranstaltung und ist damit von den üblichen Auflagen zur Organisation und Kostenübernahme für Reinigung, Abfallentsorgung und Sicherheit befreit. Hierfür übernimmt das Land und der Bezirk die Verantwortung.

Volksfeste werden, wie in der Abb. 3.9 sichtbar, initiiert und veranstaltet durch lokale Vereine z. B. Schützenvereine in enger Abstimmung mit den Gemeinde- bzw. Stadtverwaltungen, können aber auch durch die kommunale Verwaltung selbstständig veranstaltet werden. Diese sind mit Koordinationsgremien auch in der Konzeption und Planung aktiv und können für Teil- oder Gesamtaufgaben Event-Agenturen beauftragen. Wichtige

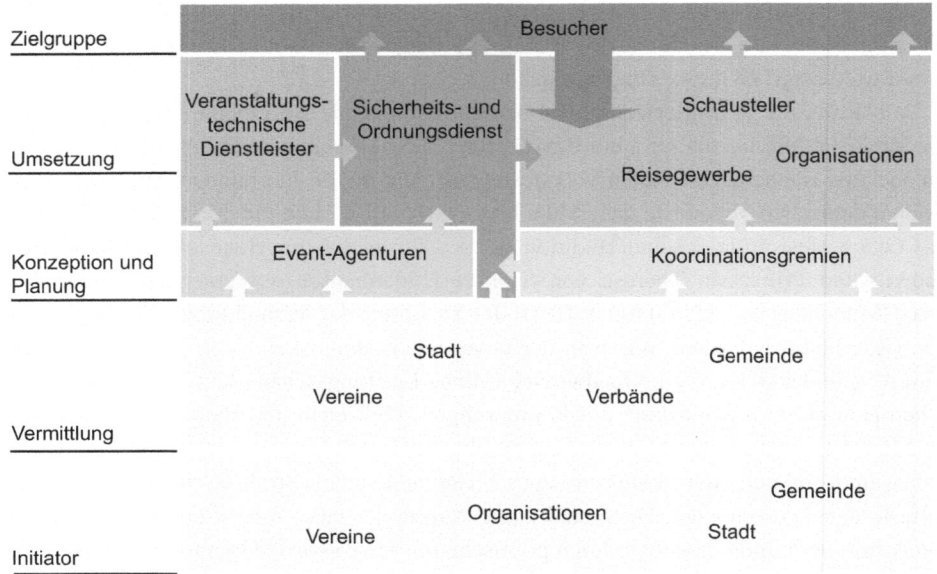

Abb. 3.9 Wertschöpfungskette im Teilmarkt Volksfeste. (Quelle: Eigene Darstellung)

Akteure in der Umsetzung sind jedoch die Schausteller und Reisegewerbetreibende selbst, die durch ein Koordinationsgremium aus Verwaltung oder Ansprechpartner der Gewerbetreibende organisiert werden, aber im weiteren Verlauf der Umsetzung selbstständig handeln. Im Vergleich zu den anderen Teilmärkten nimmt der Besucher-Service, hier wegen der Aufgabenorientierung der Sicherung der Veranstaltung als Sicherheits- und Ordnungsdienst bezeichnet, eine besondere Rolle ein, da dieser bei Volksfesten ebenso wie die veranstaltungstechnischen Dienstleister in stärkerem Maße konzeptionell und planend arbeiten.

▶   Die Besucher von Volksfesten sind dabei nicht an den Initiatoren interessiert, sondern an den Angeboten vor Ort: den Verkaufs- und Schaubuden, den Attraktionen und nicht zuletzt an dem Erlebnis, diese Angebote in der Gemeinschaft zu konsumieren. Niekrenz spricht in ihrer Untersuchung zum rheinischen Straßenkarneval sogar von einer „rauschhaften Vergemeinschaftung" (Niekrenz 2011).

Fragen/Aufgaben
1. Welche Kategorisierungen von Veranstaltungen kennen Sie?
2. Welche grobe Unterteilung lässt sich im Teilmarkt der Kulturveranstaltungen vornehmen?

3. Was ist die besondere Rolle von Produktionsfirmen in Teilmarkt der Fernsehproduktionen?

4. Welche Aufgaben ergeben sich aus der Gleichzeitigkeit von Besuchern vor Ort und medial vermittelt?

5. Unterscheiden Sie zwischen Messen und Ausstellungen.

6. Beschreiben Sie die Verbindung zwischen Initiatoren und (Fach-)Besuchern bei Messen.

7. Wie können Sie Sportveranstaltungen genauer kategorisieren?

8. Nennen und erläutern Sie zwei Besonderheiten von Sportveranstaltungen.

9. Unterscheiden Sie zwischen Kongress, Tagung und Seminar.

10. Beschreiben Sie die Rolle von Hotels innerhalb der MICE-Industrie.

11. Unterscheiden Sie zwischen Kulturveranstaltungen und Konzertveranstaltungen.

12. Was ist ein Volksfest?

13. Wer ist der wichtigste Akteur in der Wertschöpfungskette des Teilmarktes Volksfeste?

3.2 Trägerschaft

Veranstaltungen können rein privatwirtschaftlich (vorherrschende Trägerschaft bei Veranstaltungen der MICE-Industrie), als Teil des gemeinnützigen Sektors durch Vereine (vornehmliche Trägerschaft bei Sportveranstaltungen) oder durch den öffentlichen Sektor (Kulturveranstaltungen außerhalb der Kulturwirtschaft) getragen werden. Die Trägerschaft einer Veranstaltung und somit auch mittelbar der Grad der Erlösorientierung hat Auswirkungen auf Anforderungen und Kompetenzen bei der Planung und Organisation von Veranstaltungen.

Die breite Palette freier Trägerschaften und Organisationsformen gelten im Abschlussbericht der Enquete Kommission zur Kultur in Deutschland als eine unverzichtbare Voraussetzung für Erhalt und Entwicklung der Vielfalt des kulturellen Lebens in Deutschland (Enquete Kommission 2007, S. 46). Als Unterscheidung eignet sich die Veranstaltungsart nur bedingt, da Überschneidungen möglich sind, wie die Konferenz eines Bundesministeriums deutlich macht. Die Konferenz ist der MICE-Industrie zuzuordnen. Der Veranstalter jedoch ist der Bund und damit eine Organisation aus dem öffentlichen Sektor.

▶ **Trägerschaft** Die Trägerschaft beinhaltet das Recht zur Formulierung und Durchsetzung von Steuerungsentscheidungen (Engels 2001, S. 248). Die Trägerschaft erschöpft sich somit nicht allein in einer nur formalen Rechtsträgerschaft, als Darlegung der rechtlichen Situation eines Rechtssubjekts, sondern wird in Handlungen und Maßnahmen des Rechtsträgers sichtbar.

Eng verbunden ist die Trägerschaft in der Veranstaltungsbranche mit dem Begriff des Betreibers einer Spielstätte. Mit der Frage der Trägerschaft einer Veranstaltung soll beantwortet werden, wer die Veranstaltung initiiert hat, auf wessen Idee sie beruht, wer sie wirtschaftlich trägt und rechtlich die Verantwortung übernimmt. Der Betreiber kann eine natürliche oder juristische Person sein. Er betreibt die Versammlungsstätte und hat die Verkehrssicherungspflicht zu erfüllen (DIN 15750: 2013-04). Der Betreiber hat die Letztverantwortung bei der Spielstätte und der technischen Gebäudeausstattung, inklusive veranstaltungstechnischer Arbeitsmittel oder Einrichtung (§ 38 MVStättVO). Der Eigentümer ist somit Vermieter oder Baulastträger des Bauwerks oder Fläche, in dem oder auf der die Veranstaltung stattfindet. Der Betreiber hingegen führt im Namen und im Auftrag des Trägers die Geschäfte der Spielstätte. Die Trägerschaft einer Spielstätte kann, wie in der Regel bei einem öffentlichen Theater, das Land sein, das als Betreiber, die Intendanz mit der Leitung beauftragt. Der Veranstalter verantwortet eine Veranstaltung und trägt als solcher das wirtschaftliche Risiko. Veranstalter und Betreiber können identisch sein, wie dies in der Regel in öffentlichen Theatern der Fall ist oder sie sind nicht identisch. Dann trägt der Veranstalter die vom Betreiber übernommene Durchführungs- und Ergebnisverantwortung für die Veranstaltung. Damit muss sich der Veranstalter um die Abläufe einer Veranstaltung unter Sicherheitsaspekten, organisatorischen, technischen und wirtschaftlichen Gesichtspunkten kümmern. Aufgaben und Pflichten des Veranstalters sind daher

- Veranstaltungsleitung
- Juristisch haftende Person für alle organisatorischen, technischen und wirtschaftlichen Abläufe
- Auswahl- und Anweisungsverantwortung gegenüber Dienstleistern
- Organisation der internen Abläufe und Informationsflüsse
- Vertragliche Gestaltung aller an der Veranstaltung Beteiligten
- Auswahl der zu benutzenden Einrichtungen, Arbeitsmittel, Hilfs- und Zubehöreinrichtungen nach den Einsatzbedingungen und den zu erwartenden Beanspruchungen (DIN 15750: 2013-04)

In Zusammenhang mit der Trägerschaft ist zur Unterscheidung von Veranstaltungen auch die Gewinnabsicht der Veranstaltung von Bedeutung. Gewinnabsicht meint, in welchem Maße die Veranstaltung initiiert wurde, um damit Gewinne zu erzielen. Ebenso ist die Finanzierung einer Veranstaltung wichtig, also in welchem Maße die Veranstaltung durch Zuwendungen, Spenden, Sponsoring oder Quersubventionierungen unterstützt wird. Beide Sichtweisen bedingen sich gegenseitig, aber es kann nicht davon ausgegangen werden, dass sich durch die Gewinnabsicht die Form der Finanzierung automatisch ergibt. Häufig finden sich Mischformen, vor allem in den Teilmärkten Sport- und Kulturveranstaltungen. Üblicherweise wird bei privatwirtschaftlichen Veranstaltungen davon ausgegangen, dass Formalziele wie Gewinn, Rentabilität oder Effizienz dominante Parameter für alle veranstaltungsbezogenen Entscheidungen darstellen. Wohingegen bei Trägerschaften, die dem gemeinnützigen oder öffentlich-rechtlichem Sektor zugeordnet werden, die Sachziele der Bedarfsdeckung durch Bereitstellung eines durch gemeinnützige Organisationen die Empfänger akzeptierten Leistungsangebots im Vordergrund stehen (Kosiol 1966, S. 223 f.).

▶ Da zur Erreichung der Sachziele mittelbar auch Formalziele angestrebt werden können, schließt die Gemeinwohlorientierung Gewinnerzielung nicht aus, doch dienen diese nicht der Befriedung von Individualinteressen von Unternehmern oder Kapitalgebern (Eigenwirtschaftlichkeit), sondern werden im Interesse des Gemeinwohls reinvestiert (Gemeinwirtschaftlichkeit).

Die Erwerbswirtschaftlichkeit stellt also neben der Trägerschaft eine zweite, im begrenzten Maße unabhängige Dimension zur Unterscheidung von Veranstaltungen dar (Urselmann 1998, S. 5 f.).

Heinrichs unterteilt zunächst in Bezug auf die Kultur- und Kreativwirtschaft zwischen öffentlich-rechtlichen und privatwirtschaftlichen Kulturbetrieben. Wird der Betrieb durch einen öffentlichen Rechtsträger eine Gemeinde, die Stadt, Zweckverbände oder Regierungsbezirke, Land oder auch Bund geführt, so hat dies „gewisse Folgen für die Betriebsführung, die dann in der Regel nach den Vorschriften der Kameralistik erfolgt sowie für das Personalmanagement, wenn die Beschäftigung von Mitarbeitern nach dem öffentlichen Dienstrecht oder dem Bundesangestelltentarif erfolgt" (Heinrichs 2006, S. 20). Der privatrechtliche Bereich unterliegt diesen Regeln nicht oder ist diesen zumindest nicht formal verpflichtet, kann sich aber dazu selbst verpflichten. Heinrichs leitet daraus ab, dass ein Kulturbetrieb in privatrechtlicher Trägerschaft sich stärker publikumsorientiert verhält, da ein öffentlich-rechtlicher Kulturbetrieb weiter in den Kategorien von Staat und Bürgern denkt (Heinrichs 2006, S. 21). Die Unterscheidung nach der Rechtsträgerschaft muss – wie der schematische Aufbau in Abb. 3.10 zeigt – um die

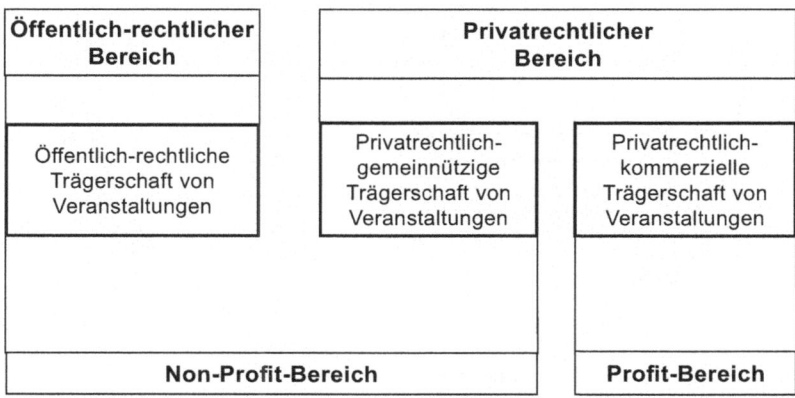

Abb. 3.10 Aufteilung der Veranstaltungen nach Trägerschaft und Gewinnorientierung. (Quelle: Eigene Darstellung in Anlehnung an Heinrichs 2006, S. 22)

Gewinnabsicht ergänzt werden. Der Non-Profit-Bereich umfasst Organisationen in privatrechtlicher Trägerschaft, die bedarfswirtschaftliche Ziele verfolgen, die Interessen der Mitglieder oder anderer Dritter vertreten, Dienstleistungen für andere erbringen und ehrenamtliche Mitglieder beschäftigen (Schwarz et al. 2009, S. 19 f.). Die zweidimensionale Kategorisierung aus der Trägerschaft in einen Profit- und Non-Profit Bereich verdeutlicht sehr gut, die im Abschlussbericht durch die Enquete Kommission gewürdigte Trägerschaftsvielfalt in den drei Sektoren.

Das sogenannte Schweizer Modell der drei Sektoren unterscheidet in Bezug auf die Trägerschaft wie bei Henrichs in privaten, öffentlichen und gemeinnützigen Sektor, betrachtet die Grenzen zwischen den drei Sektoren aber als permeabel, was im Drei-Sektoren-Modell der Abb. 3.11 durch die gestrichelten Linien als Trennelement zwischen den Sektoren dargestellt wird. In Hinblick auf die Finanzierung kann auch bei definierter Rechtsträgerschaft in einem der drei Sektoren immer häufiger von einer gemischten Finanzierung ausgegangen werden, sodass staatlich finanzierte Kulturveranstaltungen durch Sponsoren aus der Wirtschaft ermöglicht werden wie z. B. der BMW Berlin-Marathon. Der Berlin Marathon ist eines der größten Sportveranstaltungen in Deutschland. Er wird in Rechtsträgerschaft eines Berliner Sportvereins veranstaltet, operativ umgesetzt von einer

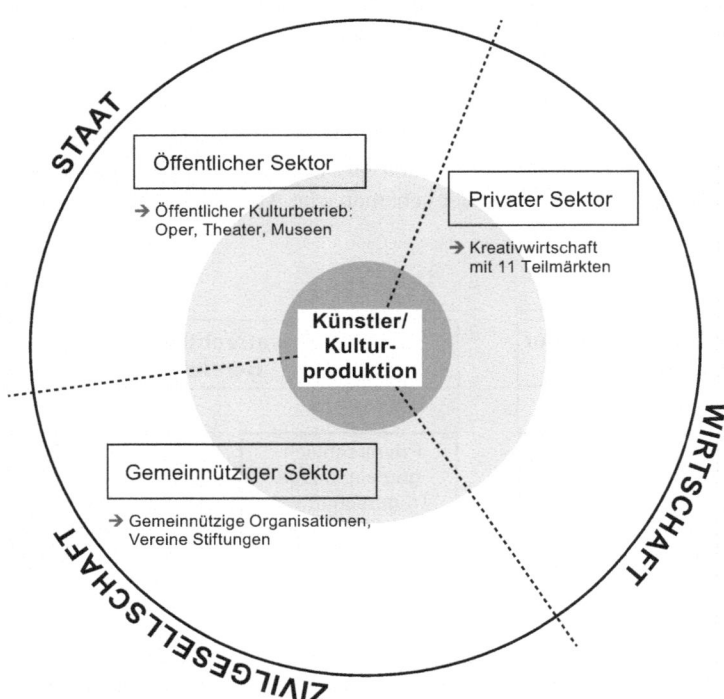

Abb. 3.11   Drei-Sektoren-Modell. (Quelle: Eigene Darstellung in Anlehnung an Weckerle und Söndermann 2004)

GmbH als hundertprozentige Tochter des Vereins, unterstützt durch das Land Berlin und gefördert vom privatwirtschaftlichen Automobilhersteller und Namensgeber BMW.

▶   Das Prinzip eines kulturellen Trägerpluralismus setzt sich immer mehr durch.
       Dadurch werden auch spezifische Organisationskulturen und Handlungslogiken
       in den drei Sektoren verstärkt durchmischt (Enquete Kommission 2007, S. 103).

Aus der Unterscheidung nach der Trägerschaft lassen sich dennoch einige Grundlagen wie die Finanzierungsmöglichkeiten ableiten. Wobei in Anlehnung an Gerlach-March (2010) als Finanzierung alle Beiträge monetärer und nichtmonetärer Art für Konzeption, Planung und Umsetzung von Veranstaltungen gemeint sind. „Neben den Beiträgen der Investoren (Kapitalgeber, Gründer, Kulturschaffende selbst) und Förderer (staatliches, privatwirtschaftliches sowie privates gemeinnütziges Engagement) sind nicht zuletzt die 'Konsumenten', das Publikum wichtig" (Gerlach-March 2010, S. 11). Das Publikum finanziert Teilbereiche der Veranstaltungsbranche direkt z. B. durch Eintrittskarten für Kulturveranstaltungen wie bei einem Musical. Als Bürger finanziert es andere Teilbereiche der Veranstaltungswirtschaft gleich dreifach zum einen als Marktteilnehmer, also als zahlender Besucher und Konsument einer Veranstaltung, zum anderen als Spender und drittens als Steuerzahler (Enquete Kommission 2007, S. 5). Die Wirtschaft ist wiederum als Sponsor von Veranstaltungen, hier in besonderem Maße bei Sportveranstaltungen, von Bedeutung oder als Initiator bzw. Auftraggeber wie z. B. bei Messen und Ausstellungen sowie bei Veranstaltungen der MICE-Industrie. In diesem Fall sind die Kosten einer Veranstaltung als Marketingkosten selbstverständlich Betriebsausgaben. In der Reihenfolge ihrer Bedeutung für öffentliche bzw. gemeinnützige Träger ergeben sich so fünf Finanzierungsmöglichkeiten:

● „Finanzierungsbeiträge des Staates: Zuschüsse bzw. Zuwendungen
● nicht ertragsbezogene Beteiligungen oder sonstige Einlagen privater Dritter: Spenden, Zustiftungen
● Erlöse aus Verkauf von Produkten und Leistungen des kulturellen Betriebs, aber auch aus Geschäftsfeldern, die nicht zum Kernbereich gehören: primäre und sekundäre Betriebseinnahmen
● Kredite/Darlehen und ertragsbezogene Beteiligungen/Einlagen privater Dritter: Fremdkapital
● Eingesetztes eigenes Vermögen und die Beiträge daraus: Eigenkapital" (Gerlach-March 2010, S. 12)

Für die Teilmärkte der Veranstaltungsbranche, die vornehmlich dem privaten Sektor zuzuordnen sind wie Konzertveranstaltungen, Messen und Ausstellungen sowie Volksfeste, ist die Reihenfolge der Finanzierungsmöglichkeiten nach Ihrer Bedeutung umgedreht. An erster Stelle steht hier das Eigenkapital und an letzter Stelle die Möglichkeit direkter staatlicher Zuwendungen bzw. indirekter Unterstützung durch Investitionshilfen oder Steuerbegünstigungen. Es ergeben sich dadurch für die Konzeption, Planung und Umsetzung von Veranstaltungen unterschiedliche Schwerpunkte.

Wird bei einer privatrechtlichen Trägerschaft primär eigenes Vermögen eingesetzt, wird der Träger versucht sein, möglichst rasch z. B. durch frühzeitigen Ticketverkauf das wirtschaftliche Risiko zu mindern. Werden bei einem öffentlichen Träger durch staatliche Zuwendungen nahezu alle Ausgaben gedeckt, können z. B. auch risikoreiche Programme geplant werden, da ausbleibende primäre Betriebseinnahmen durch eine geringe Besucherzahl nicht existenzgefährdend sind. Für die Kostenplanung bedeutet dies auch, dass schon vor der Konzeption der Veranstaltung ein entsprechender Kostenrahmen im Haushalt budgetiert werden muss. Größere Veränderungen im Budget sind dann nicht mehr einfach möglich. Hier richtet sich also die inhaltliche Planung nach dem Budget und nicht umgekehrt (Klein 2005, S. 174). Für Veranstaltungen des gemeinnützigen Sektor kann wiederum aus der Reihenfolge der Finanzierungsmöglichkeiten abgeleitet werden, dass diese sich häufig aus mehreren Quellen finanzieren müssen, wobei Zuschüsse des öffentlichen Sektors ebenso von Bedeutung sind wie sonstige Einlagen Dritter wie Zuwendungen von Stiftungen oder anderen Organisationen (Gerlach-March 2010, S. 14).

Aus diesen Grundüberlegungen lassen sich einige Unterschiede zwischen öffentlich-rechtlichem, privatrechtlich-gemeinnützigem und privatrechtlich-kommerziellen Betreiber zusammenfassen.

3.2.1   Öffentlich-rechtliche Trägerschaft

Entlohnung nach Tarifen des öffentlichen Dienstes Die tariflichen Grundlagen wie der Tarifvertrag für den öffentlichen Dienst (TVÖD) für die Beschäftigten der Bundesverwaltungen und der Kommunen sowie der Tarifvertrag für den öffentlichen Dienst der Länder (TV-L) als Tarifvertrag der Beschäftigten der Landesverwaltungen oder der für die künstlerisch Beschäftigen in vielen kulturellen Spielstätten geltende Normalvertrag (NV) Bühne sind für öffentliche Betreiber auch dann in ihren Grundsätzen bindend, wenn einzelne Länder wie Berlin aus der Tarifgemeinschaft ausgetreten sind. Der Normalvertrag Bühne gilt „für Solomitglieder und Bühnentechniker sowie Opernchor- und Tanzgruppenmitglieder an Bühnen innerhalb der Bundesrepublik Deutschland, die von einem Land oder von einer Gemeinde oder von mehreren Gemeinden oder von einem Gemeindeverband oder mehreren Gemeindeverbänden ganz oder überwiegend rechtlich oder wirtschaftlich getragen werden" (§ 1 Abs. 1 NV-Bühne). Die Einstufung und die Entlohnung sowie die Arbeitszeiten werden in den Tarifverträgen präzise beschrieben oder im Sinne des Normalvertrags Bühne als Mindestgage definiert. Für das künstlerische Personal bedeutet die Sicherheit einer definierten Gagenzahlung, Urlaubs- und Lohnfortzahlungsregelungen gegenüber der wesentlich geringeren Vergütung bei hoher Volatilität eine dauerhaft hohe Anreizwirkung. Diese birgt wegen der wechselvollen Tätigkeit auch kaum die Gefahr einer Bürokratisierung. Anders aber beim technischen

Personal. Hier kann durch fehlende Anreize bei der Entlohnung kaum verhindert werden, dass Aufgaben nicht nur routiniert, sondern häufig auch bürokratisch erledigt werden.

Eine leistungsorientierte Belohnung sehen zwar auch die Tarifverträge der öffentlichen Hand vor, doch sind die variablen Vergütungsanteile so gering, dass sich daraus kaum eine Anreizwirkung ergibt. Gemäß § 18 TVÖD-VKA (TVÖD für den Bereich der Vereinigung der kommunalen Arbeitgeberverbände) können zusätzlich zum Entgelt zunächst 1 % der allgemeinen ständigen Monatsentgelte des Vorjahres als leistungsorientierte Entlohnung vereinbart werden. Als Zielgröße wurde eine Quote von 8 % der ständigen Monatsentgelte vereinbart. Die Bewertungskriterien sind streng und sollen vor Missbrauch schützen, haben wegen ihrer Transparenzanforderung aber auch die Tendenz Anreizwirkung zu verlieren, denn prinzipiell dürfen Beschäftigte nicht ausgeschlossen werden. Die leistungsorientierte Belohnung beruht jedoch auf Freiwilligkeit des Beschäftigten. Die erbrachte Leistung soll in der regelmäßigen Arbeitszeit erreichbar und nach möglichst messbaren oder nach einer aufgabenbezogenen Bewertung festgestellt werden. Als sehr gering wurde dementsprechend die Motivationswirkung der leitungsorientierten Belohnung im öffentlichen Dienst beurteilt. Weniger als 10 % der Beschäftigten fühlten sich dadurch motivierter und mehr als die Hälfte, zwischen 49 % in Städten und 63 % in Kreisen, verneinten grundsätzlich („trifft nicht zu"), dass durch eine leistungsorientierte Entlohnung die Motivation zugenommen hat (Schmidt et al. 2011). Auch die Sanktionsmöglichkeiten bei Minder- oder Schlechtleistungen sind beschränkt, da der Vorgesetzte zwar dienstliche Anordnungen erteilen darf, die Weisungsbefugnisse sich jedoch auf einen sehr engen, in einer Stellenbeschreibung definierten Rahmen eingrenzen, da die Verbindung zum Arbeitgeber nur mittelbar vorhanden ist.

Bei Spielstätten der öffentlichen Hand ist der Arbeitgeber der öffentliche-rechtliche Träger und dieser ist weit entfernt vom Geschehen vor Ort. Die Stellenplanung von öffentlich-rechtlichen Betreibern ist zumeist sehr unflexibel, wodurch in den Veranstaltungsstätten ein größerer Anteil von Beschäftigten mit länger zurückliegenden Qualifikationen anzutreffen sind. Bei Neubesetzungen ist durch tarifliche Abhängigkeiten auf Stellenüberhänge oder auf eine beschränkte Bewerberauswahl zurückgreifen, die nur einen Teilbereich des Marktes widerspiegeln.

Feste Beschäftigungsverhältnisse Ein vergleichsweise hoher Anteil an festen Beschäftigungsverhältnissen bei öffentlichen Betreibern, die Personalkosten machen in öffentlich-rechtlichen Theatern und Opernhäuser knapp zwei Drittel (73,6 %) der Betriebsausgaben aus (Deutscher Bühnenverein 2016, S. 258 f.), führt einerseits zu einer hohen fachlichen Kompetenz in der Planung und Durchführung von Eigenveranstaltungen bzw. Betreuung von Fremdveranstaltungen. Unbefristete Beschäftigungsverhältnisse neigen jedoch durch Beharrungsvermögen und Tendenzen einer Abgrenzung nach außen zu einem weniger aufgaben- als organisationsorientierten Verhalten. Da aber die Beschäftigten eines öffentlichen Betreibers durch Veranstaltungen und Veranstalter kontinuierlich auf Außeneinflüsse reagieren müssen, besteht die Gefahr der Bürokratisierung.

Gemeinwohlorientierung Die öffentlichen Betreiber verfolgen auch öffentliche Aufgaben. Der Gewinn steht nicht im Vordergrund, auch wenn öffentliche Betreiber dazu angehalten sind, sparsam und wirtschaftlich zu arbeiten. Die Gemeinwohlorientierung spiegelt sich zum Einen in der Abwägung von kommerziellen Interessen und öffentlichen Aufgaben wie z. B. die Planung und Umsetzung eines Kinderfestes trotz des gleichzeitigen Mietanfrage eines Tourneeveranstalters oder die unentgeltliche Zurverfügungstellung einer Stadthalle für die Wahlkampfveranstaltung einer politischen Partei, zum anderen aber in der vorsichtigen Abstimmung zwischen dem grundgesetzlich garantierten Versammlungsrecht und anderer Rechtsgüter. Für privatwirtschaftliche Betreiber gilt das Hausrecht, in dessen Rahmen Personen oder Personengruppen von einer Veranstaltung ohne weitere Erklärungsnotwendigkeit ausgeschlossen werden können. Eine verfassungsrechtlich hohe Hürde beim Verbot einer Versammlung jedoch gilt es bei einem öffentlichen Betreiber zu berücksichtigen.

Beschaffung nach öffentlichem Recht Das Beschaffungswesen der öffentlichen Betreiber unterliegt den Vergabe- und Verdingungsordnungen der öffentlichen Hand. Damit gilt der Vorrang der öffentlichen Ausschreibung bzw. des offenen Verfahrens nach § 14 VgV (Vergabeverordnung). Nicht offene, teilnahmebeschränkte Wettbewerbe verlangen hierbei eine nachprüfbare Begründung wie eine fachliche Einschränkung auf einen bestimmten Teilnehmerkreis. Freihändige Vergaben sind nur in besonderen Ausnahmefällen zulässig. Die nach Verdingungsordnung genau festgelegten Ausschreibungsfristen mit mindestens 37 Tagen ab Bekanntmachung und einer Angebotsphase von mindesten 40 Tagen, bei Dienstleistungen von 26 Tagen, sowie der damit verbundene organisatorische Aufwand wie die Veröffentlichung und Dokumentation der Ausschreibungsunterlagen oder die durchgehende Transparenz der Bewertung verlängern Beschaffungsprozesse. Investitionen unterliegen darüber hinaus der Haushaltsplanung und liegen damit in der Entscheidungskompetenz politischer Gremien. Man kann bei öffentlichen Betreibern daher von längeren Investitionszyklen ausgehen.

3.2.2   Privatrechtlich-gemeinnützige Trägerschaft

Privatrechtlich-gemeinnützige Träger unterscheiden sich zu kommerziellen Trägern zunächst in der Absicht der Erlöserzielung und der Finanzierungsquellen. Während kommerzielle Trägern sich hauptsächlich über den Markt, also den Verkauf erbrachter Leistungen an Kunden finanzieren, bilden Zuschüsse, Spenden, Mitgliedsbeiträge, aber auch Sponsoring oder der Erlös durch Eintritte oder Nebenverkäufe wie Vermietung oder Gastronomie die Finanzquellen. Durch die größere Anzahl möglicher Finanzierungsquellen ergibt sich ein komplexeres Beziehungsgeflecht mit unterschiedlichen Stakeholdern. Aufgrund der mehrdimensionalen, nicht nur erlösorientierten Ziele und einer Beschäftigungsstruktur aus haupt- und ehrenamtlichen Mitarbeitern ist die Organisationsstruktur weniger stark formalisiert und es koexistieren hierarchische neben demokratischen Entscheidungsstrukturen (Bruhn 2005, S. 21 ff.).

Ehrenamtliche Entscheidungsträger Die typische Rechtsform privatrechtlich-gemeinnütziger Trägerschaft ist der Verein. Das Vereinsrecht sieht als Organe mindestens die Mitgliederversammlung als oberste Entscheidungsinstanz und den Vorstand vor (§ 58 BGB). Je nach Größe kann ein Verein darüber hinaus noch weitere Entscheidungsinstanzen wie Fachausschüsse, Aufsichtsräte oder Kommissionen bestimmen, die den Vorstand in seiner Tätigkeit unterstützen. Die Mitglieder des Vorstandes werden durch die Mitgliederversammlung gewählt und bekleiden in der Regel Ehrenämter, also eine freiwillige und unentgeltliche Tätigkeit im institutionellen Rahmen einer Organisation für den Nutzen Dritter oder allgemein dem Gemeinwohl dienend (Meyerhöfer 2001, S. 266). Ist ein Verein Träger einer Veranstaltung übernimmt der Vorstandsvorsitzende die Verantwortung für die Veranstaltung, obwohl dieser nur in Ausnahmefällen die Qualifikation dazu hat. In der Folge sind Entscheidungen auf Basis einer häufig unzureichenden Kenntnis der Sachlage zu erwarten.

▶ Die Tendenz, in Vereinen weniger auf die anerkannte Expertise Externer als vielmehr auf die zugeschriebenen Fachkenntnisse Interner zu vertrauen, befördert Entscheidungen, die aufgrund von Heuristiken und Meinungen Dritter getroffen werden.

Einsatz freiwilliger Kräfte Gemeinwohlorientierung aber auch finanzielle Restriktionen spiegeln sich in dem intensiven Einsatz freiwilliger Kräfte wider, wodurch sich besondere Führungs- und Steuerungsaufgaben ergeben, wie eine personalorientierte Führung, die Notwendigkeit von Schulungen oder die Bedeutung immaterieller Anreize wie Gemeinschaftsgefühl, Zugehörigkeit oder Verantwortung. Auf die Besonderheiten des Einsatzes und Umgangs mit freiwilligen Kräften wird unter Abschn. 4.3.4 ausführlich eingegangen.

Mischfinanzierung Veranstaltungen in privatrechtlich-gemeinnütziger Trägerschaft werden durch einen Zuwendungsgeber teilfinanziert. Vollfinanzierungen bleiben die Ausnahme. Die Zuwendung meint eine einseitige Leistung ohne marktwirtschaftlichen Leistungsaustausch durch einen Zuwendungsgeber an Stellen außerhalb der Verwaltung, wobei der Zuwendungsgeber (Bund, Land oder Kommune) „an der Erfüllung durch solche Stellen ein erhebliches Interesse hat, das ohne die Zuwendungen nicht oder nicht im notwendigen Umfang befriedigt werden kann" (§ 23 BHO). Die Finanzierung erfolgt dabei in der Regel als Projektfinanzierung (konsumtive Mittel), die innerhalb des geplanten Zeitrahmens verbraucht und nach den Allgemeine Nebenbestimmungen für Zuwendungen zur Projektförderung (ANBest-P) abgerechnet werden müssen. Die Zuwendung ist für den

Zuwendungsempfänger als eine Einnahme zu betrachten, die bei einer Teilfinanzierung durch weitere Einnahmequellen, hier sind auch Eigenanteile möglich, ergänzt werden müssen, um gegenüber dem Zuwendungsgeber glaubhaft vermitteln zu können, dass die Veranstaltung umgesetzt werden kann. Erfolgt die Finanzierung einer Veranstaltung durch mehrere Zuwendungsgeber, besteht die Gefahr eines Domino-Effektes, bei der die Bestätigung einer Zuwendung erst mit der Bestätigung der anderen Zuwendungsgeber erfolgen kann. Weitere privatrechtliche Einnahmen sind Sach- und Geldleistungen von Spendern und von Sponsoren. Sponsoring Leistungen sind dabei betriebswirtschaftlich als Einnahmen zu betrachten, da ein Güter- und Leistungsaustausch stattfindet, wohingegen bei Spenden eine Gegenleistung im Sinne eine Güteraustausches nicht erwartet werden kann. Ist der Verein gemeinnützig so kann dieser jedoch die Spende bescheinigen, womit der Spender die Möglichkeit erhält, die Spende steuerlich anzumelden.

▶   Die Abhängigkeit von Zuwendungen und anderen Einnahmen Dritter bedeutet für Veranstalter in privatrechtlich-gemeinnütziger Trägerschaft einen erhöhten Aufwand bei der Mittelakquisition und der Abrechnung dieser Mittel.

Gemeinwohl- und Erlösorientierung Die Interessen der privatrechtlich-gemeinnützigen Träger bestehen sowohl in der Erfüllung von Formal- wie von Sachzielen, wie sich in der komplizierten Verflechtung zwischen Vereinen, privatrechtlichen Organisationsformen und öffentlicher Hand bei Sportveranstaltungen gut zeigen lässt. Unzweifelhaft erlösorientierte Betriebsteile wie der Lizenz- und Rechtehandel erfolgt durch eine GmbH, worin der Verein wiederum als Gesellschafter agiert. Auch in den Teilmärkten Kulturveranstaltungen und Volksfeste wirken Gemeinwohl- und Erlösorientierung gleichermaßen, was zu Zielkonflikten führen kann, wie die Öffnung eines Straßenfestes auch für kommerzielle Imbissbuden, um die Einnahmen durch Standmieten zu erhöhen oder der Verzicht auf ein im Sinne des Gemeinwohlauftrages sinnvollen Veranstaltungsprogramms zugunsten eines den selbst formulierten Zielen wenigen passenden Programms, das aber eine höhere Attraktivität bei den Besuchern verspricht.

3.2.3   Privatwirtrechtlich-kommerzielle Trägerschaft

Als Betreiber in privatrechtlich-kommerzieller Trägerschaft werden diejenigen Organisationsformen bezeichnet, die nach privatem Recht bestehen unabhängig davon, ob die Versammlungsstätte im Eigentum der öffentlichen Hand ist und mit einem privaten Betreiber lediglich eine vertragliche Vereinbarung zur Gestellung eines Betreibers besteht oder Grund und Gebäude inklusive Ausstattung der Versammlungsstätte Eigentum des privatwirtschaftlichen Betreibers sind. Bei einem privatwirtschaftlichen Betreiber kann grundsätzlich von einer erlösorientierten, unternehmerischen Tätigkeit ausgegangen werden, da dieser auch ein unternehmerisches Risiko zu tragen hat. Die Erlösorientierung wird in den nachfolgenden Punkten deutlich:

Marktorientierte Entlohnung Ein privatwirtschaftlicher Betreiber ist unabhängig von Tarifen des öffentlichen Dienstes und kann marktorientiert dort übertarifliche Gehaltsmodelle durchsetzen, wo die Nachfrage nach kompetenten Fachkräften mit herausragenden technischen Fertigkeiten und Management-Fähigkeiten das Angebot übersteigt, wie bei den Ingenieuren der Veranstaltungstechnik und des Veranstaltungsmanagements und untertarifliche Löhne für diejenigen Tätigkeiten zahlen, für die nur eine relativ geringe Qualifikation erforderlich ist, wie beim Einlass, der Garderobe und allgemein in lediglich unterstützenden Unternehmensbereichen. Während bei einem Gehalt, das in einer Konkurrenzsituation im Arbeitsmarkt wirkt, von einem Anreiz ausgegangen werden kann, ist die Motivation schlecht bezahlter Kräfte, mehr Verantwortung zu übernehmen, nur eine geringe. Leistungsorientierte Entlohnungen sind möglich.

Flexible Beschäftigung Ein privatwirtschaftlicher Betreiber hat einen größeren Entscheidungsspielraum bei der Gestaltung der Beschäftigungsverhältnisse. Befristete Arbeitsverhältnisse für eine begrenzte Zeitdauer von wenigen Wochen bis Monaten sind möglich und häufig anzutreffen. Ein Rechtsanspruch auf Entfristung einer Stelle ist auch bei mehrfacher Verlängerung einer befristeten Tätigkeit zwar arbeitsrechtlich gestattet, doch in der Praxis der durch kleine und mittelständische Unternehmen geprägten Veranstaltungsbranche kaum durchsetzbar. Personal kann daher kurzfristiger nach Anforderung beschaffen werden, ohne dass eine dauerhafte Fixkostenbelastung befürchtet werden muss. In der Folge kann bei einem privatwirtschaftlichen Betreiber von einem hohen Anteil an befristet Beschäftigten ausgegangen werden, die für eine definierte Aufgabenstellung beim Betreiber beschäftigt sind. Ihnen fehlt dadurch gerade die im haus- und veranstaltungstechnischen Bereich erforderliche Routine, was eingespielte Abläufe betrifft. Man kann also von einem höheren Kommunikationsaufwand in der Abstimmung ausgehen.

Erlösorientierung Die erlösorientierte Ausrichtung des privatwirtschaftlichen Betreibers führt automatisch zu einer Auslastungsorientierung sowohl bei Betrachtung der einzelnen Veranstaltung, wenn der Betreiber auch Veranstalter ist, als auch bei der kontinuierlichen Vermietung von Räumlichkeiten und Dienstleistungen an Veranstalter. Hierbei wird ein privatwirtschaftlicher Betreiber bemüht sein, das Angebot zu verbreitern z. B. durch die Weiterentwicklung von Werkstätten als Profitcenter für Kunden außerhalb des eigenen Hauses oder durch die Aufteilung und den Umbau bestehender Räumlichkeiten zur Vermietung, um Nachfragen von Veranstaltungen jeder Größe bedienen zu können. Vorrangiges Ziel ist daher eine ganzjährig möglichst kontinuierlich hohe Auslastung zu haben, um sich unabhängig von den branchenspezifisch starken saisonalen Schwankungen zu machen.

Entscheidungskompetenz bei der Beschaffung Beschaffungsentscheidungen können durch den privatwirtschaftlichen Betreiber direkt getroffen werden. Eine weitere Abhängigkeit von den Regeln der öffentlichen Haushaltsführung sowie den Vergabe- und Verdingungsordnungen mit den dort eingehend beschriebenen Ausschreibungsverpflichtungen besteht nicht. Beschränkte, nicht öffentliche oder terminlich verkürzte Ausschreibungen sind dann ohne weitere Begründung umsetzbar und können Beschaffungsprobleme zügig lindern. Ob von dieser Möglichkeit jedoch Gebrauch gemacht wird, hängt von den unternehmerischen Einzelfallentscheidungen ab. Da durch die Gewinnorientierung ein Nachfragedruck nach innovativen technischen oder baulichen Lösungen wie z. B. eine digitale Besucherführung in Kongresszentren oder ein zeitgemäßes Ambiente in den Cateringbereichen von Mehrzweckhallen schneller spürbar wird, kann bei privatwirtschaftlichen Betreibern von kürzeren Investitionszyklen ausgegangen werden.

Fragen/Aufgaben

1. Welche Bedeutung hat die Trägerschaft?
2. Beschreiben Sie das Drei-Sektoren-Modell.
3. Nennen Sie mindestens fünf Unterschiede zwischen öffentlich-rechtlicher und privatrechtlich-gemeinnütziger Trägerschaft.
4. Erläutern Sie die Folgen der Erlösorientierung bei privatrechtlich-kommerzieller Trägerschaft.

3.3   Weitere Veranstaltungstypologien

Nach Unterscheidung der Veranstaltungsbranche in die Teilmärkte und nach der Trägerschaft werden nachfolgend weitere Veranstaltungstypologien vorgestellt. Um Veranstaltungstypen zu bilden, bieten sich unterschiedliche Parameter an: Größe, Veranstaltungsort, Veranstaltungsraum, Schutzziele und Gestalt.

3.3.1   Veranstaltungsgröße

Eine Kategorisierung von Veranstaltungen nach ihrer Veranstaltungsgröße ist ebenso wichtig wie nahe liegend. Mit zunehmender Größe steigt der Aufwand. Die Komplexität der Veranstaltungsplanung und -organisation nimmt zu. Es sind erhöhte Anforderungen in Bezug auf die Professionalität und Qualität an alle beteiligten Akteure zu stellen. Die Sicherheitsplanung gewinnt an Bedeutung. Die Kosten steigen. Doch was meint eigentlich Veranstaltungsgröße? Die Größe des Veranstaltungsgeländes? Die Anzahl der erwarteten Besucher? Höchstbesucherzahl oder Besucherzahl im Tagesdurchschnitt? Die Anzahl der Programmpunkte bzw. Attraktionen oder die Veranstaltungsdauer? Alle diese Größen sind relevante Kennzahlen zur Beschreibung der Veranstaltungsgröße, doch nicht alle sind gleichermaßen im Gebrauch.

Als Maß für die Veranstaltungsgröße eignet sich zunächst die Besucherzahl. Diese muss jedoch genauer spezifiziert werden. Eine wichtige Größe für mehrtägige Veranstaltungen wie Messen und Ausstellungen oder Volksfeste ist die mittlere Besucher- bzw. Teilnehmerzahl über den gesamten Veranstaltungsverlauf.

▶ **Teilnehmer/Besucher** Als Teilnehmer werden diejenigen bei einer Veranstaltung Anwesenden gemeint, die in irgendeiner Form aktiv an der Veranstaltung mitwirken, wohingegen die Besucher passiv der Veranstaltung beiwohnen.

Holzbaur et al. weisen aber darauf hin, dass die Abgrenzung nicht immer einfach ist. Als Unterscheidungsmerkmale werden die frühzeitige Verpflichtung zur Teilnahme gegen Honorar oder Kostenerstattung, die kostenneutrale oder mit eigenen Aufwänden (Reise) verbundene Teilnahme oder die Anmeldung und nachfolgende Bezahlung gesehen (Holzbaur et al. 2010, S. 20). Aktivität macht sich den Autoren folgend also nicht am Grad der Gestaltungsmöglichkeit des Geschehens durch die Teilnehmer fest, sondern an den geforderten Teilnahmegebühren bzw. Aufwendungen der Teilnehmer. Die Unterscheidung in Teilnehmer- und Besucherzahl in Hinblick auf die Kategorisierung der Veranstaltungsgröße ist relevant, da nach dieser Begriffsbestimmung, auch Veranstaltungen mit einer geringen Teilnehmerzahl mit erhöhten Planungs- und Umsetzungsaufwand verbunden sind, da in einem Teilnehmermanagement die Teilnehmer erfasst, Zahlungseingänge kontrolliert und am Veranstaltungsort die Teilnehmer identifiziert und eine Zugangsberechtigung überprüft werden müssen. Veranstaltungen der MICE-Industrie kennen zumeist nur Teilnehmer. Bei Sportveranstaltungen des Breiten- und Freizeitsports, wie Lauf- oder Radsportveranstaltungen, dienen sowohl die Besucher- als auch die Teilnehmerzahl als Angaben zur Veranstaltungsgröße.

Die mittlere Besucherzahl ist gerade bei mehrtägigen Veranstaltungen eine wichtige Größe für Ressourcenplanung und die Berechnung der Reichweiten von Veranstaltungen. Die Höchstbesucherzahl ist hingegen in Hinblick auf Auslastung und Sicherheitsplanung eine wichtige Größe. Auch für Medien, private und öffentliche Finanzierungsgeber bedeutet die Höchstbesucherzahl die wichtigste Größe. Sie wird zumeist bei eintägigen Veranstaltungen mit der Reichweite und somit mit der Veranstaltungsgröße gleichgesetzt. Soweit dies durch Besucherbefragung, Stichproben oder Besucherzählung bei Ein- und Auslass bei mehrtägigen Veranstaltungen wie Volksfesten, Messen und Ausstellungen, Sportveranstaltungen oder Festivals möglich ist, kann auch die durchschnittliche Aufenthaltsdauer von Interesse sein. Bei Einzelveranstaltungen mit nur einem Programmpunkt ist die Aufenthaltsdauer in der Regel identisch mit der Veranstaltungsdauer.

Angaben zur Veranstaltungsdauer ermöglichen zusammen mit der mittleren Besucherzahl Aussagen zur Veranstaltungsgröße nicht nur in Hinblick auf die rechnerische Gesamtbesucherzahl, sondern auch in Bezug auf die besonderen Anforderungen bei der Planung und Umsetzung wie die Berücksichtigung von Übernachtungsmöglichkeiten, die Sicherheitsplanung in den nächtlichen Ruhezeiten, die Versorgung der Besucher oder die notwendige Infrastruktur.

Die einzelnen Stufen der Kategorisierung von Veranstaltungen nach der Veranstaltungsgröße sind nicht eindeutig und vollziehen sich innerhalb eines breiten Spektrums. So nennen Holzbaur et al. (2010, S. 18), siehe auch Tab. 3.2, lediglich Brandbreiten zwischen denen Veranstaltungen denkbar sind.

Tab. 3.2 Spektrum der Veranstaltungen nach Veranstaltungsgrößen. (Eigene Darstellung in Anlehnung an Holzbaur et al. 2010, S. 18)

	Minimal	Maximal
Dauer	1 h	Mehrere Wochen
Teilnehmer	Wenige	100.000
Spitzenbesucherzahl	Wenige	Mehr als eine Million
Gesamtbesucher	Wenige	Mehrere Millionen

Als Annäherung zur Unterscheidung von Veranstaltungen nach der Besucherzahl bietet sich das Regelwerk zum Bau und Betrieb von Versammlungsstätten, die Muster-Versammlungsstättenverordnung (MVStättVO) an. Sie findet erst Anwendung, bei

> Versammlungsstätten mit Versammlungsräumen, die einzeln mehr als 200 Besucher fassen oder auch für Versammlungsstätten mit mehreren Versammlungsräumen, die insgesamt mehr als 200 Besucher fassen, wenn diese Versammlungsräume gemeinsame Rettungswege haben; Versammlungsstätten im Freien mit Szenenflächen und Tribünen, die keine fliegenden Bauten sind und insgesamt mehr als 1.000 Besucher fassen; Sportstadien und Freisportanlagen mit Tribünen, die keine fliegenden Bauten sind, und die jeweils insgesamt mehr als 5.000 Besucher fassen (§ 1 MVStättVO).

Die Verordnung nennt drei zahlenmäßige Größen. 200 Besucherplätze in Versammlungsstätten, 1000 Besucherplätze bei Veranstaltungen im Freien und 5000 Besucherplätze bei Veranstaltungen in Stadien. Wichtig ist hierbei die Unterscheidung zwischen Besucherplätzen und Besuchern. Es zählen im Sinne des Baurechts nicht die Anzahl der realen Besucher, sondern die möglichen Besucher (Kapazität). Diese baurechtlich verankerten Größen für die Unterscheidung zwischen einer zu genehmigenden Veranstaltung und Kleinveranstaltungen mit weniger als 200 Besuchern ist eine wichtige Größe, da sich daraus Genehmigungsverpflichtungen ergeben.

Die Größe von 5000 Besucherplätzen wird im Zusammenhang mit dem § 43 Abs. 2 MVStättVO erneut genannt. Hier bildet diese Größe den Schwellenwert, bei dem ein Sicherheitskonzept für eine Veranstaltung spätestens erforderlich wird. Zur Bestimmung einer Großveranstaltung bieten sich die Quellen zur Veranstaltungssicherheit als Orientierung an. Die Richtlinie zur Einsatzplanung bei Großveranstaltungen der Vereinigung zur Förderung des Deutschen Brandschutzes nennt folgende wiederum qualitativen Merkmale von Großveranstaltungen:

- eine sehr große Anzahl von Besuchern mit unterschiedlicher Herkunft, Kultur und Sprache
- unter Einbeziehung der Einwohner
- mit einer besonderen Bedeutung für die Region, national oder sogar international
- meistens in der Innenstadt oder auf besonderen Flächen (vfdb 2010)

Der Orientierungsrahmen des Ministeriums für Inneres und Kommunales NRW für die kommunale Planung, Genehmigung, Durchführung und Nachbereitung von Großveranstaltungen im Freien ergänzt die qualitativen Merkmale einer Großveranstaltung um quantitative Größen: „Großveranstaltungen im Sinne dieses Orientierungsrahmens sind Veranstaltungen, 1. zu denen täglich mehr als 100.000 Besucher erwartet werden, oder 2. bei denen die Zahl der zeitgleich erwarteten Besucher ein Drittel der Einwohner der Kommune übersteigt und sich erwartungsgemäß mindestens 5000 Besucher zeitgleich auf dem Veranstaltungsgelände befinden" (MIK 2012, S. 5) Anders als die MVStättVO spricht der Orientierungsrahmen als Unterstützung für Genehmigungsbehörden bei Veranstaltungen im Freien von erwarteten Besuchern und nicht von dem potenziell möglichen Fassungsvermögen einer Versammlungsstätte.

Der Event Safety Guide aus Großbritannien unterscheidet zwischen Arena-Events, großen und kleinen Events. Während sich die Arena-Events durch den Veranstaltungsort definieren, werden zur Unterscheidung von großen und kleinen Events sowohl qualitative als auch quantitative Größen berücksichtigt. Auf große Events treffen eines oder mehrere der folgenden Kriterien zu:

- Mehrere Bühnen
- Mehrere Programmpunkte
- Mehrere Attraktionen
- Mehrere Tage
- Größe des Veranstaltungsgeländes
- Und als quantitative Größe mehr als 15.000 Besucher (HSE 1999, S. 149)

Als kleine Events werden in der Umkehrung alle Veranstaltungen begriffen, auf die die oben genannten Kriterien nicht zutreffen, die aber mehr als 2000 Besucher haben, da der Event Safety Guide von dieser Mindestgröße ausgeht. Bowdin et al. (2011, S. 19 ff.) unterscheiden in Bezug auf die Größe in:

- Local events: Örtliche und familienorientierte Veranstaltungen in öffentlicher Trägerschaft und in Zusammenarbeit mit privatrechtlich-gemeinnützigen Organisationen-
- Major events: Veranstaltungen von überregionaler Bedeutung und breiterer Berichterstattung in den Medien.
- Hallmark events: Veranstaltungen die von identitätsstiftender Bedeutung für eine Stadt oder Region sind.
- Mega-events: Großveranstaltungen von internationaler Ausstrahlungskraft mit mehr als 1 Mio. Besucher und einem Finanzvolumen von mehr als 500 Mio. US$.

Der Meeting- und Event-Barometer (EITW 2016) unterteilt Veranstaltungen in folgende sechs Größenklassen: Veranstaltungen bis 50, bis 100, bis 250, bis 500, bis 1000, bis 2000, bis 5000 und über 5000 Teilnehmer. Diese Unterteilung ist jedoch ausschließlich für den Teilmarkt der MICE-Industrie relevant, da aus der Perspektive der wichtigsten Akteure in diesem Teilmarkt, den Kongress- und Tagungshotels, auch Veranstaltungen unter 200 Besucher berücksichtigt werden.

Nicht zuletzt aus Marketinggründen hat sich im Sprachgebrauch der Begriff des Mega-Events als Bezeichnung für diejenigen Veranstaltungen durchgesetzt, die in Bezug auf Veranstaltungsgröße und/oder Dauer über die aufgeführten qualitativen und quantitativen Merkmale von Großveranstaltungen hinaus gehen wie das „Still-Leben", die Sperrung der Autobahn A 40 über die gesamte Länge und Nutzung als Veranstaltungsfläche im Rahmen von Europas Kulturhauptstadt RUHR 2010 oder die EXPO 200 in Hannover mit 40 Mio. Besuchern an 153 Tagen (Betz 2012; Holzbaur et al. 20110; S. 18).

3.3.2 Veranstaltungsort und -raum

Hierbei wird zwischen Veranstaltungen unter freiem Himmel und Veranstaltungen in einem umbauten Raum unterschieden. Als Indoor-Veranstaltungen können alle Veranstaltungen zusammengefasst werden, die in Gebäuden stattfinden. Gebäude sind laut § 2 Abs. 2 MBO „selbstständig benutzbare, überdeckte bauliche Anlagen, die von Menschen betreten werden können und geeignet oder bestimmt sind, dem Schutz von Menschen, Tieren oder Sachen zu dienen". Outdoor-Veranstaltungen lassen sich in Veranstaltungen unterscheiden, die der Versammlungsstättenverordnung unterliegen (§ 1 MVStättVO) und Veranstaltungen im Freien auf privaten und öffentlichen Plätzen. Wird die Outdoor-Veranstaltung für mehr als 1000 Besucher auf einer Festwiese, einem Freigelände, in einem Park oder einer sonstigen Fläche mit einer Szenenfläche und Tribünen geplant, die keine fliegenden Bauten sind, (gemäß Fassung von 2014) so gilt die MVStättVO in ihren landesspezifischen Fassungen. Die Länder haben die hier aufgeführte Aktualisierung von 2014 nur teilweise in Landesrecht überführt. Hier gilt zumeist die vorherige Fassung, nach der Veranstaltungen im Freien dann unter die Versammlungsstättenverordnung fallen, wenn sie mehr als 1000 Besucher fasst und ganz oder teilweise aus baulichen Anlagen besteht. Outdoor-Veranstaltungen auf öffentlichen und privaten Plätzen, Straßen und Wegen ohne bauliche Fassung und Szenenfläche nach alter Version und ohne Tribünen nach Überarbeitung unterliegen damit nicht der Versammlungsstättenverordnung.

Aus der Praxis heraus hat sich eine Unterscheidung in rural und urban durchgesetzt, auch wenn dies selten so benannt wird. Als rural werden Großveranstaltungen auf dem Land zwischen Wacken (Wacken Open Air) und Gräfenhainichen (Melt!) und viele weitere größere und kleinere Musikfestivals mit zum Teil mehreren Tausend Besuchern eingeordnet. Als urbane Großveranstaltungen gelten Sondernutzungen öffentlicher Plätze wie ein klassisches Konzert auf dem Marktplatz, Sportveranstaltungen wie der Berlin-Marathon oder die Rosenmontagsumzüge in Düsseldorf oder Köln.

Die Unterscheidung ist sinnvoll, da sich daraus Ableitungen in Bezug auf die Beeinträchtigung durch Lärm im Sinne des Bundesimmissionsschutzgesetzes (BImSchG) bzw. der Technischen Anleitung zum Schutz gegen Lärm (TA Lärm), aber auch zur Infrastruktur, bei der An- und Abreise und bei der Planung der Anfahrtswege, der Befestigung der Veranstaltungsfläche oder der ausreichenden Bereitstellung von Sanitäranlagen für alle Besucher ergeben. So wichtig diese Unterscheidung damit auch ist, so schwer fällt eine

Abgrenzung, wann ein Veranstaltungsgelände als rural und wann es als urban zu gelten hat. Architekten können den urbanen Veranstaltungsort als den Raum beschreiben, der durch die umliegenden Bauwerke definiert wird. Die Freifläche ergibt sich durch die Fassaden der umgrenzenden Bebauung. Fehlen diese baulichen Grenzen, wird die Freifläche also durch Baumreihen, Hecken oder Ackerfläche begrenzt, kann von einem ruralen Veranstaltungsort ausgegangen werden. Doch die Unterscheidung bleibt ungenau und macht sich zumeist an der Gemeindegröße fest.

3.3.3 Schutzzielorientierte Parameter

Die schutzzielorientierten Parameter sind ausgerichtet an einer Bewertung der Gefährdungen. Als oberstes Schutzziel der Versammlungsstättenverordnung gilt der Schutz von Leib und Leben der Personen in der Versammlungsstätte. Daraus abzuleiten ist ein Schutz für die Personengruppen der Besucher, der Mitarbeiter und Akteure. Die schutzzielorientierten Parameter leiten ihre Typisierung aus der Bewertung der Gefährdungen für Besucher und Teilnehmer ab. Die bekanntesten Systeme nehmen bestehende Berechnungsmodelle zur Einsatzkräftebemessung des Sanitäts- und Rettungsdienstes auf und übertragen die dort beschriebenen Faktoren auf die gesamte Veranstaltung. Das „Maurer-Schema" ist ein von Klaus Maurer entwickeltes Berechnungsverfahren zur Risikobewertung bei Großveranstaltungen (Maurer 2005, S. 25 f.). Hierbei kann durch einen einfachen und damit bedienerfreundlichen Algorithmus ermittelt werden, welchen Umfang der Sanitäts- und Rettungsdienst für geplante Veranstaltungen haben sollte. Da dabei Risikofaktoren wie die Art der Veranstaltung, die Besucherzahl oder die Anzahl der teilnehmenden VIPs in die Berechnung einbezogen werden, bildet das Maurer-Schema eine Grundlage zur Kategorisierung von Veranstaltungen. Dem Algorithmus liegen Erfahrungswerte zugrunde. Das „Berliner Modell" ist ein von der Berliner Senatsverwaltung für Inneres und Sport in Zusammenarbeit mit den Hilfsorganisationen und der Feuerwehr entwickeltes Konzept, das ebenso wie das Maurer-Schema zur Bemessung von Sanitätsdiensten für Veranstaltungen dient. Es kann auf jegliche Arten von Großveranstaltungen angewandt werden (Senatsverwaltung 2011). Ebenso wird der „Kölner Algorithmus" genutzt, der 2006 in Vorbereitung zur Fußball-WM in Deutschland entwickelt wurde und vor allem zur Bedarfsplanung eingesetzt wird, dabei beruht er auf empirischen Daten und dient ebenso wie das „Maurer Schema" und das „Berliner Modell" zur Planung der Rettungs- und Sanitätsdienste auf Grundlage von Risikofaktoren (Schmidt 2011, S. 420 ff.).

▶ **Gestalt einer Veranstaltung** Die Gestalt einer Veranstaltung beschreibt die räumliche Anordnung von Szenen- und Publikumsfläche sowie die Bewegung der Besucher auf der Veranstaltungsfläche und in Beziehung zur Umgebung. Berücksichtigt werden dabei das Aussehen, die Orientierung und die Wirkung der Beziehungen: Besucher-Szenenfläche, Szenenfläche-Veranstaltungsfläche und Veranstaltungsfläche-Umgebung.

Dadurch ergeben sich folgende Gestalten wie in Abb. 3.12 dargestellt (Paul und Sakschewski 2014, S. 56 ff.):

Die klassische Gestalt der Veranstaltung ist das Muster. Der Zugang zur Szenenfläche erfolgt über für die Besucher nicht zugängliche und zumeist nicht sichtbare Bereiche. Die Besucher sitzen in Reihen neben- und hintereinander. Die Szenenfläche ist definiert und ihre Position verändert sich während der Veranstaltung nur in einem durch das Bühnenportal vorgegebenen Maß. Bei der Gestalt Rechteck bewegt sich das Publikum während der Veranstaltung. Der Zugang zur Szenenfläche für Technik und Künstler erfolgt von der dem Publikum abgewandten Seite und wird gesichert. Das Veranstaltungsgelände ist durch (temporäre) raumbildende Maßnahmen von der Umgebung getrennt. Der Einlass erfolgt zu einem definierten Zeitpunkt über einen oder mehrere Eingänge. Bei der Arena liegt die Szenenfläche im Zentrum. Das Veranstaltungsgelände ist durch (temporäre) raumbildende Maßnahmen von der Umgebung getrennt. Der Einlass erfolgt zu einem definierten Zeitpunkt über einen oder mehrere Eingänge. Als Vieleck gelten alle Veranstaltungen mit mehreren Szenenflächen, auf denen parallel oder nacheinander ein Veranstaltungsprogramm zu sehen ist. Besuchergruppen bewegen sich damit zur Hauptbühne hin oder von ihr weg, wechseln hierbei während der Veranstaltungsdauer ihre Position. Die Veranstaltungsfläche ist von der Umgebung getrennt. Die Ein- und Ausgänge sind durch die Gestalt der Veranstaltungsfläche unterschiedlich nah oder fern vom Veranstaltungsort.

Bei der Hantel befinden sich zwei Szenenflächen in der maximalen Ausdehnung der Veranstaltungsfläche voneinander entfernt. Die Hantel verlangt eine gut geplante Aufteilung der Leitsysteme aus der Umgebung, der Eingänge, aber auch des Veranstaltungsprogramms, da tendenziell die Gefahr besteht, dass eine Seite der Hantel übergewichtig wird und sich vor der Szenenfläche eine zu große Besuchermenge ballt. Bei der Schlange bewegen sich nicht die Besucher, sondern bewegt sich die Szenenfläche entlang der Besucher wie z. B. bei einem Karnevalsumzug oder bei einem Marathon. Als Sonderform der Schlange kann die Szenenfläche als temporär von der Besucherfläche abgegrenzter Bereich wie bei einem Straßentheater eine variable Form besitzen. Die Gestalt Marktplatz bzw. Kirmes ist komplex und geprägt von einer Gleichzeitigkeit der Angebote, der Nutzung von bestehenden Räumlichkeiten, der Bewegung des Publikums und der nur in einem sehr beschränkten Maße begrenzbaren Veranstaltungsfläche. Die Umgebung.

Fragen/Aufgaben

1. Welche Stufen der Kategorisierung von Veranstaltungen nach der Veranstaltungsgröße kennen Sie?
2. Nennen Sie die Merkmale von Großveranstaltungen.
3. Woran orientieren sich schutzzielorientierte Kategorisierungen?
4. Was bedeutet die Gestalt einer Veranstaltung?

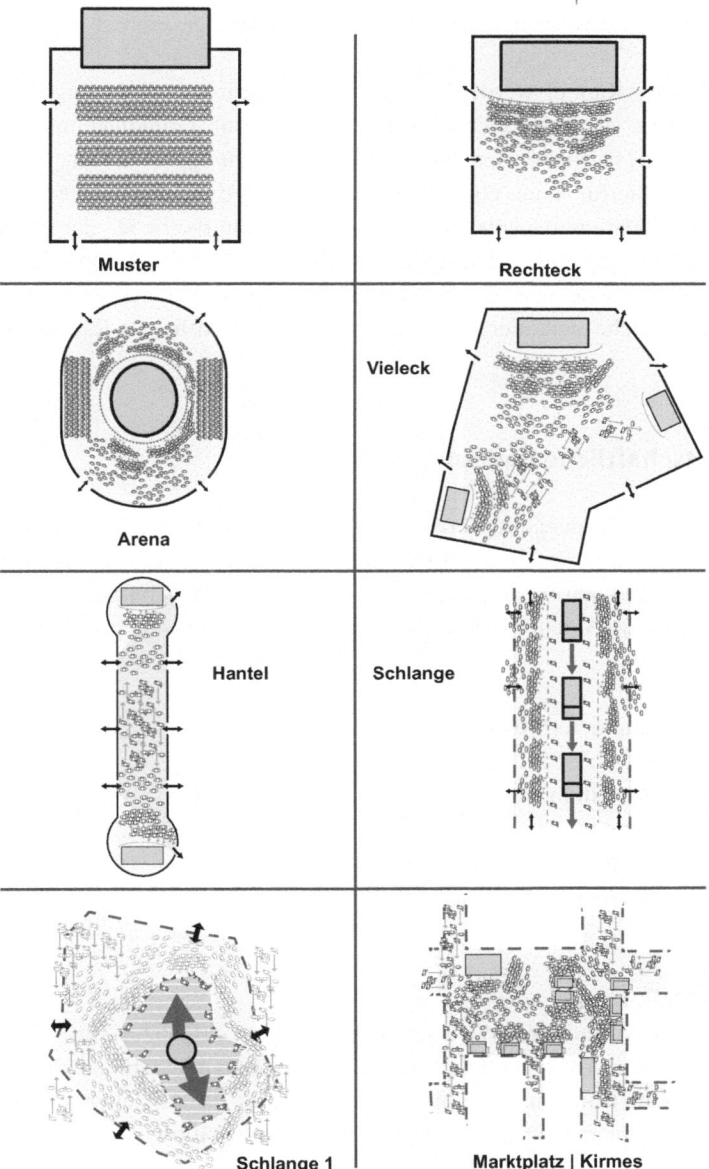

Abb. 3.12 Typisierung von Veranstaltungen nach ihrer Gestalt. (Quelle: Eigene Darstellung in Anlehnung an Paul und Sakschewski 2014, S. 56 ff.)

3.4   Wirtschaftliche Rahmenbedingungen

Im nachfolgenden Kapitel werden die wirtschaftlichen Rahmenbedingungen der Veranstaltungsbranche analysiert. Dazu wird zunächst auf Grundlage unterschiedlicher Quellen die wirtschaftliche Bedeutung der Veranstaltungswirtschaft in Deutschland beschrieben. Da hierfür keine einheitliche Darstellung existiert, wird Material aus den Bereichen der Kreativwirtschaft, des Sports, der Kulturbetriebe, der Kongress- und Tagungswirtschaft und des Schaustellergewerbes berücksichtigt. Im nächsten Schritt werden die vorherrschenden Unternehmensformen und Unternehmensgrößen in der Veranstaltungsbranche diskutiert und daraus die wirtschaftlichen Rahmenbedingungen abgeleitet.

3.4.1   Wirtschaftliche Bedeutung

Um den Anteil der Veranstaltungsbranche an der Bruttowertschöpfung abzuschätzen, ist es notwendig, auf sehr unterschiedliche Sekundärquellen zurückzugreifen. Dafür wird die Aufteilung in Teilmärkte aufgenommen, wie sie unter Abschn. 3.1.1 ausführlich dargestellt wird, um die Akteure und die unterschiedlichen Wertschöpfungsketten abbilden zu können.

- Kulturveranstaltungen (Musik, Tanz und Schauspiel)
- Fernsehproduktionen
- Messen und Ausstellungen
- Sportveranstaltungen
- MICE (Meeting, Incentive, Conventions und Event)
- Konzertveranstaltungen
- Volksfeste

Kulturveranstaltungen
Die gesamte Kultur- und Kreativwirtschaft hat im Jahr 2012 62,4 Mrd. EUR umgesetzt (BMWi 2014). Darin sind alle elf Teilmärkte der Kreativwirtschaft enthalten: Musikwirtschaft, Buchmarkt, Kunstmarkt, Filmwirtschaft, Markt für darstellende Künste, Architekturmarkt, Designwirtschaft, Pressemarkt, Werbemarkt, Software/Games-Industrie und Sonstige. Aus den unter 3.1.1 ausführlich dargestellten Überlegungen lassen sich drei für die Veranstaltungsbranche relevante Teilmärkte identifizieren: Musikwirtschaft, Markt für darstellende Künste und Werbemarkt. Diese dürfen jedoch nicht vollumfänglich für eine Berücksichtigung der Bruttowertschöpfung von Kulturveranstaltungen berücksichtigt werden, sondern es müssen die im Nomenclature statistique des activités économiques dans la Communauté européenne (NACE-Code) zur statistischen Systematik der Wirtschaftszweige in der Europäischen Gemeinschaft ausgewiesenen Teilbereiche der Wertschöpfungskette in Hinblick auf ihre Bedeutung für die Veranstaltungswirt-

schaft überprüft werden. Die in der Tabelle genannten Wirtschaftszweigklassen, denen auch das Monitoring der wirtschaftlichen Eckdaten der Kultur- und Kreativwirtschaft des Bundesministeriums für Wirtschaft und Energie zugrunde liegt, beruht auf dem für alle europäischen Mitgliedsstaaten verbindlichen NACE-Code und wird nach dem Jahr der letzten Überarbeitung und Veröffentlichung auch WZ 2008 genannt. Da die Übernahme der Gliederung der NACE rechtsverbindlich war, bezog sich der nationale Freiraum bei der Revision nur auf die tieferen Unterteilungen (Unterklassen) (Destatis 2008, S. 15).

Wirtschaftszweige, die für die Wertschöpfungskette in der Veranstaltungsbranche nicht relevant sind, sind in der Tab. 3.3 dunkelgrau hinterlegt. Wirtschaftszweige, die sowohl im Teilmarkt Musikwirtschaft, als auch im Markt für darstellende Künste auftauchen, sind hellgrau unterlegt. Sie werden hälftig für die Betrachtung der Bruttowertschöpfung berücksichtigt. Die andere Hälfte wird im Teilmarkt Konzertveranstaltungen berücksichtigt. Wirtschaftszweige, für die eine Veranstaltung nur einen Teil der möglichen Produkte und Dienstleistungen darstellt, fließen nur zu 50 % (grau) in die Betrachtung der Bruttowertschöpfung ein, bzw. beim Werbemarkt nur zu 20 % (hellgrau) ein, um nur denjenigen Teil des Werbemarktes zu berücksichtigten, der direkt mit der Konzeption, Planung und Umsetzung von Veranstaltungen zu tun hat (Event-Agenturen, Sponsoring etc.).

Auf Grundlage dieser Überlegungen ergibt sich 2012 ein korrigierter Anteil von 12,1 % der gesamten Bruttowertschöpfung des Kultur- und Kreativmarktes oder 7,55 Mrd. EUR. Darin sind ein Anteil von 0,52 Mrd. EUR des Teilmarktes Musikwirtschaft, 2,36 Mrd. EUR aus dem Markt für darstellende Künste und 4,67 Mrd. EUR des Werbemarktes enthalten. Diese Umsätze wurden von 4801 Unternehmen der Musikwirtschaft (Durchschnittlicher Umsatz je Unternehmen: 107.894 EUR), von 12.412 Unternehmen aus dem Markt der Darstellenden Künste (Durchschnittlicher Umsatz je Unternehmen: 190.501 EUR) und von 6375 Unternehmen des Werbemarktes (Durchschnittlicher Umsatz je Unternehmen: 732.141 EUR) erwirtschaftet (BMWi 2014). Diese in den Teilmärkten Musik und Schauspiel bzw. Tanz sehr niedrigen Umsätze sind ein weiterer Beleg für den hohen Anteil an Solo-Selbstständigen und Kleinstunternehmen, wie dies im Abschn. 3.4.2 ausführlicher erläutert wird. Die hier zusammengeführten Wirtschaftszweige in den drei Teilmärkten beschäftigten 2012 gesamt 61.150 Mitarbeiter.

Hinzuzurechnen zu den Umsätzen im privatwirtschaftlichen Sektor der Kreativ- und Kulturwirtschaft sind die Zahlen des öffentlich-rechtlichen Sektors. Zugrunde gelegt werden die Zahlen des Deutschen Bühnenvereins (2015) wobei zur direkten Vergleichbarkeit nicht die aktuelleren Zahlen aus der Spielzeit 2013/2014, sondern die Zahlen aus der Spielzeit 2012/2013 berücksichtigt werden. Insgesamt werden darin die Zahlen von 128 öffentlichen Theaterunternehmen und Spielstätten mit insgesamt 67.797 einzelnen Veranstaltungen in 5473 Inszenierungen aufgenommen. Durch insgesamt 20,58 Mio. Besucher erzielten die deutschen Theater und Spielstätten in der Saison 2012/2013 Einnahmen in Höhe von 339,07 Mio. EUR. Durch Gastspiele, Einnahmen aus Übertragungsrechten, privaten Zuschüssen und sonstigen Einnahmen konnten weitere 158,22 Mio. EUR eingenommen werden. Als ständige und nicht ständige abhängig

Tab. 3.3 Übersicht der Wirtschaftszweige der drei für die Veranstaltungsbranche relevanten Teilmärkte der Kultur- und Kreativwirtschaft gemäß dem Monitoring der Kreativwirtschaft. (Quelle: Eigene Darstellung in Anlehnung an BMWi 2014)

Markt für darstellende Künste		Musikwirtschaft		Werbemarkt	
WZ 2008	Wirtschaftszweig	WZ 2008	Wirtschaftszweig	WZ 2008	Wirtschaftszweig
90.01.4	Selbstständige Bühnen-, Film-, TV-Künstler/-innen	90.03.1	Selbstständige Musiker/-innen etc.	73.11	Werbeagenturen/Werbegestaltung
90.01.3	Selbstständige Artisten/-innen, Zirkusbetriebe	90.01.2	Musik-/Tanzensembles	73.12	Vermarktung und Vermittlung von Werbezeiten/-flächen
90.01.1	Theaterensembles	59.20.1	Tonstudios etc.		
90.04.1	Theater- und Konzertveranstalter	59.20.2	Tonträgerverlage		
90.04.2	Private Musical-/Theaterhäuser, Konzerthäuser etc.	59.20.3	Musikverlage		
90.04.3	Varietés und Kleinkunstbühnen	90.04.1	Theater-/Konzertveranstalter		
90.02	Erbringung von Dienstleistungen für die darstellende Kunst	90.04.2	Private Musical-/Theaterhäuser, Konzerthäuser etc.		
85.52	Kulturunterricht/Tanzschulen	90.02	Erbringung von Dienstleistungen für die darstellende Kunst		
		47.59.3	Einzelhandel mit Musikinstrumenten etc.		
		47.63	Einzelhandel mit bespielten Tonträgern etc.		
		32.20	Herstellung von Musikinstrumenten		

Beschäftigte wurden in der Spielzeit 63.999 Personen gezählt. Als Theaterunternehmen und Spielstätte des öffentlichen Sektors besteht der Hauptanteil der Einnahmen aus Zuwendungen der öffentlichen Hand (Bund, Land und Kommune). 2,3 Mrd. EUR an Zuwendungen flossen in der Saison 2012/2013 in Theater und Spielstätten. Die gesamten Einnahmen inklusive weiterer besonderer Finanzierungseinnahmen betrugen für 2012/2013 2,84 Mrd. EUR (Deutscher Bühnenverein 2015).

Für den Teilbereich Kulturveranstaltungen ergeben sich so zusammengefasst folgende Schätzungen: Die Bruttowertschöpfung betrug in dem betrachteten Zeitraum 2012 11,7 Mrd. EUR. Die Anzahl der sozialversicherungspflichtig Beschäftigten hat 2012 rund 132.000 betragen.

Fernsehproduktionen
Der Teilmarkt Filmwirtschaft umfasst laut Monitoring des Bundesministeriums für Wirtschaft und Energie die Wirtschaftszweige Einzelhandel mit bespielten Ton- und Bildträgern, Herstellung von Filmen, Videofilmen und Fernsehprogrammen, Filmverleih und -vertrieb, Kinos, Videotheken und Selbstständige Bühnen-, Film-, Hörfunk- und Fernsehkünstlerinnen und -künstler sowie sonstige darstellende Kunst, von denen jedoch nur zwei Teilbereiche für die Betrachtung der Veranstaltungswirtschaft relevant sind: Film/TV-Produktion (WZ-2008 59.11) und Nachbearbeitung/Sonstige Filmtechnik (WZ-2008 59.12) (BMWi 2014). Doch auch in diesen beiden Wirtschaftszweigen besteht der wesentliche Teil der Wertschöpfung der darunter erfassten Unternehmen in der Produktion von Fernsehstücken und Filmen und nicht in dem Live-Entertainment. Hierfür liegen keine direkten Zahlen vor.

Wie bereits in Abschn. 3.1.2 erläutert, ist der veranstaltungsorientierte Teil der Filmwirtschaft eher den Produzenten im weiteren Sinne zuzuordnen, worunter auch Dienstleistungsproduzenten zu verstehen sind, die Sender bei ihren Eigenproduktionen unterstützen, und nicht wie die klassische Filmproduktionsfirma die wirtschaftliche Gesamtverantwortung tragen (Castendyk und Goldhammer 2012, S. 20). Für 2011 konnten Castendyk und Goldhammer auf Basis der Hochrechnung der Stichprobe annähernd gleich verteilte Umsätze bei den klassischen Produzenten (50,6 %) und den Produktionsunternehmen im weiteren Sinn (49,4 %) ermitteln (Castendyk und Goldhammer 2012, S. 33). Ebenso muss berücksichtigt werden, dass die klassischen Produzenten sich in TV- und Kinoproduzenten unterscheiden lassen. Dopplungen existieren nur in einem vernachlässigbaren Umfang, denn TV-Produzenten machen 89 % ihres Umsatzes mit TV-Produktion und nur 4 % mit Kinoproduktionen. Und umgekehrt erwirtschaften auch Kinoproduzenten 89 % durch Kinoproduktionen und nur 9 % mit TV-Produktionen. Abweichungen zu 100 % sind auf sonstige Umsätze zurückzuführen. Bei veranstaltungsorientierten Fernsehproduktionen ist der Anteil an Umsätzen der Kinofilmproduktion herauszurechnen. Für 2011 ergibt sich eine Verteilung bei den klassischen deutschen Filmproduzenten von einem Drittel des Gesamtumsatzes der durch Kinofilmproduktionen erwirtschaftet wird. Zwei Drittel setzen TV-Produzenten um (Castendyk und Goldhammer 2012, S. 39 f.). Es kann davon ausgegangen werden, dass auch 2012 diese Verteilungen feststellbar sind.

Auf Basis dieser Überlegungen ist der Umsatz von 4,728 Mrd. EUR im Wirtschaftszweig (59.11) Filmproduktion 2012 genauer zu berücksichtigen (BMWi 2014). Hier entfallen 2,33 Mrd. EUR (49,4 EUR) auf Produktionsfirmen im weiteren Sinne und 2,38 Mrd. EUR (50,6 %) auf klassische Produzenten. Bei den klassischen Produzenten wird zwei Drittel mit TV-Produktionen erwirtschaftet. Dadurch ergeben sich Umsätze der klassischen Produzenten in TV-Produktion von 1,747 Mrd. EUR und bei den Produzenten im Weiteren sinne von 1,785 Mrd. Geschätzt wird, dass 10 % des Umsatzes der Produzenten im weiteren Sinne und 5 % des Umsatzes der klassischen TV-Produzenten durch veranstaltungsorientierte Fernsehproduktionen erwirtschaftet wurde, wodurch sich ein Umsatz von 0,65 Mrd. EUR ergibt. Ebenso muss mangels präziserer Angaben angenommen werden, dass der Wirtschaftszweig 59.12 Nachbearbeitung und sonstige Filmtechnik sich analog zu den Verteilungen der Umsätze in der Produktion verhält, sodass der Umsatz von 0,165 Mrd. EUR (BMWi 2014) nur in der Höhe von 11,15 Mio. Euro berücksichtigt wird.

Für den Teilbereich Fernsehproduktionen ergibt sich so auf Grundlage der Zahlen des Bundesministeriums und der Produzentenstudie folgende Schätzung: Die Umsätze im Teilmarkt Fernsehproduktionen betrugen in dem betrachteten Zeitraum 2012 0,272 Mrd. EUR. Die Anzahl der sozialversicherungspflichtig Beschäftigten hat 2012 rund 2300 betragen.

Messen und Ausstellungen
Nach Aussagen des Branchenverbandes FAMAB (Fachverband Messe- und Ausstellungsbau) wurden 2014 von Unternehmen in Deutschland insgesamt 4,33 Mrd. EUR für direkte Wirtschaftskommunikation ausgegeben.

▶ **Direkte Wirtschaftskommunikation** Als direkte Wirtschaftskommunikation begreift der Fachverband alle Maßnahmen des Informationsaustausches unterschiedlicher Interessengruppen unter dem Aspekt wirtschaftlichen Nutzens und zielgerichteter Markt-Aktivitäten bezogen auf die direkte und unmittelbare Ansprache definierter Zielgruppen (FAMAB 2014).

Davon fließen 68,3 % also 2,96 Mrd. EUR in Messen und Ausstellungen. Die restlichen 31,7 % werden in dem Teilbereich MICE-Industrie erfasst. Der AUMA, der Ausstellungs- und Messeausschuss der Deutschen Wirtschaft e. V., befragt in einer Analyse der gesamtwirtschaftlichen Bedeutung von Messen durch die Aussteller. Dabei wird auf Basis von Aussteller- und Besucherbefragungen sowie Messestrukturdaten davon ausgegangen, dass Aussteller jährlich rund 7,79 Mrd. EUR für die Beteiligung an Messen und Ausstellungen ausgeben. Die Ausgaben pro Aussteller und Messebeteiligung liegen bei durchschnittlich 23.500 EUR. Insgesamt registrierte der AUMA 2014 330 Inlandsveranstaltungen in Deutschland mit 232.000 Ausstellern (AUMA 2015b). Auf den Standbau, die Montage, Transporte, Reinigung, Bewachung und sonstige Dienstleistungen, die direkt mit dem Messestand verbunden sind, entfallen 2,4 Mrd. EUR oder 30,8 %

(AUMA 2009, S. 18 f.). Die Standmieten inklusive Nebenkosten (20,7 % der Gesamt-
ausgaben für Messebeteiligungen) sind an die Messegesellschaften abzuführen. Weitere
Umsätze der Messegesellschaften ergeben sich durch technische oder Marketing-Dienst-
leistungen für Aussteller, Verpachtung von Flächen an gastronomische Betriebe, Aus-
lands- und Kongressgeschäft. Der Gesamtumsatz der Messegesellschaften betrug 2014
3,45 Mrd. EUR (AUMA 2015b, S. 121). Weitere Ausgaben beinhalten zusätzliche
unternehmensinterne Kosten für Personal oder Reisekosten. Vergleichen wir dies mit
den Zahlen, die durch die FAMAB in ihrer Befragung der Mitglieder erhoben wurden,
sind Differenzen erkennbar. Diese lassen sich aber durch den unterschiedlichen Zeitraum (AUMA mit Werten aus 2006 und 2007; FAMAB mit Ergebnissen aus 2014) und
dem verschiedenen Befragungsdesign erklären. Die 159 im Verband organisierten Messebauunternehmen setzten demnach 2014 in insgesamt 73.565 Projekten 2,2 Mrd. Euro
um (FAMAB 2015). Dies ergibt einen durchschnittlichen Umsatz von 13,84 Mio. Euro
je Unternehmen. Die Anzahl der Beschäftigten der im FAMAB organisierten Unternehmen beträgt rund 10000 (AUMA 2015b). Eine gesicherte Aussagen zu der Anzahl der
Beschäftigten im Teilmarkt Messe und Ausstellungsbau ist kaum möglich. Der AUMA
als Interessensverband spricht von 226.000 sozialversicherungspflichtig Arbeitsplätzen,
die direkt durch die Organisation von Messen und Ausstellungen gesichert sind (AUMA
2013, S. 5). Diese Zahl ist sicherlich zu hoch. Wir werden hier von rund 200.000
Beschäftigten ausgehen.

Auf Grundlage der Werte von AUMA und FAMAB kann davon ausgegangen werden, dass die Messebauunternehmen im Teilmarkt Messen und Ausstellungen 2014 rund
3 Mrd. EUR umgesetzt haben, die Messegesellschaften weitere 3,45 Mrd. EUR. Insgesamt verzeichnet der Teilmarkt Messen und Ausstellungen rund 200.000 Beschäftigte.

Sportveranstaltungen
In der Spielsaison 2014/2015 verzeichnet die 1. Bundesliga gesamt über 13,3 Mio. Besucher (Transfermarkt 2016), 27.775.763 Deutsche sind in einen oder mehreren Sportvereinen organisiert (DOSB 2015, S. 1). Diese beiden Zahlen demonstrieren beispielhaft die
wirtschaftliche Bedeutung der Sportveranstaltungen. Um diese abzuschätzen, werden
zunächst folgende Wirtschaftszweige berücksichtigt: 93.11 Betrieb von Sportanlagen,
93.12 Sportvereine und 93.19 Erbringung von sonstigen Dienstleistungen des Sports.
Laut Bundesamt für Statistik erwirtschafteten die Unternehmen dieser Wirtschaftszweige
„im Jahr 2008 mit etwa 196.000 sozialversicherungspflichtig und geringfügig entlohn-
ten Beschäftigten einen steuerbaren Umsatz in Höhe von 8,3 Milliarden Euro" (Heinig
2013). Abzuziehen sind hier die rund 50.000 Beschäftigten und die Umsätze (1,04 Mrd.)
der Fitnesszentren, da diese nicht als Bestandteil der Wertschöpfungskette von Sportveranstaltungen berücksichtigt werden können. Dabei werden im Wirtschaftszweig 93.11
Betrieb von Sportanlagen 64.647, im Wirtschaftszweig 93.12 Sportvereine 75.489 und
im Wirtschaftszweig 93.19 Erbringung von sonstigen Dienstleistungen des Sports 39.788
Beschäftigte gezählt (Heinig 2013). Da alle drei Wirtschaftszweige auch unmittelbar der
Versorgung der Vereinsmitglieder für die eigene sportliche Betätigung dienen, werden

alle drei Wirtschaftszweige nur zu 50 % für eine Betrachtung der Bruttowertschöpfung des Teilmarktes Sportveranstaltungen berücksichtigt, woraus sich eine gesamte Bruttowertschöpfung im Teilmarkt Sportveranstaltungen in Höhe von 3,65 Mrd. Euro und einer Beschäftigtenzahl von rund 146.000 Beschäftigten ergibt. Hinzuzurechnen ist das Sport-Sponsoring der Deutschen Wirtschaft, wobei hier das Sponsoring (2010) von Sportorganisationen in Höhe von 2,48 Mrd. EUR berücksichtigt wird (BMWi 2012). Zu berücksichtigen sind aber auch die Eintritte der passiven Konsumenten von Sportveranstaltungen (4,0 Mrd. EUR) und die Verwertung von Medienrechten (1,18 Mrd. EUR).

Auf Grundlage der Werte des Statistischen Bundesamtes und des Bundesministeriums für Wirtschaft und Energie kann davon ausgegangen werden, dass der Teilmarkt Sportveranstaltungen 2010 rund 11,56 Mrd. EUR umgesetzt hat und 146.000 Personen darin sozialversicherungspflichtig beschäftigt sind.

MICE-Industrie (Meeting, Incentive, Conventions und Event)

Der Jahresbericht Meeting- und Eventbarometer des EITW (Europäische Institut für Tagungswirtschaft GmbH) im Auftrag des EVVC (Europäischer Verband der Veranstaltungs-Centren e. V.), des GCB (German Convention Bureau e. V.) und der DZT (Deutsche Zentrale für Tourismus e. V.) untersucht jährlich die Struktur der Kongresse, Tagungen und Events für den Standort Deutschland. Der Studie zufolge zählt die Brancheninformation 393 Mio. Besuche, also einzelne Teilnahmen und nicht Besucher, an 3,06 Mio. Veranstaltungen im Jahr 2015. Die durchschnittliche Teilnehmerzahl beläuft sich auf 128 Personen. Die Studie zählt dabei jede Form der Raumbuchung in einem der Veranstaltungsorte als einzelne Veranstaltung. Darunter sind dann auch Meetings mit weniger als 50 Teilnehmern und einer Veranstaltungsdauer von weniger als einen Tag (42,0 %), aber auch Groß-Veranstaltungen mit mehr als 5000 Teilnehmern (0,3 %). Die Brancheninformation erfasst alljährlich die Zahlen von 7208 Veranstaltungszentren, Tagungshotels und Eventlocations mit jeweils mindestens 100 Sitzplätzen im größten Saal (EITW 2016). Das Meeting- und Eventbarometer erfasst auch die Art der Veranstaltungen. Den weitaus größten Anteil nehmen dabei Kongresse mit 52,1 % ein, sogenannte Social Events, Lokale Veranstaltungen, private Festivitäten und sonstige Veranstaltungen bilden zusammen einen Anteil von 33,5 %. Um Doppelzählungen möglichst zu vermeiden, werden in dieser Betrachtung die Kultur- und Sportveranstaltungen (9,9 %) sowie die Ausstellungen und Präsentationen (4,5 %) nicht berücksichtigt, da diese bereits unter den jeweiligen Veranstaltungsarten erfasst wurden (EITW 2016). Dadurch ergeben sich 2,4 Mio. Veranstaltungen mit 336 Mio. Besuchen.

Henschel übernimmt in ihrem Beitrag die Zahlen zum Tagungs- und Kongressmarkt von 2002/2003 einer Studie des German Convention Bureau (GCB). Danach sollen 970.000 Vollzeitarbeitsplätze, damit jeder dritte Arbeitsplatz im Tourismus, von der Tagungs- und Kongresswirtschaft abhängen. Insgesamt ist 2002 ein Umsatzvolumen von 49,3 Mrd. EUR realisiert worden. Hierbei wurden auch die indirekten Umsätze aus Reisekosten oder Einzelhandel mit erfasst. Werden ausschließlich die direkten Umsätze nämlich Veranstaltungsgebühren und Beherbergung bzw. Bewirtung berücksichtigt, machen diese einen Anteil von 26,9 % bzw. 23,6 Mrd. EUR aus, bezogen auf eine Basis-zahl von 1,3 Mio. Veranstaltungen im Jahr 2002 (Henschel 2003, S. 999 f.). Unter der Annahme einer vergleichbaren Umsatzverteilung ergibt dies für eine Basis von 2,4 Mio. Veranstaltungen im Jahr 2015 ein geschätztes Umsatzvolumen von rund 43,5 Mrd. EUR.

Auf Grundlage der Brancheninformationen des Meeting- und Eventbarometers sowie den Überlegungen zum Tagungs- und Kongressmarkt ergibt sich im Teilmarkt Veran-staltungen der MICE-Industrie ein Umsatzvolumen von 43,5 Mrd. EUR im Jahr 2015. Basierend auf Zahlen aus 2002 wird von 970.000 direkt von der MICE-Industrie abhän-gigen sozialversicherungspflichtig Beschäftigten ausgegangen.

Konzertveranstaltungen

Wie unter Kulturveranstaltungen hergeleitet, sollen drei Wirtschaftszweige, die anteilig auch unter Kulturveranstaltungen berücksichtigt werden, auch bei Konzertveranstaltun-gen aufgenommen werden, da diese wichtige Akteure in diesem Teilmarkt darstellen.

Die in der Tab. 3.4 genannten und hellgrau unterlegten Wirtschaftszweigklassen werden hälftig für die Betrachtung der Bruttowertschöpfung, die dunkelgrau unterleg-ten Wirtschaftszweige nicht und die nicht grau unterlegten Wirtschaftszweige werden komplett berücksichtigt. Es ergeben sich für den Bereich Konzertveranstaltungen ein Umsatzvolumen von 1,61 Mrd. EUR mit einer Anzahl von 9800 Beschäftigten. Nicht enthalten sind hierbei die Einnahmen der Ticketing Unternehmen, die den Vorverkauf der Eintrittskarten organisieren. Die Vorverkaufsgebühren betragen im Durchschnitt 10 % des Eintrittspreises, meist zuzüglich einer Bearbeitungsgebühren für unterschied-liche Leistungen wie Online-Ausdruck oder Kartengebühren (Seliger 2014, S. 94). Laut der Veranstaltungsmarktstudie der Gesellschaft für Konsumforschung (GfK) im Auftrag des Bundesverbandes Veranstaltungswirtschaft hat 2013 der durchschnittli-che Ticketpreis der 84,42 Mio. insgesamt verkauften Tickets für Musikveranstaltungen

Tab. 3.4 Übersicht der Wirtschaftszweige Musikwirtschaft, die bei Konzertveranstaltungen berücksichtigt werden (hellgrau). (Quelle: Eigene Darstellung in Anlehnung an BMWi 2014)

Musikwirtschaft			
WZ 2008	Wirtschaftszweig	WZ 2008	Wirtschaftszweig
90.03.1	Selbstständige Musiker/-innen etc.	90.04.2	Private Musical-/Theaterhäuser, Kon-zerthäuser etc.
90.01.2	Musik-/Tanzensembles	90.02	Erbringung von Dienstleistungen für die darstellende Kunst
59.20.1	Tonstudios etc.	47.59.3	Einzelhandel mit Musikinstrumenten etc.
59.20.2	Tonträgerverlage	47.63	Einzelhandel mit bespielten Tonträ-gern etc.
59.20.3	Musikverlage	32.20	Herstellung von Musikinstrumenten
90.04.1	Theater-/Konzertveranstalter		

31,70 EUR betragen (Bundesverband Veranstaltungswirtschaft 2013). Gehen wir von
einem Einnahmeanteil je Ticket von 10 EUR aus, haben Ticketing Unternehmen 2013
267,5 Mio. EUR umgesetzt, doch nicht alle Eintrittskarten werden über Ticketing Unternehmen verkauft, sodass dieser Betrag als Schätzungsgrundlage noch einmal um die
Hälfte auf 133,7 Mio. EUR gemindert wird.

Dies entspricht in etwa der durch den Bundesverband der Veranstaltungswirtschaft im
Auftrag gegebenen Stichprobenumfrage. Danach machte der gesamte Mark der Musikveranstaltungen 2012 2,7 Mrd. EUR aus. Abzurechnen sind davon die Veranstaltungen
im Bereich der klassischen Musik (24 %) sowie Musicals (19 %). Daraus ergibt sich für
2012 ein Umsatzsatzvolumen im Bereich der nicht klassischen Musikveranstaltungen
von 1,54 Mrd. (Bundesverband Veranstaltungswirtschaft 2013). In einer nachfolgenden
Studie des Verbandes wurden auch die Besucherzahlen erfasst.

Auf Grundlage der Werte des Statistischen Bundesamtes und des Bundesministeriums für
Wirtschaft und Energie sowie des Bundesverband der Veranstaltungswirtschaft kann davon
ausgegangen werden, dass die Unternehmen im Teilmarkt Konzertveranstaltungen 2012 ein
Umsatzvolumen 1,74 Mrd. EUR, und 9800 sozialversicherungspflichtig Beschäftigte aufweist.

Volksfeste
In der Marktstudie zur wirtschaftlichen Bedeutung der Volksfeste in Deutschland, die
2012 die Freizeit- und Tourismusberatung mbH im Auftrag des Deutschen Schausteller-
bundes erstellt hat, nennt diese folgende Kennzahlen:

> Zur Schaustellerbranche zählen insgesamt rund 4.950 Schaustellerunternehmen, die mit ihren
> 22.770 Beschäftigten und insgesamt rund 11.100 Geschäften vom Imbiss bis zur Achterbahn die
> ca. 9.900 deutschen Volksfeste sowie ca. 1.450 Weihnachtsmärkte in Deutschland beschicken.
> Die Volksfeste verzeichneten zuletzt rund 148 Millionen Besucher pro Jahr, die Weihnachts-
> märkte 85 Millionen Besucher. Insgesamt kommen die durch die Schaustellerunternehmen
> beschickten Veranstaltungen demzufolge auf 233 Millionen Besucher pro Jahr. Die Bruttoum-
> sätze der Branche belaufen sich auf 3,7 Milliarden Euro, davon werden 1,05 Milliarden Euro
> auf Weihnachtsmärkten und 2,65 Mrd. Euro auf Volksfesten erwirtschaftet (Ift 2013, S. 10).

Auf Grundlage der Studie der Freizeit- und Tourismusberatung mbH kann für den Teilmarkt Volksfeste 2012 ein Umsatzvolumen von 2,65 Mrd. EUR mit 9800 sozialversicherungspflichtig Beschäftigten angenommen werden.

Zusammenfassung der Ergebnisse in den Teilmärkten
Auf Basis der vertiefenden Darstellungen zu den Teilmärkten ergibt sich, wie in der
Tab. 3.5 ersichtlich, folgende Übersicht zu ihrer wirtschaftlichen Bedeutung. Die Zusammenstellung bietet eine erste Orientierungshilfe, um über fach- und verbandsspezifischen
Grenzen hinaus die Bedeutung der Veranstaltungsbranche als Relevanter Markt in all
seinen Facetten zu erfassen. Mit insgesamt 77,78 Mrd. EUR Umsatz und über 1,4 Mio.
sozialversicherungspflichtig Beschäftigten stellt die Branche einen relevanten Markt dar,
der große Schnittmengen zur Kultur- und Kreativwirtschaft aufweist, mit dieser jedoch
nicht deckungsgleich ist.

Tab. 3.5 Übersicht über Umsatzvolumen und Beschäftigtenzahlen in den Teilbereichen. (Quelle: Eigene Darstellung)

Teilmarkt	Jahr	Umsatzvolumen (in Mrd. Euro)	Sozialversicherungspflichtig Beschäftigte (in Tausend)	Wichtigste Akteure
Kulturveranstaltungen	2012	11,7	132	Öffentliche Theater und Spielstätten
Fernsehproduktionen	2012	0,28	2,3	Produktionsfirmen
Messen und Ausstellungen	2014	6,45	200	Messegesellschaften
Sportveranstaltungen	2008/2010	11,56	146	Sportverbände
MICE (Meeting, Incentive, Conventions und Event)	2015/2002	43,4	970	Kongresszentren, Tagungshotels
Konzertveranstaltungen	2012	1,74	10	Konzertveranstalter/Ticketingunternehmen
Volksfeste	2012	2,65	22	Schausteller
Gesamt		77,78	1.482,3	

3.4.2 Unternehmensformen

Aufgrund der heterogenen Struktur in der Veranstaltungsbranche mit divergenten Teilmärkten, in denen sich stark spezialisierte Nischenanbieter (Agenturen auf der Ebene der Vermittlung) ebenso bewegen wie Allrounder (Veranstaltungstechnische Dienstleister auf der Ebene der Umsetzung) existieren zahlreiche Rechtsformen parallel und teilweise in Abhängigkeit von der Trägerschaft wie Abb. 3.13 zeigt. Die Rechtsform regelt dabei die Beziehung zwischen Institution und Träger, Lieferanten und Publikum. Sie bestimmt das Verhältnis der Gesellschafter, Anteilseigner und Mitarbeiter untereinander, indem sie Regeln und Verfahrensweisen vorgibt. Die Rechtsform trägt aber auch zum Selbstverständnis bei und soll Ziele und Zweck des Unternehmens optimal unterstützen (Enquete Kommission 2007, S. 100 f.). Das auftragsorientierte Projektgeschäft führt zu einen hohen Anteil an Einzelunternehmern und Selbstständigen, die nur selten feste Mitarbeiter haben, sondern sich entweder in Netzwerken – häufig auf Basis einer Gesellschaft bürgerlichen Rechts (GbR) – selbst organisieren oder regelmäßig für eine begrenzte Anzahl von Unternehmen tätig werden. Die übliche Rechtsform in der Veranstaltungsbranche ist die Gesellschaft mit beschränkter Haftung, die entweder vollständig privatwirtschaftlich geführt ist oder bei Spielstätten auch Aufgaben und Interessen der Kommune bzw. des Landes vertritt. Die rechtlichen Grundlagen für einen Eigenbetrieb sind Eigenbetriebsgesetze, Eigenbetriebsverordnungen und die Gemeindeordnungen der Länder. Gemäß Eigenbetriebsgesetz des Landes Berlin (§ 1 EigG 1999) ist Grundlage, dass die Eigenbetriebe mit eigenen Organen wie Geschäftsleitung oder Verwaltungsrat öffentliche Aufgaben erfüllen, die anders nicht besser und wirtschaftlicher durch die Körperschaften der öffentlichen Hand erfüllt werden können. Eigenbetriebe sind dazu verpflichtet, Aufgaben nach kaufmännischen Grundsätzen kostengünstig, benutzer- und umweltfreundlich und nach gemeinwirtschaftlichen und sozial-, umwelt- und strukturpolitischen Gesichtspunkten eigenverantwortlich zu erfüllen.

▶   Der Eigenbetrieb ist zwar rechtlich unselbstständig, handelt aber wirtschaft-
        lich eigenverantwortlich.

„Der Eigenbetrieb [...] kann sich aber organisatorisch und wirtschaftlich als ein selbstständiger Verwaltungsbetrieb verhalten. Er hat den Charakter eines wirtschaftlichen kommunalen Unternehmens im Sinne der Gemeindeordnungen und verfolgt neben dem öffentlichen Zweck meist eine wirtschaftliche Zielrichtung" (Enquete Kommission 2007, S. 98). Häufig findet sich die Konstruktion einer GmbH, die rechtlich selbstständig ist aber als Zweckbetrieb eines öffentlich-rechtlichen Trägers, von diesem wirtschaftlich abhängig ist.

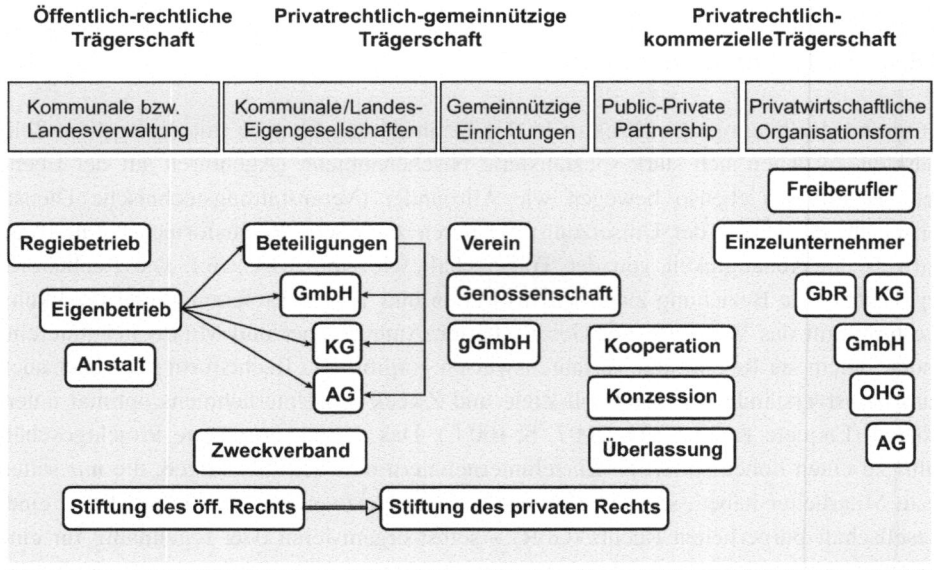

Abb. 3.13 Übersicht über Rechtsformen und Trägerschaften. (Quelle: Eigene Darstellung in Anlehnung an Paul und Sakschewski 2014, S. 16)

Die Unterschiede zwischen Regie- und Eigenbetrieb werden durch Vergleich in den betrieblichen Handlungsfeldern deutlich, wie sie in der Tab. 3.6 zusammengefasst sind.

▶ **Regiebetrieb** Als Regiebetrieb gilt ein Verwaltungsbetrieb ohne eigene Rechtspersönlichkeit. Die künstlerische Entscheidungskompetenz der berufenen Geschäftsführung bzw. Intendanz bleibt davon unberührt. Sie sind also organisatorisch, rechtlich und haushaltsmäßig vollständig in den öffentlichen Verwaltungsträger eingegliedert.

Tab. 3.6 Vergleich zwischen Regie- und Eigenbetrieb unter betriebswirtschaftlichen Kriterien. (Quelle: Eigene Darstellung)

Handlungsfeld	Regiebetrieb	Eigenbetrieb
Unternehmensführung	Strategische Entscheidungskompetenz von Intendanz Künstlerische Entscheidungskompetenz Rechtlich unselbstständig	Strategische und operative Entscheidungskompetenz Künstlerische und wirtschaftliche Entscheidungskompetenz
Marketing	Möglichkeit zur Entwicklung Einer Marke Eigener Marketingetat Zusammenarbeit zwischen Führung und Marketingabteilung	Möglichkeit zur Entwicklung Einer Marke Eigener Marketingetat Zusammenarbeit zwischen Führung und Marketingabteilung
Personalwesen	Abhängigkeit von Tarifverträgen (TVÖD/TVL/NV-Bühne) Kaum leistungsorientierte Entlohnung Eingeschränkte Sanktionierungsmöglichkeiten	Anlehnung an Tarifverträgen (TVÖD/TVL/NV-Bühne) Leistungsorientierte Entlohnung möglich Sanktionierungsmöglichkeiten
Materialwirtschaft und Fertigung	Vergabe- und Verdingungsvorschriften (VOL/VOB/VOF) Vorschriften des Landes Sammelbestellungen Exklusiv-Lieferanten Partnerschaften	Zumeist Selbstverpflichtung Zu VOL/VOB/VOF Vorschriften des Landes Entscheidungskompetenz bei Lieferantenauswahl
Rechnungswesen	Kameralistik Haushaltsvorgaben Fehlende Transparenz über Gesamt- und Produktionskosten Hoher Gemeinkostenanteil	Betriebsinterne kaufmännische Buchführung Haushaltsvorgaben aber Ertragsorientierung möglich Transparenz durch Kosten- Und Leistungsrechnung
Investition und Finanzierung	Abhängigkeit von Politik Bedingte Unabhängigkeit vom Erlös Unzureichendes betriebswirtschaftliches Verständnis	Selbstständige Planung von Investitionen bei bestehender Abhängigkeit von politischen Entscheidungen

„Daraus folgt zwangsläufig, dass der Regiebetrieb organisatorisch und finanziell nahezu keine eigenständigen Spielräume hat. An der Führung des Regiebetriebes wirkt die Vertretungskörperschaft nach den kommunalverfassungsrechtlichen Zuständigkeiten mit" (Enquete Kommission 2007, S. 97). Zur Flexibilisierung ist das Modell eines optimierten Regiebetriebs entwickelt worden, das vor allem in Hinblick auf die starren Regeln der Kameralistik, der Haushaltsführung der öffentlichen Hand, Gestaltungsspielräume ermöglicht, wie die Nutzung einer kaufmännischen Buchführung (Doppelte Buchführung oder Doppik), die Einführung einer Ertrags- und Kostenrechnung und durch Sonderrechnung außerhalb des sonstigen Haushalts, die Anpassung des Haushaltsjahrs an die Spielzeitplanung eines Theaters. Besonders bedeutsam für die Teilmärkte Kulturveranstaltungen und Sportveranstaltungen, mit ihrem hohen Anteil an öffentlich-rechtlichen Trägern, ist die Möglichkeit, auf Grundlage eines optimierten Regiebetriebes eine Deckungsfähigkeit von Personal- und Sachkosten herzustellen, um z. B. eingesparte Personalkosten durch Dienstleistungs- bzw. Werkverträge, die als Sachkosten gelten, zu decken. Auch wenn die Einschränkung zu beachten ist, dass bewilligte Stundenvolumina und die jeweils bewilligten Eingruppierungen des Personals davon unberührt bleiben.

Bei den Spielstätten im kulturellen Bereich (Teilmarkt Kulturveranstaltungen) existieren weitere Rechtsformen wie die Stiftung des öffentlichen Rechts bzw. des privaten Rechts, Vereine, Zweckverband, Genossenschaften und gemeinnützige GmbHs. Der Zweckverband wird als Rechtsform dann eingesetzt, wenn Kommunen gemeinsam die Organisation unterhalten und von deren Zweck profitieren wollen. Die Kommunen übertragen dabei Aufgaben an einen öffentlich-rechtlichen Verwaltungsträger, nämlich den Zweckverband (Enquete Kommission 2007, S. 98). Eine besondere Bedeutung in diesem Teilmarkt haben die Regiebetriebe. Von den 142 öffentlichen Theaterunternehmen und Spielstätten in Deutschland mit insgesamt 286.538 Besucherplätzen finden sich 32 Regiebetriebe (22,5 %), 30 Eigenbetriebe (21,1 %), 54 sind innerhalb einer öffentlich-rechtlich regelmäßig geförderten GmbH (38,0 %) organisiert. Je fünf Spielstätten haben die Rechtsform eines eingetragenen Vereins und eines Zweckverbands und je acht sind Anstalten des öffentlichen Rechts oder Stiftungen (Deutscher Bühnenverein 2015). Aber auch bei den Sportstätten sind die Kommunen mit 61 % der Anlagen weiterhin wichtigster und häufigster Betreiber (Kähler 2011, S. 131).

Anstalten des öffentlichen Rechts sind rechtsfähige Einrichtungen, die meist aufgrund gesetzlich definierter Grundlagen Aufgaben der öffentlichen Verwaltung erfüllen. Diese Aufgaben für Dritte stehen unter der Aufsicht des Staates. Weiterhin existieren auch nicht rechtsfähige Anstalten. Diese unterstehen als organisatorische Einheiten einem anderen meist kommunalen Verwaltungsträger und werden daher auch unselbstständige Anstalten genannt. (Erbguth et al. 2015, S. 114) Auch Stiftungen des öffentlichen Rechts sind rechtsfähige öffentlich-rechtliche Einrichtungen. Sie sind mit Kapital- oder Sachbestand gegründet, um Aufgaben der öffentlichen Verwaltung zu erfüllen wie die Stiftung Preußischer Kulturbesitz, eine dem Kulturstaatsminister unterstehende Stiftung des öffentlichen Rechts mit Sitz in Berlin. Den wenigen Stiftungen öffentlichen Rechts stehen einer großen Zahl von Stiftungen privaten Rechts gegenüber. Die Stiftung privaten

Rechts ist eine Einrichtung, die mit Hilfe eines Vermögens einen vom Stifter festgelegten Zweck verfolgt (Meyn et al. S. 55). Die meisten Stiftungen werden in privatrechtlicher Form errichtet und dienen gemeinnützigen Zwecken in den Bereichen Soziales, Bildung, Kultur, Sport oder Wissenschaft.

Aktiengesellschaften (AG) und Offene Handelsgesellschaften bzw. Offene Handels- und Kommanditgesellschaften existieren in der Veranstaltungsbranche, bleiben aber bis auf einzelne privatwirtschaftliche Technikdienstleister (Production Resource Group AG), Spielstätten und Produktion (Stage Entertainment), Ticketing Unternehmen (CTS Eventim AG & Co. KGaA, München) oder Messegesellschaften die Ausnahme in der Veranstaltungsbranche. Die Messegesellschaften spielen im Teilmarkt Messen und Ausstellungen eine wichtige Rolle. Die Messegesellschaften sind in der Regel als privatwirtschaftliche GmbHs oder als AG mit Mehrheitsanteilen der Kommune und des Landes organisiert. Bei der größten deutschen Messegesellschaft, der Deutsche Messe AG mit Sitz in Hannover (Industriemesse, CeBIT) hält das Land Niedersachsen über die Hannoversche Beteiligungsgesellschaft mbH 50 %, die Landeshauptstadt Hannover 49,872 % und die Region Hannover 0,129 % der Anteile (Deutsche Messe 2016).

Vor allem bei Sportstätten und Arenen zur Mischnutzung von Sport- und Konzertveranstaltungen gewinnen Betreibermodelle an Bedeutung, die auf eine Kooperation bei der Planung, Finanzierung und Betrieb zwischen der öffentlichen Hand und einer privatrechtlichen Unternehmung beruhen, so genannte Public-Private-Partnerships. Form und Umfang der Partnerschaft kann dabei sehr unterschiedlich ausfallen. Hierbei werden verschiedene Partnerschaftsmodelle unterschieden (Kähler 2011, S. 133 ff.):

Betriebsführungsmodell: Die öffentliche Hand als Eigentümerin, meist die Kommune, überlässt einer privatrechtlichen Organisation die Veranstaltungsstätte zum Eigenbetrieb. Die Nutzungsüberlassung kann eingeschränkt sein oder ein weitgehendes Nutzungsrecht mit oder ohne Unterhaltsverpflichtungen umfassen, doch die Kommune behält ein Mitspracherecht. Die Aufgaben des Nutzers beinhalten Hallenvergabe, Vermietung, Hausmeisterdienste, Sicherheit, Reinigung, Vermarktung, Personalwirtschaft und bauliche Maßnahmen. Die Kommune übernimmt die Eigentums- und Finanzverwaltung sowie größere Instandhaltungsarbeiten.

Betriebsüberlassungsmodell: Bei dem Betriebsüberlassungsmodell wird der Grund und Boden und das Gebäude für eine längere Zeit (99 Jahre Pachtdauer) durch die öffentliche Hand an eine privatrechtliche Organisation verpachtet. Eigentümer bleibt die öffentliche Hand. Alle administrativen und fachlichen Aufgaben übergibt sie in die Hand der privatrechtlichen Organisation auf deren Risiko und Kosten. Das Ertragsrecht liegt damit bei der privatrechtlichen Organisation.

Kooperationsmodell: Kommune und eine privatrechtliche Organisation gründen ein gemischtwirtschaftliches Unternehmen. Der Betreib obliegt dem privatrechtlichen Partner, das unternehmerische Risiko trägt die Kommune.

Konzessionsmodell: Bei dem Konzessionsmodell findet eine Betriebsüberlassung über einen Zeitraum z. B. 25 Jahre an eine Projekt- und Betreibergesellschaft statt, die als Konzessionärin die Veranstaltungsstätte unter bestimmten Bedingungen und Auflagen betreibt und dafür einen Betriebskostenzuschuss erhält. Die Gesellschaft vermietet die Veranstaltungsstätte weiter an andere Nutzer.

Bei den Organisationsformen in der Veranstaltungsbranche lassen sich vor allem bei den Betreibermodellen folgende Trends feststellen:

- Entwicklung vom klassischen Regiebetrieb zu optimierten Regiebetrieben und zu Eigenbetrieben
- Auslagerung von kommunalen Leistungen an private Betriebe oder Eigenbetriebe
- Wachsende Anzahl unterschiedlicher Mischformen privater und öffentlicher Betriebsformen
- Wachsende Anzahl privater Unterstützungsgruppen Fördervereine, Stiftungen oder Sponsoring bei öffentlich-rechtlichen Trägerschaften
- Auslagerung und Konzentration von Werkstätten, Technische Einrichtungen aber auch Besucherservices und Marketingaufgaben an externe Dienstleister
- Ko-Finanzierung durch Drittmittel, Werbung und Kooperationen mit weiteren Partnern
- Zunehmende Nutzung von unterschiedlichen Formen des Public Private Partnership (PPP)

3.4.3   Unternehmensgrößen

Die Veranstaltungsbranche ist geprägt von Klein- und Kleinstunternehmen. Ausgenommen von dieser Betrachtung sind die Spielstätten der öffentlichen Theater, Opernhäuser oder Kulturzentren sowie die Messegesellschaften im Teilmarkt Messe und Ausstellungsbau sowie die Kongress- und Tagungshotels im Teilmarkt MICE-Industrie. Hier sind Unternehmensgrößen zwischen 150 und 350 künstlerischen und technischen Mitarbeitern häufig anzutreffen. Nach der offiziellen EU-Definition (EU-Kommission 2003) gelten als Kleinstunternehmen Unternehmen mit weniger als 10 Mitarbeitern bzw. einem Umsatz von bis zu 2 Mio. EUR oder einer Bilanzsumme von bis zu 2 Mio. EUR. Kleine Unternehmen haben nach gleicher Definition 50 Mitarbeiter bzw. einen Umsatz von bis zu 10 Mio. EUR oder einer Bilanzsumme von bis zu 10 Mio. EUR. Unternehmen mit mehr als 50 Mitarbeitern sind in der Veranstaltungsbranche selten anzutreffen. Söndermann beschreibt die Unternehmenstypen inhaltlich genauer in ihrer Erscheinung und Bedeutung für Kultur- und Kreativwirtschaft, verzichtet aber dabei auf eine weitere Differenzierung zwischen kleinen und mittelständischen Unternehmen. Er zählt zu den Kleinstunternehmen vor allem die zahlreichen Freiberufler und Solo-Selbstständigen. „Die Agenturen oder Kleinbetriebe werden in der Regel als Einzelunternehmen, als GbR oder als loses Netzwerk organisiert. Sie arbeiten oftmals in experimenteller Form und entwickeln die Prototypen der Kultur-und Kreativitätsproduktion" (Söndermann 2012, S. 14). Die kleinen und mittelständischen Unternehmen betrachtet er in Hinblick auf Wertschöpfung und Beschäftigung als das Rückgrat der Kultur- und Kreativwirtschaft. Die Unternehmen arbeiten in gefestigten und formalisierten Strukturen, die auf Stabilität, Langfristigkeit und Zuverlässigkeit angelegt sind. Zum dritten Typ der wenigen Großunternehmen zählen nach Söndermann „die sogenannten Majors (Konzerne), die Leistungen der Kulturwirtschaft aufnehmen, sie weltweit vermarkten und dadurch Einkaufs- und Vertriebsmacht erlangen" (Söndermann 2012, S. 14). Dazu zählen mittlerweile auch CTS Eventim, die in den beiden Sparten Live Entertainment und Ticketing, zusammen 2015 834,2 Mio. EUR umgesetzt haben und 2215 Mitarbeiter weltweit beschäftigen (CTS Eventim 2015).

Nach Zahlen der FAMAB (FAMAB 2015) haben nahezu Dreiviertel (71 %) der im Verband FAMAB organisierten Messebau-Betriebe in Deutschland bis zu 50 Mitarbeiter und 78 % einen Jahresumsatz von maximal 10 Mio. EUR. Da der Organisationsgrad mit 159 Unternehmen von deutschlandweit etwa 400 Messebauunternehmen hoch ist, können die Zahlen als repräsentativ gelten. Bei den Marketing-Eventagenturen in Deutschland haben sogar 85 % maximal 50 Mitarbeiter und etwas weniger als die Hälfte der befragten Unternehmen einen Jahresumsatz bis 5 Mio. EUR (FAMAB 2009). Kleinstunternehmen bilden mit einem Anteil von 97,3 % den Löwenteil der im Teilmarkt Kulturveranstaltungen tätigen Unternehmen. Fasst man diese und die Kleinunternehmen (Anteil 2,2 %) zusammen, dann bilden beide Gruppen mit 99,5 % ein deutliches Übergewicht in der Verteilung der Unternehmensgrößen in der Kultur- und Kreativwirtschaft. Sie erzielten dabei mit 27,9 % des Gesamtumsatzes bei den Kleinstunternehmen und 15,2 % des Gesamtumsatzes bei den Kleinunternehmen zusammen weniger als die Hälfte des Gesamtumsatzes in der Kultur- und Kreativwirtschaft (Söndermann 2012, S. 30). Auch in der Film- und Fernsehproduktion dominieren Kleinst- und Kleinunternehmen. Fast zwei Drittel (71 %) der filmwirtschaftlichen Produktionsunternehmen setzen weniger als eine halbe Million Euro um, 26 % kamen im Untersuchungszeitraum 2000 auf bis zu fünf Millionen Euro Umsatz (Weber und Rager 2006, S. 131). Die Hälfte der Unternehmen im Teilmarkt Volksfeste hat maximal drei Mitarbeiter. Bei 37,6 % der Schaustellerunternehmen reisen durchschnittlich 1,95 nicht mitarbeitende Familienangehörige mit. Bezogen auf alle 4950 Betriebe jedoch sind es durchschnittlich 0,73 mitreisende, aber nicht mitarbeitende Angehörige, total 3625 Personen, wodurch ein hoher Anteil an Solo-Selbstständigen sich auch im Teilmarkt der Volksfeste belegen lässt (Ift 2013, S. 21). In dem Bericht zu den Unternehmensstrukturen des Sport-Sektors des Statistischen Bundesamtes wird die Bedeutung von Kleinstunternehmen und zumeist geringfügig Beschäftigten bei Sportveranstaltungen besonders deutlich. Die 11.163 Sportvereine erzielten 2008 danach im Durchschnitt einen Umsatz von knapp 225 Tausend Euro mit durchschnittlich lediglich 2,31 sozialversicherungspflichtig Beschäftigten. Bei der Gruppe des Betriebs von Sportanlagen lag der Durchschnitt bei 4,41 Beschäftigten (Heinig 2013).

Die branchenübergreifenden Merkmale von kleinen und mittelständischen Unternehmen (Mugler 1998, S. 20 f.; Pichler et al. 2000 S. 22 f.) können so auch auf die Veranstaltungsbranche übertragen werden.

- Die Unternehmerpersönlichkeit des Gründers bestimmt in starkem Maße die Geschäftsfelder und das Klima von kleinen und mittelständischen Unternehmen
- Es überwiegen informelle, zum Teil familiäre Strukturen in kleinen und mittelständischen Unternehmen.

- Die wesentlichen Managementaufgaben werden durch den Unternehmer selbst oder einer von ihm beauftragten Führungskraft übernommen. Das Management ist im Unternehmen gewachsen und nicht extern. Die finanziellen Ressourcen sind begrenzt. Die Eigenkapitalquote ist gering. Laut einer Studie der Finanzgruppe Deutscher Sparkassen- und Giroverband hatte Kleinunternehmen, bis 1 Mio. Umsatz im Geschäftsjahr 2013 eine Eigenkapitalquote von 17,2 %. Die mittleren Unternehmen verzeichnen hingegen eine Quote von 24,9 %. Bei den Kleinst- und Kleinunternehmen gaben sogar 30,1 % der befragten Unternehmen an, überhaupt kein Eigenkapital zu besitzen (DSG 2015, S. 32 ff.).
- Der Formalisierungsgrad in kleinen und mittelständischen Unternehmen ist gering.
- Die Unternehmensplanung ist kurzfristig und an regionalen oder marktbedingten Gegebenheiten orientiert. Die begrenzten finanziellen und personellen Ressourcen, führen dazu, dass sich die Unternehmen auf Nischen innerhalb der Veranstaltungswirtschaft konzentrieren wie auf eine dezidierte Musikrichtung spezialisierte Künstler-Agenturen oder auf 3-D-Videomapping spezialisierte Technikdienstleister. Dadurch ist der Diversifizierungsgrad der angebotenen Leistungen gering. Die Positionierung in einer Marktnische kann einen Wettbewerbsvorteil gegenüber Konkurrenten im identischen Marktsegment bedeuten (Ihlau et al. 2013, S. 5). Die Unternehmen der Veranstaltungsbranche müssen die begrenzten Ressourcen strategisch planen.

Ergänzend können folgende Merkmale für kleine und mittelständische Unternehmen der Einzel- und Kleinserienfertigung auf die Kleinst- und Kleinunternehmen der Veranstaltungsbranche übertragen werden (Böhl 2001, S. 14):

Die Auftragsabwicklung erfolgt in stark kundenauftragsbezogener Fertigung mit hoher Produktvarianz und mit kurzen Reaktionszeiten.

- Die Fertigung erfolgt in geringer Arbeitsteilung durch selbstverantwortlich handelnde Mitarbeiter.
- In der Unternehmensorganisation herrschen flache Strukturen vor, die zumeist funktional gegliedert sind.
- Die Organisation der Abläufe ist historisch gewachsen und basiert auf weniger auf rationalen Entscheidungen als vielmehr auf Erfahrungen.
- Die Mitarbeiter erledigen häufig fachübergreifende Aufgaben und haben eine enge Verbundenheit mit dem Unternehmen und eine entsprechend hohe Motivation, auch wenn Funktionen zumeist nur durch einen einzelnen Mitarbeiter besetzt sind.
- Das unternehmerische Handeln ist im starken Maße auf den Kunden ausgerichtet, der als Abnehmer Marktmacht besitzt.
- In Bezug auf die Produkte besteht häufig ein durch notwendige Spezialisierung bedingtes, eingeschränktes Produktspektrum mit hoher Fertigungstiefe.

1. Welche sind die drei umsatzstärksten Teilmärkte der Veranstaltungsbranche und wer sind deren wichtigste Akteure?
2. Unterscheiden Sie zwischen Regiebetrieb und Eigenbetrieb.
3. Welche Partnerschaftsmodelle im Rahmen eines Public-Private-Partnerships kennen Sie?
4. Unterscheiden Sie zwischen Kleinst- und Kleinunternehmen.
5. Was sind die Merkmale von kleinen und mittelständischen Unternehmen?

Literatur

AUMA. (2009). *Gesamtwirtschaftliche Bedeutung von Messen und Ausstellungen in Deutschland.* Berlin: AUMA.

AUMA. (2013). Die deutsche Messewirtschaft. Fakten, Funktionen, Perspektiven. http://www.auma.de/de/DownloadsPublikationen/PublicationDownloads/AUMA-Statement-Messewirtschaft.pdf. Zugegriffen: 6. Juni 2016.

AUMA. (2015a). Aufnahme von Messen in die AUMA-Medien und Klassifizierung von Messen in Deutschland. http://www.auma.de/de/DownloadsPublikationen/PublicationDownloads/Aufnahme-Klassifizierung-von-Messen.pdf. Zugegriffen: 23. Mai 2016.

AUMA. (2015b). Die Messewirtschaft – Bilanz 2014. http://www.auma.de/de/DownloadsPublikationen/PublicationDownloads/Bilanz2014.pdf. Zugegriffen: 6. Juni 2016.

Berlin. (2009). *Kulturwirtschaftsbericht Berlin.* Berlin: Der Regierende Bürgermeister – Senatskanzlei.

Betz, G. (2012). Mega-Event-Macher. Organisieren von Großereignissen am Beispiel der Kulturhauptstadt Europas RUHR 2010. In C. Zanger (Hrsg.), *Erfolg mit nachhaltigen Eventkonzepten* (S. 161–180). Wiesbaden: Springer.

BMWi. (2012). Wirtschaftsfaktor Sport in Deutschland. www.bmwi.de/Dateien/BMWi/PDF/Monatsbericht/Auszuege/02-2012-I-4. Zugegriffen: 4. Juni 2016.

BMWi. (2014). *Monitoring zu ausgewählten wirtschaftlichen Eckdaten der Kultur- und Kreativwirtschaft 2012.* Berlin: BMWi.

Böhl, J. (2001). *Wissensmanagement in Klein- und mittelständischen Unternehmen der Einzel- und Kleinserienfertigung.* München: Utz.

Bowdin, G., Allen, J., O'Toole, W., Harris, R., & McDonnell, I. (2011). *Events management* (3. Aufl.). Abingdon: Routledge.

Bruhn, M. (2005). *Marketing für Nonprofit-Organisationen. Grundlagen – Konzepte – Instrumente.* (2. Aufl.). Stuttgart: Kohlhammer.

Bundesverband Veranstaltungswirtschaft. (2013). http://bdv-online.com/themen/marktstudien/. Zugegriffen: 27. Sept. 2016.

Castendyk, O., & Goldhammer, K. (2012). *Produzentenstudie 2012 – Daten zur Film- und Fernsehwirtschaft in Deutschland 2011/2012.* Leipzig: Vistas.

Convention Industry Council. (2011). *The economic significance of meetings to the US economy.* Alexandria: Conventions Industry Council.

CTS Eventim. (2015). Geschäftsbericht 2015. http://www.eventim.de/obj/media/DE-eventim/relations/financialReportDownload/2015/Geschaeftsbericht_2015.pdf. Zugegriffen: 27. Sept. 2016.

Delschen, A. (2006). *Ehrenamtliche im Sport.* Münster: Waxmann.

Destatis. (2008). Klassifikation der Wirtschaftszweige. https://www.destatis.de/DE/Methoden/Klassi-fikationen/GueterWirtschaftklassifikationen/klassifikationwz2008_erl.pdf?_blob=publicationFile. Zugegriffen: 4. Juni 2016.

Deutsche Messe. (2016). http://www.messe.de/de/deutsche-messe/konzern/deutsche-messe/manage-ment/gesellschafter. Zugegriffen: 2. Juni 2016.

Deutscher Bühnenverein. (2015). Theaterstatistik 2013/14. http://www.buehnenverein.de/de/publi-kationen-und-statistiken/statistiken/theaterstatistik.html?cmsDL=b7381b25f1bf8c537d4a8a51b 87dc53d. Zugegriffen: 2. Juni 2016.

Deutscher Bühnenverein. (2016). *Theaterstatistik 2013/14*. Köln: Deutscher Bühnenverein.

DIN 15750:2013-04: Veranstaltungstechnik – Leitlinien für technische Dienstleistungen.

DOSB. (2015). Bestandserhebung 2014. https://www.dosb.de/fileadmin/sharepoint/Materialien-Prozent20Prozent7B82A97D74-2687-4A29-9C16-4232BAC7DC73Prozent7D/Bestandserhe-bung_2014.pdf. Zugegriffen: 4. Juni 2016.

Drengner, J. (2008). *Imagewirkungen von Eventmarketing: Entwicklung eines ganzheitlichen Messansatzes* (3. Aufl.). Wiesbaden: Gabler.

Drengner, J. (2015). *Sport als Erlebnisrahmen im Eventmarketing*. Wiesbaden: Springer Gabler.

DSG. (2015). *Diagnose Mittelstand 2015. Kreditfinanzierung vor Kapitalmarkt*. Meckenheim: Deutscher Sparkassen- und Giroverband.

EigG Gesetz über die Eigenbetriebe des Landes Berlin (vom 13. Juli 1999).

EITW. (2016). Meeting- & Event Barometer 2015/16. Die Deutschland-Studie des Kongress- und Ver-anstaltungsmarktes. http://www.gcb.de/fileadmin/GCB/News/Press_Releases/Downloads/20160418_MeBa_Prasentation_Pressekonferenz_FINAL.pdf. Zugegriffen: 6. Juni 2016.

Engels, M. (2001). *Die Steuerung von Universitäten in staatlicher Trägerschaft. Eine organisati-onstheoretische Analyse*. Wiesbaden: DUV.

Enquete-Kommission. (2007). *Schlussbericht der Enquete-Kommission „Kultur in Deutschland"*. Berlin: Deutscher Bundestag.

Erber, S. (2000). *Eventmarketing – Erlebnisstrategien für Marken*. Landsberg am Lech: Redline.

Erbguth, W., Mann, T., & Schubert, M. (2015). *Besonderes Verwaltungsrecht. Kommunalrecht, Polizei- und Ordnungsrecht, Baurecht* (12. Aufl.). Heidelberg: Müller.

EU-Kommission. (2003). Empfehlung zur KMU-Definition (2003/361/EG).

Fahrner, M. (2012). *Grundlagen des Sportmanagements*. München: Oldenbourg.

FAMAB. (2009). *FAMAB-Branchenbrief für die Direkte Wirtschaftskommunikation und die Veran-staltungswirtschaft im weiteren Sinne*. Rheda-Wiedenbrück: FAMAB.

FAMAB. (2014). Neue Perspektiven. http://vokdamsatelierhaus.de/wp-content/downloads/direkte_wirtschaftskommunikation.pdf. Zugegriffen: 4. Juni 2016.

FAMAB. (2015). *FAMAB-Branchenbrief für die Direkte Wirtschaftskommunikation und die Veran-staltungswirtschaft im weiteren Sinne*. Rheda-Wiedenbrück: FAMAB.

Funke, K. (1986). *Messentscheidungen. Handlungsalternativen und Informationsbedarf*. Frank-furt a. M.: Lang.

Gerlach-March, R. (2010). *Kulturfinanzierung*. Bielefeld: transcript.

Getz, D. (2012). *Event studies. Theory, research and policy for planned events* (2. Aufl.). Abing-don: Routledge.

Graf, C. (1995). *Kulturmarketing. Open Air und Populäre Musik*. Wiesbaden: Springer.

Güllemann, D. (2009). *Veranstaltungsmanagement und Recht. Vertrags- und Haftungsfragen bei Veranstaltungen, Events, Messen und Ausstellungen* (5. Aufl.). Köln: Luchterhand.

Heinig, S. (2013). *Unternehmensstrukturen und wirtschaftliche Bedeutung des Sport-Sektors*. Wiesbaden: Statistisches Bundesamt.

Heinrichs, W. (2006). *Der Kulturbetrieb. Bildende Kunst – Musik – Literatur – Theater – Film*. Bielefeld: transcript.

Henschel, K. (2002). Stellung der Hotellerie in Rahmen des Veranstaltungswesens. In M.-T. Schreiber (Hrsg.), *Kongress- und Tagungsmanagement* (S. 127–150). München: Oldenbourg.

Henschel, K. (2003). Messebegleitendes Kongressmanagement. In M. Kirchgeorg et al. (Hrsg.), *Handbuch Messe-Management. Planung, Durchführung und Kontrolle von Messen, Kongressen und Events* (S. 997–1110). Wiesbaden: Gabler.

Hermanni, A.-J. (2008). *Medienpolitik in den 80er Jahren*. Wiesbaden: VS Verlag.

Holzbaur, U., Jettinger, E., Knauss, B., Moser, R., & Zeller, M. (2010). *Eventmanagement/Veranstaltungen professionell zum Erfolg führen* (4. Aufl.). Heidelberg: Springer.

Höwing, S. (2005). Das touristische Potential der Multifunktionsarenen in Deutschland. In J. Schwark (Hrsg.), *Sporttourismus und Großveranstaltungen – Praxisbeispiele* (S. 145–176). Münster: Waxmann.

HSE Health and Security Excutive. (1999). *The event safety guide* (2. Aufl.). Richmond: The Office of Public Sector Information.

Ift. (2013). *Wirtschaftliche Bedeutung der Volksfeste in Deutschland. Aktuelle Situation, Entwicklungen, Trends*. Köln: Ift.

Ihlau, S., Duscha, H., & Gödecke, S. (2013). *Besonderheiten bei der Bewertung von KMU/Planungsplausibilisierung, Steuern, Kapitalisierung*. Wiesbaden: Springer Gabler.

Kähler, R. (2011). Betreibermodelle für Sportimmobilien. In L. Bielzer & R. Wadsack (Hrsg.), *Betrieb von Sport- und Veranstaltungsimmobilien* (S. 129–146). Frankfurt a. M.: Lang.

Klein, A. (2005). *Projektmanagement für Kulturmanager* (2. Aufl.). Wiesbaden: VS Verlag.

Koch, C. (2011). Ausstellung. In V. Lewinski-Reuter & S. Lüddemann (Hrsg.), *Glossar Kulturmanagement* (S. 15–26). Wiesbaden: Springer VS.

Kosiol, E. (1966). *Die Unternehmung als wirtschaftliches Aktionszentrum*. Reinbeck: Rowohlt.

Kresse, H. (2003). Die Bedeutung von Verbänden und Institutionen in der Messewirtschaft. In M. Kirchgeorg, et al. (Hrsg.), *Handbuch Messemanagement. Planung, Durchführung und Kontrolle von Messen, Kongressen und Events* (S. 103–116). Wiesbaden: Gabler.

Lucerna, C. (1997). *Vermarktung von Sportereignissen*. Wiesbaden: Deutscher Universitätsverlag.

Mair, J. F. (2014). *Conferences and conventions. A research perspective*. New York: Routledge.

Maurer, K. (2005). Risikobewertung von Großveranstaltungen. In H. Peer & K. Maurer (Hrsg.), *Gefahrenabwehr von Großveranstaltungen* (S. 17–34). Edewecht: Stumpf & Kossendey.

Meyerhöfer, H. (2001). Der Stellenwert Ehrenamtlicher als Personal in Nonprofit Organisationen. *ZfP*, 15(3), 263–282.

MIK. (2012). Orientierungsrahmen des Ministeriums für Inneres und Kommunales NRW für die kommunale Planung, Genehmigung, Durchführung und Nachbereitung von Großveranstaltungen im Freien. http://www.mik.nrw.de/fileadmin/user_upload/Redakteure/Dokumente/Themen_und_Aufgaben/Schutz_und_Sicherheit/sicherheitgrossveranstaltungen/Orientierungsrahmen_2_.pdf. Zugegriffen: 1. Juni 2016.

Mugler, J. (1998). *Betriebswirtschaftslehre der Klein- und Mittelbetriebe* (3. Aufl., Bd. 1). Wien: Springer.

Niekrenz, Y. (2011). *Rauschhafte Vergemeinschaftung. Eine Studie zum rheinischen Straßenkarneval*. Bielefeld: transcript.

Nufer, G. (2007). *Wirkungen von Event-Marketing: Theorie und Praxis unter besonderer Berücksichtigung von Imagewirkungen* (3. Aufl.). Wiesbaden: Deutscher Universitätsverlag.

Nufer, G., & Bühler, A. (Hrsg.). (2011). *Marketing im Sport. Grundlagen, Trends und internationale Perspektiven des modernen Sportmarketing* (2. Aufl.). Berlin: ESV.

Paul, S., & Sakschewski, T. (2014). Typologisierung von Veranstaltungen. In S. Paul, et al. (Hrsg.), *Sicherheitskonzepte für Veranstaltungen* (2. Aufl., S. 7–70). Berlin: Beuth.

Pichler, H. J., Pleitner, H. J., & Schmidt, K. H. (Hrsg.). (2000). *Management in KMU. Die Führung von Klein- und Mittelunternehmen* (3. Aufl.). Bern: Haupt.

Prüser, S. (1997). *Messemarketing. Ein netzwerkorientierter Ansatz.* Wiesbaden: Springer.

Ramus, M. (2013). *Kulturgut Volksfest. Architektur und Dekoration im Schaustellergewerbe.* Köln: Bachem.

Riedmüller, F. (2003). *Dienstleistungsqualität bei professionellen Sportveranstaltungen. Entwicklung und Überprüfung eines Erklärungsmodels.* Frankfurt a. M.: Lang.

Risch, M., & Kerst, A. (2011). *Eventrecht kompakt* (2. Aufl.). Heidelberg: Springer.

Rösing, H. (2001). "Populäre Musik": Was meint das? In H. Rösing (Hrsg.) (2005), *Das klingt so schön hässlich. Gedanken zum Bezugssystem Musik.* (S. 125–137). Bielefeld: transcript.

Schmidt, J. (2011). Gefahrenabwehr bei Großveranstaltungen. In T. Luiz, C. K. Lackner, H. Peter, & J. Schmidt (Hrsg.), *Medizinische Gefahrenabwehr. Katastrophenmedizin und Krisenmanagement im Bevölkerungsschutz* (S. 418-427). München: Urban & Fischer.

Schmidt, A., Teuscher, A., & Neumann-Braun, K. (2009). „Duell der Formate" – (Selbst-) Inszenierungsstrategien der deutschen Comedy-Show „TV total". In H. Willems (Hrsg.), *Theatralisierung der Gesellschaft. Band 2: Medientheatralität und Medientheatralisierung* (S. 263–294). Wiesbaden: VS Verlag.

Schmidt, W., Müller, A., & Trittel, N. (2011). Leistungsentgelt im öffentlichen Dienst: Intentionen, Wirkungen, Akzeptanz. *Industrielle Beziehungen. Zeitschrift für Arbeit, Organisation und Management 2011(18),* 78–98.

Schnell, R. (Hrsg.). (2000). *Metzler-Lexikon Kultur der Gegenwart. Themen und Theorien, Formen und Institutionen seit 1945.* Stuttgart: Metzler.

Schreiber, M.-T. (2002). Präsentation des Phänomens "Kongresse und Tagungen". In M.-T. Schreiber (Hrsg.), *Kongress- und Tagungsmanagement* (S. 3–18). München: Oldenbourg.

Schwarz, P., Purtschert, R., Giroud, C., & Schauer, R. (2009). *Das Freiburger Management-Modell für NPO* (6. Aufl.). Bern: Haupt.

Seewald, J. (2015). Das Oligopol der Tochterfirmen. Frankfurter Allgemeine Zeitung. http://www.faz.net/aktuell/feuilleton/medien/das-produktionsoligopol-der-oeffentlich-rechtlichen-13702909.html. Zugegriffen: 13. Juni 2016.

Seliger, B. (2014). *Das Geschäft mit der Musik. Ein Insiderbericht* (4. Aufl.). Berlin: Bittermann.

Senatsverwaltung. (2011). *Sanitätsdienst bei Großveranstaltungen.* Berlin: Senatsverwaltung für Inneres und Sport.

SITE. (2013). Incentives move business – Part 2: Incentive travel: The smart business proposition. http://www.siteglobal.com/d/do/360. Zugegriffen: 27. Mai 2016.

Söndermann, M. (2012). *Monitoring zu wirtschaftlichen Eckdaten der Kultur- und Kreativwirtschaft 2010* (Forschungsbericht Nr. 594). Berlin: Bundesministerium für Wirtschaft und Technologie.

Söndermann, M., Backes, C., Arndt, O., & Brünink, D. (2009). *Kultur- und Kreativwirtschaft. Ermittlung der gemeinsamen charakteristischen Definitionselemente der heterogenen Teilbereiche der „Kulturwirtschaft" zur Bestimmung ihrer Perspektiven aus volkswirtschaftlicher Sicht.* Berlin: Bundesministerium für Wirtschaft und Technologie.

Szabo, R. (2006). *Rausch und Rummel. Attraktionen auf Jahrmärkten und in Vergnügungsparks. Eine soziologische Kulturgeschichte.* Bielefeld: transcript.

Transfermarkt. (2016). http://www.transfermarkt.de/1-bundesliga/besucherzahlen/wettbewerb/L1/plus/?saison_id=2014#subnavi. Zugegriffen: 5. Juni 2016.

Urselmann, M. (1998). *Erfolgsfaktoren im Fundraising von Nonprofit-Organisationen.* Wiesbaden: Springer.

Vfdb. (2010). *vfdb 03-03. Einsatzplanung Großveranstaltungen.* Köln: vds.

Weber, B., & Rager, G. (2006). Medienunternehmen – Die Player auf den Medienmärkten. In C. Scholz (Hrsg.), *Medienmanagement* (S. 117–146). Berlin: Springer.

Weckerle, C., & Söndermann, M. (2004). *Erster Kulturwirtschaftsbericht Schweiz. Das Umsatz- und Beschäftigungspotential des kulturellen Sektors*. Zürich: HGKZ.

Weiß, O., & Norden, G. (2013). *Einführung in die Sportsoziologie* (2. Aufl.). Münster: Waxmann.

Weisser, L. (2013). *Sportevent-Management. Erfolgreiche Konzepte im Kampf um Sportler und Sponsoren*. Berlin: ESV.

Willimczik, K. (2007). Die Vielfalt des Sports. Kognitive Konzepte der Gegenwart zur Binnendifferenzierung des Sports. *Sportwissenschaft, 37*(1), 19–37.

Wirtz, B. (2013). *Medien- und Internetmanagement* (8. Aufl.). Wiesbaden: Springer Gabler.

Besonderheiten der Veranstaltungsbranche

4

Nach Beschreibung und Abgrenzung der Teilmärkte der Veranstaltungsbranche sowie der Analyse der wirtschaftlichen und organisatorischen Rahmenbedingungen werden zur Beschreibung und Analyse der Veranstaltungsbranche drei Besonderheiten herausgearbeitet, die sich zum Teil aus den vorgenannten Rahmenbedingungen ableiten lassen, sich aber im Wesentlichen durch die Notwendigkeiten der Veranstaltungsplanung und -umsetzung ergeben. Diese Besonderheiten liegen zunächst im Projektcharakter der Aufgaben wie die Ergebnisorientierung gerade in Hinblick auf Aufwands- und Terminziele. Die heterogene Marktstruktur mit seiner starken Aufgabenorientierung, die sich in der Bedeutung von spezialisierten Nischenanbietern und vielen lokalen Allroundern widerspiegelt, und die saisonal stark schwankenden Bedarfe führen zu einem hohen Anteil an Solo-Selbstständigen. Veranstaltungen finden an vielen und wechselnden Standorten statt. Die Tätigkeit an wechselnden Standorten mit den sich daraus ergebenden Konsequenzen gehört daher ebenfalls zu den Besonderheiten der Veranstaltungsbranche.

4.1 Projektcharakter

Zielerreichung und Terminorientierung haben einen wichtigen Einfluss auf die Ablauforganisation in der Veranstaltungsbranche. Die gängige Form der Veranstaltungsplanung ist daher das auftragsorientierte Projektgeschäft, das sich durch organisatorische Rahmenbedingungen wie einen geringen Formalisierungsgrad und die Arbeit im Team bedingt. Als auftragsorientiertes Projektgeschäft wird in diesem Zusammenhang die terminorientierte Erstellung von Leistungen im Kundenauftrag verstanden. Ein Projekt wird laut DIN-Norm (DIN 69901-1:2009-01) als ein Vorhaben bezeichnet, das im Wesentlichen durch seine Einmaligkeit der Bedingungen in ihrer Gesamtheit gekennzeichnet ist.

© Springer Fachmedien Wiesbaden GmbH 2017
T. Sakschewski und S. Paul, *Veranstaltungsmanagement*,
DOI 10.1007/978-3-658-16899-5_4

Nicht jeder Bestandteil, jeder Einzelschritt muss neu sein, sondern das Vorhaben in seiner Gesamtheit. Das Project Management Institute® hat in einer frühen Fassung des PMBOK® Guide, der US-amerikanischen Norm für Projektmanagement ein Projekt definiert als „Any undertaking with a defined starting point and defined objectives by which completion is identified. In practice, most projects depend on finite or limited resources by which the objectives are to be accomplished" (PMI 1989, S. 4–3). In der aktuell gültigen Fassung von 2013 heißt es hingegen „a temporary endeavor undertaken to create a unique product, service, or result. Temporary means that every project has a definite beginning and a definite end. Unique means that the product, service or results is different in some distinguishing way from all other products, service, or results" (PMI 2013, S. 3). Mit der Definition eines Projekts als ein Vorhaben, das angestrengt wird, um ein einzigartiges Produkt, eine einzigartige Dienstleistung oder ein einzigartiges Ergebnis zu erstellen, betont die amerikanische Organisation ebenso wie die DIN-Norm den Neuigkeitsgrad eines Projekts. Madauss übernimmt nach Auswertung von mehr als fünfzig unterschiedlichen Definitionsansätzen diese Elemente und ergänzt die Definition, um einige Charakteristika.

▶ **Projekte** „Projekte sind Vorhaben mit definiertem Anfang und Abschluss, die durch die Merkmale zeitliche Befristung, Einmaligkeit, Komplexität und Neuartigkeit gekennzeichnet sind und wegen ihres interdisziplinären Querschnittcharakters eine vorüber gehende organisatorische Veränderung und damit verbunden auch eine Neufestlegung der Aufgabenbereiche im Betrieb bewirken können; kurz ein Projekt ist ein außergewöhnliches Vorhaben" (Madauss 2000, S. 516).

Es können also in Erweiterung zu der Definition nach DIN sieben konstitutive Merkmale von Projekten aufgeführt werden (Madauss 2000, S. 522 ff.; Diethelm 2000, S. 5; Steinbuch 2000, S. 24 f.; Patzak und Rattay 2009, S. 20).

- Neuartigkeit: Die bereits in der DIN-Norm genannte Einmaligkeit der Bedingungen bedingt eine zumindest in Teilen neuartige Aufgabenstellung.
- Risiko: Das jedes Projekt ist zumindest in Teilen neuartig ist sowie durch Ressourcen- und Zeitbegrenzungen limitiert ist, ergibt sich mittelbar das Risiko eines Misserfolgs (Risk to Fail) und unmittelbar eine Unsicherheit über die durchzuführenden Einzelschritte und Maßnahmen.
- Zielorientierung: Die Zielorientierung von Projekten bildet die wesentliche Kategorie zur Abgrenzung von Projekten gegenüber sich wiederholenden Prozessen, denn während Prozesse wie z. B. Arbeitsschritte in der seriellen Fertigung durch sogenannte Umwegziele zu beschreiben sind – wie Prozessoptimierung zur Gewinnmaximierung – legitimiert sich ein Projekt durch den Erfolg im Sinne der Erreichung definierter Ziele.
- Begrenztheit: Projekte sind zeitlich und in ihren finanziellen, materiellen sowie personellen Ressourcen begrenzt. Eine Begrenzung der zeitlichen Dauer wird hier nicht

genannt. So existieren Forschungs- und Entwicklungsprojekte mit einem zeitlichen Horizont von über zehn Jahren (Marsmission, CERN, Genom Projekt), aber ebenso Vorhaben mit nicht mehr als wenigen Tagen Planungs-, Vorbereitungs- und Durchführungszeit. Neben der Limitierung von Zeit, Personal und Projektbudget weist Klein (Klein 2005, S. 14) auch auf räumliche Restriktionen durch die vorgegebenen Kapazitäten des Veranstaltungsortes hin.

- Komplexität: Projekte haben ein Mindestmaß an Komplexität. Die Komplexität eines Systems kann beschrieben werden durch die Anzahl und die Vielfalt der Elemente und Relationen (Keuper 2009, S. 358). „Projekte", die lediglich eine einzelne, durch eine Person in wenigen Stunden ausführbare Aufgabenstellung beinhaltet, können kaum als Projekte bezeichnet werden. Projekte verlangen Anforderungen mit einer Vielfalt an einzelnen Aufgaben.
- Interdisziplinarität: Die Projektanforderungen sind komplex und verlangen einen mehrdimensionalen, fächer- oder abteilungsübergreifenden Blickwinkel und erfordern zumeist den Austausch zwischen unterschiedlichen Bereichen einer Organisation.
- Bedeutung: Der Projektanstoß muss bedeutend genug sein, um personelle und finanzielle Ressourcen unterschiedlicher Bereiche zu aktivieren.

▶   Definitionsmerkmale eines Projekts sind ohne Einschränkungen auf eine Veranstaltung zu übertragen. Veranstaltungen sind Projekte. Veranstaltungsmanagement ist eine besondere Form des Projektmanagements, bei der sich die Ergebnisorientierung auf die erfolgreiche Umsetzung der Veranstaltung bezieht.

Für die Anwendung von Methoden und Werkzeugen des Projektmanagements bei der Planung und Durchführung von Veranstaltungen sprechen viele Gründe (O`Toole und Mikolaitis 2002, S. 23).

- Da Projektmanagement Organisations- und Führungssysteme beschreibt, können diese auch entwickelt und verbessert werden.
- Projektmanagement bei Veranstaltungen verringert das Risiko, dass der Projekterfolg oder -misserfolg in den Händen einer einzelnen Person liegt.
- Die Verwendung einer bekannten und eindeutigen Terminologie erleichtert die Kommunikation.
- Projektmanagement bedeutet auch die frühzeitige Berücksichtigung der Interessen und Absichten von Stakeholdern.
- Projektmanagement bei Veranstaltungen macht die Steuerungs- und Führungsaufgaben bei Veranstaltungen deutlich.
- Der Einsatz der Projektmanagement-Methoden bei Veranstaltungen unterstützt dabei das zu schulen und weiterzubilden.
- Die Erfahrungen des Projektmanagements bei Veranstaltungen kann auf jede andere Aufgabe übertragen werden.
- Durch die Bekanntheit der verwendeten Begriffe wird der Umgang mit Stakeholdern erleichtert.

Projektmanagement bedeutet die Gesamtheit von Führungsaufgaben, -organisation, -techniken und -mitteln für die Initiierung, Definition, Planung, Steuerung und den Abschluss von Projekten verstanden werden (DIN 69901-5:2009-01) oder wie das PMBO® beschreibt: „application of knowledge, skills, tools and techniques to project activities to meet project requirements" (PMI 2013) Zwei unterschiedliche Aufgabenfelder des Projektmanagements lassen sich aus diesen Definitionen ableiten. Projektmanagement meint zunächst die Entwicklung eines Leitungskonzeptes, das die Projektleitung dabei unterstützt, die zur Projektdurchführung notwendigen Aufgaben zu definieren und die zur Aufgabenlösung notwendigen Methoden zur Verfügung stellt. Des Weiteren aber ist mit Projektmanagement auch die Organisationsform gemeint, durch die das Projekt in das Unternehmen optimal eingegliedert wird (Rinza 1985, S. 5). Weitere Aufgaben des Projektmanagements ergeben sich aus dem Verständnis der DIN-Norm:

- Umsetzung strategischer und operativer Konzepte vom Unternehmen. Veranschaulichung der Projektziele und des Zeitrahmens bei der Projektplanung.
- Messung des Aufwands durch geeignete Instrumente und Gewährleistung von Optimierungspotenzial.
- Risikoanalysen für die technischen, wirtschaftlichen und ablauforganisatorischen Lösungen.
- Aktuelle Kommunikation zwischen den Teilnehmern innerhalb des Projekts und eine Darstellung über den Projektstatus.
- Steuerung und Koordination sämtlicher technische Maßnahmen
- Informationsweitergabe an extern mitwirkende Institutionen und Organisationen.
- Effektive Nutzung sämtlicher zur Verfügung stehender Ressourcen
- Darstellung von Erfahrungen aus früheren bzw. aktuellen Projekten (DIN 69901-5:2009-01).

Das PMBOK® unterscheidet fünf Prozessgruppen mit insgesamt 47 Einzelprozessen als Projektmanagementaufgaben.

- Gruppe der Initialisierungsprozesse (zwei Prozesse)
- Gruppe der Planungsprozesse (24 Prozesse)
- Gruppe der Ausführungsprozesse (acht Prozesse)
- Gruppe der Überwachungs- und Steuerungsprozesse (elf Prozesse)
- Gruppe der Abschlussprozesse (zwei Prozesse)

Diese fünf Prozessgruppen folgen dem Fünf-Phasenmodell des PMBOK® mit den Phasen Initiate, Plan, Execute, Monitor and Control und Close. „Projektphasen sind fachlich bedingte Abschnitte im zeitlichen Ablauf des Projekts" (DIN 69901-1:2009-01). Die

Aufteilung eines Vorhabens in logische und chronologische Zeitabschnitte, die sequenziell aufeinander folgen oder die iterative Annäherung an eine Lösung beschreiben und Zwischenschritte zur Ausführung der Projektaufgabe dokumentieren, bildet die terminorientierte Grundlage eines Projekt- und damit Veranstaltungsmanagements. Die Aufteilung in Phasen ist so einer der wichtigsten ersten Schritte der Projektplanung. Zum Abschluss jeder Phase ist ein Meilenstein einzuplanen. Ein Meilenstein ist ein Ereignis von besonderer Bedeutung (DIN 69901-1:2009-01). Als Ereignis hat ein Meilenstein keine zeitliche Ausdehnung, sondern ist ein Zeitpunkt, bis zu dem Ressourcen verbrauchende Vorgänge oder Aktivitäten abgeschlossen werden müssen. Auch das Phasenmodell der DIN-Norm kennt fünf Phasen. Diese sind Initialisierung, Definition, Planung, Steuerung und Abschluss (DIN 69901-2:2009-01).

Die Initialisierungsphase umfasst den zeitlichen Abschnitt von der Projektidee zum formulierten Projektauftrag. Hier werden die Verantwortlichkeiten definiert und die ersten Organisationsabläufe skizziert. In der Definitionsphase kann der Projektauftrag durch Festlegung der formalen und inhaltlichen Rahmenbedingungen genauer beschrieben werden. Hier werden die Ziele festgelegt, und der Projektumfang durch die Beschreibung der Grobstruktur genauer festgelegt. In der Planungsphase müssen die allgemeinen Vorgaben der Definitionsphase in konkrete Pläne umgesetzt werden. In dieser Phase wird der Projektstrukturplan mit einer Festlegung der Arbeitspakete aufgestellt, woraus sich dann genauere Aufwands- und Kostenplanungen ergeben, die durch eine gleichzeitige Risikokontrolle überprüft werden. Ablauf- und Terminpläne werden entwickelt und die ersten Verträge mit Lieferanten werden abgeschlossen. Die Steuerungsphase bedeutet, das Projekt auf Basis der Pläne zu den definierten Zielen zu führen. Das Berichtswesen, und alle weiteren Werkzeuge und Methoden des Projekt-Controlling spielen hier eine besondere Rolle. Die Abschlussphase beinhaltet die nachvollziehbare und definierte Beendigung und Auswertung des Projektes, hierfür ist eine ordentliche Dokumentation, der Wissenstransfer und die soziale Seite der Mitarbeiterführung in besonderem Maße zu beachten. Bei Fertigungs- und Montagesteuerungssystemen werden bei Projekten die vier Phasen: konzeptionelle Grundlegung, detaillierte Gestaltung, Realisation und Nutzung unterschieden.

Klein (2005, S. 45 ff.) teilt beim Kulturmanagement ein Projekt in die vier Phasen Konzept, Definition, Realisierung sowie Abschluss- und Kontrolle ein. Die Konzeptphase beginnt mit der Ideenfindung, in der beschrieben werden soll, was ein Projekt sein könnte. Aus der Perspektive des Kulturmanagements geht Klein davon aus, dass in dieser Phase gar nicht das nachfolgend verantwortliche Projektteam wirkt, sondern die Kreativen oder wie Klein formuliert die „Spinner" (Klein 2005, S. 46). In der Definitionsphase werden das Projekt und dessen Ziele genauer beschrieben, worunter auch eine Analyse des Projektumfeldes z. B. durch Risiko- und Stakeholderanalyse zu verstehen ist. Das Projektteam wird zusammengestellt und beginnt die grundlegenden Elemente zur Realisierung werden geplant. Dabei werden die Gesamtaufgaben in einem Projektstrukturplan in Teilaufgaben und Arbeitspakete unterteilt. Dieser stellt die Grundlage für eine genauere Kostenplanung sowie die Termin- und Ablaufplanung dar. In der Definitionsphase werden die notwendigen Ressourcen wie Personal, Material, Räume oder Technik detailliert erfasst. In der Realisierungsphase werden die zuvor definierten Arbeitspakete abgearbeitet. Schwerpunkt der Realisierungsphase ist die Steuerung und Kontrolle. Die durchgängige Kommunikation mit allen Beteiligten ist ebenfalls über die gesamte Realisierungsphase notwendig. In der Abschluss- und Kontrollphase müssen zunächst alle materiellen Ressourcen zurückgeführt werden, hierzu gehört die Rückgabe von Mietmaterial und die Wiedereingliederung des genutzten Eigenmaterials in die bestehende Infrastruktur bzw. Lagerhaltung. In der Kontrollphase findet die interne und externe Dokumentation statt, wird eine Abschlussrechnung erstellt und erfolgt die Überprüfung, ob die zuvor gesetzten Ziele auch erreicht worden sind (Klein 2005, S. 59).

In der Baubranche existieren mehrere Modelle der zeitlich-fachlichen Abschnittsbildung. Bezogen auf die Ausführung wird auch hier in vier Phasen unterteilt: Konzeption, Konstruktion, Vorbereitung und Ausführung. Bezogen auf die Planungsleistungen kennt die HOAI 2013 (Honorarordnung für Architekten und Ingenieure) neun Leistungsphasen. Die Leistungsphase 1 zur Grundlagenermittlung dient der Klärung der Aufgabenstellung mit einer Bestandsaufnahme und Standortanalyse sowie der Aufstellung eines Raum- und Funktionsprogramms. In der Leistungsphase 2 mit der Vorplanung müssen die Grundlagen analysiert und Zielvorstellungen abgestimmt werden. Dafür wird ein Planungskonzept entwickelt und mit den Behörden die grundsätzliche Genehmigungsfähigkeit abgestimmt. Die Kosten des Vorhabens werden geschätzt und eine erste Zeit- und Organisationsplanung aufgestellt. Mit der Entwurfsplanung in der Leistungsphase 3 erfolgt die zeichnerische Darstellung des Gesamtentwurfs sowie eine Kosten- und Wirtschaftlichkeitsberechnung. Mit der Leistungsphase 4 erfolgt die Genehmigungsplanung, in der die Vorlagen der erforderlichen Genehmigungen oder Zustimmungen erarbeitet werden. Das Baugesuch wird eingereicht. Die Leistungsphase 5, die Ausführungsplanung, bedeutet die Detaillierung der Grobplanung in Detail- und Konstruktionszeichnungen. Die Leistungsphase 6 dient der Vorbereitung der Vergabe. Hierbei werden als Grundlage für Leistungsbeschreibungen die Massen ermittelt und Leistungsverzeichnisse nach Leistungsbereichen erstellt. Die Leistungsphase 7, Mitwirkung bei der Vergabe, meint das Einholen, Prüfen und Auswerten der Angebote sowie das Aufstellen eines Preisspiegels. Die Leistungsphase 8 umfasst die Objektüberwachung mit der Koordination und der Kontrolle der Ausführung, der Fortschreibung eines Zeitplans sowie der Abnahme der Bauleistung, Feststellung von Mängeln und Überwachen der Beseitigung. Die letzte Leistungsphase 9 schließt das Projekt mit Objektbetreuung und Dokumentation ab (Anlage 10 HOAI 2013). Das dezidierte Vorgehensmodell der Architekten und Ingenieure ist für Teilbereiche der Veranstaltungsbranche wie die Aufgaben der Planung und Konstruktion in Fachplanungsbüros von großer Bedeutung. Für den eher operativen Teil der Veranstaltungsplanung und -umsetzung sind weitere Phasenmodelle sinnvoll, die stärker auf Branchenbedürfnisse ausgerichtet sind.

Bowdin et al. (2011, S. 261 ff.) unterscheiden die fünf Phasen:

- Initiation
- Planning

- Implementation
- Event
- Shutdown

In der Initialisierungsphase (Initiation) wird die Idee einer Veranstaltung entwickelt und so weit skizziert, dass die wesentlichen Rahmenbedingungen und Risikofaktoren erfasst werden und die wichtigsten Ziele genannt werden können. Das Ergebnis der Initialisierungsphase kann bei einem erstmaligen Vorhaben auch in Form einer Machbarkeitsstudie zusammengetragen werden. Am Ende der Initialisierungsphase steht in Meilenstein 1 eine „Go-oder-No-Go-Entscheidung". Umfang und Inhalt einer Machbarkeitsstudie für eine Veranstaltung ist nicht definiert. Es empfiehlt sich, folgende Faktoren zu berücksichtigen:

- Zieldefinition
- Möglichst genaue und transparente Schätzung der Besucherzahlen unter Einbeziehung der Best- und Worst-Case Szenarien, Sensitivitätsanalyse der Schätzung für einzelne Faktoren wie Wetter oder Programmänderungen
- Risikoanalyse unterteilt in Technik, Organisation und Prozesse, Mensch und externe Einflüsse
- Kosten- und Gewinnschätzung in Abhängigkeit von den Besucherzahlen
- Funktionsgliederung des Veranstaltungsgeländes bei Open-Air-Veranstaltungen
- Übersicht der Logistikwege
- Übersicht der Zu- und Ausgänge der Besucherbewegungen
- Stakeholder Identifikation

In der Planungsphase (Planning) wird erfasst, was benötigt wird und wie diese Elemente gesamthaft zusammen passen. Es ergeben sich Ablauf- und Aufwandspläne, Kosten und Budgetpläne, Aufgabenpläne für Marketing, Veranstaltungsgestaltung oder die Genehmigungsplanung. Die Detaillierung dieser Grundpläne erfolgt im weiteren Prozess, sodass die Planungsphase als abgeschlossen gelten kann, wenn die genannten Pläne in einer ersten Fassung aufgestellt wurden.

Die Einführungsphase (Implementation) umfasst verschiedene Planungsaufgaben:

- Anwendung der Pläne für alle weiteren Aktivitäten, wie z. B. die Beauftragung von Dienstleistern oder die Miete von Veranstaltungstechnik
- Steuerung und Kontrolle der Planung in der Anwendung
- Entscheidungen treffen durch einen kontinuierlichen Abgleich zwischen Plan und Ist-Situation
- Vermittlung der Zwischenschritte an die wichtigsten Stakeholder
- Aktives Risikomanagement

Die Einführungsphase endet mit dem Beginn der Veranstaltung selbst. Bowdin et al. (2011, S. 263) führen hierbei nicht weiter aus, ob hiermit die Öffnung des Veranstaltungsgeländes bzw. des Veranstaltungsraumes für die Besucher oder die Generalprobe bzw. der Sound-Check gemeint ist. Die Eventphase meint die eigentliche Veranstaltungszeit, in der die Anzahl der Mitarbeiter und freiwilligen Kräfte dramatisch ansteigt und das gesamte Team im „Operation Mode", also in höchster Anspannung und konzentriert an der erfolgreichen Durchführung der Veranstaltung arbeitet. Die Abbauphase (Shutdown) beinhaltet sowohl den Abbau und den Abtransport vor Ort, als auch den Abschluss und die Dokumentation der Veranstaltung. Holzbaur et. al. (2010, S. 23 ff.) empfehlen anders als Bowdin et al. einen Phasenplan in sieben Phasen:

- Init oder Initialisierung
- Start
- Vorlauf oder Vorbereitung
- Anlauf
- Aktiv
- Nachlauf
- Nachbereitung

Die Initialisierungsphase enthält die Grobkonzeption und Zielfestlegung. Die Initialisierungsphase startet mit einer Idee (Meilenstein 0: Idee) endet wie bei Bowdin et al. mit dem Entschluss, das Event durchzuführen (Meilenstein 1: Go-/No-Go). Das Event selbst, die Trägerschaft und zumeist auch der Termin stehen am Ende dieser Phase in Meilenstein 1 fest. Der Start umfasst die Detailplanung, in der die notwendigen Ressourcen abgeschätzt werden, die Veranstaltungsinhalte definiert und die Verantwortungsbereiche sowie die ersten Zeitpläne festgelegt werden. Nach Holzbauer et al. schließt der Start mit dem Meilenstein 2 ab, der eine zweite Möglichkeit darstellt, das Vorhaben vorzeitig zu beenden (Meilenstein 2: Go-on/Stop). In der Vorbereitungsphase werden Angebote eingeholt, Aufträge vergeben und die eigentlichen Vorbereitungstätigkeiten ausgeführt. Grundlegende Änderungen an der Veranstaltung selbst oder an der Organisation, die die Veranstaltung durchführt, sind in der Vorbereitungsphase nur noch mit größeren Opportunitätskosten vorzunehmen, denn in der Phase findet bereits die Feinplanung statt. Das Ende dieser Phase bildet deswegen auch der Meilenstein 3 (Point of no return). Die Anlaufphase beschreibt Aufbauarbeiten vor Ort und endet mit dem offiziellen Beginn der Veranstaltung. Der Startpunkt der Anlaufphase lässt sich also mit der Ortsveränderung der planenden Organisation beschreiben. Spätestens mit dem Bezug des Produktionsbüros vor Ort beginnt die Anlaufphase. Die Anlaufphase endet mit Meilenstein 4: Doors open. Die Aktivphase meint die Veranstaltung selbst und endet mit dem offiziellen Schluss der Veranstaltung (Meilenstein 5: Ende). Holzbaur et al. beziehen sich in ihren Ausführungen, ohne dies genau zu nennen, auf die Zeiten des Veranstaltungsprogramms. Hier sollten die Meilensteine so gesetzt werden, dass der Meilenstein 4 mit der ersten Anreise von Besuchern anzusetzen ist und der Meilenstein 5 mit der Abfahrt der letzten

Besucher von den Parkplätzen bzw. den nahe gelegenen Haltestellen des ÖPNV. Unter der Nachlaufphase werden sämtliche nachgelagerten Aufgaben und Vorgänge vor Ort zusammengefasst, wie der Abbau der Bühnentechnik, die Reinigung und Entsorgung, der Abtransport oder die Rückgabe gemieteten Equipments. Der Abschluss der Nachlaufphase (Meilenstein 6: Beendigung) ist definiert durch den Abschluss der Aktivitäten vor Ort und damit durch die Übergabe des Veranstaltungsgeländes oder -raumes an den Betreiber. In der Nachbereitungsphase wird die Veranstaltung finanziell abgeschlossen und dokumentiert. Die Nachbereitung und damit die gesamte Veranstaltung als Projekt ist mit dem Rechnungsabschluss (Meilenstein 7: Projektende) abgeschlossen (Holzbaur et al. 2010, S. 204 ff.).

Die zwei zusätzlichen Phasen bei dem Modell von Holzbaur et al., „Start" vor der Veranstaltung und „Nachbereitung" nach der Veranstaltung, betonen das Ungleichgewicht zwischen Veranstaltungsumsetzung und Veranstaltungsplanung in Bezug auf Zeit und Aufwand wie das die Abb. 4.1 zeigt.

Die Aktivphase bzw. Eventphase kann bei einigen Veranstaltungen eine Dauer von weniger als eine Stunde haben wie z. B. Eröffnungszeremonien oder Jubiläumsfeiern, doch die dafür notwendigen Veranstaltungsplanungen können Monate dauern und einen Aufwand von Personenmonaten bedeuten. Vor allem die Unterscheidung zwischen Nachlauf am Veranstaltungsort und zum Teil lang andauernder Nachbereitung ist von Vorteil. In der Praxis fällt jedoch eine klare Abgrenzung zwischen den einzelnen Phasen Initialisierung, Start und Vorbereitung schwer. Hier empfehlen sich überlappende Phasen, die ineinander greifen und durch Setzung von Zwischenmeilensteinen und einer Überleitungsphase, in denen terminkritische Vorgänge eingeplant werden (Madauss 2000, S. 78). Eine schematische Übersicht mit Andeutung der unterschiedlichen Phasenlängen zeigt Abb. 4.2.

Projektmanagement erfordert eine besondere Form der Führung. Diethelm (Diethelm 2000, S. 5 f.) fasst die Besonderheit des Projektmanagements in sieben von ihm so bezeichneten „Pros" zusammen: „Problemorientiert, Professionell, Prospektiv, Proaktiv, Produktiv, Prototyp, Prohuman".

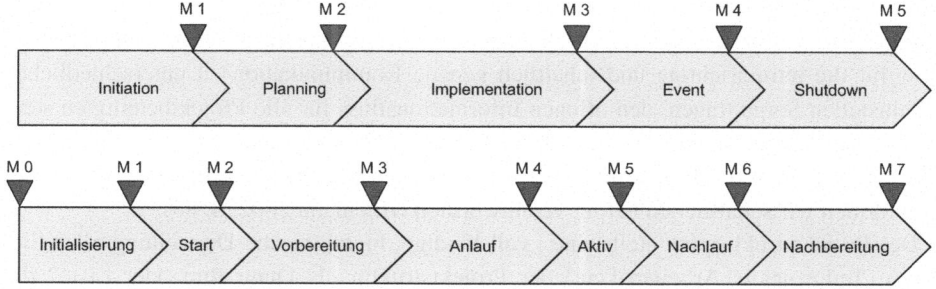

Abb. 4.1 Vergleich der beiden veranstaltungsspezifischen Phasenmodelle von Bowdin et al. und von Holzbaur et al. (Quelle: Eigene Darstellung)

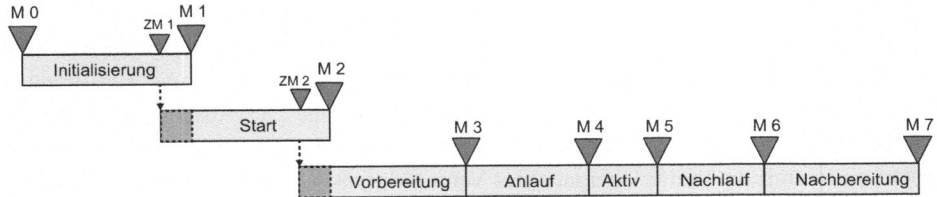

Abb. 4.2 Phasenmodell von Holzbaur et al. mit überlappenden Phasen. (Quelle: Eigene Darstellung)

Unter Einbeziehung dieser grundsätzlichen Unterschiede zwischen einem Projektmanagement und einem Management von Routineprozessen wie in der Tab. 4.1 ersichtlich sind vor allem drei Anforderungsgruppen für ein Projektmanagement zu berücksichtigen. Die fachlichen Anforderungen, um sich für eine möglichst gute Problemlösung entscheiden zu können. Die wirtschaftlichen Anforderungen, um mit möglichst geringem Ressourcenverbrauch an Sachmitteln und Personal, die formulierten Ziele zu erreichen und die sozialen Anforderungen, um die Mitarbeiterbelange zur Ergebnisorientierung weitgehend zu berücksichtigen (Steinbuch 2000, S. 28).

▶   Das wichtigste Prinzip im Projektmanagement besteht darin, die in Konflikt stehenden Faktoren Zeit, Kosten und Qualität in Einklang zu bringen (Dürr 2002, S. 56). Für das Veranstaltungsmanagement muss ein vierter Faktor ergänzt werden, da die Projektmitarbeiter nicht nur als Kostenfaktor, sondern auch interne oder externe Mitarbeiter mit eigenen Interessen und Belangen zu berücksichtigen sind. Die Teamorientierung ist daher der vierte relevante Faktor.

Das erfolgreiche Projektmanagement kümmert sich also nicht nur um die faktischen Aspekte eines Projektes wie die technische Problemstellung, die finanzielle Ausstattung, die terminlichen Zwänge, sondern auch um die sozialen Umweltfaktoren wie z. B. die Interessenslagen und Meinungen unterschiedlicher Stakeholder, die Prozesse im Team, die informellen Strukturen und Prozesse innerhalb und außerhalb der Projektgruppe. Projektmanagement beinhaltet ein hohes Maß an Kommunikation, denn das Projektmanagement muss für die terminrichtige und inhaltlich genaue Kommunikation zu unterschiedlichen Schnittstellen Sorge tragen, den offenen Informationsfluss für alle Projektbeteiligten steuern und die Vermarktung des Projekts betreiben. Projektmanagement ist wie ein Unternehmen auf Zeit, denn das Projektmanagement ist nicht nur fachlich für die Lösung, sondern auch für den wirtschaftlichen Erfolg verantwortlich (Huemann 2002, S. 88).

Der Projektstrukturplan stellt eine „vollständige, hierarchische Darstellung aller Elemente (Teilprojekte, Arbeitspakete) der Projektstruktur als Diagramm oder Liste" dar (DIN 69901-5:2009-01). Als gängiges Instrument zur Projektplanung und -steuerung wirkt der Projektstrukturplan mit der Zerlegung der Gesamtaufgabe in Teilaufgaben

Tab. 4.1 Vergleich Projektmanagement und dem Management von Routinegeschäftsprozessen. (Quelle: Eigene Darstellung in Anlehnung an Diethelm 2000, S. 6)

Management von Projekten	Management von Routinegeschäftsprozessen
Zielgerichtet	Geschäftsprozessorientierung
Ergebnisorientiert	Organisationsorientiert
Zeitlich und finanziell befristet	Ohne Endtermin (Wiederholung)
Umfassender Ressourcenplan (Operative Planung)	Stellenplan (Strategische Planung)
Extrem qualitätsorientiert	Qualitätsmanagement als integrierter Leistungsprozess
Endabnahme, Abschluss	Generelles Arbeitspensum
Wechselndes Personal	Stammpersonal
Abwechslung, Veränderung	Monotoniegefahr
Relative Unsicherheit	Relative Sicherheit
Geringer Formalisierungsgrad	Hoher Formalisierungsgrad

und Arbeitspakete wie ein Modell des gesamten Vorhabens, in dem die zu erfüllenden Projektleistungen dargestellt werden. Die Teilaufgaben sind Teile des Projektes, die im Projektstrukturplan weiter aufgegliedert werden (DIN 69901-5:2009-01). Die Anzahl der Gliederungsebenen ist abhängig von der Anzahl der Teilaufgaben und damit von der Komplexität eines Projektes abhängig (Gareis 2006, S. 2.21). Am Ende einer jeden Verästelung steht ein Arbeitspaket, welches ein „Teil des Projektes, der im Projektstrukturplan nicht weiter aufgegliedert ist und auf einer beliebigen Gliederungsebene liegen kann" (DIN 69901-5:2009-01).

Die Work-Breakdown-Structure, so der englische Begriff für den Projektstrukturplan, ist also ein Instrument zur kompletten Wiedergabe aller Teilaufgaben und Tätigkeiten. Die Gesamtheit der Aufgaben wird durch den Projektstrukturplan strukturiert und aus leistungsbezogener Sicht in Teile zerlegt (Corsten 2000, S. 138).

▶ Eine Veranstaltungsplanung sollte in Analogie zur Projektplanung einen Projektstrukturplan, das geplante Budget und die notwendigen Ressourcen berücksichtigen (Lee 2006, S. 17.10).

Die sich ergebende Projektstruktur ergibt einen Aufgabenbaum, da verschiedene Aufgaben anderen unter- oder übergeordnet sind. Die Aufgaben werden dabei in zunehmend kleinere Teilaufgaben zerlegt und Ressourcen zugeordnet. Die Zerlegung ist so weit zu betreiben, dass die Verantwortung für die Planung, Durchführung und Kontrolle der Aufgaben klar zugeordnet werden kann und die Auswirkungen auf Leistungsumfang, Termineinhaltung und Kostenkontrolle bei Abweichungen sichtbar werden (Bernecker 2003. S. 507).

Als Zweck der Zerlegung des Projekts von einer Gesamtaufgabe zu einzelnen Teilaufgaben kann genannt werden: Transparenz, Möglichkeit der Delegation oder des Outsourcings durch Herauslösen von Teilprojekten sowie die Analyse der Nahtstellen und der Zusammenhänge (Litke und Kunow 2007, S. 44). Der Projektstrukturplan ist die gemeinsame strukturelle Basis für die Ablauf-, Termin-, Kosten- und Ressourcenplanung. Es werden die Arbeitspakete, die an Projektteammitglieder zu verteilen sind, definiert. Der Projektstrukturplan ist daher mit einem Masterplan vergleichbar, der Arbeitspakete, Termine, Kosten und Kapazitäten zusammenfassend darstellt (Keßler und Winkelhofer 2004, S. 237). Er wird laut Zertifizierungsunterlagen nach IPMA 3.0 (International Projectmanagement Association) als Plan der Pläne (Geiger et al. 2009, S. 153), also als genereller Übersichtsplan bezeichnet, der Ordnung schafft. Der Nutzen eines Projektstrukturplans besteht in Folgendem (Corsten 2000, S. 146):

- Klare Absprachen mit dem Auftraggeber über erwartete Leistungen und Lieferungen werden ermöglicht.
- Eine weitgehend vollständige Ermittlung aller im Projekt abzuarbeitenden Arbeitspakete, und er bildet damit die Basis der Ablauf- und Terminplanung.
- Es wird ein Ordnungsschema geschaffen, das eine logische Aufteilung in Teilaufgaben ergibt und deren Verknüpfung mit den jeweiligen Schnittstellen ermöglicht.
- Basis einer systematischen Schwachstellen- und Risikoanalyse.
- Die Zerlegung in Teilaufgaben ermöglicht eine realistische Aufwandsermittlung.
- Er bildet die Grundlage für eine sinnvolle Kontrolle und Steuerung des Projekts.
- Er bildet die Grundlage für eine realistische Darstellung des Projektstatus und damit für die Projektdokumentation.

Durch Vergabe von Teilaufgaben an Unternehmen und Freelancer bildet der Projektstrukturplan bei Veranstaltungen eine Kommunikationsgrundlage über die Gesamtheit der Aufgaben sowie der Schnittstellen zwischen den Teilaufgaben. Dabei dient die grafische Gliederung der Organisationsstruktur mit unterschiedlichen internen und externen Partnern der Übersicht über das Projekt. Hier können in der Konzeptphase entstandene Mind Maps zu Projektstrukturplänen weiterentwickelt werden, was den Erstellungsaufwand verringert. Durch den operativen Einsatz als Instrument der Ablaufplanung werden organisationale Barrieren vermindert. Ein direkter Nutzen für Projektstrukturpläne besteht auch in der Grundlage einer strukturierten Dokumentation.

Diese gesamthafte Darstellung ist ein relativ stabiles Projektmanagementinstrument, da sich Termin-, Kosten- oder Ressourcen-Veränderungen im Projektstrukturplan nicht niederschlagen. Terminliche Zuordnungen werden im Projektstrukturplan genauso wenig vorgenommen wie Aufgaben übergreifende logische Verbindungen. Ergänzend kann abgeleitet werden, dass der Projektstrukturplan ein zentrales Kommunikationsinstrument im Projektmanagement ist und so auch als Basis für das projektbezogene Ablagesystem dienen soll, aber auch darüber hinaus ein gemeinsames Projektverständnis der Projektteammitglieder schafft und einen wichtigen Beitrag zur Vereinheitlichung der

Projektsprache und zur Herstellung von Verbindlichkeit leistet. Zur Umsetzung eines Projektstrukturplans empfiehlt sich eine Top-down-Methode, vom Groben ins Detail (deduktiv). Induktiv kann vorgegangen werden, wenn das Projekt schwer überschaubar ist (Litke 2007, S. 90) und für eine Strukturierung Systeme und Anwendungen zur Verfügung stehen. Vom Detail ins Ganze lässt sich so ohne eine fehlerhafte Gewichtung einzelner kleinteiliger Arbeitspakete die Gesamtaufgabe in Teilaufgaben strukturiert zerlegen. Dabei soll am Ende jeder Verästelung ein Arbeitspaket aufgeführt werden. Arbeitspakete gelten als die kleinsten Teile der Projektplanung und stellen eine einzelne definierte Aufgabe dar (Litke und Kunow 2007, S. 45).

Arbeitspakete können von einzelnen (internen) Mitarbeitern oder Mitarbeitergruppen ausgeführt werden. Die Verantwortlichkeit muss eindeutig definiert sein. Ein Arbeitspaket beschreibt eine einzelne, getrennte Aufgabe, die charakterisiert werden kann durch eine eindeutige Verantwortlichkeit für das Arbeitspaket, die Überprüfbarkeit der Erfüllung oder Nicht-Erfüllung eines Arbeitspakets und soweit möglich Messbarkeit des Erfüllungsgrades, die Abgrenzbarkeit des einzelnen Pakets mit Schnittstellen zu anderen Arbeitspaketen, die Zuordenbarkeit zu einer Projektphase, die Relation der Vorgangsdauer eines Arbeitspakets zu der Projektdauer sowie Informationen zu weiteren Dokumenten und Berichten. Zur Vorgehensweise bei der Erstellung eines Projektstrukturplans sind folgende Schritte zu empfehlen (Litke 1994, S. 94):

- Strukturierungsprinzip festlegen
- Obere Stufe eindeutig und mit den vorgesehenen Aufgabengebieten definieren
- Top-down-Aufriss bis auf die Ebene der Arbeitspakete vornehmen
- Vorhandene Standard-Projektstrukturpläne übernehmen bzw. anpassen
- Projektbegleitende Aktivitäten als eigene Arbeitspakete definieren
- Noch offene Aufgabenfelder als „Dummies" in der Projektstruktur berücksichtigen
- Optimale Größe der Arbeitspakete durch Splitten oder Zusammenfassen anstreben
- Prüfen, ob Arbeitspakete den Produktteilen direkt zuordenbar sind
- Arbeitspakete den vorgegebenen Schnittstellen zuordnen
- Zuständigkeit und Verantwortlichkeit für die Arbeitspakete festlegen
- Arbeitspakete inhaltlich exakt beschreiben
- Klassifizierungsschema der Arbeitspakete definieren
- Arbeitspakete in eindeutiger Klassifizierung durchnummerieren
- Arbeitspaketdefinition auf Vollständigkeit und Überlappungen überprüfen
- Projektstrukturplan als Liste oder Grafik erstellen

Grundsätzlich werden drei Formen des Projektstrukturplans unterschieden (Diethelm 2000, S. 271):

Die objektorientierte Gliederung wie in Abb. 4.3 richtet sich nach der Systemhierarchie wie der Aufbauorganisation oder nach den Produkten. Bei der objektorientierten Gliederung zerlegt man den Projektgegenstand in seine einzelnen Komponenten, Baugruppen und Einzelteile. Entscheidet man sich für eine rein objektorientierte Gliederung,

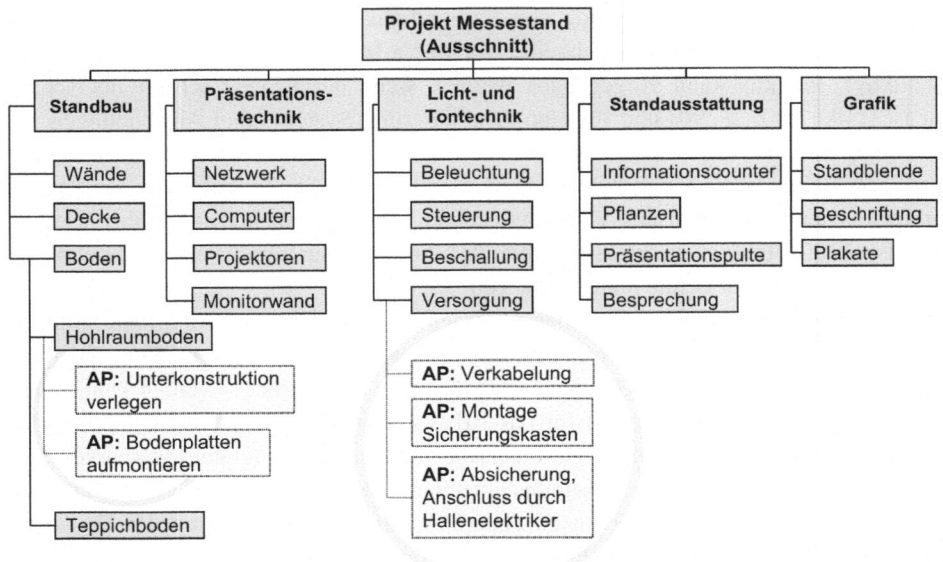

Abb. 4.3 Beispielhafter objektorientierter Projektstrukturplan für einen Messestand. (Quelle: Eigene Darstellung in Anlehnung an Paul und Sakschewski 2012, S. 195)

ist die Produktstruktur bzw. der Produktstrukturplan (Stückliste) mit dem Projektstrukturplan identisch.

Bei einer funktionsorientierten Gliederung wie in Abb. 4.4 erfolgt die Zerlegung der Gesamtaufgabe nach den Arbeitsgebieten (funktionsorientiert) bzw. nach den Arbeitsabläufen (prozessorientiert). Die Strukturierung eines Projekts nach Funktionen liefert ein abstrakteres Bild als die Aufzählung der Objekte. Bei Teilbereichen innerhalb von Projekten, die keine direkte Beziehung zu einem einzelnen Objekt erlauben, wie z. B. Controlling oder Qualitätsmanagement, ist die größere Freiheit in der nachfolgenden Zuordnung zu Objekten sinnvoll.

In einem phasen- bzw. ablauforientierten Projektstrukturplan wie in Abb. 4.5 erfolgt die Gliederung entlang der Arbeitsphasen. Zur durchgehenden Veranschaulichung der Terminorientierung von Veranstaltungen bietet sich diese Form der Projektstrukturierung an. Häufig anzutreffen ist eine Strukturierung nach Phasen auf der obersten Strukturebene.

Mischformen der Untergliederung sind unumgänglich und zum Teil notwendig, da z. B. ein rein objektorientierter Projektstrukturplan ohne funktionale Inhalte nicht wirklich realitätsnahe ist. Gerade für komplexe Aufgaben sind gemischt orientierte Projektstrukturpläne zu empfehlen. Häufig wird dabei der Zusammenhang der einzelnen Objekte in Relation zu funktionalen Bezügen in der darunterliegenden Ebene gesetzt (Hahn 2002, S. 77). Bei Veranstaltungen bietet sich häufig eine Mischung aus funktionsorientiertem und ablauforientiertem Projektstrukturplan an. Die Terminorientierung von

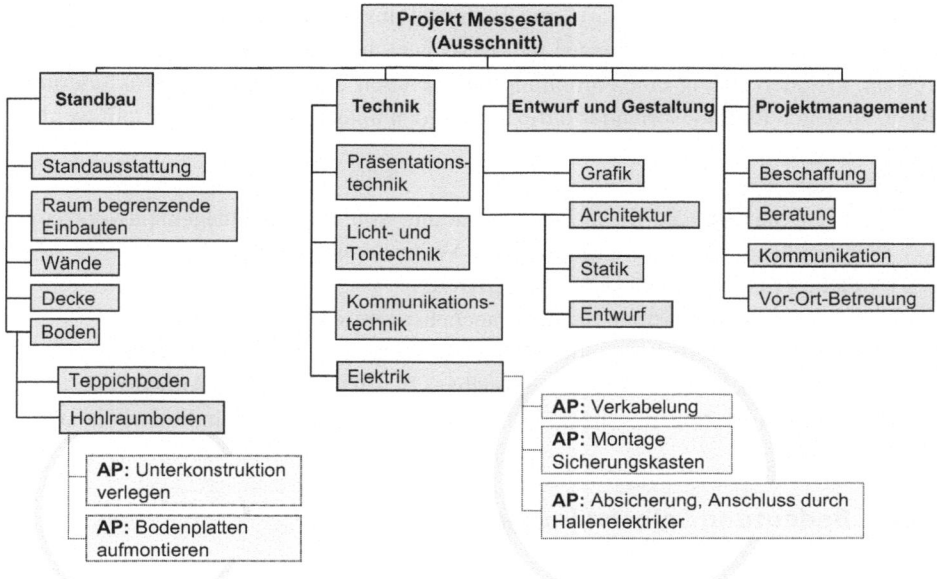

Abb. 4.4 Beispielhafter funktionsorientierter Projektstrukturplan für einen Messestand. (Quelle: Eigene Darstellung in Anlehnung an Paul und Sakschewski 2012, S. 196)

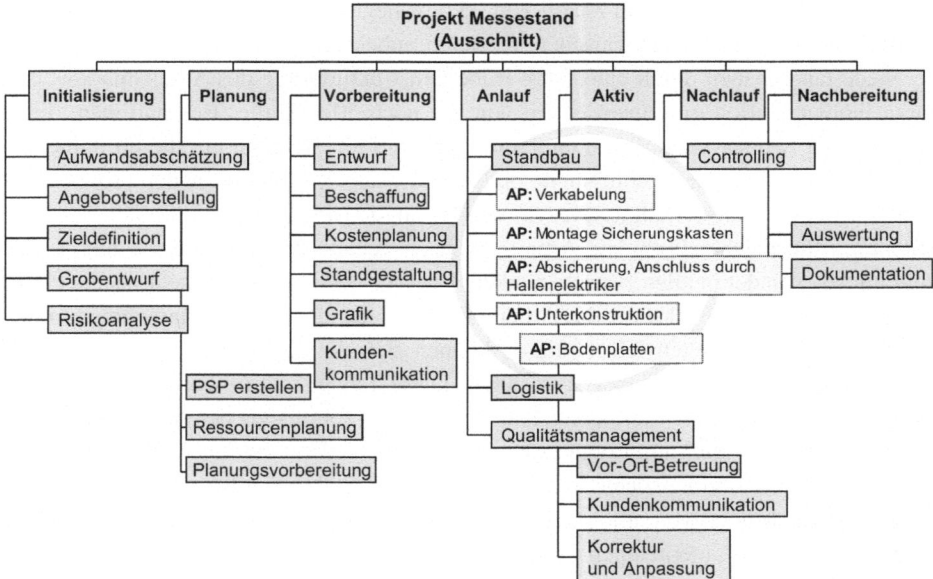

Abb. 4.5 Beispielhafter phasen- oder ablauforientierter Projektstrukturplan für einen Messestand. (Quelle: Eigene Darstellung in Anlehnung an Paul und Sakschewski 2012, S. 197)

Veranstaltungen, in der sich Start- und Fertigstellungstermine von Teilaufgaben sowie die Meilensteinterminierung zumeist rückwärts gerechnet aus dem Veranstaltungstermin ergeben, erfordert häufig eine Aufteilung nach Phasen auf der oberste Strukturierungsebene, zu denen funktionsorientierte Bezüge auf den unteren Ebenen hergestellt werden.

Fragen/Aufgaben

1. Nennen Sie Gründe, wieso die Anwendung von Projektmanagementwerkzeugen bei der Planung und Durchführung von Veranstaltungen sinnvoll ist.
2. Welche Prozessgruppen kennt das PMBOK?
3. Vergleichen und bewerten Sie die branchenspezifischen Phasenmodelle.
4. Welche Gliederungsform eines Projektstrukturplans erscheint Ihnen in der Veranstaltungsbranche besonders gut einsetzbar? Begründen Sie Ihre Antwort.
5. Welche Informationen sollte eine Arbeitspaketbeschreibung mindestens enthalten?

4.2 Bedeutung Selbstständiger

Europaweit nimmt der Anteil der traditionellen Beschäftigungsverhältnisse mit einer unbefristeten Tätigkeit ab. Dies gilt im besonderen Maße im gesamten Dienstleistungssektor, ist jedoch auch in der Produktion zu finden. Allein zwischen 2001 und 2009 nahm die Anzahl der traditionellen Arbeitsverhältnisse in Deutschland um fast 5 % ab. Heute sind in Deutschland nur noch 60 % der Arbeitnehmer in einer unbefristeten Vollzeitstelle beschäftigt (Destatis 2014). Mit einem Anteil von 25,6 % liegt Deutschland, was den Anteil der Teilzeitbeschäftigung im europäischen Vergleich anbelangt im oberen Drittel. Lediglich die Niederlande haben durch eine sehre frühe Umstrukturierung des Arbeitsmarktes eine starke Pionierposition mit einem Anteil von nur noch 50,4 % aller Beschäftigten, die in traditionellen Arbeitsverhältnissen tätig sind, während mit Anteilen um die 80 % die osteuropäischen Länder das Schlusslicht bilden (Eurostat 2014). Neben der prozentualen Verteilung der Arbeitsverhältnisse ist in der Diskussion um flexible Beschäftigung von Bedeutung, in welcher Form die Arbeitszeiten ausgehandelt werden. Auch hier ist ein wesentlicher Wandel in allen Branchen erkennbar. Nur noch bei etwas mehr als die Hälfte aller Beschäftigen (57 %) wird die Arbeitszeit komplett durch die Unternehmen vorgegeben. 11 % der befragten Beschäftigten können sich die Arbeitszeiten sogar komplett selbstständig einteilen (Eichhorst et al. 2009). Diese Tendenz ist im besonderen Maße in der Veranstaltungsbranche zu finden. Hanlon und Jago (2000) sprechen in diesem Zusammenhang von einer „pulsating organisational structure", also einer an- und abschwellenden Organisations- und Personalstruktur. Der Anteil der Selbstständigen in der Kultur- und Kreativwirtschaft liegt wesentlich höher als in der Gesamtwirtschaft (Söndermann 2012, S. 25). 97,2 % aller Unternehmen in der Kultur- und Kreativwirtschaft sind Kleinstunternehmen (Söndermann et al. 2009, S. 63 f.). Besonders auffällig ist die hohe Anzahl von sogenannten Soloselbstständigen. Soloselbstständige sind Unternehmer, die keine eigenen Angestellten beschäftigen. Der Anstieg der Selbstständigkeit korreliert mit dem Wachstum des Dienstleistungssektors. Bereits 2004 waren die meisten Selbstständigen (72 %) im Dienstleistungssektor angesiedelt (Buschoff und Schmidt 2007, S. 27). Eine Vielzahl an Selbstständigen verkauft ihre Fähigkeiten durch wissensintensive und beratende Dienstleistungen (Bögenhold und Leicht 2000, S. 781). Der Begriff der Selbstständigkeit hat sich dabei in den letzten Jahren gewandelt. Er umfasst nicht nur Unternehmer im klassischen Sinne, d. h. solche, die als Chef eines Betriebes mit Angestellten wirtschaften. Die neuen Selbstständigen arbeiten immer häufiger ohne Angestellte als Soloselbstständige, meist mit geringer Kapitalausstattung und oftmals in wissensintensiven Dienstleistungen.

Eines der Ursachen liegt in den großen saisonalen Schwankungen in der Branche. Ein anderer Grund ist die starke Terminorientierung. Die personellen Ressourcen der Unternehmen sind stark begrenzt, was durch die Beschäftigung von freien Mitarbeitern für einzelne Veranstaltungen ausgeglichen wird. Das klassisch hierarchische Beschäftigungsverhältnis mit fest angestellten Mitarbeitern stellt daher besonders in den veranstaltungstechnischen Betrieben eher eine Ausnahme dar. Freie Mitarbeiter übernehmen auf Veranstaltungsproduktionen die Rollen von Veranstaltungsleitern, Technischen Leitern, höher qualifizierten Technikern (Operator, Lichttechniker) oder geringer qualifizierten Technikern (Hands, Lade-, Aufbau- bzw. Abbauhelfer). Die Mehrzahl der Mitarbeiter sind als freie Mitarbeiter (Freelancer) beschäftigt, die nur projektorientiert und meist auf Basis eines Werkvertrages beauftragt werden. Die Tätigkeitsfelder von Selbstständigen in der Veranstaltungsbranche reichen von künstlerisch-kreativen Bereichen, also der traditionellen Domäne der freischaffenden Beschäftigung und sind z. B. als Lichtdesigner, Ausstatter oder „Conceptioner", also Koordinator unterschiedlicher technischer Disziplinen, in Agenturen tätig oder arbeiten in technisch orientierten Tätigkeiten als Gewerkeleiter oder Verantwortlicher für Veranstaltungstechnik auf selbstständiger Basis. Sie stellen als freie Techniker ihre Fachkenntnisse in der Licht-, Ton- oder Videotechnik zur Verfügung. Zusätzlich gibt es viele Hilfskräfte, sogenannte „Stagehands", die als selbstständige Unternehmer handeln. Sie arbeiten nach Anweisung insbesondere bei Großveranstaltungen beim Auf- und Abbau von bühnen- oder szenentechnischen Einrichtungen. Nur durch derartige flexible Beschäftigungsverhältnisse können die veranstaltungstechnischen Betriebe der vom Markt geforderten schnellen Reaktionsfähigkeit bei wechselnden Aufgabenfeldern mit ihrem schwankenden Personal- und Kompetenzbedarf begegnen (Sakschewski und Wallrodt 2010, S. 46). Der Einsatz von freien Mitarbeitern auf selbstständiger Basis hat viele Vorteile für die Unternehmen. Durch den weitgehenden Verzicht auf unbefristete Beschäftigungsverhältnisse und den Abschluss von Werkverträgen, umgehen Unternehmen den arbeitsrechtlichen und sozialrechtlichen Schutz von Arbeitnehmern und reduzieren den Fixkostenblock. Das Beschäftigungsrisiko des Unternehmens wird hierbei auf die Mitarbeiter verlagert. Einige Firmen nutzen diese Tatsache strategisch, indem Festanstellungen durch Selbstständigen, auch durch ehemalige Arbeitnehmer ersetzen.

Um diese Ausnutzung der Selbstständigkeit zu verhindern, wurde der Rechtsbegriff der Scheinselbstständigkeit eingeführt. Der Vorwurf der Scheinselbstständigkeit wird erhoben, wenn freie Mitarbeiter als Selbstständige tätig sind, aber in Wirklichkeit eine abhängige Beschäftigung ausüben. Die tatsächliche Tätigkeit, nicht die Ausgestaltung des Vertrages, ist entscheidend für die Einordnung zur abhängigen Beschäftigung bzw. Selbstständigkeit. Grundsätzlich steht jedem das Recht auf Vertragsfreiheit zu. Das bedeutet, dass es gleichberechtigten Parteien frei steht, wie sie einen Vertrag abschließen und welchen Inhalt er hat. Der freie Wille wird durch zwingende Rechtsvorschriften eingegrenzt. Das Arbeitsrecht schreibt dem Arbeitgeber soziale und rechtliche Verpflichtungen zu. Auf diese kann der Arbeitnehmer auch nicht freiwillig verzichten. Eine eindeutige Abgrenzung der Begriffe Arbeitnehmer und Selbstständiger existiert jedoch nicht. Beide sind somit unbestimmte Rechtsbegriffs, die in mehreren Urteilen genauer erläutert worden sind. Demnach gilt als ein Arbeitnehmer, wer weisungsgebundene, fremd bestimmte Arbeit in persönlicher Abhängigkeit leistet. Als Anhaltspunkte für eine Beschäftigung gelten eine Tätigkeit nach Weisungen und eine Eingliederung in die Arbeitsorganisation des Weisungsgebers. Entscheidend für die Einordnung als abhängige Beschäftigung bzw. der selbstständigen Tätigkeit ist dabei das Maß der persönlichen Abhängigkeit, die sich mit verschiedenen Merkmalen beschreiben lässt, wie in der nachfolgenden Übersicht zusammen gefasst (Sakschewski und Mannagottera 2013, S. 47).

Arbeitnehmer

- Weisungsgebunden
- Arbeitszeit ist fremd bestimmt
- Einsatzort ist fremd bestimmt
- Eingliederung in die Organisation (Betriebliche Sonderregelungen, Kleidung, Mitglied in Sekundärorganisationen etc.)
- Feste Gehaltszahlung auf zeitlicher Basis
- Urlaubsanspruch
- Kein unternehmerisches Risiko
- Kontroll- und Berichtssystem
- Pflicht zu Dienstbereitschaft

Selbstständiger

- Mehrere Auftraggeber
- Tragen des unternehmerischen Risikos
- Entscheidungsfreiheit über Kapitaleinsatz
- Eigenständige Preiskalkulation
- Delegation von Aufgaben an Dritte
- Gewährleistungspflicht
- Bezahlung auf Erfolgsbasis

- Freie Arbeitsplatzwahl
- Eigene Geschäftsräume
- Eigene Mitarbeiter
- Eigene Betriebsmittel
- Eigenständige Kundenakquisition

Allein die Tatsache, dass eine vereinbarte Leistung an einem vereinbarten Ort zu einer vereinbarten Zeit erbracht wird, was in der Veranstaltungsbranche durchaus notwendig ist, ist kein Indiz für Weisungsgebundenheit, sondern kann sich auch aus Festlegungen in vertraglichen Vereinbarungen ergeben. Hier kann also nicht automatisch der Vorwurf der Scheinselbstständigkeit geltend gemacht werden. Wichtiger als die zeitliche Weisungsgebundenheit ist die inhaltliche und fachliche Weisungsgebundenheit. Kann hier der Dienstleistende den Lösungsweg eigenständig bestimmen, ist das ein starkes Argument für Selbstständigkeit. Für Selbstständigkeit spricht außerdem, wenn Merkmale unternehmerischen Handelns vorliegen und der Selbstständige eigenes Kapital in Form von Werkzeug oder anderem technischem Equipment einsetzt.

▶ Das Zutreffen oder Nicht-Zutreffen eines einzelnen Merkmals der Selbstständigkeit führt nicht automatisch zu einer juristisch unzweifelhaften Einordnung des Beschäftigungsverhältnisses. Die Bewertung muss daher regelmäßig im Einzelfall erfolgen.

Während der Teilmarkt der Kulturveranstaltungen durch den hohen Anteil von Beschäftigten des öffentlichen Sektor aufgrund von Tarifverträgen für den öffentlichen Dienst der Länder (TV-L bzw. TVÖD) bzw. dem Normalvertrag Bühne auch von klassischer Erwerbstätigkeit in Festanstellung geprägt ist, zeichnet sich der privatwirtschaftliche Bereich der Kulturveranstaltungen durch eine Flexibilisierung der Beschäftigungsstrukturen aus. Dies gilt nicht nur für Kulturveranstaltungen, sondern für alle Veranstaltungsarten des privaten und gemeinnützigen Sektors. In einer Befragung ließ sich 2013 die Vermutung eines hohen Anteils selbstständiger Unternehmer in der Veranstaltungsbranche bestätigen. 54 % der insgesamt 579 teilnehmenden Befragten gaben an, als Selbstständige tätig zu sein. 14 % der Befragten waren zeitlich befristet tätig. Damit waren nur ein Drittel der Befragten Angestellte in einem Unternehmen (Sakschewski und Mannagottera 2013, S. 48). Befragt nach der subjektiven Einschätzung wie hoch der Anteil externer Kräfte bei Veranstaltungen nach ihrer Meinung sei, zeigen sich große Unterschiede im zwischen Planung und Durchführung. In der Vorbereitungsphase und Planung von Veranstaltungen wird nur ein kleinerer Anteil Arbeiten von externen Kräften ausgeführt. Durchschnittlich liegt der Anteil bei 20 %. Bei der Durchführung jedoch zeichnet sich der Einsatz von externen Kräften stärker ab und liegt zum Teil deutlicher höher. 30 % der Befragten schätzen den Anteil externer Kräfte sogar auf über 50 % des Gesamtpersonalbedarfs ein. Der Mittelwert liegt hier bei 39,3 % (Sakschewski und Mannagottera 2013).

Der große Anteil freier Mitarbeiter in flexiblen, zumeist auf einzelne Projekte begrenzte Beschäftigungen fördert eine „Projektwirtschaft" (Söndermann et al. 2009, S. 52), die sich von traditionellen Arbeitsplatzstrukturen entfernt. Dies kann als eine Chance für eine zukunftsorientierte Arbeitsweise mit einer hohen Selbstverantwortung gesehen werden, in der die Mitarbeiter mit erhöhter Motivation und vielen Freiheiten sich selbst verwirklichen. Durch die heute schon hohe Zahl an wissensintensiven Dienstleistungsunternehmen entwickeln sich diese Arbeits- und Geschäftsmodelle zu zukunftsorientierten Strukturen, die ebenso wie die Kultur- und Kreativwirtschaft auch die Veranstaltungswirtschaft zu einem „Vorreiter auf dem Weg zu einer wissensbasierten Ökonomie in Deutschland" (Söndermann et al. 2009, S. 135) machen. Andererseits wird die Entwicklung eines „modernen Tagelöhnertums" (Bögenhold und Leicht 2000, S. 780) befürchtet. Dabei gilt es jedoch zu berücksichtigen, dass der moderne Tagelöhner in der Veranstaltungsbranche häufig wissensintensive Tätigkeiten für mehrere Auftraggeber ausübt. Sie können als Gatekeeper verstanden werden, die einen Informationsaustausch über eine informelle Kommunikation ermöglicht und die Rolle eines Vermittlers in einer Organisation einnimmt, der Kontakte und Wissen zwischen einzelnen Gruppen innerhalb einer Organisation oder extern weitergibt. Gatekeeper kontrollieren als Zugangswärter die Statusübergänge. Statusübergänge meint wiederkehrende Situationen im Lebenslauf des Einzelnen, in denen sich die Muster der Zugehörigkeit des Individuums auf Basis der sozialen Positionierung oder aufgrund individueller Ressourcenlage verändert (Hollstein 2007, S. 54). Gatekeeper sind also im Wortsinne Schlüsselpersonen mit Entscheidungsautorität in der Vermittlung von Individuum und Organisationen (Struck 2001, S. 37). Die Bedeutung der Freelancer als Gatekeeper ist mit einem netzwerktheoretischen Ansatz erklärbar. Als strukturelle Löcher werden die Bereiche zwischen Netzwerken bezeichnet, die keine oder nur wenige schwache Verbindungen aufweisen.

Dabei spricht Burt (Burt 1995) von einem strukturell autonomen Akteur, wenn dieser als Schnittstelle zur Überbrückung struktureller Löcher agiert, die ihm nicht nur einen Informationsvorsprung, sondern auch zusätzliche Handlungsoptionen eröffnet. Diese Position verleiht ihm Macht aus struktureller Autonomie, denn er kann die Informationsflüsse kontrollieren. Die strukturelle Autonomie wird von Freelancern hoch geschätzt und als erstrebenswertes Ziel betrachtet wird. Die Nachteile, wie eine relative Unsicherheit, eine nur zeitlich befristete Beschäftigung, aber auch eine geringere Intimitäts- oder Anschlussmotivation durch wechselnde Arbeitsgruppen und Brückenfunktion zwischen sozialen Netzwerken sowie die hohe Verantwortung mit dem damit verbundenem Risiko, werden aufgewogen. Strukturelle Autonomie und die damit verbundene (gefühlte) Macht und Entscheidungsfreiheit kann in der Veranstaltungsbranche als Wert an sich gelten.

Nachfolgend sind einige Auswirkungen der Flexibilisierung der Beschäftigungsverhältnisse aufgeführt (Sakschewski und Wallrodt 2010):

Externe Kompetenzen Die Verantwortung für die erforderlichen Qualifikation verschiebt sich von einer Berufsausbildung hin zu einem lebenslangen berufsbegleitenden

Weiterbildungsprozess, denn wenn der Mitarbeiter nicht mehr in einem unbefristeten Arbeitsverhältnis Vollzeit beschäftigt ist, wird stillschweigend erwartet, dass die Erweiterung eigener Kompetenzen auch in eigener Verantwortung außerhalb der Arbeitszeit erfolgt. Da für die Bedienung von veranstaltungstechnischen Anlagen ein erhebliches und ständig zu aktualisierendes Fachwissen erforderlich ist, werden dafür meist freie Techniker beschäftigt, die sich auf das entsprechende Gewerk spezialisiert haben. Besonders oft werden die „Operator", also die Bediener von Licht- und Tonpulten, aus freien Technikern rekrutiert. Daraus resultiert, dass veranstaltungstechnische Firmen häufig Geräte besitzen, die sie mit organisationsinternen Ressourcen gar nicht oder nur ansatzweise bedienen und damit einsetzen können. Je größer der Anteil der freien Mitarbeiter bei einer Veranstaltung wird, umso geringer wird der Anteil der organisationsinternen Kompetenzen. Das bedingt einen Abfluss der auf Veranstaltungen gewonnenen Erkenntnisse und Informationen aus den Unternehmen weg, hin zu den freien Mitarbeitern.

Verfügbarkeit der Kompetenzen Durch die Ausgliederung des technischen Know-hows können Unternehmen in eine schwierige Lage kommen, wenn kurzfristigen zu einer Veranstaltung das benötigte Fachwissen nicht verfügbar ist. Besonders in Stoßzeiten, wie der Open-Air-Saison oder dem Feiertagsgeschäft, kann es dann schnell zu Engpässen kommen. Neben den terminlichen Flaschenhälsen, bei denen die starken saisonalen Schwankungen zu Nachfrageengpässen führen können, existieren aber auch fachliche Engpässe, bei denen der Flaschenhals geprägt ist von spezifischen technischen Fähigkeiten oder Erfahrungen im Umgang mit den Besonderheiten bestimmter Locations.

Informationsabfluss an die Konkurrenz – Brain Drain Da die freien Mitarbeiter in der Regel für mehrere Unternehmen tätig sind, die auch häufig in direkter Konkurrenz zu einander stehen, besteht ständig die Gefahr, dass wichtige Geschäftsinformationen oder erlerntes Wissen zu Konkurrenten abfließen. Dieses kann absichtlich oder unbeabsichtigt passieren, z. B. als gezielte Indiskretion oder als versehentlich auf zu gemieteten Geräten hinterlassen „Showfiles", die Aufschluss über verwendetes Material und Technik oder über Inhalte von Präsentationen oder Shows geben können. Dieses Problem wird durch den steigenden Einsatz von computerbasierten Produktionssystemen wie digitalen Lichtstellpulten, digitalen Tonpulten, Präsentationsnotebooks und digitalen Videoregiesystemen verstärkt, da viele Geräte über eine Aufzeichnungsfunktion (Ton und Video) verfügen oder die Präsentationen lokal, also auf der Festplatte zwischenspeichern.

Ergebnisorientierter Führungsstil Da durch den hohen Grad an externen Kräften meist in Form von selbstständigen Unternehmen traditionelle auf Weisungsmacht beruhende Führungsstile kaum wirken, gilt es für die Unternehmen der Branche einen partnerschaftlichen Stil zu entwickeln, der an Ergebnisse oder Ziele und nicht Vorgehensweisen und Abläufen interessiert ist.

Werkverträge In der Veranstaltungsbranche sind flexible, auftragsorientierte Beschäftigungsverhältnisse weit verbreitet. Diese beruhen meist auf einen Werkvertrag, der zwischen Mitarbeiter und Unternehmen den Arbeitsumfang, die Aufgaben und weitere Zwischenschritte definiert. Bei einem Werkvertrag schuldet der Selbstständige nicht eine Dienstzeit, sondern er wird zur Herstellung eines versprochenen Werks verpflichtet (§§ 631–634 BGB). Im Gegenzug ist der Besteller zur Zahlung einer vereinbarten Vergütung verpflichtet. Im Vertrag werden verbindliche Vereinbarungen über Ort, Zeit, Art und Weise, Frist und Preis festgelegt. Die volle Vergütung erfolgt bei einem Werkvertrag erst nach Abnahme des Werks durch den Besteller. Abschlagszahlungen sind jedoch möglich. Die Entscheidungshoheit über ihre Zeit liegt damit nicht allein beim Unternehmen, sondern auch bei dem einzelnen Mitarbeiter.

Selbstorganisation Begreifen wir flexible Beschäftigung als die Möglichkeit, Arbeitszeiten und Arbeitsort den persönlichen Bedürfnissen weitestgehend anzupassen und im Konfliktfall auf familiär veränderte Situationen wie die Krankheit des Kindes oder eine andere attraktivere kurzfristige Beschäftigung im Dialog mit dem Auftraggeber reagieren zu können.

▶ **Flexible Work** Flexible Work meint die flexiblen, auftragsorientierten Beschäftigungsverhältnisse, die meist als selbstständige Werkverträge abgefasst, zwischen Mitarbeiter und Unternehmen den Arbeitsumfang, die Aufgaben und Zwischenschritte definieren.

Aus dieser Definition ergibt sich die enorme Verantwortung zur Selbstorganisation der Mitarbeiter. Die Entscheidungshoheit über ihre Zeit liegt damit nicht beim Unternehmen, sondern bei den einzelnen Mitarbeitern.

Subjektivierung Subjektivierung von Arbeit (Moldaschl und Voß 2003; Rastetter 2006) beschreibt zwei sehr widersprüchliche Prozesse. Zum einen existieren durch die Möglichkeiten der informationstechnischen Vernetzung immer größere Freiräume und Handlungsmöglichkeiten. Auf der anderen Seite stellen diese Freiräume auch eine Verpflichtung für jeden Mitarbeiter dar, diese auch zu nutzen und damit seine subjektiven Potenziale auszunutzen. Der Mitarbeiter ist viel stärker aufgefordert, mit eigenen Beiträgen die Unternehmensziele zu unterstützen und seine Arbeit selber zu strukturieren, sich selbst zu rationalisieren und zu verwerten. Rastetter beschreibt dieses so unterschiedliche Erscheinungsbild der neuen, subjektiven Arbeit als Chance und Zwang zugleich. Subjektivität wird so verstärkt in die Arbeit eingebracht, aber der Mitarbeiter muss eigene Kompetenzen auch verstärkt einbringen, um den veränderlichen Anforderungen gerecht zu werden. Aktive Beteiligung wird auch von den Festangestellten im Vergleich mit den Selbstständigen eingefordert. „Subjektivität ist eine wertvolle Ressource, die angezapft und verwertet wird, die sich aber auch diesem Ansinnen sperren kann" (Rastetter 2006, S. 184). Der „Arbeitskraftunternehmer" (Voß und Pongratz 1998) plant, steuert und überwacht seine eigene Tätigkeit.

▶   Durch die starke Ergebnisorientierung in der Veranstaltungsbranche betrach-
    tet der Arbeitskraftunternehmer sich selbst als eine ökonomische Variable, die
    zweckgerichtet und effektiv arbeitet und bei wechselnden Unternehmen sich
    ihrer ökonomischen Bedeutung durch die Informationsasymmetrie zwischen
    Prinzipal und Agent bewusst ist.

Als Selbst-Rationalisierer, der auf saisonale Schwankungen und wechselnde Einsatzorte
reagieren muss (siehe folgendes Abschn. 4.3), ist der Arbeitskraftunternehmer darauf
bedacht, Arbeit und Leben im Sinne eines Ich-Betriebes auszubalancieren.

Fragen/Aufgaben

1. Nennen Sie mindestens fünf Merkmale zur Unterscheidung von selbstständiger
   und nicht-selbstständiger Tätigkeit.
2. Erläutern Sie das Konzept der Subjektivierung der Arbeit.
3. Warum sind Gatekeeper in der Veranstaltungsbranche von großer Bedeutung?
4. Was meint Brain Drain?

4.3   Wechselnde Einsatzorte und wechselnde Kooperationen

Wie in der Baubranche oder im Handwerk ist auch die Veranstaltungsbranche von wechselnden Einsatzorten und in Zusammenarbeit mit wechselnden Partnern geprägt. Auch
in der Veranstaltungsbranche entscheidet die physische und soziale Beweglichkeit
eines Unternehmens maßgeblich über dessen ökonomische Funktions- und Leistungsfähigkeit (Kesselring 2012, S. 85). Die Einsatzdauer vor Ort ist dabei in großem Maße
abhängig von der Veranstaltungsgröße im Sinne der Besucherzahl und der Komplexität in Bezug auf die Anzahl der Schnittstellen und der zu bearbeitenden Aufgaben. Sie
reicht von wenigen Stunden vor Veranstaltungsbeginn bis zu Aufbauzeiten von mehreren Wochen. Sehr lange Aufbauzeiten sind bei Open-Air Festivals im ländlichen Raum
die Regel, da das Veranstaltungsgelände die Errichtung einer kompletten, temporären Infrastruktur erforderlich macht (Heinze 2003, S. 75 ff.). Nicht alle an der Planung
einer Veranstaltung Beteiligten sind während der Auf- und Abbauzeiten dauerhaft vor
Ort. Einige Planer wie z. B. bei der Konstruktionsplanung der Bühnenaufbauten sind
bei der Umsetzung gar nicht vor Ort, sondern liefern lediglich die Planungsgrundlagen
für die ausführenden Gewerke. Zwischen Konzeption, Planung und Umsetzung existieren also nicht nur räumliche, sondern auch personelle Unterschiede, die die Tätigkeit
an wechselnden Einsatzorten mit wechselnden Partnern befördern. Anders als beiden
Ausführungsarbeiten bei Bauprojekten oder im Handwerk, bei denen für die Leistungs-
erstellungserstellung Betriebsmittel und Material vor Ort sein müssen, sind viele plane-
risch-organisatorischen Aufgaben bis zur Anlaufphase ortsungebunden. Von jedem Ort
aus und auf dem Wege von einem Ort zum anderen kann kommuniziert, geplant und
entworfen werden. Die Leistungserstellung – Konzeptions-, Planungs-, Gestaltungs- und

Kommunikationsaufgaben – kann von jedem Ort oder zwischen den Orten, also mobil, erfolgen. Merkmale der mobilen Arbeit sind:

- „der erhebliche Zeitanteil außerhalb der Arbeits- wie auch der Wohnstätte,
- Zug, Flugzeug, Auto, Hotel als ‚Arbeitsplatz‘,
- die Arbeit ‚am Kunden‘ (der Kunde bestimmt die Arbeitsbedingungen und Arbeitszeiten),
- hohe Anforderungen an die Selbststeuerung, Arbeitsdruck, Gefahr von Überlastung (insbesondere in Verbindung mit Projektarbeit),
- die Abhängigkeit von den Arbeitsmitteln (insbesondere von Soft-/Hardware, Mobilfunkverbindungen, Hotline),
- Regelung der Reisetätigkeit, Abhängigkeit vom Verkehrsaufkommen (Staus, Verspätungen usw.)" (Brandt und Brandl 2008, S. 16).

Das mobile Arbeiten verstärkt die Bearbeitung und Problemlösung in Netzwerken und netzwerkähnlichen Strukturen. Unternehmensnetzwerke, wie sie durch die branchenübergreifende Zusammenarbeit bei der Konzeption, Planung und Umsetzung von Veranstaltungen üblich sind, beschreiben zunächst nur diese Form der „koordinierten Zusammenarbeit zwischen mehreren rechtlich selbstständigen und formal unabhängigen Unternehmen" (Siebert 2003, S. 9). Die Unabhängigkeit kann mehr oder weniger stark ausgeprägt sein. Daher kann von einer relativen Autonomie gesprochen werden (Corsten 2001, S. 3), denn die Aufgabenbereiche der wirtschaftlich selbstständigen Akteure sind interdependent. Beim Veranstaltungsaufbau wirken viele unterschiedliche Gewerke zusammen, die voneinander abhängig sind und sich aufeinander verlassen müssen. Gerade die Möglichkeiten der Spezialisierung der beteiligten Unternehmen auf die Tätigkeiten, für die sie die größte Kompetenz besitzen, machen Netzwerkstrukturen in der Veranstaltungswirtschaft attraktiv. Zur Unterscheidung von anderen Organisationsformen sind folgende Aspekte zu berücksichtigen (Siebert 2003, S. 11 ff.):

- Unternehmensnetzwerke beruhen auf einer intensiven Arbeitsteilung mit entsprechender Spezialisierung der Unternehmen, die sich innerhalb von Unternehmensnetzwerken ergänzen.
- Unternehmensnetzwerke sind effizient, denn Unternehmen haben prinzipiell, wenn sie mögliche Vertragsstrafen aus Binnenverträgen in Kauf nehmen, die Möglichkeit, aus Netzwerken auszutreten. Gleichzeitig können aber auch neue Unternehmen in ein Netzwerk aufgenommen werden und im Zweifelsfall sogar bestehende Partnerschaften substituieren.
- Unternehmensnetzwerke beruhen auf Vertrauen, da die Netzwerkpartner auf die Ausnutzung kurzfristiger Vorteile verzichten. Vertrauen gründet sich auf reziprokem, kooperativem Verhalten und spiegelt sich z. B. darin wider, dass erfolgsrelevante Informationen weitergegeben werden und Aufgaben von Netzwerkpartnern so erfüllt werden, al ob es eigene wären (Thorelli 1986, S. 38).

- Die elektronische Daten- und Informationsverknüpfung trägt dazu bei, dass innerhalb von Unternehmensnetzwerken die beteiligten Unternehmen einen vergleichbaren Informationsstand haben (Siebert 2003, S. 13).

Virtuelle Organisationen können als eine prominente Form von Unternehmensnetzwerken bezeichnet werden, die zweckorientiert sind, bei denen die Informationstechnologie eine besondere Bedeutung hat, die selbstständige Partner einbeziehen und sowohl dynamische als auch stabile Elemente aufweisen (Benger 2007, S. 39). Virtuelle Organisationen sind also Netzwerke, deren Koordination vor allem auf dem massiven Einsatz von Informations- und Kommunikationstechnik basiert (Sydow 2001, S. 281), die kein real-physisches Zentrum haben, dynamisch auf Umweltveränderungen reagieren und wertschöpfungsorientiert Synergien der Partner ausnutzen. Unternehmensnetzwerke können nach der Form der Arbeitsteilung unterschieden werden in:

- horizontale Netzwerke mit Unternehmen der gleichen Branche und gleicher Wertschöpfungsstufe.
- vertikale Netzwerke mit Unternehmen gleicher Branche, aber verschiedenen Wertschöpfungsstufen.
- laterale Netzwerke mit branchenfremden Unternehmen.

▶ Netzwerke in der Veranstaltungsbranche sind in der Regel vertikale Netzwerke. Durch die engen Verflechtungen der Akteure mit den Sendeanstalten bzw. Sponsoren und Lizenznehmern wie bei dem Verkauf von Senderechten finden sich bei Fernsehproduktionen und Sportveranstaltungen auch enge laterale Netzwerke.

Unternehmensnetzwerke lassen sich auch über die Beziehungsqualität unterscheiden. Als Unterscheidungskriterien dienen hier auf der einen Seite der Grad der Reziprozität von Beziehungen. Die geltenden Reziprozitätsnormen können dabei als ein unternehmerischer kategorischer Imperativ (Picot et al. 2003, S. 128) verstanden werden, indem diejenigen nicht geschädigt werden sollen bzw. denjenigen sogar geholfen werden soll, die einem selbst geholfen haben. Von funktionaler Reziprozität (Gouldner 1959, S. 249) kann gesprochen werden, wenn die Erwartung nicht mit sofortigem, ähnlichem Ausgleich verbunden ist, sondern sich die Beiträge der Transaktionspartner über mehrere Austauschvorgänge entwickeln können und erst im Laufe der Austauschbeziehung ausgeglichen werden müssen. Auf der anderen Seite ist jedes Vertrauen risikobehaftet, da nie ausgeschlossenen werden kann, dass, durch welche Situationsveränderung auch immer, das Handeln des Gegenübers in der Zukunft nicht den Annahmen entspricht, das Vertrauen also betrogen wird (Bachmann und Lane 2003, S. 81). Je stärker die Vertrauensbasis aufgrund von Reziprozitätserfahrungen ist, desto weniger formalisiert muss die Verbindung sein, desto eher können auch risikobehaftete Entscheidungssituationen gelöst werden.

Reziprozität in Netzwerken meint also die Gegenseitigkeit von Kontakten, die Kommunikationsintensität (Häufigkeit der Kommunikation) und die Bindungsintensität (Häufigkeit und Breite der Kommunikationsbeziehungen) (Benger 2007, S. 37 f.). In der Veranstaltungsbranche sind alle Formen der Unternehmenswerke in Bezug auf den Grad der Beziehungen anzutreffen. Vor allem regionale Netzwerke sind häufig durch sehr enge Beziehungen mit hoher Bindungsintensität gekennzeichnet. Hier kooperieren lokale Agenturen regelmäßig mit technischen Dienstleistern aus der Region.

Von besonderer Bedeutung sind für die Veranstaltungsbranche Projektnetzwerke, also zeitlich begrenzte, auf eine konkrete Aufgabenstellung gerichtete Verbindungen (Corsten 2001, S. 6; Sydow 2003, S. 300 ff.). Doch häufig arbeiten die Akteure in veränderlichen Konstellationen mehrfach in unterschiedlichen Projekten, also bei unterschiedlichen Veranstaltungen zusammen. Phasen, in denen das Projektnetzwerk schläft und die Akteure anderweitig selbstständig wirtschaftlich tätig sind, wechseln mit aktiven Phasen ab. Projektnetzwerke sind daher in einem neueren Verständnis eher wiederkehrende Netzwerkstrukturen, deren Netzwerkcharakter in inaktiven Phasen latent erhalten bleibt. Die fließende, nicht auf starre Strukturen basierende Organisationsform zeichnet sich dadurch aus, dass sie sich quasi synchron zu den Veränderungen ihres Umfeldes bewegen kann (Weber 1996, S. 16). Projektnetzwerke sind Bausteine einer fluiden Organisation. Sie haben daher nur verschwommene Organisationsgrenzen. Im Rahmen einer Veranstaltung sind alle beteiligten Unternehmen mehr oder weniger Teil des Projektnetzwerks. Sie greifen aber auf Erfahrungen aus gemeinsamen Projekten in der Vergangenheit zurück. Diese bilden die Grundlage für eine Zusammenarbeit in der Zukunft. Sie sind also im Gegensatz zur Projektdefinition nicht zeitlich befristet und auf ein einzelnes Projekt begrenzt (Weßels 2014, S. 70 ff.). Diese drei Besonderheiten eines „fluiden" Projektnetzwerks sind in Beziehung zu den allgemeinen Managementaufgaben in Netzwerken (Sydow 2003, S. 312) zu setzen. Diese sind:

- Selektion: Auswahl der Partner
- Allokation: Verteilung von Aufgaben und Ressourcen
- Regulation: Festlegung der Organisations- und Kommunikationsstruktur
- Evaluation: Verteilung von Kosten und Nutzen

Dann basiert die Auswahl der Partner auf gemachte Erfahrungen früherer Kooperationen, wohingegen unter Einbeziehung dieser Erfahrungswerte die Verteilung der Aufgaben und Ressourcen und die Verteilung der von Kosten und Nutzen für die einzelnen Veranstaltungen in Abhängigkeit vom Umfang und der Komplexität der Aufgaben für jede Veranstaltung neu zu verhandeln ist. Die Festlegung der Organisations- und Kommunikationsstruktur erfolgt jedoch unter Einbeziehung der Art der Veranstaltung, der technischen und sicherheitstechnischen Anforderungen und in Abhängigkeit von der Rollenverteilung bei der Veranstaltung (siehe hierzu Kap. 6). Weßels (2014, S. 78 ff.) führt weiter aus, dass ein Management fluider Netzwerke andere Anforderungen an die Mitglieder des Netzwerks und im besonderen Maße an die Führung des Netzwerks stellt, denn statt fest definierter Teamzuordnungen stellt sich eine Kooperation im fliegenden Wechsel ein, die durch eine agile und dynamische Interaktion von Experten gekennzeichnet ist. Dies verlangt verlässliche Parameter, wie ein geteiltes Verständnis für die technischen und sicherheitstechnischen Anforderungen.

Da in der Veranstaltungsbranche von einer hohen Anzahl an Solo-Selbstständigen ausgegangen werden kann, sind ein Teil der selbstständigen Wirtschaftseinheiten eines Projektnetzwerks bei Veranstaltungen Individuen. Als eine „Netzwerkgesellschaft" beschreibt dies Castells (2001). Der Held in dieser neuen, mobilen Welt ist „der mobile, polyvalente, flexible Netzwerker. [...] Er kreiert ständig neue Projekte, knüpft Netzwerke und lässt andere teilhaben an den Gewinnen des Netzes" (Wagner 2007, S. 7). Kompetenzen, die durch ein Unternehmen nicht abgedeckt werden können, werden durch externe Dienstleister realisiert. Die an einer Veranstaltung beteiligten Unternehmen werden damit nicht immer durch einem Generalunternehmen beauftragt, verfolgen dennoch ein gemeinsames Ziel, die Erstellung einer komplexen Dienstleistung – die Veranstaltung selbst. Die einzelnen Akteure pflegen wirtschaftliche Beziehungen, wie dies für die Teilmärkte ausführlich unter 3.1.1 erläutert ist.

▶   Die Arbeit in Netzwerken und mobiles Arbeiten bedingen sich wechselseitig.
     Die vorherrschenden Netzwerkstrukturen der Veranstaltungsbranche lassen
     demnach die Mobilitätsanforderungen an Beschäftigte steigen.

Daraus lassen sich einige Auswirkungen als Besonderheiten in der Veranstaltungsbranche folgern:

* Der mobile Arbeiter kann schon aus Gründen der räumlichen Entfernung vom Unternehmensstandort nur schwer durchgehend kontrolliert werden. Die räumliche Trennung vom Unternehmen führt zu einer höheren Autonomie der Beschäftigten, wodurch die Handlungsfreiheiten steigen. Da dazu noch die persönlichen Bedürfnisse der mobilen Arbeiter einfacher berücksichtigt werden können, da die Zeiteinteilung flexibler gestaltet ist, wird diese Autonomie als positiv empfunden. Die Verantwortung zur Ergebniserreichung liegt bei dem Mitarbeiter, der selbstständig und selbstverantwortlich die notwendigen Entscheidungen trifft, wie er die Ziele erreichen will. Für die Gestaltung der Arbeit an wechselnden Einsatzorten empfiehlt Heß daher zum Einsatz an wechselnden Standorten geeignete also robuste und effektive Arbeitsmittel und eine effiziente Einsatzkoordination (Heß 2010, S. 18).
* Die Kommunikation ist eine zentrale Anforderung der Arbeit an wechselnden Einsatzorten (Heß 2010, S. 27). Doch durch die räumliche Entfernung gehen wichtige Zwischentöne der Kommunikation verloren, die am Unternehmensstandort Face-to-Face vermittelt werden können. Dadurch ergibt sich ein zusätzlicher Aufwand für die Informationssammlung und -weitergabe über unterschiedliche Kanäle wie E-Mail, Telefon, Instant Messaging oder spezifischer Projektmanagementsoftware. Es besteht die

Gefahr, dass informelle Informationen, die wichtige Hinweise für den Umgang mit speziellen Problemen vor Ort geben, nicht genügend berücksichtigt werden.

- Mit wachsender Entfernung zwischen Personen und durch die flächendeckende Verbreitung von mobilen Endgeräten steigt der Abstimmungsaufwand (Kesselring 2012, S. 92). Kollegen, die sich täglich sehen, haben Routinen, Traditionen und klare Absprachen aufgebaut. Diese werden durch Mobilität unterbrochen.

Fragen/Aufgaben

1. Was sind die Merkmale mobiler Arbeit?
2. Unterscheiden Sie zwischen den unterschiedlichen Formen von Unternehmensnetzwerken.
3. Was ist unter Netzwerkgesellschaft zu verstehen?
4. Erläutern Sie die Bedeutung von Reziprozitätserfahrungen bei horizontalen Netzwerken.

Literatur

Bachmann, R., & Lane, C. (2003). Vertrauen und Macht in zwischenbetrieblichen Kooperationen. In J. Sydow (Hrsg.), *Management von Netzwerkorganisationen. Beiträge aus der Managementforschung* (3. Aufl., S. 75–106). Wiesbaden: Gabler Verlag.

Benger, A. (2007). *Gestaltung Wertschöpfungsnetzwerken*. Berlin: GITO Verlag.

Bernecker, M. (2003). EDV-Einsatz im Projektmanagement. In M. Bernecker & K. Eckrich (Hrsg.), *Handbuch Projektmanagement* (S. 493–515). München: Oldenbourg.

Bögenhold, D., & Leicht, R. (2000). „Neue Selbstständigkeit" und Entrepreneurship. Moderne Vokabeln und damit verbundene Hoffnungen und Irrtümer. *WSI Mitteilungen, 53*(12), 779–787.

Bowdin, G., Allen, J., O'Toole, W., Harris, R., & McDonnell, I. (2011). *Events management* (3. Aufl.). Abingdon: Routledge.

Brandt, C., & Brandl, K. H. (2008). Von der Telearbeit zur mobilen Arbeit … *Computer und Arbeit, 2008*(3), 15–20.

Burt, R. S. (1995). *Structural hole. The social structure of competition*. Cambridge: Harvard University Press.

Buschoff, K. S., & Schmidt, C. (2007). *Neue Selbstständige im europäischen Vergleich: Struktur, Dynamik und soziale Sicherheit*. Düsseldorf: Hans Böckler Stiftung.

Castells, M. (2001). *Der Aufstieg der Netzwerkgesellschaft*. Opladen: Leske + Budrich.

Corsten, H. (2000). *Projektmanagement*. München: Oldenbourg.

Corsten, H. (2001). *Unternehmensnetzwerke*. München: Oldenbourg.

Destatis. (2014). Atypische Beschäftigung-Erwerbstätige in unterschiedlichen Erwerbsformen von 1991 bis 2014. https://www.destatis.de/DE/ZahlenFakten/GesamtwirtschaftUmwelt/Arbeitsmarkt/Erwerbstaetigkeit/TabellenArbeitskraefteerhebung/AtypKernerwerbErwerbsformZR.html. Zugegriffen: 7. Juni 2016.

Diethelm, G. (2000). *Projektmanagement: Bd. 1. Grundlagen*. Herne: Neue Wirtschafts-Briefe.

DIN 69901-1:2009-01: Projektmanagement – Projektmanagementsysteme – Teil 1: Grundlagen.

Dürr, H. (2002). Erfahrungsbericht 2. Die Bedeutung von Wissen im Projektmanagement. In C. Prange (Hrsg.), *Organisationales Lernen und Wissensmanagement*. Wiesbaden: Gabler.

Eichhorst, W., Kuhn, A., Thode, E., & Zenker, R. (2009). *Traditionelle Beschäftigungsverhältnisse im Wandel. Benchmarking Deutschland: Normalarbeitsverhältnis auf dem Rückzug*. Gütersloh: Bertelsmann Stiftung.

Eurostat. (2014). http://appsso.eurostat.ec.europa.eu/nui/show.do?dataset=lfsi_pt_a&lang=en. Zugegriffen: 7. Juni 2016.

Gareis, R. (2006). State of the art of global project management. In D. I. Cleland & R. Gareis (Hrsg.), *Global project management handbook* (2. Aufl., S. 2.1–2.26). New York: McGraw Hill.

Geiger, K. I., et al. (2009). *Projektmanagement Zertifizierung nach IPMA (3.0) – Ebenen D und C. Grundlagen und Kompetenzelement, Methoden und Techniken mit zahlreichen Beispielen* (2. Aufl.). Zürich: Compendio.

Gouldner, A. W. (1959). Reciprocity and autonomy in functional theory. In G. von Llewellyn (Hrsg.), *Symposium on sociological theory* (S. 241–270). New York: Harper Row.

Hahn, R. (2002). *Projektmanagement für Ingenieure*. Weinheim: Wiley.

Hanlon, C., Jago, L., et al. (2000). Pulsating sporting events. In J. Allen (Hrsg.), *Events beyond 2000 – Setting the agenda. Proceedings of the conference on evaluation, research and education* (S. 93–104). Sydney: Centre for Event Management.

Heinze, R. (2003). *All Area Access. Produktionsleitung in der Veranstaltungsbranche*. Bergkirchen: PPV.

Heß, K. (2010). Gestaltung mobiler Arbeit. In C. Brandt (Hrsg.), *Mobile Arbeit – Gute Arbeit? Arbeitsqualität und Gestaltungsansätze bei mobiler Arbeit* (S. 17–32). Berlin: ver.di.

HOAI Verordnung über die Honorare für Architekten- und Ingenieurleistungen (in der Fassung vom 10.07.2013, in Kraft getreten am 17.07.2013).

Hollstein, B. (2007). Sozialkapital und Statuspassagen. Die Rolle von institutionellen Gatekeepern bei der Aktivierung von Netzwerkressourcen. In J. Lüdicke & M. Diewald (Hrsg.), *Soziale Netzwerke und soziale Ungleichheit. Zur Rolle von Sozialkapital in modernen Gesellschaften* (S. 53–85). Wiesbaden: VS Verlag.

Holzbaur, U., Jettinger, E., Knauss, B., Moser, R., & Zeller, M. (2010). *Eventmanagement/Veranstaltungen professionell zum Erfolg führen* (4. Aufl.). Heidelberg: Springer.

Hueman, M. (2002). *Individuelle Projektmanagement-Kompetenzen in projektorientierten Unternehmen*. Frankfurt a. M.: Lang.

Kesselring, S. (2012). Betriebliche Mobilitätsregime. Zur sozio-geografischen Strukturierung mobiler Arbeit. *Zeitschrift für Soziologie, 41*(2), 83–100.

Keßler, H., & Winkelhofer, G. (2004). *Projektmanagement. Leitfaden zur Steuerung und Führung von Projekten* (4. Aufl.). Berlin: Springer.

Keuper, F. (2009). Im Antlitz des Feldherrn liest der Feldherr und die ganze Armee – Grundlegende Einblicke in die Systemtheorie und Kybernetik der Marke. In F. Keuper (Hrsg.), *Das Diktat der Markenführung. 11 Thesen zur nachhaltigen Markenführung und -implementierung* (S. 347–371). Wiesbaden: Gabler.

Klein, A. (2005). *Projektmanagement für Kulturmanager* (2. Aufl.). Wiesbaden: VS Verlag.

Lee, S. (2006). Managing global projects. In D. I. Cleland & R. Gareis (Hrsg.), *Global project management handbook* (2. Aufl., S. 17.1–17.15). New York: McGraw Hill.

Litke, H.-D. (1994). *Projektmanagement – Methoden, Techniken, Verhaltensweisen. Evolutionäres Projektmanagement*. München: Hanser.

Litke, H.-D., & Kunow, I. (2007). *Projektmanagement* (5. Aufl.). Planegg: Haufe.

Madauss, B. J. (2000). *Handbuch Projektmanagement* (6. Aufl.). Stuttgart: Schäffer Poeschel.

Moldaschl, M., & Voß, G. G. (2003). *Subjektivierung von Arbeit* (2. Aufl.). München: Hampp.

O'Toole, W., & Mikolaitis, P. (2002). *Corporate event project management*. New York: Wiley.

Patzak, G., & Rattay, G. (2009). *Projektmanagement. Leitfaden zum Management von Projekten, Portfolios und projektorientierten Unternehmen* (5. Aufl.). Wien: Linde.

Paul, S., & Sakschewski, T. (2012). *Wissensmanagement für die Veranstaltungsbranche – Besonderheiten, Barrieren und Lösungsansätze*. Wiesbaden: Springer Gabler.

Picot, A., Reichwald, R., & Wigand, R. T. (2003). *Die grenzenlose Unternehmung* (5. Aufl.). Wiesbaden: Gabler Verlag.

PMI. (1989). *Project management – Body of knowledge (PMBOK)*. Newton Square: PMI.

PMI. (2013). *Project Management – Body of Knowledge (PMBOK)* (5. Aufl.). Newton Square, Philadelphia: PMI.

Rastetter, D. (2006). Kompetenzmodelle und die Subjektivierung von Arbeit. In G. Schreyögg & P. Conrad (Hrsg.), *Managementforschung: Bd. 16. Management von Kompetenz* (S. 163–200). Wiesbaden: Gabler.

Rinza, P. (1985). *Projektmanagement. Planung, Überwachung und Steuerung von technischen und nichttechnischen Vorhaben* (2. Aufl.). Düsseldorf: VDI-Verlag.

Sakschewski, T., & Mannagottera, H. (2013). Volle Arbeit – volles Vergnügen? Umfrage zu Beschäftigungsverhältnissen in der Veranstaltungswirtschaft. Bühnentechnische Rundschau. 05(13), 46–49.

Sakschewski, T., & Wallrodt, F. (2010). Feedback statt Normerfüllung. *Bühnentechnische Rundschau, 03*(10), 46–49.

Siebert, H. (2003). Ökonomische Analyse von Unternehmensnetzwerken. In J. Sydow (Hrsg.), *Management von Netzwerkorganisation* (S. 7–28). Wiesbaden: Gabler.

Söndermann, M. (2012). *Monitoring zu wirtschaftlichen Eckdaten der Kultur- und Kreativwirtschaft 2010* (Forschungsbericht Nr. 594). Berlin: Bundesministerium für Wirtschaft und Technologie.

Söndermann, M., Backes, C., Arndt, O., & Brünink, D. (2009). *Kultur- und Kreativwirtschaft. Ermittlung der gemeinsamen charakteristischen Definitionselemente der heterogenen Teilbereiche der „Kulturwirtschaft" zur Bestimmung ihrer Perspektiven aus volkswirtschaftlicher Sicht.* Berlin: Bundesministerium für Wirtschaft und Technologie.

Steinbuch, P. A. (2000). *Projektorganisation und Projektmanagement* (2. Aufl.). Ludwigshafen: Kiehl.

Struck, O. (2001). Gatekeeping zwischen Individuum, Organisation und Institution. Zur Bedeutung der Analyse von Gatekeeping am Beispiel von Übergängen im Lebensverlauf. In L. Leisering, R. Müller, & K. F. Schumann (Hrsg.), *Institutionen und Lebensläufe im Wandel. Institutionelle Regulierungen von Lebensläufen* (S. 29–55). Weinheim: Juventa.

Sydow, J. (2001). Zum Verhältnis von Netzwerken und Konzernen: Implikationen für das strategische Management. In G. Ortmann & J. Sydow (Hrsg.), *Strategie und Strukturation. Strategisches Management von Unternehmen, Netzwerken und Konzernen* (S. 269–296). Wiesbaden: Gabler Verlag.

Sydow, J. (2003). Management von Netzwerkorganisationen – Zum Stand der Forschung. In J. Sydow (Hrsg.), *Management von Netzwerkorganisationen* (3. Aufl., S. 293–354). Wiesbaden: Gabler.

Thorelli, H. B. (1986). Networks. Between markets and hierarchies. *Strategic Management Journal, 7*, 37–51.

Voß, G. G., & Pongratz, H. J. (1998). Der Arbeitskraftunternehmer. Eine neue Grundform der Ware Arbeitskraft? *Kölner Zeitschrift für Soziologie und Sozialpsychologie, 50*(1), 131–158.

Wagner, G. (2007). Ein „neuer Geist des Kapitalismus". Paradoxien der Selbstverantwortung. *Österreichische Zeitschrift für Soziologie, 32*, 3–24.

Weber, B. (1996). *Die Fluide Organisation – Konzeptionelle Überlegungen für die Gestaltung und das Management von Unternehmen in hochdynamischen Umfeldern*. Wien: Haupt.

Weßels, D. (2014). Der „X-Shaped"-Projektmanager für Vernetzte Organisationen. In D. Weßels (Hrsg.), *Zukunft der Wissens- und Projektarbeit. Neue Organisationsformen in vernetzten Welten* (S. 65–96). Düsseldorf: Symposion.

Management der Veranstaltungsbranche

5

Das Management der Veranstaltungsbranche umfasst eine sehr große Bandbreite an Aufgaben und Tätigkeiten, die sich aus den unterschiedlichen Anforderungen in der Praxis ergeben. Jede neue Veranstaltung bietet hier Lern- und Entwicklungspotenziale. Es kann also nicht nur ,ein' Veranstaltungsmanagement geben, sondern eine breite Basis von fachlichen, methodischen, sozialen und Organisationskompetenzen, die sich in der Art und in ihrer Ausprägung in Abhängigkeit von den Teilmärkten und den Rollen stark unterscheiden. In diesem Kapitel werden daher zunächst die allgemeinen Aufgaben und Tätigkeitsfelder, die im Zusammenhang mit einem Management der Veranstaltungsbranche zu berücksichtigen sind, erläutert. Da Veranstaltungsmanagement als eine Sonderform des Projektmanagements begriffen werden kann, können allgemeine Kompetenzanforderungen der Veranstaltungsbranche aus den Kompetenzanforderungen einer Projektleitung abgeleitet werden. Die Besonderheiten bei den Kompetenzanforderungen werden durch eine genauere Analyse der Kompetenzanforderungen in den Teilmärkten erörtert.

5.1 Aufgaben und Tätigkeitsfelder

Die Aufgaben und Tätigkeitsfelder des Veranstaltungsmanagements erschöpfen sich nicht in der Planung zur Umsetzung der Veranstaltungstechnik, auch wenn diese Aufgaben einen großen Teil der existierenden Tätigkeitsfelder ausmachen. Die technischen, organisatorischen und sicherheitstechnischen Planungen sind eingebettet in einem weiteren Umfeld, die eine Veranstaltung nicht als isoliertes Ereignis, sondern als Element eines erweiterten politischen, sozialen, ökonomischen und technologischen Kontextes begreift. Diese vier Faktoren der Makro-Umweltanalyse, als Akronym der englischen Begriffe Political, Economic, Social und Technological auch PEST-Analyse genannt,

© Springer Fachmedien Wiesbaden GmbH 2017
T. Sakschewski und S. Paul, *Veranstaltungsmanagement*,
DOI 10.1007/978-3-658-16899-5_5

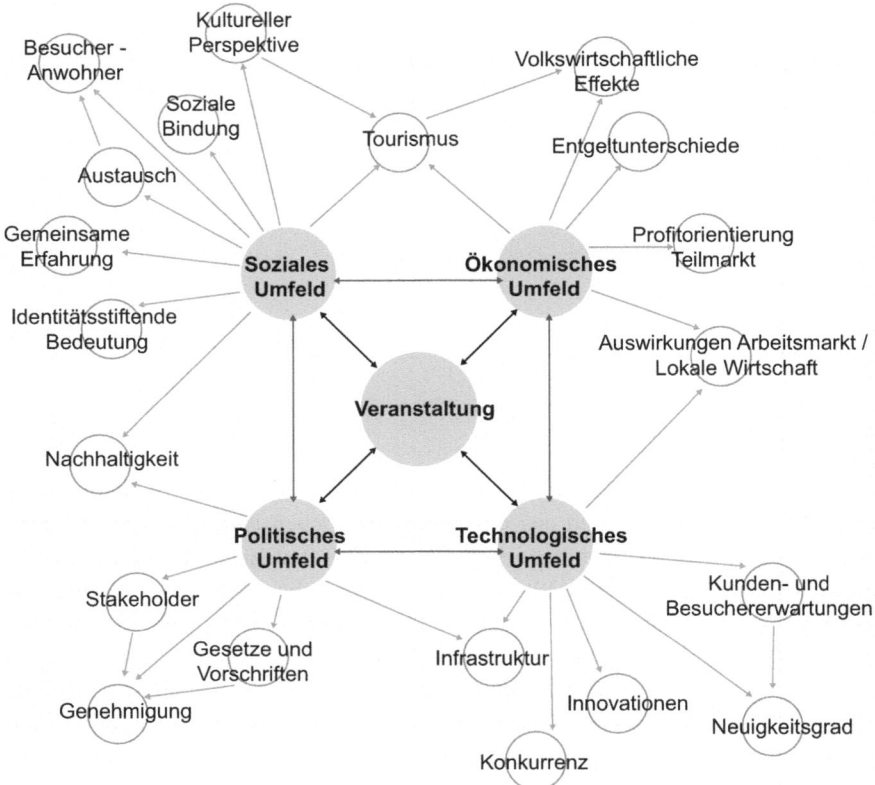

Abb. 5.1 PEST-Analyse einer Veranstaltung. (Quelle: Eigene Darstellung)

schaffen die Grundlagen für die erweiterte Betrachtung einer Veranstaltung wie in der Abb. 5.1 verdeutlicht.

▶   Veranstaltungen sind Ort und Auslöser sozialer Handlungen. Im Miteinander gemeinsam gemachter Erfahrungen werden soziale Bindungen geschaffen oder bestehende verstärkt. Gleichzeitig grenzen Veranstaltungen auch diejenigen aus, die nicht dem Erlebnis beiwohnen.

Die Nicht-Besucher können durch umfangreiche Aufbauarbeiten, Umzäunungen und weiteren Einschränkungen in der alltäglichen Nutzung bestehender Infrastruktur behindert werden. Gegner und Befürworter von privaten und öffentlichen Veranstaltungen tauschen sich aus oder verfestigen Feindschaften. Gleichzeitig haben Veranstaltungen eine identitätsstiftende Dimension. Anwohner und Anrainer nehmen Einschränkungen für die Dauer der Veranstaltungen gerne für den persönlichen Zugewinn in Kauf, den eine überregionale Ausstrahlung mit sich bringt. Der Gemeinschaftsaspekt fördert eine kulturelle Perspektive,

in der die lokale Veranstaltung Teil eines sozialen Umfeldes wird, was sich auf den Tourismus und damit aus das ökonomische Umfeld einer Veranstaltung auswirkt. Die volkswirt-
schaftlichen Effekte von Veranstaltungen in Bezug auf die primären Auswirkungen durch
Anzahl der Übernachtungen oder Umsätze in Gastronomie und Einzelhandel, aber auch
in Bezug auf sekundäre Effekte wie erhöhter Umsatz bei Zulieferern sind zu berücksichtigen. In Hinblick auf die ökonomische Auswirkungen in einem internationalen Verständnis müssen bei Veranstaltungen auch Entgeltunterschiede zwischen lokalen Beschäftigten
und den anreisenden Mitarbeitern der Veranstaltungsplanung und -umsetzung betrachtet
werden. Diese können positive und negative Effekte auf den lokalen Arbeitsmarkt und die
lokale Wirtschaft haben.

Die Veranstaltungsbranche braucht das ‚Neue' in doppelter Hinsicht. Sie setzt auf
technologische Innovationen in Licht-, Ton- und Bühnentechnik und auf den Neuigkeits-
gard von Veranstaltungen im Zusammenspiel von veranstaltungstechnischen Effekten
und szenischem Darbietungen. Der Druck für die Veranstalter entsteht zum einen durch
die Konkurrenz im heterogenen Marktumfeld und zum anderen aus den Kunden- und
Besucherwartungen, die nach immer neuen Live-Erlebnissen auf der Szenenfläche und
einer hochwertigen und anspruchvollen Atmosphäre in der Gesamt-Inszenierung der Veranstaltung suchen. Die Infrastruktur im umbauten Raum oder Open-Air wird durch das
technologische, aber auch durch das politische Umfeld beeinflusst.

▶   Veranstaltungsmanagement bedeutet auch Stakeholdermanagement, denn
     das politische Umfeld von Veranstaltungen wird von vielen Interessensvertre-
     tern bestimmt.

Vom Einfluss politischer Parteien, Verbänden und Organisationen, aber auch von Einzel-
personen und Initiativen kann Erfolg oder Misserfolg einer Veranstaltung abhängen. Die
politischen Gremien erlassen Gesetze und Vorschriften, die den Verwaltungseinheiten als
Basis für die Genehmigung von Veranstaltungen dienen. Aspekte der Nachhaltigkeit als
Teil des sozialen und des politischen Umfeldes spielen dabei eine immer größere Rolle.

Das Veranstaltungsmanagement, also die systematische und zielgerichtete Planung
der gleichzeitigen Anwesenheit vieler Menschen unter Anwendung der Instrumente und
Methoden des Projektmanagements, beinhaltet nach diesen Überlegungen zumeist die
Aufgaben:

Projektmanagement

- Entwicklung einer Veranstaltungskonzeption in Abstimmung mit dem künstlerischen
  Team
- Definition von strategischen, taktischen und operativen Zielen
- Auswahl und Bewertung der Ziele
- Festlegung von Maßnahmen
- Identifikation, Bewertung und Verhaltensprognose der Stakeholder

- Identifikation und Bewertung der Risiken im Rahmen einer Risikoanalyse oder einer erweiterten Risikoanalyse im Sinne einer Machbarkeitsstudie
- Berechnung der maximalen Besucherkapazität absolut und im Durchschnitt des Veranstaltungsverlaufs
- Grobplanung der Veranstaltung in einen Phasen- und Meilensteinplanung
- Kostenabschätzung und Aufstellung eines Budgets
- Auswahl, Koordination und Führung der Teams (Feste und temporäre Mitarbeiter des Veranstalters, externe feste oder temporäre Mitarbeiter von Dienstleistern und Lieferanten, freie selbstständige Kräfte und Volunteers)
- Delegation von Aufgaben und Arbeitspaketen an interne und externe Partner
- Entwicklung von Einsatz- und Ablaufplänen für Aufbau und Veranstaltungsplanung
- Berücksichtigung von Marketingaspekten bei der Veranstaltungsumsetzung insbesondere der Veranstaltungsfläche wie die Einbeziehung von Medien und Sponsoren

Veranstaltungstechnik

- Abstimmung der Anforderungen mit Auftraggeber, Künstlern, Künstlermanagement, Leitung des Venues, Tourmanagement u. a.
- Konzeption und Planung der Anforderungen Licht, Ton, Video, Kommunikation und Bühnentechnik sowie weiteren Spezialeffekten (Pyrotechnik, Lasertechnik u. ä.)
- Mitarbeit an der Konzeption und Planung der Umsetzung für die szenische Gestaltung
- Planung der Stromversorgung, der Infrastruktur und der Serviceeinrichtungen
- Planung Bühnenbereich, Backstage und Bühnenaufbauten
- Auswahl der Lieferanten und Dienstleister
- Beschaffungsmarketing, Auswahl und Vergabe externer Lieferanten und Dienstleister
- Rücksprache mit Lager sowie Personalplanung und Disposition
- Entwicklung von Lösungen für besondere szenische Vorgänge
- Versorgung der Bühnenarbeiter, Techniker und weiteren Support
- Abnahme und Prüfung von technischen Einrichtung oder Begleitung von Prüfungen durch Sachverständige z. B. bei Fliegenden Bauten oder Lautstärkeinpegelung gemäß erfolgter Auflagen bei der Genehmigung

Logistik

- Planung der Besucherzugänge und der Besucherwege (Anteil ÖPNV und MIV, Parkplätze, Zugänglichkeit des Veranstaltungsortes von der nächst gelegenen Haltestelle des ÖPNV, Frequenz des ÖPNV, Bus Shuttles und andere Transfers)
- Planung der Materialwege während des Aufbaus (Bodenbelastbarkeit; Witterungsverhältnisse; Erreichbarkeit innerhalb von Gebäuden mit sperrigen Materialien oder Exponaten, Verkehrsbelastungen und Absperrmaßnahmen während des Aufbaus, Anwohnerinformation über Belastungen)

- Reise und Unterkünfte für Künstler, VIPs oder eingeladene Teilnehmer (Buchungen, Kontingentplanung und Verhandlungen mit lokalen und regionalen Anbietern, Abstimmung von zusätzlichen Anforderungen des Personenkreises wie Speisen, besondere Speiseregeln, Services, zusätzliche Lagerfläche für Equipment oder Garderobe, Transfers und Shuttles zum Veranstaltungsort)
- Ver- und Entsorgung während der Veranstaltung (Versorgungswege für Nachlieferung Catering; Ver- und Entsorgungswege für sanitäre Anlagen; Notfallwege für Pflege und Havarie bei eingebrachter Infrastruktur wie Strom, Kommunikation, Wasser etc.)
- Planung der Wegführung und Kontrolle der Umsetzung für den Transport von Künstlern und Equipment
- Planung der Wegführung und Kontrolle der Umsetzung für VIPs und Presse
- Planung der Materialwege während des Abbaus (Terminplanung, Reihenfolgenplanung, Entsorgung und Reinigung)
- Maßnahmenplanung der Verkehrslenkung sowie Abstimmung und Koordination mit den betroffenen Behörden und Organisationen

Sicherheitsplanung

- Erstellen einer Gefährdungsanalyse (Bewertung der Gefährdungen für Mitarbeiter und Besucher)
- Planung und Kontrolle von Maßnahmen des Arbeitsschutzes (Vor, während und nach der Veranstaltung)
- Planung von Bausteinen der Veranstalter-Besucher-Kommunikation (Vorbereitende Kommunikation zur Besucherführung über eigene Kanäle oder über Medien, Planung von Aufstellern oder Plakaten für ein Leitsystem auf den wichtigsten Zugangswegen, Entwicklung und Umsetzung eines Leitsystems für das Veranstaltungsgelände)
- Technische und organisatorische Planung der Besucherinformationen für unterschiedliche Anlässe
- Abstimmung der Sicherheitsplanung mit den BOS
- Planung der Aufstellflächen für Feuerwehr und Sanitätsdienst
- Ausschreibung und Vergabe sowie Abstimmung und Einsatzplanung mit Sanitätsdienst und Sicherheits- und Ordnungsdienst
- Kontrolle des Sicherheits- und Ordnungsdienstes
- Planung der Informationswege und Entscheidungsbefugnisse bei verschiedenen Notfallszenarien
- Planung und Vorbereitung für einen Krisenfall
- Dokumentation und Berichterstattung

Finanzplanung und -kontrolle

- Erstellen einer Kosten-Nutzen bzw. Wirtschaftlichkeitsanalyse
- Entwicklung von relevanten Kennziffern und kontinuierliche Kontrolle dieser Kennzahlen

- Anwendung von Methoden der Kosten-Leistungsrechnung und der Investitionsrechnung für Beschaffungsentscheidungen und die Materialbedarfsplanung
- Aufbau und Anwendung eines dem Bedarf angepassten Projekt-Controlling-Systems unter Einbeziehung des Leistungsfortschritts
- Kontinuierliche Kostenkontrolle und Liquiditätsplanung
- Planung und Umsetzung des Cash-Handlings während der Veranstaltung (Barkassen mit Wechselgeld, Kontrolle bei Bargeld- und bargeldlosem Transfer, Regelungen für den internen Bargeldtransport und für die Zwischenlagerung)
- Vorbereitende Buchführung
- Fakturierung und Mahnung
- Dokumentation und Berichterstattung
- Abschlussrechnung gegenüber Künstlersozialkasse, Verwertungsgesellschaften wie GEMA oder Finanzamt in Bezug auf die beschränkte Steuerpflicht nicht in Deutschland lebender Künstler, Sportler u. a. (sogenannte Ausländersteuer)

Die Aufgaben und Tätigkeitsfelder der Genehmigungsplanung, des Informationsmanagements, der Sicherheitsplanung, des Kunst-Projektmanagements und des Nachhaltigkeitsmanagement werden ausführlich in Kap. 7 behandelt.

Fragen/Aufgaben

1. Beschreiben Sie die vier wesentlichen Einflussfaktoren für eine erweiterte Betrachtung von Veranstaltungen.
2. Nennen und erläutern Sie je drei beispielhafte Aufgaben aus den Bereichen Logistik und Sicherheitsplanung.
3. Erläutern Sie die Bedeutung eines Stakeholdermanagements bei der Planung und Umsetzung einer Veranstaltung an einem selbst gewählten Beispiel.

5.2   Kompetenzanforderungen in der Veranstaltungsbranche

Der Projektcharakter stellt eine Besonderheit der Veranstaltungsbranche dar, denn Veranstaltungen sind stark auf einen definierten Termin bezogen. Die komplexen Aufgaben werden in einer projektspezifischen Organisation interdisziplinär im Team gelöst. Dadurch können allgemeine Kompetenzanforderungen zunächst aus den Aufgaben, Verantwortungsbereichen und Befugnisse einer Projektleitung abgeleitet werden. In diesem Kapitel zu den allgemeinen Kompetenzanforderungen für die Veranstaltungsbranche werden daher im ersten Schritt die besonderen Führungsaufgaben einer Projektleitung zusammenfassend erörtert, um im nächsten Schritt die wichtigsten Ergebnisse unter Einbeziehung der wirtschaftlichen und organisationalen Rahmenbedingungen auf die Veranstaltungsbranche zu übertragen.

Nach Burghardt liegen die Hauptaufgaben der Projektleitung in der Planung, Kontrolle und Steuerung sowie der fachlichen Durchführung des Projektauftrags. Die

Projektleitung soll insbesondere die Projektgruppe organisieren, die technische Aufgabenstellung definieren und strukturieren, die Projektziele planen und kontrollieren, die betriebswirtschaftlichen Eckdaten des Projektes überwachen, die Partner koordinieren, die Beratungs- und Steuerungsgremien moderieren und damit auch die zuständigen Leitungsgremien informieren und nicht zuletzt die Projektmitarbeiter führen (Burghardt 2012, S. 118 ff.). Ähnlich fasst Rinza (1985, S. 26) die gesamte Bandbreite der Aufgaben der Projektleitung in Mitarbeiterführung, Koordination der Zusammenarbeit, Information und Berichterstattung sowie das Fällen von Entscheidungen zusammen. Madauss hingegen unterscheidet in der Beschreibung der Hauptaufgaben der Projektleitung nach der Form der Projektorganisation (Autonome, Einbettungs- und Matrixprojektorganisation) und der Projektfunktion wie Projekte in der Forschung und Entwicklung oder Kooperationsprojekte mehrerer Organisationen. Gemeinsam ist bei allen unterschiedlichen Aufgabenspezifikationen der grundsätzliche Fokus auf die Erreichung der im Projektauftrag spezifizierter Projektziele im vorgegebenen Kosten- und Terminrahmen (Madauss 2000, S. 87). Die Projektleitung ist daher sowohl für die technisch-fachliche als auch für die administrativ-organisatorische Abwicklung verantwortlich.

Steinbuch teilt daher die Hauptaufgaben der Projektleitung in vier Aufgabenfelder ein:

- Projektplanung
- Projektsteuerung
- Projektmitarbeit
- Projektkontrolle

Projektplanung bedeutet sowohl die Kurzfristplanung zur Bereitstellung von Sachmitteln, Motivation von Beteiligten oder zur Teilgestaltung von Projektergebnissen, als auch die Langfristplanung zur vorausschauenden Koordination und Umsetzung von Aufgaben, Personal, Terminen, Sachmittel und Kosten. Mit Projektsteuerung wird generell die Sicherung der Einhaltung des Projektplanes, die Mitarbeiterführung und die Koordination des Einsatzes, die Herbeiführung von externen Entscheidungen sowie Information und Kontaktpflege gemeint. Besonders zu betonen ist, dass im Gegensatz zum Management von Routineaufgaben von der Projektleitung zumeist auch die fachliche Projektmitarbeit erwartet wird. Die Projektkontrolle umfasst zum einen die kontinuierliche Überwachung der vorgegebenen Aufgaben, Termin- und Qualitätsziele sowie die Berichterstattung extern und intern (Steinbuch 2000, S. 82 ff.).

▶   Zusammenfassend lassen sich die Aufgaben einer Projektleitung dadurch kennzeichnen, dass sie nach innen gegenüber dem Projektteam motivierend wirkt, nach außen die Projektziele vermittelt und durchsetzt, und gegenüber Partnern und Entscheidungsgremien die Aufgaben koordiniert und steuert. Projektmanagement gerade in der Veranstaltungsbranche bedeutet daher Führung auf Zeit (Diethelm 2000, S. 67).

Vom Projektanstoß, mit seinem ersten Zusammentreffen des Projektteams, dem so genannten Kick-Off-Meeting, bis zum Abschluss der Veranstaltung verstreichen selten mehr als ein Jahr, in der Regel nur wenige Monate. Diese im Vergleich zu Forschungs- oder Bauprojekten sehr kurze Tätigkeitsdauer bildet damit auch einen wesentlichen Unterschied zu Bauprojekten, was sich in der Verantwortung, den Befugnissen und vor allem in den Anforderungen und Eigenschaften der Projektleitung zeigt.

Die Projektleitung hat die Ergebnisverantwortung im Sinne des Projektauftrages, wozu grundsätzlich bei Projekten auch die Termin- und die Sachmittelverantwortung gehören. Die vollständige Personalverantwortung für das Projektteam ist zwar in der Regel gegeben (Steinbuch 2000, S. 88 f.), jedoch muss diese durch den hohen Anteil von projektbeteiligten (Solo-)Selbstständigen und einen ebenso hohen Anteil von nur zeitweise für ein Projekt beschäftigen Mitarbeitern eingeschränkt werden. Die Budget-verantwortung hingegen, die bei anderen Projektformen in der Organisation nur unvoll-ständig vorhanden ist, da die Linienorganisation weiter gehende Befugnisse und damit auch Verantwortung hat, ist in der projektorientierten Organisationsform der Veranstal-tungsbranche jedoch in der Regel vorhanden. Dadurch ergeben sich für eine Projektlei-tung folgende Befugnisse (Steinbuch 2000, S. 85 ff.):

- Mitarbeiterauswahl: Zumindest mitentscheidend bei Auswahl und Qualifizierungs-maßnahmen
- Entscheidung: Durchführungsentscheidungen über Reihenfolge der Aufgaben, über Lösungsalternativen und der Berücksichtigung oder Einbeziehung von externen Dienstleistern und einzelnen Personen bei Teilaufgaben sowie eine mitgestaltende Funktion bei Ergebnisentscheidungen
- Weisung: Fachliches Weisungsrecht, aber durch notwendige Berücksichtigung von Befugnissen von Linienvorgesetzten nur eingeschränktes disziplinarisches Weisungsrecht
- Projektmittel: Verfügungsrecht über die Sach- bzw. Projektmittel
- Information: Alle projektrelevanten Informationen für die Projektplanung sowie die im Projektverlauf entstehenden Informationen

▶   Die große Aufgabenbreite mit fachlichen und organisatorischen Aufgaben, die sowohl aus Aufgaben des Projektteams als auch in der Kooperation mit Partnern sowie in der Information von Entscheidungs- und Kontrollgremien bestehen, kann nur durch eine Führungskraft umgesetzt werden, die mit ent-sprechenden Entscheidungs- und Weisungsbefugnissen ausgestattet ist.

Aus der Zusammenstellung der Aufgaben, Verantwortungsbereiche und Befugnisse erge-ben sich Kompetenzanforderungen bzw. erwünschte Eigenschaften von Projektleitern (Diethelm 2000, S. 61):

- Entwicklung von Initiative und Treffen von Entscheidungen
- Positive Einstellung zur Teamarbeit und Motivation von Mitarbeitern

- Führungs- und Verhandlungsgeschick
- Delegation von Aufgaben im Rahmen vorher getroffener Absprachen
- Bereitschaft, Projektmitarbeiter auf ihren Gebieten zu fördern
- Einfühlungsvermögen
- Gute Kenntnis des gesamten Unternehmens

Ähnlich argumentiert Steinbuch und nennt als wünschenswerte persönliche Qualifikationen, die durch fachliche, Projekt- und Führungsqualifikationen ergänzt werden müssen:

- „Teamgeist
- Initiative
- Kreativität
- Kontaktfähigkeit
- Verhandlungsgeschick
- Zuverlässigkeit
- Durchsetzungsvermögen
- Entscheidungsfreudigkeit" (Steinbuch 2000, S. 91).

Diese Einschätzung notwendiger Qualifikationen deckt sich in einigen Elementen mit der Bewertung, die Burghardt vornimmt. Als Qualifikationen stellt er

> auf der persönlichen Seite [heraus]: Eigeninitiative, Entscheidungsfreudigkeit, Motivationsfähigkeit, Kooperationsbereitschaft, Durchsetzungskraft, Delegationsbereitschaft, Einfühlungsvermögen und Konsequenz, sowie zu den Fähigkeiten auf der fachlichen Seite: technisches Fachwissen, kaufmännische Kenntnisse, häufig auch Sprachkenntnisse, Kenntnisse der Unternehmensstruktur, Projektmanagement-Erfahrung, Wirtschaftlichkeitsdenken, Organisationstalent und Verhandlungsgeschick (Burghardt 2012, S. 120).

Einen anderen Ansatz verfolgt die Deutsche Gesellschaft für Projektmanagement (GPM). Sie unterteilt im Prozess der Zertifizierung von Projektmanagern in drei Kompetenzfelder mit insgesamt 46 einzelnen Kompetenzelementen. Als Kontextkompetenz werden die Kompetenzen begriffen, die die Rolle des Projektmanagements in der Stammorganisation sowie deren Wechselbeziehungen bestimmen und am ehesten noch mit den fachlichen Kompetenzen zu vergleichen sind. Dabei werden unter Kontextkompetenzen eher allgemeine Führungskompetenzen erfasst und bei den technischen eher projektspezifische Kompetenzen. Die technischen Kompetenz-Elemente umfassen methodische und fachliche Kompetenzen zur Konzeption, Planung, Steuerung und Abschluss von Projekten. Die Elemente der Verhaltenskompetenz können den Methoden- und Sozialkompetenzen zugeordnet werden. Folgend werden die Kompetenzelemente näher erläutert (GPM 2013).

Kontextkompetenz-Elemente

- Projektorientierung: Ausrichtung von Organisationen auf die Entwicklung von Projektmanagementkompetenz
- Programmorientierung: Definition und Festlegung der Merkmale von Programmen als miteinander verbundene Projekte und deren Management.
- Portfolioorientierung: Portfoliomanagement befasst sich mit der Erstellung von Prioritäten zwischen Projekten und/oder Programmen innerhalb einer Organisation.
- Einführung von Projekt-, Programm- und Portfolio-Management: Prozess der Einführung und kontinuierlichen Verbesserung von Projekt-, Programm- und Portfoliomanagement in Organisationen.
- Stammorganisation: Die Kompetenz, die Beziehung zwischen den zeitlich befristeten Projektorganisationen und den ständigen Abteilungen der Linienorganisation zu fördern.
- Geschäft: Kompetenz, die Auswirkungen der Geschäftstätigkeiten auf das Management von Projekten einzuschätzen.
- Systeme, Produkte und Technologie: Verbindung zwischen einem Projekt und der Organisation in Bezug auf Systeme, Produkte oder Technologien.
- Personalmanagement: Alle Aufgaben des Personalmanagements im Rahmen des Projekts.
- Gesundheit, Arbeits-, Betriebs- und Umweltschutz: Maßnahmen zur Sicherstellung einer angemessenen Politik der Organisation in Bezug auf Gesundheit, Sicherheit und Umwelt während der Planungsphase des Projekts und bei seiner Ausführung.
- Finanzierung: Das Finanzierungsmanagement ist für die rechtzeitige und verantwortbare Bereitstellung der erforderlichen Finanzmittel verantwortlich.
- Rechtliche Aspekte: Auswirkungen von Gesetzen und Vorschriften auf Projekte und Programme.

Technische Kompetenz-Elemente

- Projektmanagementerfolg: Der Projektmanagementerfolg ist die Anerkennung der Erfüllung der Ziele des Projekts durch die maßgeblichen Interessengruppen.
- Interessierte Parteien: Fähigkeit, alle betroffenen Interessengruppen und ihre Interessen zu erfassen und sie in Hinblick auf ihre Bedeutung und ihren Einfluss für das Projekt zu bewerten.
- Projektanforderungen und Projektziele: Die Projektzielsetzung ist es, die vereinbarten Anforderungen im vorgeschriebenen zeitlichen Rahmen mit dem vereinbarten Budget und innerhalb verträglicher Risikoparameter zu liefern.
- Risiken und Chancen: Die Fähigkeit, sowohl sich selbst als auch die Mitarbeiter zur Eigeninitiative anzuregen, Risiken und Chancen im Auge zu behalten, den Erfordernissen des Risikomanagements verpflichtet zu bleiben, die betroffenen Interessierten

Parteien in diesen Prozess einzubeziehen und falls nötig geeignete Fachleute als Berater zur Unterstützung des Projektrisikomanagements hinzuzuziehen.

- Qualität: Ausmaß, in dem seine Eigenschaften denen der Projektanforderungen entsprechen. Qualitätsmanagement ist ein kontinuierlicher Prozess.
- Projektorganisation: Die Projektorganisation und die zur Lieferung der Projektergebnisse erforderlichen Ressourcen müssen den Anforderungen der Projektziele entsprechen.
- Teamarbeit: Die Verantwortung für die fortlaufende Entwicklung des Teams, von der Anfangsphase der Teambildung, über die Teamarbeit während des gesamten Projektzeitraums, bis hin zum Abschluss des Projekts und der Auflösung des Teams.
- Problemlösung: Die Fähigkeit auch bei den Problemen, die vordergründig mit dem Zeitrahmen, den Kosten, den Risiken oder den Ergebnissen zu tun haben, soziale Aspekte zu berücksichtigen.
- Projektstrukturen: Umgang mit Projektstrukturplänen als Schlüsselinstrumente bei der Schaffung von Ordnung innerhalb eines Projekts.
- Leistungsumfang und Lieferobjekte: Die Leistungsbeschreibung beinhaltet die Gesamtheit der vom Projekt zu erbringenden Lieferobjekte. Die Steuerung und Kontrolle der Leistungserstellung ist daher eine wichtige Aufgabe.
- Projektphasen, Ablauf und Termine: Dieses Kompetenzelement umfasst die Ablaufplanung, Dauerermittlung, Terminplanung für Vorgänge sowie die Ermittlung des Ressourcenbedarfs, die Festlegung von Projektfixterminen und die Überwachung und Kontrolle der Einhaltung dieser Termine.
- Ressourcen: Ressourcenmanagement umfasst die Ressourcenplanung einschließlich der Ermittlung und Zuweisung geeigneter Ressourcen mit der erforderlichen Qualifikation.
- Kosten und Finanzmittel: Dies beinhaltet die Summe aller während des Projektlebenszyklus erforderlichen Maßnahmen zur Planung, Überwachung und Steuerung der Projektkosten.
- Beschaffung und Verträge: Beim Projektmanagement erfordert dies die Formalisierung der von den Lieferanten und den beteiligten Organisationen auszuführenden Arbeit, die klare Festlegung der Erwartungen, eine von der belieferten Organisation auszuübende Kontrolle und die Einhaltung eingegangener Verpflichtungen der verschiedenen Parteien.
- Änderungen: Änderungsmanagement identifiziert, beschreibt, klassifiziert, bewertet und genehmigt oder verwirft Änderungen, es führt Änderungen durch und prüft sie im Hinblick auf rechtliche und andere Vereinbarungen.
- Überwachung und Steuerung, Berichtswesen: Grundlage der Überwachung und Steuerung sind die definierten Projektziele.
- Information und Dokumentation: Informationsmanagement umfasst das Gestalten, Sammeln, Auswählen, Aufbewahren und Abfragen von Projektdaten.
- Kommunikation: Die richtige Information muss an die relevanten Interessierten Parteien in einer ihren Erwartungen entsprechenden und einheitlichen Form weitergegeben werden.

- Projektstart: Leiten eines erfolgreichen Projektstarts durch Ausarbeitung des Projektauftrags im Team und Festlegung der Projektrollen.
- Projektabschluss: Koordinierter Übergang der Verantwortung vom Auftragnehmer zum Projektauftraggeber und Beginn der Gewährleistung.

Verhaltenskompetenz-Elemente

- Führung: Es handelt sich um eine für Projektmanager ausschlaggebende Kompetenz und umfasst Delegations- und Moderationsfähigkeiten, Charisma oder Autorität.
- Engagement und Motivation: Fähigkeit das Team zu motivieren, was stark vom Zusammengehörigkeitsgefühl der Mitglieder abhängt.
- Selbststeuerung: Ansatz zur disziplinierten und systematischen Bewältigung der täglich anfallenden Arbeit, der sich ändernden Anforderungen und im Umgang mit Stress-Situationen.
- Durchsetzungsvermögen: Kompetenz, um wirksame Kommunikation mit dem Projektteam und anderen betroffenen Parteien sicherzustellen, sodass Entscheidungen mit Verständnis ihrer Auswirkungen gefällt werden.
- Entspannung und Stressbewältigung: Die Deeskalation einer angespannten Situation ist erforderlich, um eine produktive Zusammenarbeit zwischen den beteiligten Parteien sicherzustellen.
- Offenheit: Da ein Projektmanager häufig mit Experten zusammenarbeitet, stellt Offenheit eine wichtige Kompetenz dar, denn diese verfügen auf einem bestimmten Gebiet über höhere Fachkenntnisse als der Projektmanager.
- Kreativität: Kreativität meint die Fähigkeit, auf originelle und einfallsreiche Weise zu denken und zu handeln.
- Ergebnisorientierung: Die Kompetenz sicherzustellen, dass die Projektergebnisse alle interessierten Parteien zufrieden stellen. Das trifft auch auf alle im Verlauf des Projekts vereinbarten Änderungen zu.
- Effizienz: Zur effizienten Nutzung aller dem Projekt zur Verfügung stehenden Ressourcen ist die ausführliche Planung, zeitliche Abgrenzung und die Kostenschätzung aller Aktivitäten erforderlich.
- Beratung: Unter Beratung versteht man die Fähigkeit, Gründe und schlüssige Argumente vorzulegen, anderen Ansichten zuzuhören, zu verhandeln und Lösungen zu finden.
- Verhandlungen: Verhandlungsfähigkeit kann dem Projektmanager helfen, das Eintreten von Konflikten zu vermeiden.
- Konflikte und Krisen: Ein Konflikt ist ein Zusammenstoß gegensätzlicher Interessen oder inkompatibler Persönlichkeiten und kann den Projekterfolg gefährden. Krisenmanagement beginnt mit einer umfassenden Risikoanalyse und einer Szenarioplanung für den Umgang mit allen vorhersehbaren Krisen.
- Verlässlichkeit: Verlässlichkeit bedeutet, die vereinbarte Leistung zu dem in der Projektbeschreibung vereinbarten Zeitpunkt und in der vereinbarten Qualität zu erbringen.

- Wertschätzung: Die Kompetenz, verschiedene Werte und Wertunterschiede der am Projekt beteiligten Personen zu verstehen, das Verständnis persönlicher und gesellschaftlicher Werte sowie jener der Organisation ist erforderlich, um das Einverständnis zu einem Projektplan zu erhalten.
- Ethik: Ethische Werte ermöglichen die Durchführung des Projekts und die Ablieferung zufrieden stellender Ergebnisse. Durch ethische Werte werden sowohl die persönlichen und beruflichen Freiheiten gesichert als auch ihre Grenzen festgelegt.

Der für das Projektmanagement durchaus passende Ansatz, auf die Vielfältigkeit der Anforderungen einer Projektleitung mit einem umfassenden Kanon möglicher individueller Kompetenzen zu reagieren, bleibt in der Tendenz jedoch stets unzureichend und redundant. Unzureichend ist, dass derartige Listen mit den dynamischen Veränderungen des Berufsbildes und des Selbstverständnisses als Führungskraft mithalten müssen. Redundant wird ein Kanon schnell, da bei einer „Führung auf Zeit" notwendigerweise eine große Deckungsmenge mit denjenigen Kompetenzanforderungen existiert, die grundsätzlich jeder Art von Führung zuzuordnen sind. Wegge und Schmidt versuchen daher nicht Listen von Kompetenzen zu erstellen. Sie trennen nicht zwischen den Besonderheiten der Führungspraxis und den sich daraus abzuleitenden Anforderungen. Als besondere Anforderungen reduzieren sie die Vielfältigkeit der Anforderungen auf vier Felder (Wegge und Schmidt 2012, S. 214 f.).

- Die Projektleitung muss sehr frühzeitig die Fähigkeiten und das Vertrauen der Mitarbeiter in das Vorhaben und die Führungsfähigkeiten einschätzen.
- Die Projektleitung muss zu einem frühen Zeitpunkt alle Informationen sammeln und bewerten, die eine Zielbindung, also die Dauer und Intensität der Problemlösung im Sinne der vorgegeben Ziele, beeinflussen.
- Die Projektleitung muss die Art und die Komplexität der Aufgaben abschätzen können.
- Die Projektleitung ist als Feedbackgeber gefordert.

Für Wegge und Schmidt ergeben sich aus diesen Anforderungen direkt Probleme, die eine Projektleitung lösen muss, womit die besonderen Kompetenzanforderungen angesprochen werden. Die Projektleitung muss sich widersprechenden Anforderungen und in der Praxis auftretenden Problemen stellen. Die Zielbindung über eine frühzeitige und umfassende Information der Teammitglieder herzustellen, ist eine wichtige Aufgabe der Projektleitung. Doch in der Praxis bestehen häufig Unklarheiten über die eigentlichen Projekt- und Leistungsziele, da verschiedene Anspruchsgruppen (Stakeholder) konfligierende Ziele vertreten, Lösungsalternativen noch nicht definiert sind oder bereits Lösungen definiert sind, ohne deren Machbarkeit in einem frühen Projektstadium überhaupt abschätzen zu können. Die Komplexität der Aufgaben ist durch die Projektleitung abzuschätzen, doch ist es schwierig, unter Zeitdruck die Komplexität der Gesamtaufgaben zu reduzieren und sie den Mitarbeitern so zu vermitteln, dass sie nicht durch die erwartete Leistungshöhe leistungsmindernd wirken (Wegge und Schmidt 2012, S. 216). Im vierdimensionalen Modell

menschlichen Verhaltens (Können, Wollen, Situative Ermöglichung und Normen) geben Wegge und Schmidt in der weiteren Argumentation unter Fähigkeit (Können) und Persönlichkeit (Wollen) die Kompetenzanforderungen einer Projektleitung sehr genau wieder.
„Kann ich

- Sachverhalte vermitteln und fachlich anleiten?
- Lösungsorientiert argumentieren und überzeugen?
- Kritik ertragen und andere konstruktiv kritisieren?
- Übertragene Zielvorstellungen konsequent verfolgen?
- Mit Risiko-, Konflikt- und Krisensituationen ziel- und lösungsorientiert umgehen?
- Eigene Fehler eingestehen und über Probleme sprechen?
- Menschen zuhören, begeistern und berechenbar führen?
- Mit Ängsten und Widerständen meiner Teammitglieder, mit Fehlern und abweichenden Meinungen umgehen

Bin ich fähig und bereit

- Unter extremen Zeit- und Kostendruck zu arbeiten?
- Die Verantwortung für das Erreichen der Unternehmenszielstellung beim Projekt zu übernehmen (speziell für die finanziellen Ergebnisse)?
- Aufgaben und Verantwortlichkeiten zu delegieren?
- Abläufe und aufgaben zu kontrollieren
- Vorausschauend und empfindungssensibel mit Konflikten und Störungen umzugehen und das Team einzubeziehen?" (Wegge und Schmidt 2012, S. 240).

Die Projektleitung spielt für die Motivation der Mitarbeiter und somit für den Projekterfolg eine wichtige Rolle. Ihre Positionsmacht ist aber in vielen Projekten gering, denn sie hat in der Regel keine disziplinarische Führungsverantwortung. Es gilt so das Projektteam über die gemeinsame Zielerreichung und die Zielbindung zu stärken, deswegen ist hier die Projektleitung als Feedbackgeber gefragt.
Als eine wesentliche Kompetenzanforderung, die eine Projektleitung ermöglicht, „komplexe Situationen unter Zeit- und Kostendruck mit hohen Anforderungen an die eigene Flexibilität und Anpassungsbereitschaft erfolgreich zu bewältigen" (Kuhrts et al. 2012, S. 227), gilt das Selbstmanagement.

▶ **Selbstmanagement** Selbstmanagement wird als die Fähigkeit verstanden, eigene Handlungen so zu steuern, dass die Aktivitäten dem entsprechen, was man auch tun will, womit das Setzen von arbeits- und berufsbezogenen Zielen aber auch bewusste Steuerung tätigkeitsrelevanter psychischer Prozesse gemeint sind (Kuhrts et al. 2012, S. 227; Wiese 2008, S. 153).

Damit ist das Selbstmanagement eine wesentliche Stellgröße, denn durch Selbstmanagement gelingt es im Projekt über die Arbeitsanforderungen hinaus, auch tätigkeitsrelevante psychische Prozesse zu steuern. Die theoretisch formulierte Bedeutung des Selbstmanagements für die Projektleitung deckt sich mit den Ergebnissen einer Befragung unter 42 in der Mehrheit erfahrenen Projektleitern. Befragt nach deren Selbsteinschätzung, fühlen sie sich meist selbstbestimmt und verfügen über eine hohe Gestaltungsmacht. Dabei arbeiten sie zielorientiert und sehen sich überwiegend kreativ bei der Ideenfindung (Trobisch und Denisow 2010). Diese Selbsteinschätzungen können als Faktoren für die Bedeutung des Selbstmanagements betrachtet werden.

Üblicherweise werden bei den Kompetenzen vier Kompetenzklassen unterschieden. Auch Huemann (2002, S. 25) fasst unter direkter Bezugnahme auf die erforderlichen Kompetenzen im Projektmanagement die Kompetenzen in den Klassen Persönlichkeitskompetenz, Fachkompetenz, Methodenkompetenz und Sozialkompetenz zusammen.

- Persönlichkeitskompetenzen: Fähigkeiten, die zur realistischen Selbsteinschätzung dienen.
- Fachkompetenzen: Fähigkeiten, die zur Bewältigung der direkten Berufsaufgaben benötigt werden. Unter dem Begriff der Fachkompetenz versteht man, dass man die Fähigkeit besitzt, berufs- oder fachtypische Aufgaben zu bewältigen. Eine Fachkompetenz muss erlernt werden, etwa durch eine Ausbildung, Weiterbildung oder durch ein Studium. Zu einem Fachwissen gehören auch fachspezifische Methoden, was eine Abgrenzung zu den Methodenkompetenzen teilweise erschwert.
- Methodenkompetenzen: Analysefähigkeiten, die eine gedankliche Vorwegnahme notwendiger Arbeitsschritte erlauben und das eigne Verhalte in eine klare Struktur zu bringen, um eine Problemlösung zu erzielen.
- Sozialkompetenzen: Fähigkeiten, die zur Handhabung interaktionsorientierter Prozesse dienen. Teamfähigkeit, Kommunikationsbereitschaft und Kontaktfähigkeit sind die Grundlage, um sich in einer Gruppe beziehungsorientiert zu verhalten.

Die täglich wechselnden Anforderungen mit immer kürzeren Produktlebenszyklen, Mobilitätsforderungen (siehe hierzu Abschn. 4.3) und die wachsende Bedeutung wissensintensiver Prozesse bilden die Grundlage für die Notwendigkeiten eines lebenslangen Lernens. Lernprozesse verlangen aber nach Methoden, um neue, sich verändernde Fachkenntnisse zu verarbeiten und zu verwerten. Weswegen es zunehmend schwieriger wird, zwischen Fach- und Methodenkompetenzen sauber zu unterscheiden. Erpenbeck und von Rosenstiel ziehen die beiden Kompetenzklassen daher zu den fachlich-methodischen Kompetenzen zusammen. Ebenso verbinden sie die häufig getrennt anzutreffenden Kompetenzgruppen der sozialen und kommunikativen Kompetenzen zu einer sozialkommunikativen Kompetenzgruppe. Da jede Kommunikation auch dann einen sozialen Prozess darstellt, wenn die Kommunikation als computervermittelte Kommunikation zwischen räumlich entfernten Orten stattfindet, ist diese Verbindung nur naheliegend. Analog zu Huemann werden die personalen Kompetenzen verstanden. Als zusätzliche

Kompetenzklasse jedoch ergänzen Erpenbeck und von Rosenstiel um eine handlungsori-entierte Kompetenzklasse, die aktivitäts- und umsetzungsorientierten Kompetenzgruppe.

- „Personale Kompetenzen: Als die Dispositionen einer Person, reflexiv selbstorgani-siert zu handeln, [...]sich selbst einzuschätzen, produktive Einstellungen, Werthaltun-gen, Motive und Selbstbilder zu entwickeln [...] und sich im Rahmen der Arbeit und außerhalb kreativ zu entwickeln und zu lernen.
- Aktivitäts- und umsetzungsorientierte Kompetenzen: Als die Dispositionen, einer Per-son, aktiv und gesamtheitlich selbstorganisiert zu handeln und dieses Handeln auf die Umsetzung von Absichten, Vorhaben und Plänen zu richten [...].
- Fachlich-methodische Kompetenzen: Als die Dispositionen einer Person, bei der Lösung von sachlich- gegenständlichen Problemen geistig und physisch selbstorga-nisiert zu handeln, d. h. mit fachlichen und instrumentellen Kenntnissen, Fertigkeiten und Fähigkeiten kreativ Probleme zu lösen. [...]
- Sozial-kommunikative Kompetenzen: Als die Dispositionen, kommunikativ und kooperativ selbstorganisiert zu handeln, d. h. sich mit anderen kreativ auseinander-und zusammenzusetzen [...]" (Erpenbeck und von Rosenstiel 2006, S. XVI)

Die Projektleitung in der Veranstaltungsbranche stellt hohe Anforderungen an die Füh-rungskräfte, da sie gerade bei der projektorientierten Veranstaltungsbranche sehr viele unterschiedliche Faktoren gleichzeitig zu koordinieren hat, das Projektteam aus festen und freien Kräften besteht und die Delegationsmöglichkeiten ebenso begrenzt sind, wie die Möglichkeiten der Verantwortungseskalation an eine nächst höhere Instanz. Da diese in der flachen Hierarchie der Kleinst- und Kleinunternehmen in der Geschäftsführung verkörpert ist, stellt das Selbstmanagement eine wichtige Kompetenzanforderung für Führungskräfte in der Veranstaltungsbranche dar, die durch persönliche Eigenschaften wie Empathie, Kreativität, Kontaktfähigkeit, Verhandlungsgeschick oder Durchsetzungs-vermögen und fachliche-methodische Kompetenzen wie technisches Fachwissen, kauf-männische Kenntnisse und Projektmanagement-Erfahrung ergänzt wird.

Die Projektmanagement-Erfahrung, die sich in einzelne Kompetenzen wie Dele-gationsbereitschaft und Selbstorganisation ausdrückt, lässt sich auch als Organisati-onskompetenz beschreiben. Pfadenhauer (2010, S. 161) unterscheidet daher zwischen Grundlagenkompetenz, Methoden-, Sozial- und Organisationskompetenz. Als Grundla-genkompetenz begreift sie die wichtige Fähigkeit von Projektmanagern Probleme und Lösungsmöglichkeiten, die ihm von Spezialisten vermittelt werden, umgehend zu erfas-sen und Lösungsalternativen direkt in definierte Abläufe umzusetzen.

▶ **Organisationskompetenz** Die Organisationskompetenz versteht Pfadenhauer als eine projektspezifische Sicht, die zwar Ähnlichkeiten mit Methoden- oder Fachkompetenzen aufweist, aber eigentlich ganz im Wortsinne die Kompetenz zum Organisieren meint.

Kompetent organisiert demnach, wer organisatorische Prozesse in ‚überschaubare' Aufgaben und (Teil-)Projekte zerlegt, dies in möglichst eindeutige Handlungsschritte gliedert, deren räumliche Anordnung und zeitliche Abfolge im Handlungsablauf festlegt und – weil es hier eben um das Organisieren des Handelns anderer geht – die Umsetzung bzw. Ausführung all dessen, den jeweils relativ am besten ‚geeigneten' Akteuren zur Realisierung zuweist (Pfadenhauer 2010, S. 163).

Damit beschreibt Pfadenhauer hier eine wesentliche Anforderung, denn kompetentes Organisieren meint ein soziales Handeln, das sich aus mehreren Teilkompetenzen zusammensetzt und andere zu einem bestimmten Einsatz von Wissen, Verfahren und Techniken zielgerichtet beeinflusst (Pfadenhauer 2010, S. 165). Als allgemeine Kompetenzanforderungen für Führungskräfte im Veranstaltungsmanagement verbinden wir die Aufteilung in vier Kompetenzklassen von Erpenbeck und von Rosenstiel mit dem Ansatz der Organisationskompetenz bei Pfadenhauer.

Danach sind folgende Kompetenzgruppen in der Veranstaltungsbranche von Bedeutung:

Persönlichkeits- und Organisationskompetenzen:

- Delegationsbereitschaft: Leistungsumfang und Leistungshöhe von Aufgaben abschätzen, bewerten und gezielt an Teammitglieder oder Dritte weitergeben.
- Entscheidungsfreudigkeit: Die einer Situation zugrunde liegenden Einflussfaktoren und Zielanforderungen zu analysieren und effizient zu einer Entscheidung zu führen.
- Selbstorganisation: Vorausschauende und systematischen Planung von Aufgaben in einem selbst gesteckten Zeitrahmen.
- Zielstrebigkeit: Kurzfristig einmal definierte Projektziele zum Erfolg führen.
- Zuverlässigkeit: Vereinbarte Leistung zu dem in der Projektbeschreibung vereinbarten Zeitpunkt und in der vereinbarten Qualität zu erbringen.
- Durchsetzungsvermögen: Dauerhaft getroffene Entscheidungen auch gegenüber Widerstände zu vertreten und durchzusetzen.

Fachlich-methodische Kompetenzen:

- Veranstaltungstechnik: Lichttechnik, Tontechnik, Mediensteuerung, Werkstoffkunde, Videotechnik, Bühnentechnik
- Planung und Konstruktion: Maschinenbau, Technische Konstruktion, 3-D-Gestaltung, Wirtschaftsinformatik, Grundlagen Mathematik, Technische Mechanik, Leichtbau
- Infrastrukturplanung: Elektrotechnische Grundlagen, Haus- und Gebäudetechnik, Energieversorgung, Abfallmanagement, Logistik
- Sicherheitsplanung: Crowd Management, Genehmigungsplanung, Gefährdungsanalyse, Arbeitsschutz, Gefährdungsanalyse, Risikomanagement
- Veranstaltungsrecht: Verwaltungsrecht, Baurecht, Vertrags- und Haftungsrecht, Urheberrecht, Steuerrecht, Vergaberecht
- Betriebswirtschaftliche Kenntnisse: Kosten- und Leistungsrechnung, Investitionsrechnung, Marketing, Controlling

Aktivitäts- und umsetzungsorientierte Kompetenzen

- Kreativität: Fähigkeit bei einer großen Anzahl von Einflussfaktoren Strukturen und Muster zu erkennen, um neue, unkonventionelle und überraschende Lösungswege zu finden.
- Projektmanagement: Kompetenzen und Methoden zur Planung und Steuerung von Projekten.
- Personalplanung und -führung: Auswahl und Einsatzplanung von Projektmitarbeitern sowie die teamorientierte Führung von temporär oder dauerhaft Beschäftigten Mitarbeitern und freien Kräften und Volunteers für eine Veranstaltung.
- Flexibilität: Kompetenz auf veränderliche Umweltbedingungen effizient zu reagieren und sein Verhalten an Änderungen anzupassen.
- Kundenorientierung: Kundenwünsche umgehend und im Rahmen des Machbaren zu erfüllen.
- Informationsmanagement: Überwachen und Steuern von Informationen und Kommunikation, um die strategischen Veranstaltungsziele zu erreichen.

Sozial-kommunikative Kompetenzen

- Teamfähigkeit: Bereitschaft Lösungen gemeinsam zu suchen und sich der Bedeutung der Mitarbeit Dritter bewusst zu sein.
- Einfühlungsvermögen: Kompetenz durch Selbstwahrnehmung auf eigene Gefühle zu hören und durch Empathie auf die Gefühle anderer reagieren zu können.
- Eigeninitiative: Selbstbestimmtes und vorausschauendes Handeln, ohne durch Dritte dazu aufgefordert zu sein.
- Konfliktfähigkeit: Gegensätzliche Interessen oder Verhaltensweisen auszuhalten und zu moderieren.
- Kommunikative Fähigkeiten: Gesprächsbereitschaft und Kontaktfreudigkeit
- Verhandlungsgeschick: Kompetenz eigene Standpunkte und Verhandlungsziele gegenüber Dritten zu vermitteln und bei Bedarf Kompromisse einzugehen.

Zusammenfassend finden sich die allgemeinen Kompetenzanforderungen für Führungskräfte in der Veranstaltungsbranche in der Tab. 5.1.

Fragen/Aufgaben

1. Was sind die wichtigsten Aufgaben einer Projektleitung?
2. Nennen Sie persönliche Qualifikationen einer Projektleitung.
3. Erläutern Sie die Bedeutung des Selbstmanagements für eine Projektleitung.
4. Warum ist Organisationskompetenz für eine Projektleitung von besonderer Bedeutung?
5. Was ist unter Kreativität, was unter Flexibilität zu verstehen?

Tab. 5.1 Kompetenzanforderungen für Führungskräfte in der Veranstaltungsbranche. (Eigene Darstellung)

Persönlichkeits- und Organisationskompetenzen	Fachlich-methodische Kompetenzen
Delegationsbereitschaft	Veranstaltungstechnik
Entscheidungsfreudigkeit	Planung und Konstruktion
Selbstorganisation	Infrastrukturplanung
Zielstrebigkeit	Sicherheitsplanung
Zuverlässigkeit	Veranstaltungsrecht
Durchsetzungsvermögen	Betriebswirtschaftliche Kenntnisse
Aktivitäts- und umsetzungsorientierte Kompetenzen	Sozial-kommunikative Kompetenzen
Kreativität	Teamfähigkeit
Projektmanagement	Einfühlungsvermögen
Personalplanung und -führung	Eigeninitiative
Flexibilität	Konfliktfähigkeit
Kundenorientierung	Kommunikative Fähigkeiten
Informationsmanagement	Verhandlungsgeschick

5.3 Besondere Aufgaben und Anforderungen in den Teilmärkten

Vor Darstellung der Aufgaben und Kompetenzen der unterschiedlichen Rollen und Akteure in der Veranstaltungsbranche, die unabhängig von den Veranstaltungsarten und der Trägerschaft sind, werden nachfolgend die besonderen Anforderungen in Abhängigkeit von den Teilmärkten der Veranstaltungsbranche herausgearbeitet.

5.3.1 Kulturveranstaltungen

Bemmé betont, dass die „typische Kombination aus interdisziplinären, visionär-schaffenden, planerisch-strukturierenden und interaktiven Aufgabenstellungen eines Kulturprojekts" ein vielseitiges Kompetenzprofil voraussetzt (Bemmé 2011, S. 30). Der Führung muss bei einem Veranstaltungsmanagement von Kulturveranstaltungen eine besondere Bedeutung zugemessen werden, da sehr individuelle Persönlichkeitsstrukturen wie Künstler auf der einen und Verwaltungssachbearbeiter auf der anderen Seite dazu zu bringen sind, gemeinsam Ergebnisse zu erzielen (Klein und Heinrichs 2001, S. 117). Diese Bandbreite spiegelt sich in der hohen Bedeutung der interdisziplinären Zusammensetzung der Projektteams, die häufig bei Kulturveranstaltungen anzutreffen ist. Colbert beschreibt für die besondere Gemengelage sechs unterschiedliche Rollen, die zusammenwirken müssen:

- Urheber des ,kreativen Aktes' wie Choreografen, Bildende Künstler oder Schriftsteller
- Ausführende Künstler wie Schauspieler, Tänzer oder Sänger
- Angewandte Künstler, die ein Werk mitgestalten, also Licht-Designer, Kostümbilder oder Szenografen
- Handwerklich ausführende Personen, die bei der Umsetzung erforderlich sind wie Schreiner, Schlosser, Bühnentechniker
- Leitende Positionen des Produktionsteams wie Regisseure, Dramaturgen, Produktionsleiter oder Veranstaltungsleiter
- Künstlerische Leitung wie Direktoren, Kuratoren oder Intendanten, die das Programm verantworten und vermarkten (Colbert 2004)

Die leitenden Positionen müssen die unterschiedlichen, zum Teil sich widersprechenden Interessen vereinen. Dies erfordert neben den grundsätzlich bedeutsamen sozial-kommunikativen Kompetenzen, im besonderen Maße die Fähigkeit, die Interessen und Wünsche der unterschiedlichen Gruppen zu verstehen und diese den anderen Gruppen zu vermitteln.

▶ Künstler und Techniker reden in ganz unterschiedlichen Sprachen, da die einen von der Idee ausgehend argumentieren und bei den anderen die technische Machbarkeit im Vordergrund steht. Die Aufgabe der Führungskräfte bei Kulturveranstaltungen besteht also auch darin, die Idee in ein machbares Modell zu übersetzen.

Die Übersetzungsfähigkeit setzt zumindest Grundkenntnisse in den technischen, nach effizienten Lösungen suchenden und den künstlerischen, einer ursprünglichen Idee folgenden Erfahrungswelten voraus. Aufgabe der Führungskräfte ist somit auch als Übersetzer künstlerischer Repräsentationen in organisationale Sprache und umgekehrt zu fungieren. Restriktionen müssen dem Künstler vermittelt werden, ungewöhnliche oder neue Ideen sind Gesprächspartnern zu erläutern, die wenige oder gar keine Vorkenntnisse zur Kunst besitzen (Sakschewski 2016, S. 356). Die Entwicklung und Umsetzung einer Kulturveranstaltung hat zum Ziel die Aufführung, Präsentation oder Darbietung von Kunst, wobei die künstlerische Produktion ein dialogischer Prozess ist, auf Basis einer schrittweisen Annäherung. Häufige Änderungen von geplanten Maßnahmen stellen da die Regel dar. Besondere Kompetenzanforderungen für Führungskräfte bei Kulturveranstaltungen lassen sich somit in folgenden Punkten zusammenfassen:

- Selbststeuerungskompetenz
- Vermittlung zwischen Kreativität und Organisation
- Hohe Schnittstellenkompetenz
- Dialogische Ergebnisorientierung (Sakschewski 2016, S. 359)

Für das Kulturmanagement, also die grundlegenden planerischen und steuernden Aktivitäten zur Führung eines Kulturbetriebes, fasst Heinrichs (2006, S. 116) die Anforderungen in vier „Schlüsselqualifikationen" zusammen:

- Neues initiieren
- Menschen mit unterschiedlicher Qualifikation und Zielorientierung motivieren
- Erfolgsorientiert kommunizieren
- Entscheidungen treffen

Während das Neue zu initiieren eher eine künstlerische Leitungsaufgabe darstellt, decken sich die anderen drei Schlüsselqualifikation zum Teil mit den vorgenannten, ergeben aber Ergänzungen, um die Motivation unterschiedlicher Personengruppen sowie die Schlüsselqualifikation, Entscheidungen zu treffen. Hierbei betont Heinrichs die Komplexität der Entscheidungsvoraussetzungen im kulturellen Kontext, da nicht nur finanzielle, organisatorische und technische Aspekte, sondern auch ästhetische und soziale Elemente berücksichtigt werden müssen (Heinrichs 2006, S. 129).

Der Technische Direktor eines Theaters ist für die „Betriebsorganisation in den Ausstattungswerkstätten und bei den technischen Bühnendiensten zuständig. Er trägt die Gesamtverantwortung für das Bühnengeschehen und nimmt damit zugleich Personalverantwortung für einen großen Teil der Mitarbeiter des Theaters wahr und somit indirekt auch für einen großen Teil des Theateretats" (Röper 2001, S. 106). Zu den Mitarbeitergruppen, bei denen er Personalverantwortung trägt, zählen die Bühnenhandwerker, Schreiner, Schlosser, Dekorateure, Bühnenmaler, Beleuchter, Tontechniker sowie Fahrer, Heiz- und Klimatechniker. Der Technische Direktor ist damit auch die verantwortliche Person „für die Einhaltung der nach der Versammlungsstättenverordnung bestehenden Sicherheitsvorschriften auf der Bühne, im Saal, den Werkstätten usw. Dazu hält er Kontakt zum Bauamt, das die Bühnenbauten abnehmen muss sowie zur Feuerwehr, mit der er die Feuerschutzmaßnahmen abstimmt" (Bühnenverein o. J.). Somit ist der Technische Direktor erster Ansprechpartner für alle technischen und sicherheitstechnischen Fragen eines Theaters. Der Technische Direktor nimmt eine herausragende Rolle ein, denn neben den fachlichen Anforderungen mit einem breiten Kenntnisstand zur Veranstaltungstechnik ist auch der Umgang mit betrieblichen Prozessen von großer Bedeutung, um künstlerische Ideen im Rahmen des technisch Machbaren sicher zu ermöglichen. Diese Rolle spiegelt sich jedoch häufig nicht in der Position wider, da der Technische Direktor in der Regel der kaufmännischen Geschäftsführung unterstellt ist,

- Planung und Steuerung der besonders personalintensiven Bühnendienste im Wechsel zwischen Produktions- und Vorstellungsbetrieb
- Transparenz über den Produktionsetat bei der Ausstattungsherstellung durch Anwendung der Kosten- und Leistungsrechnung.

- Produktionsplanung unter technischen, organisatorischen und Kostengesichtspunkten bei möglichst gleichmäßiger Auslastung: Mögliche Ansatzpunkte sieht Röper (2001, S. 385 f.) in der zeitlichen Flexibilität der Werkstätten durch Arbeitszeitkonten und individuelle Einteilung der Mitarbeiter und in der funktionalen Flexibilität durch höhere Durchlässigkeit von Abteilungsgrenzen und durch Mehrfachqualifikation der Mitarbeiter aber auch in der Kapazitätsplanung durch frühzeitige Abstimmung mit dem künstlerischen Leitungsteam.
- Vorbereitung und Steuerung von Entscheidungen zur Fremdvergabe von Leistungen sowie Moderation der Abstimmungsprozesse und Budgetkontrolle durch Wirtschaftlichkeitsberechnungen.

5.3.2 Fernsehproduktionen

Die Aufgabenbereiche und Anforderungen bei der Planung und Organisation von Fernsehproduktionen unterscheiden sich in Bezug auf Logistik, Ablauf- und Personalplanung, Besuchermanagement oder Veranstaltungssicherheit kaum von anderen Veranstaltungsmärkten. Jedoch verlangt die Konzentration auf die medial vermittelten Besucher eine stärkere Berücksichtigung der Bilddramaturgie, dies gilt sowohl für ‚echte' Live-Sendungen wie für vorproduzierte und aufgezeichnete Shows, die Live on Tape sind. Die Eigenlogiken der Sendeabläufe wie die Planung von Werbepausen für Umbauten am Set oder die Berücksichtigung von vorproduzierten „Zuspielteilen" bei Vor-Ort-Besuchern und medial vermittelten Besuchern, der Umgang mit Störungen, Versprechern oder Pannen bestimmen bei Live-Sendungen das Anforderungsprofil bei Fernsehproduktionen. Hierfür ist die Kommunikation mit der Sendeleitung, die für die Koordination von Live-Sendungen zuständig ist (Karstens und Schütte 2013, S. 328), ebenso erforderlich wie genauere Kenntnisse zu Aufnahmetechnik oder Set Design. Besondere Anforderungen sind:

- Realisation einfacher Dekorationsanforderungen mit eigenem Personal oder die Planung, Koordination und Kontrolle der Fremdvergabe von aufwendigen Dekorationsbauten
- Planung und Durchführung von Veranstaltungen inklusive Konzeption und Planung sowie Überwachung des Produktionsprozesses unter Berücksichtigung der relevanten Sicherheitsvorschriften und Gewährleistung der korrekten Anwendung der Arbeitsschutzmaßnahmen
- Personaleinsatzplanung und Koordination der Gewerke Bühne, Licht und Ton sowie Abstimmung mit den Bereichen Bildtechnik und -mischung
- Ansprechpartner für die Konzeptentwicklung und die konkrete Planung zur technischen Umsetzung
- Erstellung von Plänen, Protokollen, Schemazeichnungen, Ablauf- und Einsatzplänen sowie Auswahl, Beauftragung und Kontrolle externer Dienstleister
- Ansprechpartner für Redaktion, Set Designer und ausführenden Unternehmen

5.3.3 Messen und Ausstellungen

Aufseiten der Agenturen und Dienstleister haben sich spezifische Angebotsprofile auf unterschiedlichen Wertschöpfungsstufen und mit entsprechend starker Differenzierung der erforderlichen Kompetenzprofile entwickelt (Meurer und Ayar 2003, S. 1138):

- Full-Service-Agenturen der Live-Kommunikation, die ihre Kunden ganzheitlich von der strategischen Planung und Auswahl möglicher Messeplätze bzw. anderer Präsentationsorte, über Konzeption, Steuerung bis zur Ausführung betreuen. Dabei besteht das Kerngeschäft in der Kundenbetreuung, Steuerungs- und Ausführungstätigkeiten werden zumeist an Nachunternehmer outgesourct, die in enger Partnerschaft mit den Full-Service-Agenturen zusammenarbeiten.
- Abwicklungsorientierte Dienstleister wie klassische Messebauunternehmen können als Nachunternehmer der Full-Service Agenturen oder selbstständig direkt im Auftrag eines Kunden tätig werden. Konzeptions- und Planungsleistungen werden häufig in enger Partnerschaft mit Architekten bzw. Projektmanagern ausgeführt.
- Kreativagenturen bündeln Konzeption und Planungskompetenzen und sind kreative Ideengeber mit einem nur geringen Anteil an eigenem Umsetzungspotenzial.
- Spezialisierte Projektmanagementdienstleister, deren Kernkompetenz in der Steuerung von komplexen Veranstaltungsplanungen besteht und die wiederum Nachunternehmer direkt oder im Namen und Auftrag des Kunden beauftragen.

Die geforderten Kompetenzen unterscheiden sich je nach Art der Agentur bzw. Dienstleister. Während bei Full-Service-Agenturen eine hohe sozial-kommunikative Kompetenz gepaart mit umfassenden betriebswirtschaftlichen Kenntnissen und Erfahrung im Umgang mit Messegesellschaften wünschenswert ist, stehen bei spezialisierten Projektmanagementdienstleister fachlich-methodische Kompetenzen im Vordergrund, um Kundenwünsche effizient und kostenoptimal gegenüber unterschiedlichen Partnern, wie z. B. speziellen Anbietern bei der Gestaltung und Ausstattung des Messestandes oder den Dienstleistern der Messegesellschaften, durchzusetzen. Abwicklungsorientierte Dienstleister wiederum benötigen Fachkenntnisse zu Fertigungsprozessen, Logistik und brauchen eine genaue Marktübersicht zu den Systembauanbietern und Zulieferern.

In dem stark spezialisierten Markt entstehen auf dieser Basis komplexe Entscheidungsstrukturen. Wenn eine Full-Service-Agentur den Kundenauftrag erhält, einen Messestand zu planen, so sind zunächst strategische Marketingfragen zu klären, die zu einem groben Konzept der Messebeteiligung führen. Direkt durch den Kunden oder als Nachunternehmer der Full-Service-Agentur werden Kreativ Agenturen damit beauftragt, ein Gestaltungskonzept zu entwickeln. In den Kreativ Agenturen wirken meist Marketingfachleute, Architekten und Szenografen. Die Kreativagentur konzipiert ein Bühnen- bzw. Szenenbild und beauftragt einen internen oder externen Zeichner oder Grafiker, Grundrisse, Visualisierungen und 3-D-Modelle anzufertigen. Nach einem wettbewerblichen Auswahlverfahren oder auf Grundlage bereits bestehender Partnerschaften oder Pauschalverträge kann ein externes technisches Planungsbüro als spezialisierter Projektmanagementdienstleister ausgewählt werden, der die Planung und Umsetzung der erforderlichen Veranstaltungstechnik, des Bühnenbaus sowie in Absprache mit der Agentur die Auftragsvergabe an ein Dekorations- bzw. Messebaubauunternehmen und an technische Dienstleister übernimmt. Die Dekorations- bzw. Messebauunternehmen sind als abwicklungsorientierte Dienstleister die Garanten für die terminsichere und kostenoptimale Produktion des Messestandes. Da diese andererseits abhängig sind von vorgelagerten Entscheidungsprozessen, die sie nicht selbst zu verantworten haben, ist die Rolle der Projektleitung im Messebau für den Erfolg des Messestandes von hoher Bedeutung.

▶   Die Projektleitung im Teilmarkt Messen und Ausstellungen ist die verantwortliche Schnittstelle zwischen den Abteilungen im Unternehmen, der Geschäftsführung, Lieferanten, Kunden und externen Partnern.

Aufgabenfelder und Kompetenzanforderungen sind:

- Erstellung des Angebots nach Rücksprache mit Disposition und Lager und in Abstimmung mit der Geschäftsführung
- Abstimmung des Entwurfs mit der konzeptionierenden, planenden Agentur sowie Änderungs- und Ergänzungsmanagement der Kalkulation auf Basis von Kundengesprächen und Information aus dem kontinuierlichen Projekt-Controlling
- Kommunikation und Abstimmung mit den Messeveranstaltern (Messegesellschaften) und deren Dienstleistern zu Lage und Ausstattung der Standfläche, Position und Leistung der Infrastruktur (Strom, Wasser, Kommunikation), Lage und Tragkraft der Hängepunkte, Zugänge in der Aufbauzeit, Logistik von Leergut und Fremdlieferungen oder Bewachung
- Entwicklung eines Umsetzungskonzepts sowie Steuerung und Kontrolle der Durchführung gemeinsam mit den Werkstätten
- Zusammenstellung und Weitergabe von Materiallisten an die Materialdisposition; Entscheidung über Alternativlösungen nach Rückmeldung durch die Disposition
- Vorbereitung, Auswahl und Steuerung von Beschaffungsentscheidungen; Marktübersicht; Vergabeverfahren und Auswahl
- Planung und Integration von Speziallösungen unter technischen und betriebswirtschaftlichen Gesichtspunkten im Dialog mit externen Dienstleistern und Kreativen
- Einsatzplanung und Personaldisposition nach Schätzung des Aufwandes und Bewertung der erforderlichen Qualifikationen und Kompetenzen
- Briefing und Einweisung vor Ort zur Aufgabenverteilung und -klärung sowie Abstimmung mit internen und externen Partnern
- Betreuung des Standaufbaus vor Ort; Abstimmung bei Anpassungsprozessen; Entscheidung bei Lösungsalternativen; Moderation bei Konflikten intern, zwischen den Gewerken oder mit externen Partnern

- Vorbereitung und Durchführung der Standabnahme; Klärung von Nachbesserungen; Abstimmung per Mehr- oder Andersleistungen mit dem Auftraggeber
- Betreuung und Support bei Störungen oder Havarien während der Messelaufzeit
- Vorbereitung der Abbauarbeiten; Personalplanung und Einsatzdisposition; Logistikplanung; Planung der Entsorgung bzw. Nachverwertung; Abstimmung der Materialrückführung
- Dokumentation und De-Briefing; Feedback durch Mitarbeiter und externe Partner; Feedbackgespräch mit dem Auftraggeber; Erstellung einer betriebsinternen Dokumentation;
- Rechnungslegung und -prüfung; Nachkalkulation; Kontrolle und Rechnungsabschluss nach Rücksprache mit Disposition, Lager, Buchhaltung sowie der Geschäftsführung

▶   Die Produktionsleitung als technisch-organisatorische Unterstützung der künstlerischen Leitung, des Kurators bzw. der Kuratoren bildet die Schnittstelle zwischen den Anforderungen und Wünschen der beteiligten Künstler bzw. der Rechtevertreter und Kuratoren, der Leihgeber und den Vertretern des Ausstellungsortes als Betreiber und Veranstalter.

Werden, wie bei Ausstellungen zeitgenössischer Kunst mittlerweile üblich, ein Teil der Exponate durch die Künstler bzw. deren Mitarbeiter für die Ausstellung angefertigt, muss die Produktionsleitung die zum Teil technisch außerordentlich aufwendigen künstlerischen Arbeiten ermöglichen. Wie im Theater die Technische Leitung hat die Produktionsleitung dann die Aufgabe, die Entwürfe in die Wirklichkeit umzusetzen. Das beinhaltet:

- Übersetzung künstlerischer Entwürfe in technische Zeichnungen
- Materialbeschaffung gemäß Anforderungen der beteiligten Künstler
- Budgetplanung und -kontrolle; Kostenermittlung und Mitwirkung bei der Vergabe
- Genehmigungsplanung und Genehmigungsleitung fliegender Bauten
- Abstimmung zwischen Künstler, Kurator und Veranstalter
- Entwicklung von Speziallösungen

Sind in stärkerem Maße bestehende Werke durch Leihgeber wie Sammler, Museen oder Galerien bei Ausstellungen vertreten, liegen die Anforderungen weniger in dem oben aufgeführten Rahmen einer Produktionsleitung, sondern viel mehr in den Vorgaben eines ‚Art Handlings' im Zwischenbereich zwischen den Fachgebieten der Konservatoren und Restauratoren, der Kunst-Logistik und der Kunst-Versicherung. Aufgabengebiete der Produktionsleitung sind hierbei:

- Eingangskontrolle gelieferter Exponate auf Beschädigung, Vollständigkeit, Dokumentation der Herkunft und des Transportweges, Vollständigkeit der Begleitpapiere (Carnet ATA) bei internationalen Transporten

- Verpackung und Rückführung der ausgestellten Exponate: Erfassung, Dokumentation und Lagerung der Eingangsverpackung; Beschriftung und Dokumentation; Zuordnung der Begleitpapiere
- Konservatorisch korrekter Umgang mit den Exponaten: Vermeidung von Verschmutzungen und Beschädigungen beim Aufbau; Abstimmung zwischen Konservatoren, Kuratoren und technischen Gewerken bei der Planung der Ausstellungsarchitektur in Hinblick auf Lichteinfluss, Luftfeuchtigkeit, Temperatur oder Begrenzung der Besucherzahlen in einzelnen Ausstellungsräumen
- Grundkenntnisse zu den konservatorischen Anforderungen unterschiedlicher Exponate wie z. B. Fotografie, Textilien, Bücher
- Genaue Kenntnisse zu Video- und Präsentationstechnik wie Berechnung von Bildgrößen, Lichtstärke unterschiedlicher Projektoren und Systeme, Videoformate (CODECs) und Tonübertragung

5.3.4 Sportveranstaltungen

Weisser (2013, S. 26 f.) unterteilt die Anforderungen, die an einen Sport-Eventmanager zu stellen sind, in Wissen, Fähigkeiten, Können und Kreativität. Als Wissensdomänen nennt er nur allgemein, die für jede Veranstaltungsart geltende Forderung nach Kenntnissen in Betriebswirtschaft, Marketing, Prozessmanagement, Recht und Steuerwesen sowie allgemeine Fähigkeiten wie Führungsqualitäten, kommunikative Kompetenzen und Einfühlungsvermögen. Betont wird, dass unter Können sportspezifische Erfahrungen eine große Bedeutung haben. So sind bei den deutschen Sportmanagern im bezahlten Fußball 53 % Leistungssportler und 33 % Trainer gewesen, bevor sie ins Management wechselten. Für Weisser ist dies zwingend, denn nur wer mit Gefühl und voller Motivation beim Sport ist, kann auch die Belastungen und Anforderungen der Konzeption, Planung und Durchführung einer Sportveranstaltung meistern. Große Bedeutung haben bei Sportveranstaltungen die Planung, der Umgang mit und die Führung von ehrenamtlichen Kräften, die in allen Teilbereichen der Umsetzung wirtschaftlich notwendig sind und sich aus der Struktur und Organisation von Sportveranstaltungen mit Sportvereinen und Verbänden ergeben (Fahrner 2012, S. 89).

Dies führt zu Konflikten, wo die Besetzung von Ämtern in Vereinen und Verbänden, nicht von den notwendigen fachlichen Anforderungen abhängt, sondern von den Personen und deren Vernetzung in den ehrenamtlichen Organisationsstrukturen. „Ob ein späterer Vizepräsident im Breitensport, selbst über entsprechende Expertise verfügt, ist zweitrangig, solange andere Persönlichkeitseigenschaften sich mit Erwartungen des Vereins zu decken scheinen" (Fahrner 2012, S. 90). Da die leitenden Funktionen bei Sportveranstaltungen meist durch hauptberufliche Kräfte besetzt werden, die z. B. in ausgegliederten privatwirtschaftlichen Organisationen tätig sind (z. B. als GmbH Tochter eines Vereins) sind Entscheidungsprozesse konflikträchtig, da managementrelevante Themen von Ehrenamtlichen und Hauptberuflichen aus unterschiedlichen Perspektiven betrachtet werden (Wahllogik vs. Sachlogik). Daher betrachtet Fahrner, gerade die Fähigkeit, zwischen unterschiedlichen Interessen vermitteln zu können, als besondere Qualifikations- und Kompetenzerwartung an Führungskräfte bei Sportveranstaltungen:

- Fachliche Qualifikation vor allem sportspezifische Erfahrungen
- Steuerung des Informationsflusses zum ehrenamtlichen Vereinsvorstand
- Kommunikative Aufgaben als Bindeglied zwischen Vereinsführung und Mitgliedern (Fahrner 2012, S. 92 f.).

Für die Veranstaltung selbst ist die Einsatzplanung, Koordination und Führung von Volunteers von großer Bedeutung. „Da sie den Großteil der operativen Aufgaben ausführen, ist es für eine erfolgreiche Durchführung eines Sport-Events unabdingbar, dass die Volunteers während der gesamten Veranstaltung in ihren vereinbarten Einsatzzeiten zur Verfügung stehen" (Werkmann 2014, S. 2). Bei Großveranstaltungen ist der Einsatz von Volunteers also existenziell. 50.000 Volunteers unterstützten bei den Olympischen Spielen in Rio de Janeiro die hauptamtlichen Kräfte. Ohne die unentgeltliche Leistung Tausender Helferinnen und Helfer wären solche sportlichen Großereignisse mit internationaler Ausstrahlung nicht denkbar. Der englische Begriff des Volunteers ist dabei nicht vollständig deckungsgleich mit dem deutschen „Ehrenamt", denn mit dem Volunteers sind informelle, ehrenamtliche Kräfte gemeint, die nur im Rahmen einzelner Veranstaltungen oder Veranstaltungsreihen freiwillig und auch ohne einen durch ein Amt sich ergebenden Zwang unentgeltlich im Einsatz für Dritte aktiv sind und sich in der Organisation nicht dauerhaft engagieren (Werkmann 2014, S. 9). Meist sind Volunteers Vereinsmitglieder. Sie arbeiten für die Veranstaltung nicht aufgrund materieller Anreize, auch wenn diese z. B. durch den kostenfreien Besuch einer Veranstaltung durchaus gegeben sind, sondern hauptsächlich aufgrund immaterieller Faktoren.

▶   Die Einsatzplanung und Führung von Volunteers verlangt Fingerspitzengefühl und eine personenorientierte, empathische Führung, denn die Sanktionsmöglichkeiten seitens der Organisation, wenn diese Leistung kurz vor oder während der Veranstaltung einfach abgebrochen wird, sind begrenzt auf die Beziehungsebene. Die Führung von Sportveranstaltungen bedeutet einen persönlichen, möglichst authentischen Kontakt zu ehrenamtlichen Kräften.

„Führung im Ehrenamt bedarf der besonderen Nähe zu den Engagierten, um sie motivieren zu können" (Redmann 2015, S. 70). Aufmerksamkeit im Umgang mit den ehrenamtlichen Kräften und ein ehrliches Interesse an deren Wünschen und Interessen ist nötig. Durch die soziale Einbindung und die Teilhabe an der Besonderheit der Veranstaltung selbst kann der Mangel an Sanktions- und Leitungsmacht in der Führung ausgeglichen werden, denn die Führung einer Sportveranstaltung kann nur dann auf die Arbeitsleistung der Volunteers zurückgreifen, wenn diese auch zufrieden, vielleicht sogar begeistert teilnimmt. Neben den sich daraus ergebenden organisationalen Aufgaben zur

Arbeitsplatz- und Arbeitszeitgestaltung sowie der Versorgung mit Getränken und Essen gilt es, als Führungskraft mögliche Motivationsgründe der Volunteers bei Sportveranstaltungen genauer zu kennen, um gezielt auf diese einzuwirken.

Farrell et al. (1998, S. 298) betonen, dass Volunteers bei Sportveranstaltungen sich im besonderen Maß mit der Sportveranstaltung, ihrer Teilhabe daran und der Organisation identifizieren. Steht deren Legitimation infrage, steht auch die freiwillige Arbeit selbst infrage. Folgende Motive wirken dabei maßgeblich:

- Die Chance sich durch das persönliche Engagement bei einer Veranstaltung weiterzuentwickeln und durch die Erfahrungen zu lernen, stellt einen wichtigen Grund dar. Die Lernchance kann als eine nicht monetäre Entlohnung der Arbeit betrachtet werden. Hier wirkt das handlungsmotivierende Merkmal der Reziprozität, also der Wechselseitigkeit von Geben und Nehmen. Da der Hauptanteil der informellen Ehrenamtlichen in der Regel Jugendliche und junge Erwachsene sind, kann die Möglichkeit zur Selbsterfahrung, Selbstfindung und Selbstverwirklichung als Hauptmotiv von Volunteers betrachtet werden. Gerade bei Sportveranstaltungen decken sich diese zum Teil mit den eigenen sportlichen Aktivitäten. Das Ehrenamt ist so ein Medium für Prozesse der Identitätssuche und Selbstfindung (Beher et al. 1998, S. 147).
- Die Erfahrung des Gebrauchtwerdens verbindet sich, mit dem gemeinschaftlichen Erleben an einer einmaligen Großveranstaltung teilhaben zu dürfen. Womit die Grundelemente der Definition einer Veranstaltung als ein einmaliges, multisensuales Erlebnis nicht nur auf die Besucher als Besuchsgrund, sondern auch auf die mitarbeitenden Volunteers als Motivation für die ehrenamtliche Tätigkeit übertragen werden kann. Deswegen können auch Spaß und Abenteuer, Abwechslung und allgemein das Besondere einer Veranstaltung zu den Motivationsgründen gezählt werden (Bierhoff et al. 1995, S. 379 ff.).
- Ein weiterer Motivationsgrund stellt das Bedürfnis nach sozialen Kontakten und Bindungen dar. Die gemeinsame Tätigkeit der Volunteers, mit einer häufig auch gemeinschaftlichen Unterbringung, fördert die Gelegenheiten, andere Menschen zu treffen und kennenzulernen sowie engere Kontakte herzustellen. Große internationale Sportveranstaltungen wie Weltmeisterschaften oder Olympischen Spiele sind dabei auch in Hinblick auf die dort tätigen Volunteers genauso international wie die Wettkämpfe selbst.

Für die Olympischen Spiele konnten dabei Giannoulakis et al. (2008, S. 199) nachweisen, dass die wesentlichen Gründe der Volunteers veranstaltungsbezogene gewesen sind. Die Bedeutung, die Größe, die Einmaligkeit der Veranstaltung gilt es also gegenüber den Volunteers nicht nur bei der Einstellung und beim Kick-Off Meeting zu vermitteln, sondern auch kontinuierlich im Veranstaltungsverlauf. Gleichzeitig verweisen die Autoren auf die Gefahren einer so komplexen Veranstaltungsorganisation mit einer Vielzahl von Teilaufgaben und Arbeitspaketen, die von Volunteers übernommen werden und die für den Einzelnen kaum mehr mit der Gesamtheit der Veranstaltung in Verbindung zu bringen sind. Bei den Volunteers, die z. B. für die gesamte Zeitdauer ihrer unentgeltlichen Tätigkeit in einem Lager rücklaufendes Leergut kontrollieren oder weit entfernt vom Geschehen Botendienste ausüben, besteht die Gefahr vorzeitig frustriert zu sein und die Arbeit abzubrechen, wenn sie nicht durch eine gemeinschaftliche soziale Bindung im Team, rollierende Aufgaben und eine motivierende Führung der Teamleitung die Chance bekommen können, mehr von derjenigen Veranstaltung mitzubekommen, der sie ihre Zeit und ihre Arbeitskraft unentgeltlich zur Verfügung stellen. Diese motivierende Führung gegenüber Volunteers ist eine bedeutende Kompetenzanforderung für die Leitung von Sportveranstaltungen und verlangt in großem Maße sozial-kommunikative Kompetenzen.

5.3.5 MICE- Industrie (Meeting, Incentive, Conventions und Event)

Bei der Organisation von Veranstaltungen der MICE-Industrie können drei große Organisationen unterschieden werden: Destination Management Company (DMC), Professional Congress Organizer (PCO) und Destination Marketing Organization. Destination Management Company und Destination Marketing Association unterscheiden sich lediglich in der Erlösorientierung. Beide vermarkten eine Region oder Metropole als Standort für Veranstaltungen der MICE Industrie national und international. Die Destination Marketing Association ist als staatliche oder non-profit Organisation häufig zentraler Ansprechpartner im Tourismus- und Stadtmarketing. Die profitorientierten unabhängigen Veranstaltungsplaner, die Professional Congress Organizer, hingegen arbeiten unabhängig von Destinationen und häufig mit einem Branchenbezug (Ramsbourg 2015, S. 7). Diese Dachorganisationen bei der Vermittlung von Destinationen unterstützen Agenturen oder Veranstalter bei der Auswahl passender Veranstaltungsorte (Venues) oder diese werden direkt angesprochen. Der Kern der Veranstaltungsorte bilden die Kongress- und Tagungshotels, Convention und Kongresszentren Centers sowie Resorts, meist außerhalb von Städten liegende Hotelanlagen mit Konferenz- und Tagungsräumen. Die zweite Schicht der Veranstaltungsorte ergeben sich aus speziellen Tagungsorten von Unternehmen, Organisationen, Verbänden oder Stiftungen, Schulen und Universitäten sowie Messe- und Mehrzweckhallen. Besondere Veranstaltungsstätten der MICE Industrie können aber auch Museen, historische Bauwerke, Stadien, Konferenzräume auf Schiffe oder Außenanlagen sein (Schreiber 2002, S. 92 ff.; Ramsbourg 2015, S. 11).

Abhängig von der Veranstaltungsgröße können in der MICE Industrie die drei Aufgabenbereiche Programmplanung (Program Manager), Projektmanagement (Meeting Project Manager) und Veranstaltungskonzeption und -planung (Meeting Planner) von unterschiedlichen Personen oder von einem Verantwortlichen übernommen werden. Die Programmplanung (Program Manager) mit den inhaltlichen Aufgaben der strategischen Themenentwicklung, Rednerauswahl und -koordination sowie des Veranstaltungsmarketings ist dabei in der Regel von den operativen, umsetzungsorientierten Anforderungen getrennt (Ramsbourg 2015, S. 35). Das Projektmanagement (Meeting Project Manager) übernimmt alle Aufgabenbereiche zur Umsetzung der Veranstaltung, dazu zählen:

- Personalplanung und Aufgabendelegation
- Information der Stakeholder
- Planung und Betreuung der technischen Umsetzung
- Budgetkontrolle

Während die Veranstaltungskonzeption und -planung (Meeting Planner) als Mittler zwischen Auftraggeber und Programmplanung, das Budget abstimmt, die Destination auswählt und die Preisverhandlungen mit dem Veranstaltungsort führt. In der Rollenverteilung von Veranstaltungen (siehe Kap. 6) können die drei Aufgaben auch den drei unterschiedlichen Rollen zugeordnet werden, sodass die Programmplanung durch den Auftraggeber erfolgt, die Veranstaltungsplanung und -konzeption bei der Agentur und mit dem Projektmanagement der veranstaltungstechnische Dienstleister beauftragt wird.

Veranstaltungen der MICE-Industrie sind in der Regel teilnahmebeschränkt. Die Teilnehmer müssen sich im Vorlauf der Veranstaltung registrieren und bei kostenpflichtigen Konferenzen die Teilnahmegebühr vor Beginn der Veranstaltung bezahlen. Dadurch ergeben sich für diese Veranstaltungen einige besondere Anforderungen:

- Aufbau und Kommunikation unterschiedlicher Preiskategorien wie Ermäßigungsstufen und deren Nachweis (Schüler und Studenten, Mitglieder oder Frühbucher Rabatte)
- Planung und Umsetzung des Registrierungsprozesses über mehrere Kanäle wie Unterlagenversand auf Postwege und per E-Mail; Online-Registrierung
- Planung und Umsetzung eines sicheren Bezahlvorgangs über mehrere Kanäle
- Einbindung des Rechnungs- und Mahnungswesens in die Teilnehmerkommunikation
- Datenschutzrechtlich korrekte Erfassung, Weitergabe und Umsetzung von Personendaten
- Störungsfreie und möglichst zügige Akkreditierung aller Teilnehmer an personenbesetzten oder Self-Service-Schaltern
- Akkreditierung und Empfang besonderer Teilnehmergruppen wie VIPs, Sponsoren oder Presse

Die Anforderungen einiger Kongressarten verlangen eine weitergehendes Teilnehmermanagement, da die Teilnehmer nicht nur einmalig mit Eintritt am Veranstaltungsort angemeldet werden müssen, sondern ihre Teilnahme am Veranstaltungsprogramm erfasst und dokumentiert werden muss, weil sie z. B. im Rahmen von Fortbildungsmaßnahmen erstattet bzw. angerechnet werden können. Medizinische Kongresse nehmen hier eine herausragende Stellung ein, denn eine wesentliche Besonderheit bei medizinischen Kongressen gegenüber anderen Veranstaltungsarten stellen die Anerkennung und Zertifizierung der Veranstaltung durch die Landesärztekammern sowie die Erfassung und Verwaltung von Fortbildungspunkten dar. Medizinische Kongresse sind komplexe Veranstaltungen, die aus verschiedenen Veranstaltungsteilen wie einem Plenum, also die Vollversammlung möglichst aller Mitglieder einer Institution, Vorträgen, Symposien, Workshops und Postersessions mit kurzen Vorträgen ausgewählter Beiträge nach einem ‚Call for Paper‘ zusammengesetzt sind. Für den Erwerb eines Fortbildungszertifikates müssen alle Ärzte in einem Turnus von fünf Jahren 250 Fortbildungspunkte vorweisen (§ 5 [Muster-]Fortbildungsverordnung). Für die Zuweisung von Fortbildungspunkten sind den Fortbildungsveranstaltungen bestimmte Kategorien zugewiesen z. B. in der Kategorie A mit Vortrag und Diskussion: 1 Punkt pro Fortbildungseinheit, maximal 8 Punkte pro Tag. Vor Veranstaltungsbeginn muss die Veranstaltung als Fortbildung durch die verantwortliche Ärztekammer anerkannt werden. Erst dann erhält der Veranstalter eine so genannte Veranstaltungsnummer (VNR) mit einem Passwort. Die VNR ist 19-stellig und beinhaltet die Länderkennung, die Kennung der zertifizierenden Einrichtung (Ärztekammer), das Jahr, die laufende Nummer im Jahr, eine weitere Untergliederung der Veranstaltung (beispielsweise Teilveranstaltungen bei Kongressen) sowie eine Prüfziffer. Die Kongressteilnehmer werden vor Ort mit ihrer 15-stelligen einheitlichen Fortbildungsnummer (EFN) registriert (EIV 2009). Der Veranstalter geht vor Ort mit den Daten um. Nach Abschluss der Veranstaltung werden die Teilnehmerinformationen vom Veranstalter an eine zentrale Informationsstelle (Elektronischer Informationsverteiler) übermittelt. Die Fortbildungspunkte werden aus Datenschutzgründen erst dort mit den Personendaten der Teilnehmer verknüpft und verwaltet. Zudem erfolgt eine Mitteilung an die jeweilige Ärztekammer der Teilnehmer über die erzielten Fortbildungspunkte. Die Kammern schreiben die Punkte auf dem Konto des Arztes gut.

Neben diesen sich aus den Notwendigkeiten eines Teilnehmermanagements sich ergebenden Anforderungen können durch die große Bedeutung der Hotellerie in der MICE-Industrie (Henschel 2002) Kompetenzanforderungen der Hotellerie zum Teil auf die Planung und Organisation von Veranstaltungen der MICE-Industrie übertragen werden. In einer Befragung deutscher Hoteldirektoren konnte Ruthus (2010, S. 349.) folgende Kompetenzanforderungen als besonders wichtig für Führungspositionen in der Hotellerie ermitteln. Fachkenntnisse in den Bereichen Kunden- und Gästeorientierung, Controlling und Marketing werden vorausgesetzt. Wichtig sind hohe Leistungs- und Qualitätsansprüche und eine überdurchschnittliche Fähigkeit zu vernetztem Denken, das der Komplexität der zu treffenden Entscheidungen gerecht wird. Dabei werden Soft Skills wie Teamfähigkeit, Empathie, Konflikt- oder Kommunikationsfähigkeit als tendenziell wichtiger betrachtet als Fachkenntnisse. Die zunehmende Internationalisierung erfordert auch bei der Planung und Organisation von Veranstaltungen der MICE-Industrie im besonderen Maße ein detailliertes Wissen über unterschiedliche Kulturen, kulturelle Aufgeschlossenheit und die Fähigkeit zum kulturellen Perspektivwechsel (Ruthus 2010, S. 350).

5.3.6   Konzertveranstaltungen

Der lokale Auftritt von Einzelinterpreten oder Bands, die zum Veranstaltungsort reisen, bilden die Grundlage für unterschiedliche Rollen bei Konzertveranstaltungen wie dem Tour Production Manager und den Promoter's Production Manager also der Produktionsleitung der Tour. Der Tour Production Manager arbeitet mit den Künstlern und deren Management eng zusammen. Er entwickelt und verantwortet die technischen Notwendigkeiten der Show und die Anforderungen für die Tour der Künstler und des gesamten Teams. Diese Anforderungen werden im Technical Rider zusammengefasst, die der Touring Production Manger zur Umsetzung an die Produktionsleitungen regional, an nationale Tourveranstalter oder direkt lokal an die Produktionsleitung des Veranstaltungsortes weitergibt. Der Promoter's Production (Local Producer) Manager setzt also die Anforderungen der Tour Production Manager um, die dieser in enger Abstimmung mit den Künstlern selbst, deren Management sowie dem künstlerischen Team wie dem Lighting Designer, dem Set Designer und dem Sound Engineer zusammengestellt hat. Die „Kreativen" sind in der Regel nicht Teil der Tour Crew, da die programmierten Show Elemente auf der Tour vollständig durch die Operator gefahren werden können.

Tour Production Manager und Promoter's Production arbeiten in Teams mit Experten und Helfern der unterschiedlichen Gewerke, wie sie in der Abb. 5.1 ersichtlich sind. Der Stage Manager ist für den Einsatz der Stagehands als Unterstützung für die Produktion beim Ausladen und bei Auf- und Abbau zuständig. Er muss alle Positionen und Bewegungen von Material und Equipment auf der Bühne im Blick haben, damit der Auftritt auch an ganz unterschiedlichen Veranstaltungsorten für die Künstler in der gewohnten, geprobten Form funktioniert.

▶   Der Stage Manager steht in enger Verbindung zu den Künstlern, den Technikern (Licht, Ton, Monitor), dem Künstler Management und weiteren Gasttechnikern. Die Hauptaufgabe des Stage Managers ist es Technik, Material und Personen effektiv und zeitplangerecht für die Bühne zu koordinieren (Heinze 2003, S. 115).

Der Sound Engineer kontrolliert vom Front of House (FOH) den Sound, den die Besucher der Veranstaltung hören. Er wird von der Sound Crew unterstützt, die den Aufbau entsprechend den Anweisungen des Sound Engineers umsetzen und während der Veranstaltung bei Störungen und Umbauten bereit stehen. Der Monitor Engineer kontrolliert hingegen den Sound, den die Künstler auf der Bühne hören. Auch er benötigt bei Umbauten oder Störungen Unterstützung durch die Sound Crew. Der Lighting Operator kann bei einer einmaligen Konzertveranstaltung oder besonderen Auftritten, wie bei Aufzeichnungen durch Fernsehen oder Film, auch der Licht Designer sein, der die Lichtgestaltung entwickelt und programmiert hat. Bei einer Tournee jedoch wird der Lighting Operator in der Regel die programmierten Sets fahren und wird dabei unterstützt von der

Lighting Crew und dem Haus-Licht Operator.. Bei aufwendigen Shows wird dieser vom Moving Light Operator begleitet oder in enger Abstimmung mit den Spezialisten der Lasershow, dem Video Operator oder der Pyrotechnik handeln (Vasey 1998, S. 4). Dem Tour Production Manager steht der Production Assistant zur Seite, der auch die Backstage Crew für alle Belange der Künstler leitet. Der Set Carpenter hingegen ist für alle Dekorationselemente der Bühne gemäß Technical Rider am jeweiligen Veranstaltungsort verantwortlich wie die Backdrops, Stoffe oder Teppiche. Die Fahrer sorgen dafür, dass das gesamte Team sicher zum nächsten Veranstaltungsort transportiert werden. In Abhängigkeit von der Größe der Show, dem Bekanntheitsgrad der Künstler und natürlich abhängig von persönlichen Vorlieben kann der Tross der Tour leicht um viele weitere Köpfe anwachsen wie Personal Trainer, Security, Caterer usw (Vasey 1998, S. 5).

Die lokale Produktionsleitung ist die Schnittstelle zu allen technischen und organisatorischen Anforderungen am Veranstaltungsort. Sie bestellt Stagehands für alle Hilfstätigkeiten beim Bühnenaufbau und Loader, um zügig die Lkws zu entladen und Cases und Boxes in der Reihenfolge und an die Positionen zu transportieren, wo sie demnächst benötigt werden oder sie die weiteren Aufbauarbeiten nicht behindern. Runner sind die Mädchen für Alles und helfen dort, wo etwas fehlt oder sorgen, wann immer es nötig ist, für Ersatz. Die Rigger erstellen mit Traversensystemen die Grundkonstruktion für Licht, Ton und weitere Bühnentechnik. Die Aufgabe der Rigger besteht darin, die Konstruktion sicher so fertig zu stellen, wie der Designer sie gestaltet und die Produktionsleitung geplant hat. Rigger müssen daher die Riggingsysteme kennen, die persönliche Arbeitsausrüstung sorgsam pflegen und wissen, wie sie zu gebrauchen ist (Glerum 2007, S. 1). Die Traversen bilden die Basis für alle weiteren Gewerke. Die genaue Planung der Abläufe, die störungsfreie Informationsweitergabe zwischen den Gewerken, dem Planungsbüro für statische Berechnungen und dem Veranstaltungsort ist für die erfolgreiche Umsetzung daher von großer Bedeutung.

Tour Production Management und Promoter's Production Management leiten im Auftrag und im Namen von Tour Management bzw. lokalem Promoter die Konzertveranstaltung, die wiederum im Auftrag des Künstlermanagements handeln. Während die Besucher nur den Künstler auf der Bühne des Veranstaltungsorts sehen und dessen Auftritt hören wollen, wie die innere grau hinterlegte Fläche in Abb. 5.2 andeutet, bringen die gestalterisch-planenden Akteure mit durchaus sich widersprechenden wirtschaftlichen Interessen die Tour auf den Weg. Der lokale Promoter ist bemüht, die geplante Veranstaltung möglichst frühzeitig auszubuchen. Daran hat auch das Tour Management ein erhebliches Interesse und nicht zuletzt auch die Künstler. Während aber das Tour Management durch vertragliche Vereinbarungen mit dem Promoter auch dann deckend arbeitet, wenn nicht alle Plätze verkauft wurden, trägt der Promoter das wirtschaftliche Risiko (Seliger 2014, S. 39). Dabei müssen Überschüsse nach Abzug anrechenbarer Kosten in einem vereinbarten Verteilungsschlüssel mit dem Tour Management geteilt werden. Wie Seliger als erfahrener Veranstalter in Deutschland beschreibt, gestalten viele lokale Promoter daher ihre Buchführung doppelt. Die eine Variante mit den realen Ausgaben dient der eigenen Kosten- und Leistungskontrolle. Auf Basis der anderen mit überhöhten Kosten für die

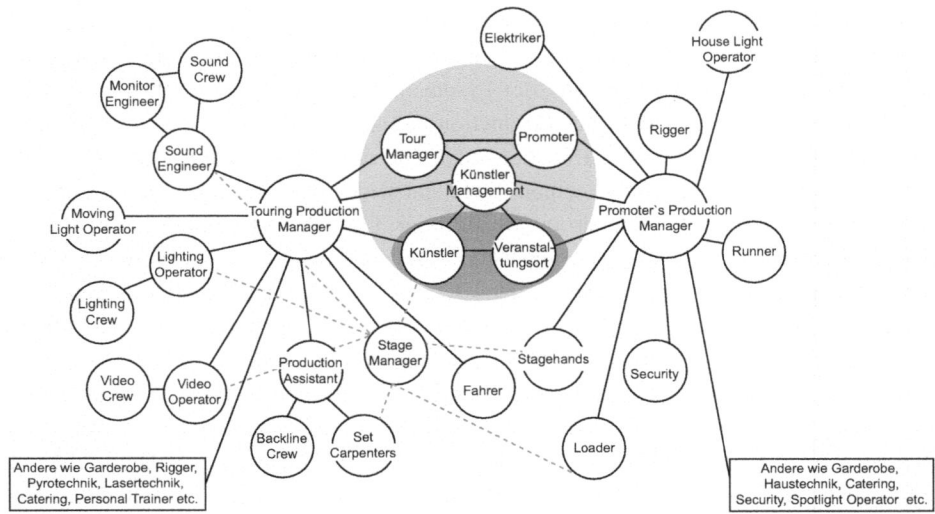

Abb. 5.2 Schnittstellen der lokalen und überregionalen Tour-Produktionsleitungen. Die grau markierte Fläche kennzeichnet die von den Besuchern sichtbaren Bereiche, die hellgrau hinterlegte Fläche die gestalterisch-planenden Akteure. (Quelle: Eigene Darstellung)

Veranstaltung erfolgt die Abrechnung mit dem Tour Management. Eine mögliche Form der Kostenreduktion besteht in der Verringerung des Leistungsumfangs, der als Technical Rider Vertragsbestandteil ist und fällt somit direkt in Aufgabengebiet und Verantwortungsbereich des Tour Production Managements. Das Tour Production Management muss auch gegenüber Bestrebungen der lokalen Ansprechpartner die vom gestalterisch-planenden inneren Zirkel definierten Ziele durchsetzen.

Eine vertrauliche, persönliche Verbindung zu den Promoter´s Production Management ist damit ebenso von Bedeutung wie die Fähigkeit, diese zum Teil freundschaftlichen Beziehungen zur Durchsetzung der bestehenden Anforderungen gegebenenfalls aufs Spiel zu setzen.

▶   Die Produktionsleitung bei Konzertveranstaltungen verlangt eine hohe Organisationskompetenz, um in von Ort zu Ort immer wieder neuen Gegebenheiten das zuvor definierte Gestaltungskonzept umzusetzen und gegebenenfalls schnell Lösungsalternativen zu entwickeln und diese auch durchzusetzen.

Die enge Verbindung zu Bühnentechnik, Ton, Licht und weiteren Spezialeffekten verlangt auf der anderen Seite eine hohe fachliche Kompetenz in den entsprechenden Gewerken. Vasey fasst daher die Anforderungen für das Tour Production Management folgendermaßen zusammen:

The very nature of this position requires someone who is unruffled by whatever unexpec-
ted situation may arise. A logical mind that can priorize problems is essential to maintain
calm and effective management. The production manager has to be cautious not to exercise
too much control and remove the initiative of the production team. The production manger encourages the members of the team to contribute ideas to solve problems and makes it
clear that he or she is not there to think for the team (Vasey 1998, S. 3).

Open-Air Festivals verlangen enorme infrastrukturelle und organisatorische Anstrengun-
gen. Neben den sich daraus ergebenden fachlich-methodischen Kompetenzen in Bereichen
wie Elektroversorgung, Kommunikationstechnik, Umwelt- und Naturschutz sowie Wasser-
ver- und -entsorgung, verlangt die Planung und Umsetzung eines Festivals vor allem Organisationskompetenzen wie insbesondere Entscheidungsfreudigkeit und Selbstorganisation.

▶ **Open-Air-Festivals** Open-Air-Festivals können als mehrtägige „live dargebotene
akustische Ereignisse" der Popularmusik (Graf 1995, S. 28) verstanden werden.

In Hinblick auf die Wertschöpfungskette der Konzertveranstaltungen sind die besucher-
starken Festivals im Sommer von großer Bedeutung (Seliger 2014, S. 99). Die zuneh-
mende Anzahl von Festivals mit weiterhin wachsender Besucherzahl unterschiedlichen
Alters und unterschiedlicher sozialer Milieus unterstreichen die enorme wirtschaftliche
Bedeutung von Festivals für die Musikwirtschaft insgesamt (McKay 2015, S. 2). Die
Erreichbarkeit einer großen Besuchergruppe, die Bereitschaft eines Publikums für die
Besonderheit des Erlebnisses hohe Ticketpreise zu zahlen und die Möglichkeiten des Tour
Managements oder je nach Bedeutung des Festivals auch des Production Managements,
im Nebenprogramm auch weniger bekannte Künstler auftreten zu lassen und so von ‚Side
Acts' zu ‚Main Acts' aufzubauen, machen Festivals zu bedeutsamen eigenständigen Ver-
anstaltungsformaten im Rahmen von Konzertveranstaltungen. Gekennzeichnet sind Open-
Air Festivals in Abgrenzung von Festivals der Kulturveranstaltungen wie z. B. Theater und
Literatur Festivals, die sich ebenfalls wegen ihrer mehrtägige Veranstaltungsdauer an mehr
als einem Veranstaltungsort als Festivals bezeichnen lassen, durch folgende Faktoren:

- Open-Air
- Veranstaltungsgelände liegt im ruralen Raum (Ausnahmen nutzen große Parkanlagen
  oder Industrieflächen im urbanen Raum wie z. B. Lollapalozza (2015) im Treptower
  Park, Berlin; British Summer Time im Hyde Park, London; MS DOCKVILLE in Wil-
  helmsburg, Hamburg)
- Mehrtägige Veranstaltungsdauer mit lokalen Übernachtungsmöglichkeiten meist in
  Form von Zeltplätzen
- Mehr als eine Bühne mit teilweise parallelem Programm
- Versorgung der Besucher mit Speisen und Getränken, sanitären Anlagen, Dusch- und
  Waschmöglichkeiten
- Interdisziplinäre Veranstaltungsformate wie Ausstellungen, Spiel- und Erholungsbe-
  reiche

Dadurch entstehen bei Festivals neue Formen der Projektleitung, die der Produktionsleitung beigeordnet sind wie z. B. eine Projektleitung für die Planung und Umsetzung
der interdisziplinären Veranstaltungsformate. Diese handelt eher wie eine Projektleitung
Kunst und Technik (siehe hierzu Abschn. 7.4), muss sich aber als Projekt im Projekt den
Rahmenbedingungen wie Budget, Zielgruppenansprache, Zugänglichkeit der Werke und
Sicherheit fügen. Dabei muss die Projektleitung für interdisziplinäre Veranstaltungsformate auf der einen Seite im Umgang mit den Künstlern vor zu hohen Erwartungen
warnen, denn das Programm bleibt auch bei intensiver Einbindung in ein Gesamtmar-
keting Begleitprogramm des musikalischen Hauptteils und auf der anderen Seite die
unterschiedlichen Produktionsformen unterstützen und gegenüber der gesamten Produktionsleitung durchsetzen. Konflikte entstehen hier üblicherweise in den Bereichen
Umsetzung von künstlerischen Installationen bzw. Skulpturen versus Sicherheitsanforderungen durch den Besucherverkehr und frühzeitige und schwer planbare Entstehung
von künstlerischen Arbeiten vor Ort versus kurzfristiger, stark terminorientierter Aufbauarbeiten der Bühnen für das musikalische Hauptprogramm und nicht zuletzt aufgrund von Budgetfragen, da die interdisziplinären Veranstaltungsformate einen negativen
Deckungsbeitrag aufweisen. Budgetkürzungen aus wirtschaftlichen Gründen sind bei
interdisziplinären Veranstaltungsformaten leichter umzusetzen, denn sie führen für die
Besucher nicht zu einer erkennbaren Reduzierung des Leistungsumfangs, wohingegen
der Verzicht auf ein ‚Main Act' aus Kostengründen direkte Auswirkungen auf die Ein-
nahmeerlöse aus den Verkauf von Tickets und die Besucherzufriedenheit haben kann.
Die interdisziplinären Veranstaltungsformate werden nämlich von den Besuchern eines
Festivals als diejenigen Elemente der Beschaffenheit eines Festivals verstanden, die dem
Festival nicht wesenhaft sind und daher als verzichtbar gelten.

5.3.7 Volksfeste

Die Planung und Organisation von Volksfesten verlangt die enge Zusammenarbeit mit
den kommunalen Verwaltungen und den BOS (Behörden und Organisationen mit Siche-
rungsaufgaben), da diese durch die Sondernutzung öffentlichen Straßenraums oder dafür
vorgesehener Festflächen in der Regel Betreiber und häufig auch (Mit-)Veranstalter sind.
Die kommunalen Verwaltungen treten also dann in einer doppelten Funktion auf: als
Genehmigungsbehörde und als Antragssteller. Für die Leitung einer Veranstaltung ergibt
sich so die dringende Anforderung, die verwaltungsrechtlichen Genehmigungsprozesse
zu verstehen und zu steuern. Volksfeste sprechen sehr breite Zielgruppen an. Sie sind
daher Anziehungspunkt für sehr unterschiedliche Besuchergruppen – Familien, Gruppen
junger Heranwachsender oder Touristen – die mit divergierenden oder konfligierenden
Interessen sich zeitgleich auf dem Veranstaltungsgelände befinden. Der Genuss auch
größerer Mengen Alkohol auf Volksfesten befördert zumindest in den Abendzeiten die
Konfliktbereitschaft. Der Zugang zu Volksfesten kann kanalisiert werden, ist aber nicht
überall so eingrenzbar wie 2016 erstmalig auf dem größten deutschen Volksfest, dem

Oktoberfest in München. In der Regel ist bei einem Volksfest das Veranstaltungsgelände zum städtischen Raum nicht abgegrenzt. Der Zugang zum Veranstaltungsgelände erfolgt über zahlreiche Eingänge, wie in den Innenstädten zu Stadtfesten oder Weihnachtsmärkten über mehrere Straßen und Gassen. Der unkontrollierte und ohne hohen finanziellen Aufwand auch nur schwer kontrollierbare Zugang befördert den Besuch der Veranstaltung von Besuchergruppen mit erhöhtem Konfliktpotenzial.

Durch den hohen Anteil an Besuchern, die mit der lokalen Situation vertraut sind, wird die Nachbarschaft von Volksfesten durch Parkraumsuchverkehr stark belastet. Die Sondernutzung von öffentlichem Straßenraum führt ganz grundsätzlich zum Entzug der öffentlichen Flächen für Anwohner und Anlieger über die Veranstaltungsdauer inklusive Auf- und Abbauzeiten. Gewohnter Parkraum wird gesperrt. Umwege müssen in Kauf genommen werden. Der öffentliche Personennahverkehr ist nur eingeschränkt nutzbar. Lieferverkehr für Anrainer muss frühzeitig koordiniert werden. Die Belastung der Anwohner durch Lärm, aber auch durch erhöhtes Abfallaufkommen ist ebenso zu beachten. Auf dem Veranstaltungsgelände führen unterschiedliche Anziehungspunkte und Attraktionen, wie das Programm auf der zentralem Bühne oder der Glühweinstand auf einem Weihnachtsmarkt zu Besucherströmen und Besucheransammlungen, die die Gefahr einer hohen Personendichte in sich tragen. Für die Planung und Organisation von Volksfesten ist daher die strategische und operative Einsatzplanung von Security Kräften, also Crowd Management und Crowd Control wie in Abschn. 7.2 ausführlicher beschrieben, von großer Bedeutung.

Viele Volksfeste finden in kleineren Gemeinden statt, die für die Veranstaltungsdauer eine Vielzahl von Besuchern mehr zu verkraften haben als die Gemeinden Einwohner aufweisen. Während des Brockumer Großmarktes kommen jedes Jahr bis zu 200.000 Besucher in die niedersächsische Gemeinde mit lediglich knapp 1100 Einwohnern und zur Allerheiligenkirmes strömen sogar fast eine Millionen Besucher in die Altstadt von Soest mit weniger als 50.000 Einwohnern. Die Belastungen für die Einwohner sind entsprechend hoch. Die Bedeutung und die Vorteile des Volksfestes müssen durch eine umsichtige Presse- und Öffentlichkeitsarbeit und ein konzentriertes Stakeholder-Management in politischen Gremien, Organisationen und Verbänden gegenüber den Stakeholdern auch deutlich gemacht werden. Dadurch ergeben sich folgende besondere Anforderungen für die Planung und Organisation von Volksfesten:

- Frühzeitige und langfristige Kommunikation mit Behörden, Öffentlichem Personennahverkehr, BOS und allen weiteren Stakeholdern
- Komplexe Gefährdungsanalyse unter Berücksichtigung soziodemografischer Aspekte sowie der Gefährdungen z. B. durch offenes Feuer oder den Fahrbetrieb der Schausteller
- Abstimmung von Sicherheitsplanung und Sicherheitskonzepten mit BOS und der Leitung des Sicherheits- und Ordnungsdienstes
- Beachtung einer dynamischen Besucherführung unter Einbeziehung der Veranstaltungsgestalt, der Abläufe und möglicher Konfliktszenarien

- Enge Zusammenarbeit mit der Marktleitung bei der Standverteilung, Positionierung und Auswahl der Stände zur Qualitätssicherung, Einhaltung der Gesetze zum Arbeits- und Jugendschutz sowie der Hygienevorschriften

---

Fragen/Aufgaben

1. Was sind die Schlüsselqualifikationen im Kulturmanagement?
2. Beschreiben Sie die Aufgaben des Technischen Direktors eines Theaters.
3. Erläutern Sie die unterschiedlichen Angebotsprofile von Agenturen und Dienstleistern im Messe und Ausstellungsbau.
4. Welche Aufgaben und Kompetenzanforderungen ergeben sich für den Einsatz von Volunteers bei Sportveranstaltungen?
5. Grenzen Sie die drei Aufgabenbereiche der Veranstaltungsplanung in der MICE-Industrie voneinander ab.
6. Welche Aufgaben ergeben sich aus dem Teilnahmemanagement von medizinischen Kongressen?
7. Unterscheiden Sie zwischen Tour Production Manager und Stage Manager.
8. Was sind die Aufgabenbereiche des Promoter`s Production Managers?
9. Was sind die Merkmale von Open-Air Festivals?
10. Erläutern Sie die Auswirkungen von Volksfesten für Anwohner und Anrainer.
11. Was sind die besonderen Anforderungen bei der Planung und Organisation von Volksfesten?

5.4   Besondere Anforderungen aus der Trägerschaft

Die Trägerschaft der Veranstaltung und der wichtigsten Akteure hat Auswirkung auf die Kompetenzanforderungen, da sich daraus Auswirkungen auf die Aufgaben- und Verantwortungsbereiche ableiten lassen.

Öffentlich-rechtliche Trägerschaft

Bei öffentlichen-rechtlichen Betreibern gilt die öffentliche Hand als Träger. Für die Verantwortungsbereiche im Veranstaltungsmanagement kann durch die Einbindung in die öffentlichen Haushalte von einer eingeschränkten rechtlichen und wirtschaftlichen Selbstständigkeit geredet werden.

Die Entlohnung und Aufgabenbeschreibung der Mitarbeiter erfolgt nach dem Tarifrecht des öffentlichen Dienstes. Die tariflichen Grundlagen wie der Tarifvertrag für den öffentlichen Dienst (TVÖD) für die Beschäftigten der Bundesverwaltungen und der Kommunen sowie der Tarifvertrag für den öffentlichen Dienst der Länder (TV-L) für die Beschäftigten der Landesverwaltungen oder der für die Beschäftigen in vielen kulturelle Spielstätten geltende Normalvertrag (NV) Bühne sind für öffentliche Betreiber bindend. Die Einstufung und die Entlohnung sowie die Arbeitszeiten werden in den Tarifverträgen präzise beschrieben oder im Sinne des Normalvertrags Bühne als Mindestgage definiert.

Eine leistungsorientierte Entlohnung, Prämien oder Boni bei erfolgreich durchgeführten Veranstaltungen erlaubt das Tarifrecht nur in begrenztem Maße und nur in Absprache mit dem Personalrat. Hier besteht die Gefahr, dass durch fehlende Anreizsysteme Aufgaben bürokratisch erledigt werden, was der Ergebnisorientierung im Veranstaltungsmanagement widerspricht. Führungskräfte müssen daher mit Widerständen bei Mitarbeitern rechnen und diese stärker intrinsisch motivieren, da extrinsische Anreizinstrumente nur selten vorhanden sind.

Auch wenn öffentliche Betreiber dazu angehalten sind, sparsam und wirtschaftlich zu arbeiten, steht der Gewinn nicht im Vordergrund. Für die Rollen im Veranstaltungsmanagement bedeutet dies auch mit ungewöhnlichen und innovativen Formaten umgehen zu können und künstlerische Ideen auch dann umzusetzen, wenn diese zu eine Einnahmeminderungen führen, wie z. B. eine Verringerung der Sitzplatzanzahl, um die Szenenfläche zu vergrößern.

Das Beschaffungswesen der öffentlichen Betreiber unterliegt den Vergabe- und Verdingungsordnungen der öffentlichen Hand wie der Verordnung über die Vergabe öffentlicher Aufträge (VgV), die Vergabe- und Vertragsordnung für Leistungen (VOL) bzw. die Vergabe- und Vertragsordnung für Bauleistungen (VOB). Nicht offene, teilnahmebeschränkte Wettbewerbe verlangen eine nachprüfbare Begründung wie eine fachliche Einschränkung auf einen bestimmten Teilnehmerkreis. Führungskräfte im Veranstaltungsmanagement in der Trägerschaft des öffentlich-rechtlichen Sektors sollten daher über Kenntnisse im Vergabe- und Haushaltsrecht sowie zu Themen wie Investitionen, Instandsetzungs- und Instandhaltungsprozesse und Budgetierung verfügen (Paul und Sakschewski 2014, S. 27 f.).

Privatwirtschaftliche Trägerschaft
Veranstaltungen in privatwirtschaftlicher Trägerschaft bzw. Veranstaltungen in Spielstätten mit privatwirtschaftlicher Trägerschaft sind gewinnorientiert. Die primäre Einnahmequelle stellen die Einnahmen aus den Verkauf von Eintrittskarten dar. Die Auslastung des Veranstaltungsortes sowie die Höhe der Produktionskosten sind somit wichtige Kennzahlen für den Erfolg einer Veranstaltung. Aus dieser Grundsituation lassen sich einige besondere Kompetenzanforderungen ableiten.

Veranstaltungen in privatwirtschaftlicher Trägerschaft sind unabhängig von den Tarifen des öffentlichen Dienstes. Eine marktorientierte Entlohnung und monetäre Anreizsysteme sind möglich. Durch den höheren Anteil von befristeten Arbeitsplätzen, durch die wirtschaftliche Selbstständigkeit und die Weisungsbefugnis mit Sanktionsmöglichkeiten haben Führungskräfte bei Veranstaltungen in privatwirtschaftlicher Trägerschaft mehr Verantwortung bei der Personalführung und -entwicklung. Diese ist durch die tariflichen Bindungen und die Priorität eines Stellenplans (langfristige Bedarfsplanung) in öffentlich-rechtlicher Trägerschaft eingeschränkt (Paul und Sakschewski 2014, S. 25).

Die erlösorientierte Ausrichtung des privatwirtschaftlichen Betreibers führt wie oben bereites ausgeführt zu einer Auslastungsorientierung. Vorrangiges Ziel muss daher eine ganzjährig möglichst kontinuierliche Auslastung sein, um unabhängig von den branchenspezifisch starken saisonalen Schwankungen zu werden. Für die Kompetenzanforderungen der Führungskräfte bei Veranstaltungen in privatwirtschaftlicher Trägerschaft bedeutet die Erlösorientierung zum einen fundierte betriebswirtschaftliche Kenntnisse, zum anderen aber auch grundlegende Kenntnisse beim Facility Management, um eine schwankungsarme Auslastung bei gleichzeitig möglichst effizienter Haus- und Gebäudetechnik und den dazu gehörenden Services zu realisieren.

Beschaffungsentscheidungen können durch den privatwirtschaftlichen Betreiber direkt getroffen werden. Beschränkte, nicht öffentliche oder terminlich verkürzte Ausschreibungen sind ohne weitere Begründung umsetzbar und können Beschaffungsengpässe zügig lindern. Ob von dieser Möglichkeit jedoch Gebrauch gemacht wird, hängt von den unternehmerischen Einzelfallentscheidungen ab. Da durch die Gewinnorientierung ein Nachfragedruck nach innovativen technischen oder baulichen Lösungen anzunehmen ist, kann bei privatwirtschaftlichen Betreibern von kürzeren Investitionszyklen ausgegangen werden. Die Führungskräfte sind somit auch stärker in Beschaffungsentscheidungen eingebunden und müssen aktuelle Marktkenntnisse sowie Verhandlungsgeschick bei Vergabegesprächen besitzen.

Fragen/Aufgaben

1. Unterscheiden Sie beim Beschaffungswesen zwischen öffentlich-rechtlicher Trägerschaft und einem privatrechtlichen Träger.
2. Nennen Sie Folgen der Erlösorientierung privatwirtschaftlicher Träger für die Kompetenzanforderungen der Führungskräfte.

Literatur

Beher, K., Liebig, R., & Rauschenbach, T. (1998). *Das Ehrenamt in empirischen Studien. Ein sekundäranalytischer Vergleich (Schriftenreihe des BMFSFJ, Bd. 163).* Stuttgart: Kohlhammer.

Bemmé, S.-O. (2011). *Kultur-Projektmanagement. Kultur- und Organisationsprojekte erfolgreich managen.* Wiesbaden: VS.

Bierhoff, H. W., Burkart, T., & Wörsdörfer, C. (1995). Einstellungen und Motive ehrenamtlicher Helfer. *Gruppendynamik, 26,* 373–386.

Bühnenverein. (o. J.). Technischer Direktor. http://www.buehnenverein.de/de/jobs-und-ausbildung/berufe-am-theater-einzelne.html?view=46. Zugegriffen: 14. Juni 2016.

Burghardt, M. (2012). *Projektmanagement. Leitfaden für die Planung, Überwachung und Steuerung von Projekten* (9. Aufl.). Berlin: Siemens.

Colbert, F. (2004). Der Kulturbetrieb. Ein Systematisierungsvorschlag. In A. Klein (Hrsg.), *Kompendium Kulturmanagement* (S. 15–34). München: Franz Vahlen.

Diethelm, G. (2000). *Projektmanagement. Bd. 1 Grundlagen.* Herne: Neue Wirtschafts-Briefe.

EIV (Elektronischer Informationsverteiler). (2009).Was ist von Veranstaltern zu beachten? http://www.eiv-fobi.de/page.asp?his=0.5. Stand: 17.05.2016.

Erpenbeck, J., & Rosenstiel, L. von. (2006). Einführung. In J. Erpenbeck & L. von Rosenstiel, (Hrsg.), *Handbuch Kompetenzmessung. Erkennen, verstehen und bewerten von Kompetenzen in der betrieblichen, pädagogischen und psychologischen Praxis* (2. Aufl., S. XVII–XXXII). Stuttgart: Schäffer-Poeschel.

Fahrner, M. (2012). *Grundlagen des Sportmanagements*. München: Oldenbourg.

Farrell, J. M., Johnston, M. E., & Twynam, D. G. (1998). Volunteer motivation, satisfaction, and management at an elite sporting competition. *Journal of Sport Management, 12,* 288–300.

Giannoulakis, C., Wang, C.-H., & Gray, D. (2008). Measuring volunteer motivation. *Event Management, 11,* 191–200.

Glerum, J. O. (2007). *Stage rigging handbook* (3. Aufl.). Carbondale: Southern Illinois University Press.

GPM. (2013). *ICB-IPMA COMPETENCE BASELINE Version 3.0*. Nürnberg: GPM.

Graf, C. (1995). *Kulturmarketing. Open Air und Populäre Musik*. Wiesbaden: Springer.

Heinrichs, W. (2006). *Der Kulturbetrieb. Bildende Kunst – Musik – Literatur – Theater – Film*. Bielefeld: Transcript.

Heinze, R. (2003). *All Area Access. Produktionsleitung in der Veranstaltungsbranche*. Bergkirchen: PPV.

Henschel, K. (2002). Stellung der Hotellerie in Rahmen des Veranstaltungswesens. In M.-T. Schreiber (Hrsg.), *Kongress- und Tagungsmanagement* (S. 127–150). München: Oldenbourg.

Hueman, M. (2002). *Individuelle Projektmanagement-Kompetenzen in projektorientierten Unternehmen*. Frankfurt a. M.: Lang.

Karstens, E., & Schütte, J. (2013). *Praxishandbuch Fernsehen. Wie TV-Sender arbeiten* (3. Aufl.). Wiesbaden: Springer VS.

Klein, A., & Heinrichs, W. (2001). *Kulturmanagement von A-Z*. München: dtv.

Kuhrts, J., Braumandl, I., & Weisweiler, S. (2012). Das Selbstmanagement des Projektleiters. In L. von Rosenstiel et al. (Hrsg.), *Angewandte Psychologie für das Projektmanagement* (2. Aufl., S. 226–244). Berlin: Springer.

Madauss, B. J. (2000). *Handbuch Projektmanagement* (6. Aufl.). Stuttgart: Schäffer Poeschel.

McKay, G. (2015). Introduction. In G. McKay (Hrsg.), *The pop festival: History, music, media, culture* (S. 1–12). New York: Bloomsbury.

Meurer, J., & Ayar, B. (2003). Live Com-Agenturen und -Dienstleister – Marktstruktur, Trends und Entwicklungen. In M. Kirchgeorg, et al. (Hrsg.), *Handbuch Messemanagement. Planung, Durchführung und Kontrolle von Messen, Kongressen und Events* (S. 1131–1144). Wiesbaden: Gabler.

Paul, S., & Sakschewski, T. (2014). Typologisierung von Veranstaltungen. In S. Paul, et al. (Hrsg.), *Sicherheitskonzepte für Veranstaltungen* (2. Aufl., S. 7–70). Berlin: Beuth.

Pfadenhauer, M. (2010). Kompetenz als Qualität sozialen Handelns. In T. Kurtz & M. Pfadenhauer (Hrsg.), *Soziologie der Kompetenz* (S. 149–172). Wiesbaden: Springer VS.

Ramsbourg, G. C. (2015). *Professional Meeting Management* (6. Aufl.). Chicago: Agate.

Redmann, B. (2015). *Erfolgreich führen im Ehrenamt* (2. Aufl.). Wiesbaden: Springer.

Rinza, P. (1985). *Projektmanagement. Planung, Überwachung und Steuerung von technischen und nichttechnischen Vorhaben* (2. Aufl.). Düsseldorf: VDI-Verlag.

Röper, H. (2001). *Handbuch Theatermanagement*. Köln: Böhlau.

Ruthus, J. (2010). Aktuelle und zukünftige Anforderungen an das mittlere und gehobene Management der Hotellerie. In A. Gruner (Hrsg.), *Management-Ausbildung in der Hotellerie. Fakten und Empfehlungen für Führungskräfte von morgen*. Berlin: Schmidt.

Sakschewski, T. (2016). Das Projekt planen – Mit agilen Methoden kreative Prozesse steuern. In C. Baumgarth & B. Sandberg (Hrsg.), *Handbuch Kunst-Unternehmens-Kooperationen* (S. 349–364). Bielefeld: Transcript.

Schreiber, M.-T. (2002). Präsentation des Phänomens "Kongresse und Tagungen". In M.-T. Schreiber (Hrsg.), *Kongress- und Tagungsmanagement* (S. 3–18). München: Oldenbourg.

Seliger, B. (2014). *Das Geschäft mit der Musik. Ein Insiderbericht* (4. Aufl.). Berlin: Bittermann.

Steinbuch, P. A. (2000). *Projektorganisation und Projektmanagement* (2. Aufl.). Ludwigshafen: Kiehl.

Trobisch, N., & Denisow, K. (2010). *Projektarbeit im Heldenprinzip – Anforderungen, Kompetenzen und Bedarfe im heutigen Projektmanagement*. Berlin: UdK.

Vasey, J. (1998). *Concert tour production management. How to take your show on the road*. Boston: Focal.

Wegge, J., & Schmidt, K.-H. (2012). Der Projektleiter als Führungskraft. In: Lutz von Rosenstiel, et al. (Hrsg.), *Angewandte Psychologie für das Projektmanagement* (2. Aufl., S. 207–224). Berlin: Springer.

Weisser, L. (2013). *Sportevent-Management. Erfolgreiche Konzepte im Kampf um Sportler und Sponsoren*. Berlin: ESV.

Werkmann, K. (2014). *Motivation, Zufriedenheit und Wertschätzung von Sport-Event-Volunteers: Die FIFA Frauen-WM 2011 in Deutschland*. Wiesbaden: Springer.

Wiese, B. S. (2008). Selbstmanagement im Arbeits- und Berufsleben. *Zeitschrift für Personalpsychologie, 4*, 153–169.

Akteure und Qualifikationen

6

Während zunächst die Bedeutung von Unternehmen und Organisationen in Abhängigkeit von den Teilmärkten dargestellt wurde, werden in diesem Kapitel die Akteure und Rollen der Führungskräfte in der Veranstaltungsbranche beschrieben. Die Rollen der Veranstaltungsleitung, der Produktionsleitung, der Technischen Leitung und des Eventmanagement treten unabhängig von der Veranstaltungsart und den Teilmärkten regelmäßig auf. Dazu werden die Tätigkeitsfelder, Aufgaben und Verantwortungsbereiche der unterschiedlichen Rollen systematisch dargestellt und so deren besonderen Kompetenzprofile abgeleitet. Diese rollenspezifischen Anforderungen und Profile werden im nächsten Schritt mit den inhaltlichen Schwerpunkten der möglichen Qualifikationen verglichen, die in der Veranstaltungsbranche durch Aus- und Weiterbildung wie Fachkraft, Meister und Hochschulstudium vermittelt werden. Dazu wird eine Übersicht über die wichtigsten Ausbildungsgänge und Studienmöglichkeiten erstellt.

6.1 Rollen in der Veranstaltungsproduktion

Eine genaue Abgrenzung der Bezeichnungen für Führungskräfte, die bei einer Veranstaltung vor Ort in der Regel anwesend sind, ist nicht immer möglich. In Abhängigkeit von Veranstaltungsgröße, -art und -komplexität können die Aufgaben- und Verantwortungsbereiche auch von einer Person übernommen werden, die dann die Veranstaltungsleitung und damit die Verantwortung für die Veranstaltungssicherheit übernimmt. Die hier vorgestellten vier unterschiedlichen Rollen spiegeln jedoch die unterschiedlichen Interessen und Beziehungen der Akteure bei Veranstaltungen wider:

- Veranstaltungsleitung
- Produktionsleitung

© Springer Fachmedien Wiesbaden GmbH 2017
T. Sakschewski und S. Paul, *Veranstaltungsmanagement,*
DOI 10.1007/978-3-658-16899-5_6

- Technische Leitung
- Eventmanagement.

▶ **Rolle, Akteur** Als Rolle wird eine zeitlich begrenzte Funktion einer Person innerhalb der Planung und Organisation einer Veranstaltung verstanden. Die Rolle kann durch
ihre Tätigkeitsfeld, ihre Befugnisse und den Verantwortungsbereich definiert werden.
Akteure sind größere Organisationseinheiten, die wirtschaftlich selbstständig handeln
und dadurch eigene Interesse vertreten.

Zunächst sollen daher die Akteure und deren Verbindung untereinander dargestellt werden wie in der Abb. 6.1 sichtbar.

Der Veranstalter verantwortet eine Veranstaltung und trägt als solcher das wirt-
schaftliche Risiko. Die Musterversammlungsstättenverordnung unterscheidet zwischen
Betreiber und Veranstalter (§ 38 MVStättVO) dahin gehend, dass der Betreiber für die
Sicherheit der Veranstaltung und die Einhaltung der Vorschriften verantwortlich ist. „Der

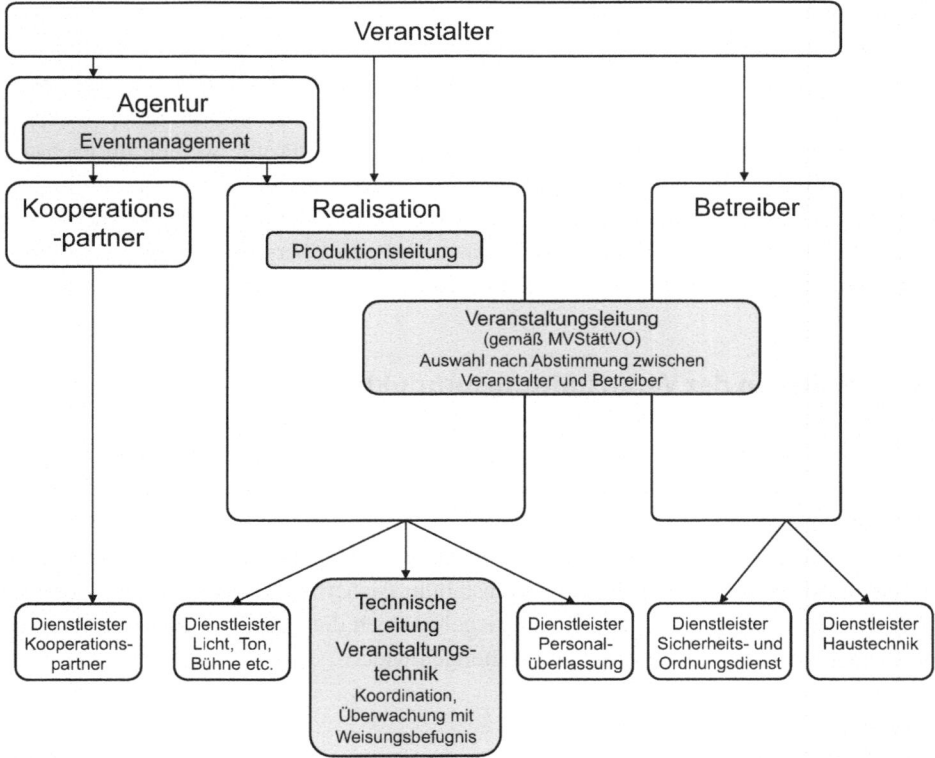

Abb. 6.1 Vertragliche Beziehungen der Rollen und Akteure bei Veranstaltungen. (Quelle: Eigene
Darstellung in Anlehnung an DIN 15750:2013-04)

Betreiber ist jede natürliche oder juristische Person, die den Betrieb oder die Einrichtungen betreibt, besitzt oder der maßgebliche wirtschaftliche Verfügungsgewalt hinsichtlich des technischen Betriebs übertragen worden ist" (DIN 15750:2013-04). Der Betreiber kann diese Verantwortung an einen Veranstalter weitergeben, der in einer Versammlungsstätte eine Veranstaltung plant und durchführt Veranstalter und Betreiber können jedoch auch identisch sein. Sind Veranstalter und Betreiber nicht identisch, trägt der Veranstalter die vom Betreiber übernommene Durchführungs- und Ergebnisverantwortung für die Veranstaltung (Klode 2007, S. 216 f.).

▶ **Agenturen** Agenturen konzipieren und planen im Namen und im Auftrag eines Veranstalters eine Veranstaltung. Sie können aber auch selbst als Veranstalter auftreten und andere Agenturen und Dienstleister beauftragen.

Dabei kommt ein Vertrag zwischen Dienstleister und Veranstalter zustande. Die Dienstleister erfüllen die durch die Agentur vorgegebenen Aufgaben für die Veranstaltung im Rahmen eines Werkvertrages. Häufig werden ausgelagerte Dienstleistungen wie z. B. Hausverwaltung, Ordnerdienste oder Catering von den Agenturen direkt beauftragt und gesteuert. Dies erfolgt in der Regel in direkter Absprache mit den Dienstleistern der Location, die die Facility Services (Einlass, Garderobe oder Haustechnik) oder gastronomische Einrichtungen in eigener wirtschaftlicher Verantwortung oder im Namen und Auftrag des Betreibers führen (Paul und Sakschewski 2012, S. 17 f.).

▶ **Dienstleister** Dienstleister sind Anbieter von teilweise oder vollständig immateriellen Leistungen, die zum Zeitpunkt ihrer Erbringung verbraucht werden (Bruhn 2011, S. 24). Man kann in der Veranstaltungsbranche technische Dienstleistungen mit einen hohen Sachleistungsanteil und Veranstaltungsdienstleistungen wie Veranstaltungsmarketing mit einem geringeren Sachanteil unterscheiden. Dabei ist mit Sachanteil der Grad der Materialität des Leistungsergebnisses gemeint.

Die Rolle der Veranstaltungsleitung kann den Akteuren Veranstalter bzw. Betreiber zugeordnet werden (siehe hierzu Abb. 6.1). In größeren Versammlungsstätten ist es üblich, dass es einen Veranstaltungsleiter des Veranstalters und einen Verantwortlichen des Betreibers gibt, meist in der Funktion des Technischen Leiters oder Direktor des Hauses (Klode 2007, S. 219). Wohingegen die Rolle der Technischen Leitung für Veranstaltungstechnik in den Verantwortungsbereich des Veranstalters fällt. Technische Leitungen für Teilbereiche wie Videotechnik oder Licht können auch wieder bei externen Dienstleistungen auftreten. Die Rolle der Produktionsleitung kann sowohl im Verantwortungsbereich der Agentur als auch des Veranstalters fallen. Existiert ein eigenständiges Eventmanagement, wird diese Rolle bei der Agentur liegen, da die Agentur als Dienstleister und Interessensvertretung des Auftraggebers die Veranstaltung steuert.

6.1.1 Veranstaltungsleitung

Der Veranstaltungsleiter ist verantwortlicher Vertreter des Betreibers oder des Veranstalters. Nach § 38 Abs. 2 MVStättVO muss der Veranstaltungsleiter in einer Versammlungsstätte bzw. in Erweiterung bei allen Veranstaltungen anwesend sein, bei denen die MVStättVO anzuwenden ist, also bei Veranstaltungen in Gebäuden für mehr als 200 Besuchern oder im Freien mit Szenenflächen und mehr als 1000 Besucherplätzen (§ 1 Abs. 1 MVStättVO). Während des Betriebes von Versammlungsstätten, also bei öffentlichen Veranstaltungen aber auch im Probenbetrieb, muss der Betreiber oder ein von ihm beauftragter Veranstaltungsleiter ständig anwesend sein. Die Aufgaben der Veranstaltungsleitung decken sich mit den Verantwortungs- und Aufgabenbereichen des Technischen Direktors in einem Theater, wie dieser ist er „erster Ansprechpartner für alle (sicherheits-) technischen Fragen seines Theaters, sowohl für die Mitarbeiter als auch für den Intendanten und den Verwaltungsdirektor" (Bühnenverein o. J.).

Mit Bezugnahme auf die Regeln und Vorschriften der Deutschen Gesetzlichen Unfallversicherung für Veranstaltungs- und Produktionsstätten für szenische Darstellung und die Versammlungsstättenverordnung lassen sich folgende Anforderungen für eine Veranstaltungsleitung definieren. Die Veranstaltungsleitung

- ist für die Sicherheit der Veranstaltung und die Einhaltung der Vorschriften verantwortlich,
- übernimmt definierte Aufgaben in eigener Verantwortung,
- muss zuverlässig und fachkundig sein,
- muss ausreichende Kenntnisse und Erfahrungen haben,
- verfügt über eine dem Gefährdungsgrad entsprechende Qualifikation,
- muss schriftlich beauftragt werden,
- muss schriftlich festgelegte Verantwortungsbereiche und Befugnisse haben,
- stimmt Arbeit unterschiedlicher Beteiligter aufeinander ab,
- ist den Beteiligten bekannt zu geben,
- kann aufgrund seiner Ausbildung, Kenntnisse und Erfahrungen sowie Kenntnis der einschlägigen Bestimmungen die ihm übertragenen Arbeiten beurteilen und mögliche Gefahren erkennen kann,
- muss weisungsbefugt sein (Funk 2015).

Die Aufgabenfelder ergeben sich durch dessen Verantwortlichkeiten. Der Veranstaltungsleiter leistet die lang- und mittelfristige Haushaltsplanung für den technischen Bereich einer Spielstätte, wenn dem Betreiber zugeordnet ist. Im Bereich der Organisation plant und kontrolliert er den Personal- und Materialbedarf. Im künstlerischen Sektor sind Szenografen, Licht-Designer, Set-Designer die Ansprechpartner, deren Entwürfe er auf ihre technische und finanzielle Realisierbarkeit hin prüft und deren Umsetzung er organisiert. Existiert eine Produktionsleitung, so erfolgen die Absprachen nicht mit den Ansprechpartnern aus dem künstlerischen Bereich direkt, sondern vermittelt über die Produktionsleitung. Aus sicherheitstechnischer Perspektive hat die Veranstaltungsleitung folgende Aufgaben:

- „Vertretung des Veranstalters,
- Ansprechpartner für Behörden
- Treffen von sicherheitsrelevanten Entscheidungen unter Berücksichtigung der Zuständigkeitsbereiche der polizeilichen/nicht-polizeilichen Gefahrenabwehr, z. B. bei Überfüllung, Räumung, Wetterbedingter Abbruch/Unterbrechung, Programmunterbrechung" (Funk 2015)

Der Veranstaltungsleiter muss kein ausgesprochener Teamplayer sein, aber er muss ausgewiesene Führungsfähigkeiten besitzen, um das technische Personal zu leiten. Dies erfordert Führungserfahrung, Belastbarkeit und eine ausgeprägte Organisationsfähigkeit, um den physischen und psychischen Anforderungen der Veranstaltungsmanagements gewachsen zu sein und Arbeitsabläufe zu optimieren. Des Weiteren sind Entscheidungsfähigkeit und Überzeugungsvermögen erforderlich, um fachliche notwendige Entscheidungen gegenüber Dritten wie Künstlern, Veranstalter oder Produktionsleitung durchsetzen zu können. Der Veranstaltungsleiter sollte eher moderieren, als sich für eigene Lösungswege einzusetzen, die gute Leistung des Teams anerkennen und loben können, Durchsetzungsstärke und Konfliktfähigkeit besitzen und sich Respekt verschaffen können (Schmitt 2006, S. 36 f.). Weitere erforderliche Kenntnisse sind:

Rechtliche Kenntnisse

- Arbeits- und Tarifrecht
- Arbeitsschutz- und Arbeitssicherheitsrecht
- Versammlungsstättenrecht
- Baurecht und Brandschutz
- Betriebswirtschaftliche Kenntnisse
- Kosten- und Leistungsrechnung
- Projektmanagement
- Investitionsrechnung
- Controlling
- Grundkenntnisse Marketing-Strategien (Kommunale Gesellschaft 1989, S. 41)

Technische Kenntnisse

- Haustechnik
- Veranstaltungstechnik
- Ton
- Licht
- Mediensteuerung
- Bühnenbau
- Konstruktion
- Maschinenbau

Weitere Fachkenntnisse

- Crowd Management
- Steuerungstechnik
- Pyrotechnik
- Aufnahme- und Videotechnik
- Qualitätsmanagement
- Facility Management
- CAD-Planung

Wie in Abb. 6.2 dargestellt, kennzeichnet die Veranstaltungsleitung eine hohe Ausprägung bei den **Persönlichkeits- und Organisationskompetenzen:** Delegationsbereitschaft, Entscheidungsfreudigkeit, Selbstorganisation, Zielstrebigkeit, Zuverlässigkeit und Durchsetzungsvermögen.

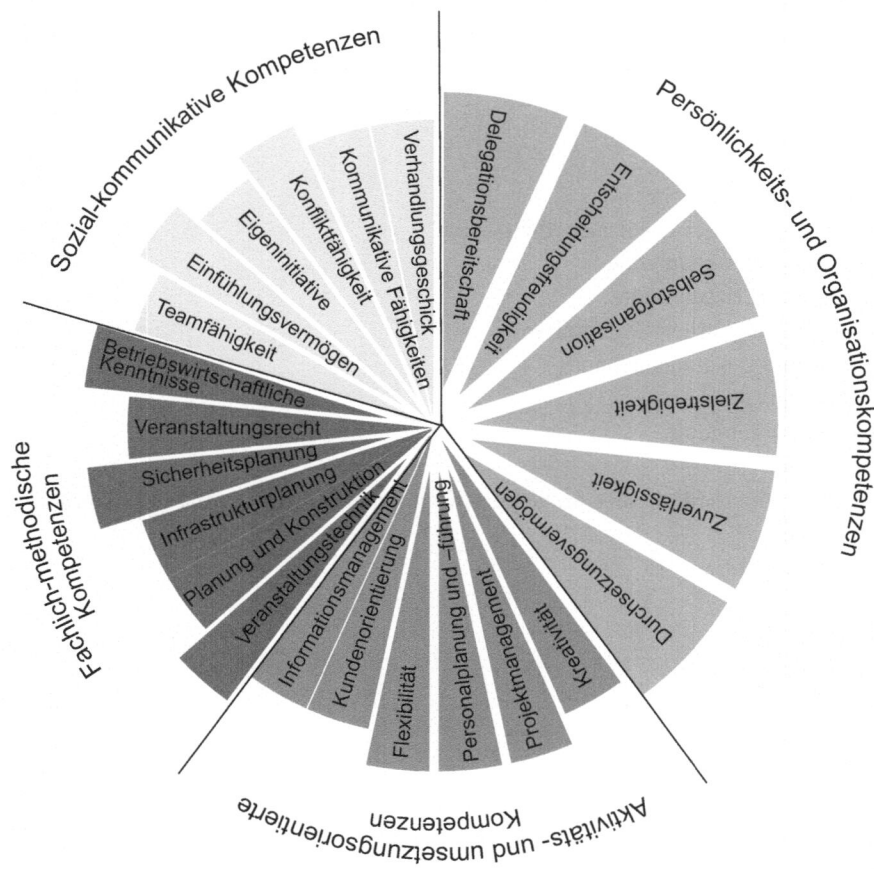

Abb. 6.2 Kompetenzprofil Veranstaltungsleitung. (Quelle: Eigene Darstellung)

6.1.2 Produktionsleitung

Die Rolle der Produktionsleitung ist dem Akteur „Agentur" zuzuordnen. Er oder sie kann auch als Tour oder Stage Management einem Einzelkünstler, einer Band, einem Ensemble oder einer Theatergruppe zugeordnet werden. Die Rolle der Produktionsleiter bzw. des Event Producers, wie die Berufsbezeichnung im englischsprachigen Raum lautet, ist dann erforderlich, wenn sehr viele Spezialisten für eine Veranstaltung notwendig sind, wie z. B. bei verschiedenen Programmteilen einer sportlichen Großveranstaltung (Eröffnung WM Fifa, Eröffnungsprogramm Olympische Spiele) oder bei der Umsetzung einer Veranstaltung, bei der technische Innovationen geplant werden wie die eingesetzte Pyrotechnik bei einer Tourneeplanung (Bowdin et al. 2011, S. 505). Die Produktionsleitung ist damit für alle Elemente der erfolgreichen Umsetzung einer einzelnen Veranstaltung mit einer einmaligen Aufführung wie bei der Eröffnung der Olympischen Spiele 2012 in London oder einer wiederkehrenden, zumeist vorab limitierten Anzahl von Aufführungen wie bei der Welttournee der Band „Rammstein" 2016 verantwortlich. Die erfahrene Produktionsleiterin Andrea Michals beschreibt in einem Interview ihre Tätigkeit so: „[Event producer] produces the concepts and brings them to live [...] executes it from the time it is sold, but works hand-in-hand with the planner throughout, starting with the initial concept" (Michaels 2016).

Die Hauptaufgabe der Produktionsleitung ist die Umsetzung der Produktion auf der Bühne, bei den Proben, im Probenvorlauf und der Nachbereitung. Dazu gehören nachfolgende Aufgaben- und Verantwortungsbereiche:

- Projektmanagement bei größeren Veranstaltungen, denn dann wird die gesamte Leitung der Veranstaltung vom Veranstalter an eine Produktionsleitung übergeben
- Umsetzung des Designs mit der Bühne, Licht, Szenografie und allen weitere gestalterisch-inszenatorischen Elementen
- Venue Management: Vertragsverhandlungen mit dem Veranstaltungsort, Absprachen mit dem dort verantwortlichen Veranstaltungsleiter sowie weiteren Vertretern und die Kontrolle bei der Umsetzung der Vertragsgrundlagen
- Planung der Besucherverteilung und Aufteilung unter Berücksichtigung der Sichtachsen, VIP Bereiche und Zugänge
- Technische Unterstützung von der grafischen Gestaltung bis zur Anmietung notwendiger technischer Ausstattung
- Training und Anleitung von Moderatoren und Sprechern (Shone und Parry 2013, S. 58)

In Ergänzung zu Shone und Parry (2013) können für die Produktionsleitung folgende Aufgaben hinzugefügt werden, da sie sich direkt aus den vorgenannten Aufgabenbereichen ergeben.

- Terminplanung
- Kommunikation (Netzwerk/Partner)
- Kundenkommunikation

Aus den Anforderungen lassen sich nachfolgende Kompetenzen der Produktionsleitung ableiten

- Kontaktbereitschaft
- Kommunikative Fähigkeiten
- Durchsetzungsfähigkeit
- Flexibilität
- Emotionale Stabilität
- Belastungsfähigkeit
- Lösungsorientierung
- Kundenfokussierung
- Zuverlässigkeit
- Kreativität
- Selbstorganisation

Matthews fasst die wichtigsten Eigenschaften für einen Event Producer folgendermaßen zusammen:

- Fähigkeit, aus Fehlern zu lernen
- Fähigkeit, eine Veranstaltung zu visualisieren
- Zielstrebigkeit
- Effektives Zeitmanagement
- Fähigkeit, Störungen zu verhindern
- Bereitschaft, auch neue Herausforderungen anzunehmen
- „Show-must-go-on" Mentalität (Matthews 2016)

Matthews betont mit dem Fokus auf das Profil eines Event Producers bei Konzertveranstaltungen und bei Veranstaltungen der MICE-Industrie die organisatorischen Fähigkeiten zur Durchsetzung einer Produktion im Zusammenspiel einer großen Anzahl unterschiedlicher Akteure und Interessen. Stage Management verlangt mehr das Profil der Künstlerbegleitung. Stage Management kann als ein Teil der Produktionsleitung verstanden werden. Im deutschen Sprachgebrauch ist der Stage Manager dem Inspizient gleich gestellt. „Der Inspizient ist als Bindeglied zwischen Kunst und Technik für den organisatorischen Ablauf einer Vorstellung verantwortlich. Er hat eine leitende Position gegenüber den Bühnenmitgliedern. Seitlich der Bühne steht das mit Monitoren, Sprechverbindungen sowie optischen und akustischen Signalanlagen ausgestattete Inspizientenpult, von dem aus er den Verlauf der Aufführung steuert" (Bühnenverein o. J.). Im englischen Sprachgebrauch geht das Verständnis des Aufgabenbereiches eines Stage Manager über die Funktionen eines Inspizienten hinaus, da er für alles verantwortlich ist, was auf der Bühne stattfindet. Stern und O'Grady stellen daher folgende Eigenschaften als notwendig für die Arbeit eines „guten" Stage Managers heraus:

- „Accept responsibility
- Keep their cool
- Keep their mouths shut, their ears open
- Think ahead
- Are considerate
- Keep their sense of humor
- Are organized and efficient
- Are punctual and dependable" (Stern und O'Grady 2016, S. 8)

Da sich die Tätigkeit des Stage Managers rund um das Bühnengeschehen dreht, die Produktionsleitung aber schon bei der Konzeption einer Veranstaltung beteiligt ist, decken die aufgeführten Eigenschaften nur einen Teil der notwendigen Anforderungen einer Produktionsleitung ab.

Gläser betont mit dem Fokus auf die Produktionsleitung bei Film- und Fernsehproduktionen, dass der Produktionsleiter die Mitglieder weniger auf Basis einer formalen Machtposition als viel mehr auf Basis der spezifischen Qualifikation des besonderen Expertentums führen muss. Der Produktions- bzw. Projektleiter sollte sich daher als „primus inter pares" verstehen, bei dem die Führung im Team als Dienstleistungsfunktion für die Erstellung der Leistung, zur Problembewältigung und zum Teamerhalt zu begreifen ist (Gläser 2006, S. 591). Daher betrachten auch Bowdin et al. (2011, S. 267) folgende Kompetenzen für ein Projektmanager bei Veranstaltungen als dringend erforderlich:

- Teamfähigkeit
- Definition und Delegation von Aufgaben
- Hohe kommunikative Fähigkeiten und Verhandlungsgeschick
- Anwendung von Methoden und Werkzeugen des Projektmanagements und von Projektmanagement-Software
- Fähigkeit mit unterschiedlichen Gewerken und Stakeholdern zu arbeiten
- Erfassung von Kundenanforderungen

Die **Produktionsleitung** erfordert in besonderem Maße, wie in Abb. 6.3 dargestellt, **aktivitäts- und umsetzungsorientierte Kompetenzen:** Kreativität, Projektmanagement, Personalplanung und -führung, Flexibilität, Kundenorientierung und Informationsmanagement.

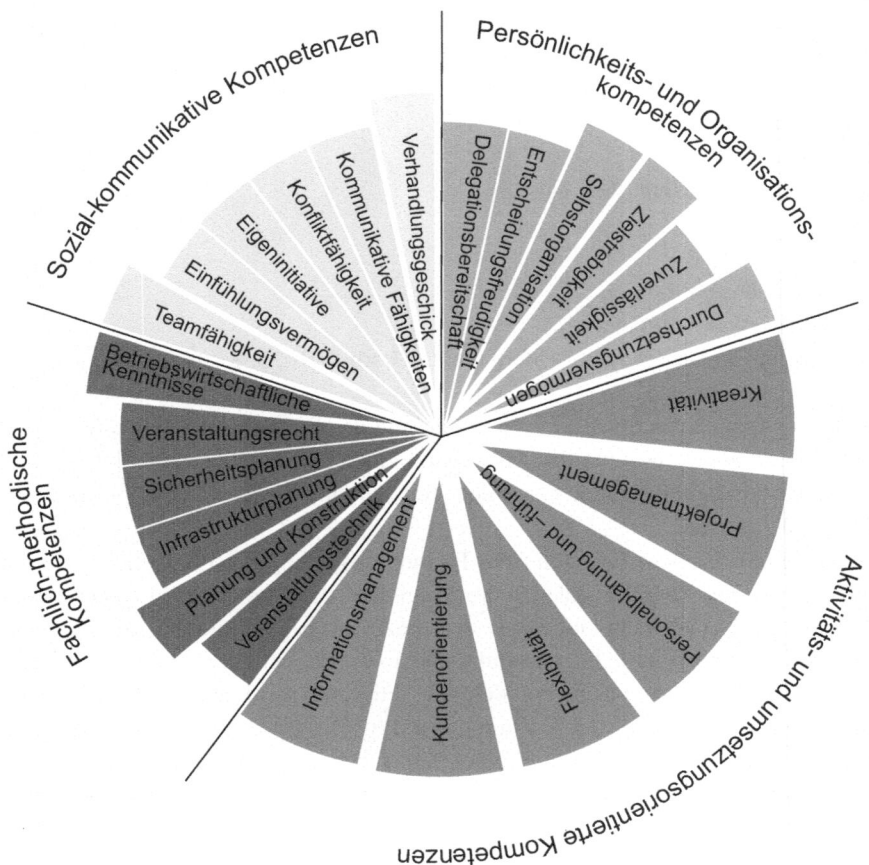

Abb. 6.3   Kompetenzprofil Produktionsleitung. (Quelle: Eigene Darstellung)

6.1.3   Technische Leitung Veranstaltungstechnik

Die Aufgaben und Pflichten der Technischen Leitung Veranstaltungstechnik ergeben sich zwingend aus § 40 MVStättVO, nach dem die Verantwortlichen für Veranstaltungstechnik mit den bühnen-, studio- und beleuchtungstechnischen und sonstigen technischen Einrichtungen der Versammlungsstätte vertraut sein müssen und deren Sicherheit und Funktionsfähigkeit, insbesondere hinsichtlich des Brandschutzes während des Betriebes gewährleisten. Die Leitung und Aufsicht ist gesetzlich vorgeschrieben bei Auf- und Abbau bühnen-, studio- und beleuchtungstechnischer Einrichtungen von Großbühnen oder Szenenflächen mit mehr als 200 m² Grundfläche oder in Mehrzweckhallen mit mehr als 5000 Besucherplätzen sowie bei wesentlichen Wartungs- und Instandsetzungsarbeiten an diesen Einrichtungen und bei technischen Proben. Bei Generalproben, Veranstaltungen, Sendungen oder Aufzeichnungen von Veranstaltungen müssen mindestens ein für die bühnen- oder studiotechnischen Einrichtungen sowie ein für die beleuchtungstechnischen Einrichtungen Verantwortlicher für Veranstaltungstechnik anwesend sein.

Aufgaben in der Leitung und Kontrolle der technischen Abläufe einer Veranstaltung sind insbesondere

Mitwirken bei der Planung und Einrichtung von Anlagen und Arbeitsstätten sowie bei der Beschaffung von Betriebsmitteln zur technischen Umsetzung und künstlerischer Anforderungen, überwachen der Anlagen und Betriebsmittel im Hinblick auf Qualitäts- und Sicherheitsanforderungen sowie Störungen; […] Übertragen der Aufgaben unter Berücksichtigung künstlerischer, technischer, wirtschaftlicher und sozialer Aspekte auf die Mitarbeiter entsprechend ihrer Leistungsfähigkeit, Qualifikation und Eignung; […] Überwachen der Kostenentwicklung durch bedarfs- und termingerechten sowie wirtschaftlichen Einsatz von Mitarbeitern und Betriebsmitteln, Sicherstellen und Kontrollieren der Arbeiten, Proben und Vorstellungen hinsichtlich ihrer Quantitäts-, Qualitäts- und künstlerischen Kriterien; […] Durchführen und Kontrollieren der erforderlichen Maßnahmen des Arbeitsschutzes, der Unfallverhütung, des Brandschutzes und Einhaltung der Bestimmungen der Versammlungsstätten-Verordnung in Abstimmung mit den im Betrieb mit der Arbeitssicherheit befassten Stellen und Personen sowie zuständigen Behörden. (IHK Köln)

Als formale Qualifikation für die Technische Leitung Veranstaltungstechnik nennt § 39 MVStättVO

- geprüfte Meister für Veranstaltungstechnik,
- technische Fachkräfte mit bestandenem fachrichtungsspezifischem Teil der Prüfung in den Fachrichtungen Bühne/Studio, Beleuchtung oder Halle,
- Hochschulabsolventen der Fachrichtung Theater- oder Veranstaltungstechnik mit mindestens einem Jahr Berufserfahrung im technischen Betrieb von Bühnen, Studios oder Mehrzweckhallen
- technische Bühnen- und Studiofachkräfte, die den Befähigungsnachweis vor Inkrafttreten der Verordnung erworben haben

Die erforderlichen technischen und betriebswirtschaftlichen Kenntnisse sind ähnlich den Anforderungen, die an eine Veranstaltungsleitung zu stellen sind, wobei die technischen Kenntnisse überwiegen.

Technische Kenntnisse

- Arbeitsvorbereitung
- Sicherheitsmanagement
- Aufnahmetechnik
- Ausstattung (Film, Fernsehen, Bühne), Szenografie
- Bühnentechnik
- Lichttechnik, Beleuchtung
- Produktion (Bühne, Film, Fernsehen)
- Tontechnik
- Studiotechnik
- Elektrotechnik
- Mediensteuerung

- Videotechnik
- Energieverteilung, Energieversorgung
- Haustechnik

Betriebswirtschaftliche Kenntnisse

- Kosten- und Leistungsrechnung
- Projektmanagement
- Investitionsrechnung
- Personalplanung
- Personalführung

Die **Technische Leitung** erfordert, wie in Abb. 6.4 sichtbar, in besonderem Maße **fachlich-methodische Kompetenzen:** Veranstaltungstechnik, Planung und Konstruktion, Infrastrukturplanung, Sicherheitsplanung, Veranstaltungsrecht, Betriebswirtschaftliche Kenntnisse.

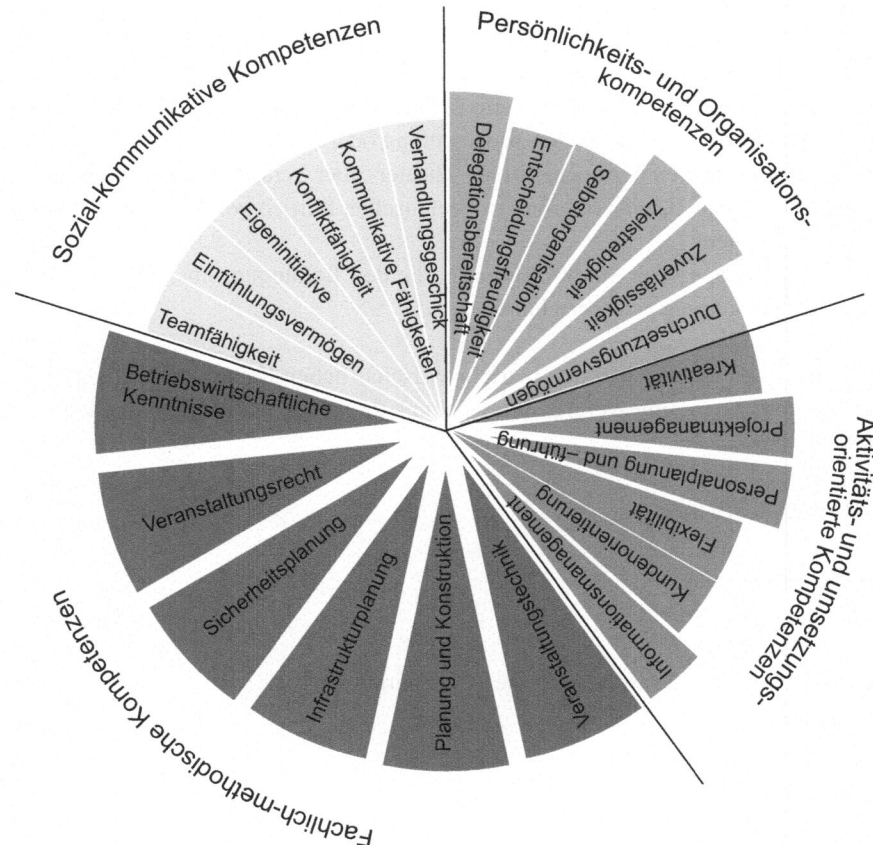

Abb. 6.4 Kompetenzprofil Technische Leitung. (Quelle: Eigene Darstellung)

6.1.4   Eventmanagement

Das „Eventmanagement beinhaltet alle planenden, organisierenden, überwachenden und steuernden Maßnahmen, die für die Veranstaltung eines Events notwendig sind" (Holzbaur et al. 2010, S. 24). Nach der Definition von Holzbauer et al. gehören alle planerischen und steuernden Aufgaben zum Eventmanagement. Dies bestätigen auch Tassiopoulos (2005, S. 39), der zur Begriffsklärung zusammenfasst, dass Eventmanagement einen Überblick über alle Bereiche der Veranstaltungskonzeption, -planung, -umsetzung und -kontrolle leisten muss.

▶ **Aufgaben eines Eventmanagements** Conway definiert die Aufgaben eines Eventmanagements sehr genau. „Their primary duty is to make or confirm all decisions and act as central liaison, directing and controlling the activities of individuals to whom they have delegated responsibility for elements of the organisation and arrangements for an event" (Conway 2009, S. 11).

Der Eventmanager könnte somit eine grundsätzliche, leitende Funktion übernehmen, die über die Aufgabenbereiche einer Veranstaltungsleitung oder Produktionsleitung hinausreicht. Dies ist in der Regel jedoch nicht der Fall, denn die Übergänge zwischen Eventmanagement und Veranstaltungsleitung ergeben sich weniger durch eine eindeutige Weisungsbefugnis, als viel mehr durch parallele Entscheidungsweg mit überlappenden Verantwortungsbereichen. Das Eventmanagement ist bei Veranstaltungen zumeist einer Agentur zugeordnet und vertritt die Interessen des Kunden der Agentur, wohingegen die Leitung einer Veranstaltung über Kundeninteressen hinaus gehende Aspekte wie sicherheitstechnische Betrachtungen oder die Gesamtlogistik einer Veranstaltung berücksichtigen muss. Die Kommunikations- und Weisungswege zwischen Eventmanagement und Produktionsleitung verlaufen häufig parallel zu den Kommunikations- und zum Teil auch Weisungswegen auf der Veranstaltungsseite (Betreiber bzw. Veranstalter).

▶   Eventmanagement muss die Wünsche und Interessen des Kunden antizipieren und im Dialog mit dem Kunden und nach Rücksprache mit der Produktionsleitung Lösungsvorschläge entwickeln.

Verantwortungsbereich des Eventmanagements sind:

- Festlegung von Kommunikationsabläufen und Entscheidungsprozessen bei der Konzeption und Planung
- Überblick über die Koordination der Gewerke
- Entwicklung und Umsetzung eines Marketingplans
- Budgetplanung und -kontrolle
- Kostenübersicht und Finanzplanung (Bowdin et al. 2011, S. 35)

Das Event Management Book of Knowledge (EMBOK) unterteilt die notwendigen Kenntnisse und Fähigkeiten eines Event Managers in fünf Wissensdomänen:

- Administration
- Design
- Marketing
- Operations
- Risk (Bowdin et al. 2011, S. 37; EMBOK 2013)

Die Beschreibung der Wissensdomänen, der notwendigen Prozesse zur nachhaltigen Implementierung und der grundlegenden Werte und Normen soll Institutionen und Organisationen unterstützen, das EMBOK als Standard einer professionellen Ausbildung im Eventmanagement einzuführen. Vor diesem Hintergrund werden von Silvers (2005), eine der Initiatoren des EMBOK, die Fähigkeiten und Kenntnisse, die mit diesen Wissensdomänen zu verbinden sind, sehr weit ausgelegt.

Unter Administration sind alle Tätigkeiten zur Allokation, Steuerung und Kontrolle finanzieller, materieller und personeller Ressourcen zu verstehen. Teilaufgaben sind:

- Finanzen: Budgetierung, Investitionsplanung, Cash-Flow Management und Rechnungswesen
- Personalwesen: Aufbau einer Projektorganisation, Umgang mit Ehrenamtlichen Kräften,
- Berichtswesen: Informationssammlung, Dokumentation, Informationsweitergabe
- Vergabe: Lieferantenauswahl, Veränderungsmanagement, Lieferantenkontrolle und -bewertung
- Stakeholder: Identifikation und Steuerung
- Systeme: Informations- und Kommunikationstechnologie, Wissensmanagement
- Terminplanung: Zeitpläne, Ablaufpläne, Fortschrittskontrolle

Als Design wird die Umsetzung einer künstlerischen Idee oder einer bestimmten Kommunikationsabsicht begriffen. Teilaufgaben sind:

- Catering: Menüauswahl, Zeit und Serviceplanung
- Inhalt: Kommunikationsabsicht, Sprecherauswahl, Entwicklung von Formaten
- Entertainment: Auswahl, Absprachen und Verhandlungen, Begleitprogramm
- Ausstattung: Möblierung., Dekoration, Veranstaltungsgestaltung, Wege-Leitsystem
- Produktion: Licht, Ton, Videotechnik, Spezialeffekte (Laser, Pyrotechnik etc.)
- Programm: Reihenfolge, Choreografie, Protokoll, VIPs
- Thema: Zielgruppe, Image, Branding

In der Wissensdomäne Marketing sind die Kenntnisse und Fähigkeiten zur Entwicklung einer Marke oder eines Images zusammengefasst. Teilaufgaben sind:

- Marketingplanung: Zielmarkt, Bedeutung, Kundenbeziehungen
- Material: Promotionsmaterial, Gestaltung und Entwurf
- Merchandising: Produktentwicklung und -gestaltung, Brand Management, Herstellung und Vertrieb
- Promotion: Anzeigen, Medienpartnerschaft, Giveaways
- Presse- und Öffentlichkeitsarbeit: Image und Markenführung, Pressetermine
- Verkauf: Ticketing, Verkaufsplattformen, Konzessionsgeschäft
- Sponsoren: Verträge, Betreuung, Services

Operations beinhaltet alle technischen und organisatorischen Aufgaben vor Ort. Teilaufgaben sind:

- Besucher: Registrierung, Betreuung, Zugangskontrollen, Crowd Management
- Kommunikation: Interne und externe Kommunikation, Technische Ausstattung, Briefing, Debriefing
- Infrastruktur: Zugang, Parken, Abfallmanagement, Sanitäre Anlagen, Wasser und Strom
- Logistik: Dienstleister, Lagerhaltung, Materialbereitstellung
- Teilnehmer und Mitarbeiter: Betreuung, Zugangskontrolle, Einweisungen
- Veranstaltungsort: Planung des Veranstaltungsgeländes, Sicherheitsplanung
- Technische Produktion: Bühne und Bühnentechnik, Installation, Technisches Personal

Die Wissensdomäne Risk beschäftigt sich mit Vorbereitung und Vorsorge bei Risiken und Gefährdungen für das Unternehmen und die Veranstaltung. Teilaufgaben sind:

- Compliance: Regulierungen, Zugänglichkeit, Urheberrechte
- Entscheidungsmanagement: Entscheidungsgrundlagen, Bewertungskriterien,
- Notfallmanagement: Medizinische Notfallversorgung, Entfluchtung, Krisenmanagement
- Sicherheit: Brandschutz, Sanitätsdienste, Gruppenverhalten, Sicherheitsdienste
- Versicherungen: Versicherungsschutz, Gesetzliche Regelungen
- Recht: Verträge, Lizenzierung, Unternehmenspolitik
- Sicherheit: Material, Verantwortungskette

Diese große Bandbreite der Aufgaben des Event Managers umfasst zahlreiche Bereiche, die durch Veranstaltungsleitung und Technische Leitung Veranstaltungstechnik übernommen werden, wie die Teilaufgaben aus den Wissensdomänen „Operations" und „Risks". Administration, Marketing und Design können hingegen als Aufgaben des Eventmanagers im engeren Sinne verstanden werden. Statt der sehr weiten Auslegung der Rolle des Event Managers wird im Zusammenhang dieses Buches daher ein engeres Rollenverständnis angestrebt. Danach bestehen die Aufgaben des Eventmanagers in:

- Terminplanung
- Budgetierung und Kostenkontrolle
- Aufwandsplanung
- Vertragsmanagement
- Versicherungswesen
- Berichtswesen
- Projekt-Controlling
- Fortschrittskontrolle bei Veranstaltungsdienstleistern

Als Kompetenzen können daher gelten:

- Kommunikation
- Verhandlungsgeschick
- Rechtliches Grundwissen
- Priorisierung von Aufgaben
- Multiprojektmanagement
- Ergebnisorientierung (Bladen et al. 2012, S. 28 f.)

Als weitere, eher als Persönlichkeitseigenschaften zu begreifende Kompetenzen nennt Schäfer-Mehdi (2009, S. 94):

- Neugierde
- Optimismus
- Ausdauer
- Durchsetzungsfähigkeit
- Frustrationstoleranz

Wie die Abb. 6.5 verdeutlicht, verlangt die Rolle des **Eventmanagers** im besonderen Maße **sozial-kommunikative Kompetenzen:** Teamfähigkeit, Einfühlungsvermögen, Eigeninitiative, Konfliktfähigkeit, Kommunikative Fähigkeiten, Verhandlungsgeschick.

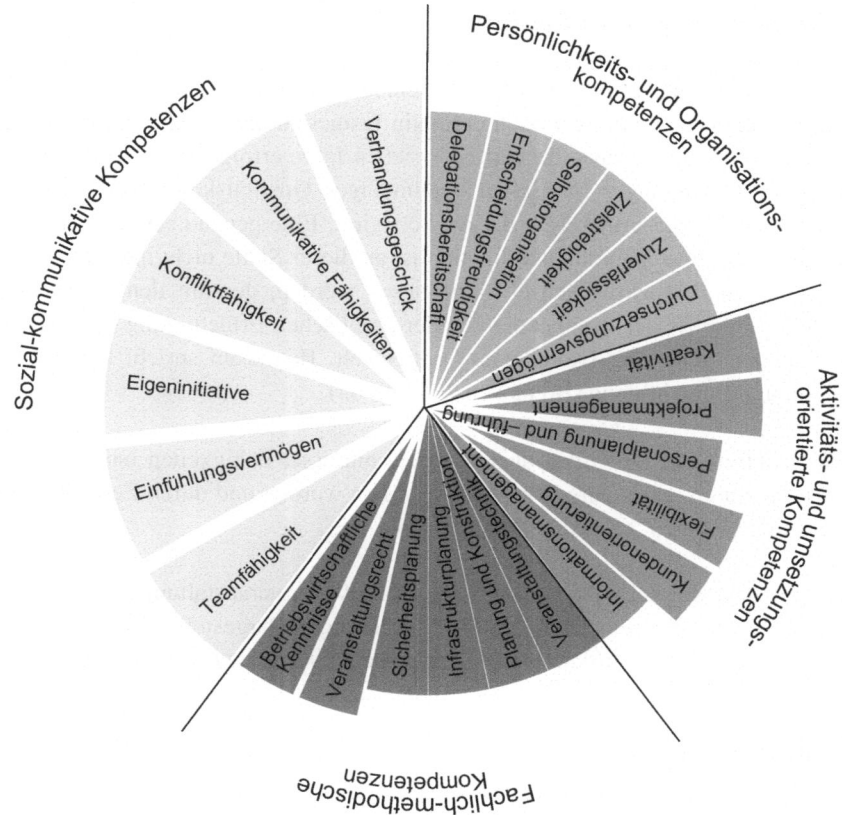

Abb. 6.5 Kompetenzprofil Eventmanagement. (Quelle: Eigene Darstellung)

Fragen/Aufgaben

1. Nennen Sie und grenzen Sie die vier Rollen in der Veranstaltungsbranche kurz voneinander ab.
2. Welche Aufgaben hat die Veranstaltungsleitung aus sicherheitstechnischer Perspektive?
3. Was ist unter der Anforderung an Produktionsleiter zu verstehen, „primus inter pares" zu sein?
4. Was sind die Aufgaben und Pflichten der Technischen Leitung gemäß § 40 MVStättVO?
5. Vergleichen Sie Aufgaben und Anforderungen eines Eventmanagements mit denen der Veranstaltungsleitung.
6. Wie lauten die fünf Wissensdomänen gemäß EMBOK?

6.2   Ausbildung und Studium

Während die Kompetenzprofile für die unterschiedlichen Einsatzfelder sehr breit aufgestellt sind, werden die Qualifikationen einmalig festgeschrieben und lediglich in einem Anpassungsprozess durch eine alle fünf oder sieben Jahre erfolgende Re-Akkreditierung bei Hochschulstudiengängen bzw. einer regelmäßigen Qualitätskontrolle bei den Lehrplänen der Ausbildungsberufe ergänzt bzw. korrigiert. Eine genaue begriffliche Abgrenzung zwischen Kompetenz und Qualifikation ist an dieser Stelle nicht möglich. Hier soll lediglich auf den Perspektivwechsel hingewiesen werden, der mit dem zunehmenden Gebrauch des Begriffs der Kompetenz von der praktischen Ertüchtigung (Qualifikation) hin zu einer Ermöglichung (Kompetenz) entwickelt. Bouncken spricht hier auch von Befähigung und Berechtigung (Bouncken 2003, S. 62).

▶ **Qualifikationen** Mit Qualifikationen sind „Kenntnisse, Fähigkeiten und Fertigkeiten [gemeint], die durch curriculare Konzepte erworben wurden und durch Zertifikate dokumentiert werden können" (Kaufhold 2006, S. 54).

Im nachfolgenden Kapitel werden daher die Curricula der veranstaltungsbezogenen Ausbildungsberufe, der Studiengänge und Weiterbildungen dargestellt. Gegenübergestellt werden die Inhalte der Qualifikationen den praktischen Kompetenzanforderungen.

6.2.1   Ausbildungen

Die Lehrpläne der Ausbildung zum *Veranstaltungskaufmann bzw. zur Veranstaltungskauffrau* orientiert sich an den Rahmenlehrplan zum Lehrberuf (Rahmenlehrplan 2001). Der Rahmenlehrplan betont das hohe Maß an Verantwortungsbereitschaft für Menschen. Qualifikationsziel der Ausbildung ist daher, ein entsprechendes Problembewusstsein für Fragen der Informations- Kommunikations- und Dienstleistungsqualität zu entwickeln. Abgeleitete Qualifikationsziele laut Rahmenlehrplan sind:

- Beachtung von Grundsätzen und Handlungsanweisungen eines kommunikativen, auf Verständigung ausgerichteten Umgangs
- Notwendigkeiten und Möglichkeiten eines zielbezogenen und teamorientierten Projektmanagements
- Entwicklung von Konzepten für die Kooperation mit Partnern in der Veranstaltungswirtschaft
- Einsatz von Verfahren des Erfolgs-Controllings für Veranstaltungen und für die Qualitätsentwicklung (Rahmenlehrplan 2001)

Daraus ergeben sich die in der Tab. 6.1 dargestellten Schwerpunkte und Kompetenzen für Veranstaltungskaufleute.

Tab. 6.1 Kompetenzgruppen und Anteile an Gesamtumfang der Ausbildung zur Veranstaltungskauffrau bzw. zum Veranstaltungskaufmann. (Quelle: Eigene Darstellung basierend auf Rahmenlehrplan 2001)

Kompetenzgruppen gemäß eigener Einordnung	Kompetenzgruppen laut Lehrplan	Inhalte des Rahmenplans für Veranstaltungskaufleute	Anteil Stunden am gesamten Ausbildungsumfang Stunden	Anteil Kompetenzgruppe (%)
Fachlich-methodische Kompetenzen: Betriebswirtschaftliche Kenntnisse	Allgemeine Betriebswirtschaftslehre	Geschäftsprozesse erfassen und auswerten	80	42,0
		Betrieb erkunden und darstellen	80	
		Märkte analysieren und Marketinginstrumente anwenden	100	
		Finanzquellen erschließen und Finanzmittel einsetzen	80	
		Dienstleistungen und Güter beschaffen und verwalten	80	
Aktivitäts- und umsetzungsorientierte Kompetenzen: Personalplanung und -führung	Fachspezifische Grundlagen	Dienstleistungen anbieten	80	24,0
		Geschäftsprozesse erfolgsorientiert steuern	80	
		Personalwirtschaftliche Aufgaben wahrnehmen	80	
Aktivitäts- und umsetzungsorientierte Kompetenzen: Projektmanagement	Veranstaltungsmanagement	Veranstaltungen planen, durchführen und nachbereiten 120	120	16,0
		Veranstaltungen im Rahmen der integrierten Kommunikation eines Unternehmens konzipieren	40	

(Fortsetzung)

Tab. 6.1 (Fortsetzung)

Kompetenzgruppen gemäß eigener Einordnung	Kompetenzgruppen laut Lehrplan	Inhalte des Rahmenplans für Veranstaltungskaufleute	Anteil Stunden am gesamten Ausbildungsumfang	
			Stunden	Anteil Kompetenzgruppe (%)
Persönlichkeits- und Organisationskompetenzen: Selbstorganisation	Soziale Kompetenzen	Berufsausbildung selbstverantwortlich mitgestalten	60	6,0
Aktivitäts- und umsetzungsorientierte Kompetenzen: Informationsmanagement	Methodische Kompetenzen/ Praxis (Die Stunden dieser Querschnittsqualifikation sind integriert in den anderen Lernfeldern.)	Fremdsprachliche Kommunikation	40	12,0
		Büroorganisation, Medien, Umgang berufsbezogener Software/ Informationsbeschaffung und Informationsverarbeitung	80	

Der Schwerpunkt der Ausbildung zur Veranstaltungskauffrau bzw. zum Veranstaltungskaufmann liegt in der Vermittlung von betriebswirtschaftlichen Kenntnissen als
Element der fachlich-methodischen Kompetenzen. Ergänzt wird der betriebswirtschaftliche Schwerpunkt um Grundlagen der Personalplanung und -führung sowie um Veranstaltungsmanagement, das hier als Projektmanagement und somit als eine aktivitäts- und
umsetzungsorientierte Kompetenz verstanden wird. Anders als die Zuordnung des
Lehrplans wird selbstverantwortliche Mitgestaltung der Berufsausbildung eher als eine
Dimension der Persönlichkeits- und Organisationskompetenzen, nämlich der Selbstorganisation, verstanden. Die im Rahmen der Ausbildung vermittelten Querschnittsqua-
lifikationen – die fremdsprachlichen Kommunikation und Büroorganisation sowie die
Informationsbeschaffung und -verarbeitung – bilden die Grundlage für die ebenfalls akti-
vitäts- und umsetzungsorientierte Kompetenz des Informationsmanagements. Mit diesen
Schwerpunkten und der Konzentration auf eine kundenorientierte Ausrichtung bildet die
Ausbildung eine Grundlage für das Eventmanagement.

Der Schwerpunkt der Ausbildung zur Fachkraft für *Veranstaltungstechnik* liegt
hingegen, wie in der Tab. 6.2 sichtbar, eindeutig auf den fachlich-methodischen Kompetenzen mit der Dimension Veranstaltungstechnik. Veranstaltungstechnik und Veranstaltungsmanagement machen zusammen fast 90 % der gesamten Ausbildung aus. Die
Ausbildung zur Fachkraft zielt damit auf eine spätere Tätigkeit als Verantwortlicher für
Veranstaltungstechnik.

Gemäß § 40 Abs. 4 MVStättVO kann bei Szenenflächen mit mehr als 50 m^2 und nicht
mehr als 200 m^2 Grundfläche oder in Mehrzweckhallen mit nicht mehr als 5000 Besucherplätzen die Aufgaben des Verantwortlichen für Veranstaltungstechnik durch eine
Fachkraft für Veranstaltungstechnik übernommen werden, wenn sie mindestens drei
Jahre Berufserfahrung hat. Gemäß § 40 Abs. 5 MVStättVO können auch Veranstaltungen mit größeren Szenenflächen oder mehr als 5000 Besucherplätzen von Fachkräften
für Veranstaltungstechnik verantwortlich geleitet werden, wenn die Art der Veranstaltung
dies erlaubt, also die Sicherheit und Funktionsfähigkeit der technischen zuvor überprüft
wurden, die Einrichtung während der Veranstaltung nicht bewegt oder sonst verändert
wird und vom Ablauf keine Gefahren ausgehen können. Um diese Anforderungen zu
erfüllen, werden im Rahmlehrplan folgende Qualifikationsziele formuliert:

- Veranstaltungstechniker sollen „im Rahmen beruflicher Handlungen situationsgerecht
  mit Kunden kooperieren und kommunizieren
- Arbeits- und Geschäftsprozesse unter ökonomischen, ökologischen und sozialen
  Aspekten gestalten
- Bei der Auftragsbearbeitung und Auftragsausführung geltende Normen und Verord-
  nungen sowie Sicherheits-, Arbeitsschutz- und Umweltschutzvorschriften anwenden
- Geforderte Qualitätsstandards einhalten

Tab. 6.2 Kompetenzgruppen und Anteile an Gesamtumfang der Ausbildung zur Fachkraft für Veranstaltungstechnik gemäß alter Fassung. (Quelle: Eigene Darstellung basierend auf Rahmenlehrplan 2002)

Kompetenzgruppen gemäß eigener Einordnung	Kompetenzgruppen laut Lehrplan	Inhalte des Rahmenplans der Ausbildung zur Fachkraft für Veranstaltungstechnik	Anteil Stunden am gesamten Ausbildungsumfang	
			Stunden	Anteil Kompetenzgruppe (%)
Fachlich-methodische Kompetenzen: Betriebswirtschaftliche Kenntnisse	Fachspezifische Grundlagen	Geschäftsprozesse planen	60	6,8
Fachlich-methodische Kompetenzen: Veranstaltungstechnik	Veranstaltungstechnik	Energieversorgung und Beleuchtungsanlagen planen und aufbauen	100	54,5
		Veranstaltungstechnische Konstruktionen planen und einrichten	60	
		Beschallungsanlagen planen und aufbauen	60	
		Energieversorgung für Veranstaltungen bereitstellen und prüfen	80	
		Beschallungsanlagen konfigurieren und prüfen	80	
		Einrichtungen zur Realisierung von Bewegungsabläufen bedienen	40	
		Komplexe Beleuchtungsanlagen einrichten und bedienen	60	

(Fortsetzung)

Tab. 6.2 (Fortsetzung)

Kompetenzgruppen gemäß eigener Einordnung	Kompetenzgruppen laut Lehrplan	Inhalte des Rahmenplans der Ausbildung zur Fachkraft für Veranstaltungstechnik	Anteil Stunden am gesamten Ausbildungsumfang	
			Stunden	Anteil Kompetenzgruppe (%)
Aktivitäts- und umsetzungsorientierte Kompetenzen: Projektmanagement	Veranstaltungsmanagement	Technische Sicherheit von Veranstaltungen planen	60	34,1
		Medieneinsatz planen und durchführen	80	
		Kundenberatung und Auftragsbearbeitung durchführen	80	
		Technische Realisierung von Produktionen planen	80	
Aktivitäts- und umsetzungsorientierte Kompetenzen: Informationsmanagement	Methodische Kompetenzen/ Praxis (Die Stunden dieser Querschnittsqualifikation sind integriert in den anderen Lernfeldern.)	Fremdsprachliche Kommunikation	40	4,5

- Dramaturgische und gestalterische Gesichtspunkte bei der technischen Realisierung von Veranstaltungen berücksichtigen
- Sich im Team organisieren, miteinander kommunizieren und Strategien zur Konflikt- und Problemlösung anwenden
- Bei Auswahl und Anwendung der Materialien, deren Auswirkungen auf die Umwelt einschätzen und auf umweltgerechte Entsorgung achten
- Technische Beschreibungen und Anweisungen in deutscher und englischer Sprache auswerten sowie in Arbeits- und Geschäftsprozessen anwenden
- Fehler in Geräten, Anlagen oder Anlagenkomponenten eingrenzen, Maßnahmen zur Störbeseitigung einleiten" (Rahmenlehrplan 2002)

Die Kompetenzgruppen Handlungskompetenz, Selbstkompetenz, Sozialkompetenz, Kommunikative Kompetenz und Lernkompetenz werden zwar genannt, sind aber nicht expliziter Bestandteil des Lehrplans (Rahmenlehrplan 2002).

Mit der Novellierung des Rahmenlehrplans 2016 haben sich die Schwerpunkte verschoben. Der Rahmenplan definiert drei Handlungsfelder, also aktivitäts- und umsetzungsorientierte Kompetenzen, die sich in allen elf Lernfeldern (fachlich-methodische Kompetenzen) widerspiegeln sollen und somit nicht einzeln zuordenbar sind. Als wichtige Handlungsfelder betrachtet der Rahmlehrplan das Errichten und Betreiben von nicht stationären und stationären elektrischen Geräten und Anlagen, der Arbeits- und Gesundheitsschutz sowie die Sicherheit bei Veranstaltungen und Produktionen. Die Lernfelder und der zeitliche Umfang laut Novelle des Rahmenlehrplans (Rahmenlehrplan 2016) ist in der Tab. 6.3 aufgeführt.

Mit der Novelle ist ein Schritt in die Richtung der Erfassung möglicher Kompetenzen gegangen. Betont wird die Vermittlung von aktivitäts- und umsetzungsorientierten Kompetenzen als Ergänzung und Erweiterung der fachlich-methodischen Kompetenzen. Der Ermöglichung einer sicheren und verantwortungsvollen Planung und Umsetzung von (kleineren) Veranstaltungen unter technischen, organisatorischen und sicherheitstechnischen Aspekten sind damit wichtige neue Impulse gegeben worden. Diese Änderung zu einer passenden Ausbildung, die den erforderlichen Anforderungsprofilen für die Technische Leitung kleinerer und die Assistenz der Technischen Leitung bei größeren Veranstaltungen gerecht wird, erfolgt jedoch auf Kosten eines noch engeren Verständnisses des Berufsbildes, so dass sozial-kommunikative Kompetenzen und Persönlichkeits- und Organisationskompetenzen in einem noch geringerem Maße im Lehrplan berücksichtigt werden als zuvor. Diese werden nur bei den allgemeinen Zielvorstellungen wie der Förderung wirtschaftlichen Denkens im Kontext unternehmerischer Selbstständigkeit, der Innovationsfähigkeit oder mit Respektieren individueller und soziokultureller Vielfalt aufgenommen (Rahmenlehrplan 2016, S. 7). Die Vermittlung dieser Ziele und die Förderung von über fachlich-methodische hinaus gehenden Kompetenzen bleibt damit weiterhin den ausbildenden Unternehmen überlassen.

Tab. 6.3 Kompetenzgruppen und Anteile an Gesamtumfang der Ausbildung zur Fachkraft für Veranstaltungstechnik nach aktuellem Rahmenlehrplan. (Quelle: Eigene Darstellung basierend auf Rahmenlehrplan 2016)

Kompetenzgruppen gemäß eigener Einordnung	Lernfelder laut Rahmenplan der Ausbildung zur Fachkraft für Veranstaltungstechnik	Anteil Stunden am gesamten Ausbildungsumfang	
		Stunden	Anteil Kompetenzgruppe (%)
Fachlich-methodische Kompetenzen: Veranstaltungstechnik	Veranstaltungs- und produktionstechnische Geräte und Bauelemente bereitstellen	60	66,7
	Veranstaltungs- und produktionstechnische Geräte und Bauelemente sowie Arbeitsmittel prüfen und warten	80	
	Veranstaltungs- und Produktionsstätten beurteilen	60	
	Veranstaltungs- und produktionstechnische Anlagen und Aufbauten auf- und abbauen	80	
	Beleuchtungstechnische Anlagen planen, in Betrieb nehmen und dokumentieren	100	
	Medientechnische Anlagen planen, in Betrieb nehmen und dokumentieren	60	
	Bühnentechnische Anlagen planen, in Betrieb nehmen und dokumentieren	60	
	Beschallungstechnische Anlagen planen, in Betrieb nehmen und dokumentieren	60	
Aktivitäts- und umsetzungsorientierte Kompetenzen: Projektmanagement	Veranstaltungen organisatorisch konzipieren und realisieren	80	9,5
Fachlich-methodische Kompetenzen: Infrastrukturplanung	Veranstaltungen technisch konzipieren und realisieren	120	14,3
Fachlich-methodische Kompetenzen: Sicherheitsplanung	Veranstaltungen sicherheitstechnisch konzipieren und realisieren	80	9,5

6.2.2   Meister für Veranstaltungstechnik

Gemäß der Verordnung über die Prüfung zum anerkannten Fortbildungsabschluss Geprüfter Meister für Veranstaltungstechnik/Geprüfte Meisterin für Veranstaltungstechnik soll die Meisterprüfung die Qualifikation insbesondere in folgenden Bereichen feststellen:

- Veranstaltungsangebote: Beurteilen von Veranstaltungsstätten, Beraten bei der Umsetzung von Veranstaltungskonzepte, Budgetierung, Wirtschaftlichkeit
- Sicherheit in Veranstaltungs- und Produktionsstätten: Beurteilen und Gewährleisten der Sicherheit in Veranstaltungs- und Produktionsstätten, Erstellen von Gefährdungsbeurteilungen,
- Projektmanagement: Strukturieren von Projektabläufen, Ermitteln des Bedarfs und Integrieren von internen und externen Dienstleistungen in Veranstaltungskonzepte, Überwachen und Sicherstellen von Veranstaltungsabläufen, Überwachen von Budgets und Kostenentwicklung
- Technische Umsetzung: Konzipieren und Überwachen technischer Lösungen zur Umsetzung künstlerischer und anderer Vorgaben; Überwachen des Einsatzes von veranstaltungstechnischen Einrichtungen und Betriebsmitteln der Licht-, Beschallungs-, Medien- und Bühnentechnik, im Szenenbau und beim Rigging
- Mitarbeiterführung: Führen und Motivieren der Mitarbeiter, Fördern der Kooperation und Kommunikation, Fördern des Sicherheitsbewusstseins der Mitarbeiter
- Veranstaltungsmarkt: Beobachten und Bewerten der Entwicklung der Veranstaltungsmärkte, insbesondere der Technik, Veranstaltungs- und Darstellungsformen (§ 1 VeranstMstrFortbV)

Um die erforderliche Qualifikation zu vermitteln, definiert der Rahmenlehrplan (siehe Tab. 6.4) für Meister der Veranstaltungstechnik folgende Lehrschwerpunkte (Reinecke 2014). Den größten Anteil stellen hier die allgemeinen betriebswirtschaftlichen Grundlagen dar. Soziale Kompetenzen oder Gestaltung werden im Rahmenplan nicht berücksichtigt, wobei die sozialen Kompetenzen auch unter „Grundlagen der Zusammenarbeit im Betrieb" erfasst werden. Veranstaltungstechnik und Veranstaltungsmanagement werden mit 29,8 % bzw. 23,4 % im Lehrplan ungefähr gleich gewichtet.

Die Vorbereitungslehrgänge zur Meisterprüfung durch zumeist private Bildungsträger, wie sie der Rahmenlehrplan des DIHK in Tab. 6.4 abbildet, gliedert sich in einem allgemein berufs- und arbeitspädagogischen Teil, einen fachrichtungsübergreifenden und fachrichtungsspezifischen Teil und orientiert sich somit an den Inhalten der fachrichtungsspezifischen Fortbildungsverordnung mit der Prüfung zum anerkannten Abschluss „Geprüfter Meister für Veranstaltungstechnik/Geprüfte Meisterin für Veranstaltungstechnik in den Fachrichtungen Bühne/Studio, Beleuchtung, Halle" (VeranstTechMeistPrV). Diese ist seit dem 01.01.2016 außer Kraft getreten. Ein neuer Rahmenplan mit Stand Ende 2016 liegt noch nicht vor. Andere private Bildungsträger bieten Fortbildungsangebote an, ohne diese weiter zu spezifizieren.

Tab. 6.4 Kompetenzgruppen und Anteile an Gesamtumfang bei der Fortbildung zum Meister für Veranstaltungstechnik. (Quelle: Eigene Darstellung basierend auf Rahmenlehrplan DIHK 2014)

Kompetenzgruppen gemäß eigener Einordnung	Kompetenzgruppen laut Rahmenplan des DIHK	Inhalte der Fortbildungsmodule laut Rahmenplan Meister für Veranstaltungstechnik	Anteil Stunden am gesamten Fortbildungsumfang	
			Stunden	Anteil Kompetenzgruppe (%)
Fachlich-methodische Kompetenzen: Betriebswirtschaftliche Kenntnisse	Allgemeine Betriebswirtschaftslehre	Grundlagen für kostenbewusstes Handeln	172	36,2
		Grundlagen für rechtsbewusstes Handeln	60	
		Grundlagen für die Zusammenarbeit im Betrieb	108	
Fachlich-methodische Kompetenzen: Planung und Konstruktion	Fachspezifische Grundlagen	Mathematische und naturwissenschaftliche Grundlagen	90	9,6
Fachlich-methodische Kompetenzen: Veranstaltungstechnik	Veranstaltungstechnik/Konstruktion	Allgemeine Betriebstechnik	120	29,8
		Spezielle Betriebstechnik	80	
		Technische Kommunikation	80	
Fachlich-methodische Kompetenzen: Sicherheitsplanung	Veranstaltungsmanagement	Gesundheitsschutz und Arbeitssicherheit	48	8,1
		Brandschutz	28	
Fachlich-methodische Kompetenzen: Veranstaltungsrecht	Veranstaltungsmanagement	Bauordnungsrecht	24	2,6
Aktivitäts- und umsetzungsorientierte Kompetenzen: Personalplanung und -führung	Veranstaltungsmanagement	Berufs- und Arbeitspädagogik	120	12,8
Persönlichkeits- und Organisationskompetenzen: Selbstorganisation	Methodische Kompetenzen/Praxis	Arbeitsmethodik	10	1,1

Statt der fachrichtungsspezifischen Ausrichtung orientiert sich die neue Verordnung (VeranstMstrFortbV) eher an den praxisnahen Anforderungen. Sie ist damit stärker ein Nachweis von Kompetenzen als von erlernten Qualifikationen. Deswegen wird in der Verordnung auch von situativen Aufgaben gesprochen, die in den vier Bereichen Veranstaltungskonzept, Veranstaltungsplanung, Technische Leitung von Veranstaltungen und Sicherheitsmanagement mit gleicher Gewichtung bewertet werden (§ 4 VeranstMstrFortbV).

In Hinblick auf das Handlungsfeld „Veranstaltungskonzept" werden folgende Kompetenzen berücksichtigt:

- Beurteilen von Ideen und Wünschen des Auftraggebers sowie Beraten des Auftraggebers
- Beurteilen von räumlichen und örtlichen Gegebenheiten und Infrastruktur von Veranstaltungsstätten im Hinblick auf die Durchführbarkeit von Veranstaltungen
- Erstellen von Konzepten, Entwicklung von Varianten
- Abschätzen und Kalkulieren des Aufwandes und der Kosten, insbesondere von Zeit, Personaleinsatz, Material, Dienstleistungen und Logistik von Veranstaltungen
- Präsentieren von Konzepten
- Erstellen und Aufbereiten von Leistungsverzeichnissen
- Erstellen und fachliches Beurteilen von Angeboten

Der Handlungsbereich „Veranstaltungsplanung" umfasst:

- Analysieren von Projektaufträgen
- Beurteilen der Eignung von Veranstaltungs- und Produktionsstätten hinsichtlich Sicherheit, Bespielbarkeit und Umweltschutz, unter Berücksichtigung der aktuellen Regelungen im Arbeits- und Gesundheitsschutz, des Bauordnungsrechts sowie von Sicherheitsbestimmungen
- Erstellen von Gefährdungsbeurteilungen und Brandschutzkonzepten für Veranstaltungs- und Produktionsstätten, für Infrastruktur sowie für Veranstaltungsprojekte
- Ermitteln des Bedarfs an anzeige- und genehmigungspflichtigen Vorgängen
- Strukturieren von Projektabläufen, Erstellen von Projektplänen, Ermitteln des Bedarfs an internen und externen Leistungen und Integrieren der Leistungen in Konzepte
- Bewerten von Haftungsrisiken und der Möglichkeiten des Versicherungsschutzes, Vorschlagen von Maßnahmen zur Risikominderung
- Ermitteln des qualitativen und quantitativen Personalbedarfs, Planen und Zusammenstellen der Projektteams, Planen von Personaleinweisungen
- Erstellen von Ablaufplänen unter Beachtung von Gefährdungsbeurteilungen und Risikoabwägungen
- Erarbeiten von vorbeugenden Maßnahmen der Gefahrenabwehr, insbesondere zu Unfällen, Bränden und Störungen
- Erstellen sowie Lesen und Anwenden von Plänen für Bühnen- und Szenenaufbauten, Beleuchtungs- und Beschallungsplänen

- Projektieren von nicht stationären elektrischen Anlagen der Veranstaltungstechnik mit Stromkreisen bis 1000 V Wechselspannung sowie von elektrischen Einrichtungen in Messe- oder Szenenbauten
- Beurteilen der akustischen Eigenschaften von Räumen, Konzipieren der Beschallungstechnik, Planen der Frequenznutzung
- Konzipieren szenischer, allgemeiner und Sicherheitsbeleuchtung sowie von Licht-Spezialeffekten
- Auswählen von Traversensystemen sowie Konzipieren und Berechnen von Belastungen an Traversenkonstruktionen, Durchführen von statischen Bewertungen und Berechnungen von Belastungen für Bühnen- und Szenenaufbauten, Veranlassen statischer Nachweise, Bewerten und Auswählen von Anschlagmitteln und Hebezeugen
- Auswählen und Integrieren von Medien- und Konferenztechnik, Planen von Medieneinsatz unter Beachtung von Urheber- und Verwertungsrechten,
- Integrieren und Erstellen von Gefährdungsbeurteilungen von Spezialeffekten, insbesondere Pyrotechnik, Laser, Nebel, Wassereffekte, Einsatz von Gasen, mechanische Spezialeffekte, Waffen

Im Handlungsbereich „Technische Leitung von Veranstaltungen" sind im Einzelnen folgende Kompetenzen zu betrachten:

- Vorbereiten von Ausschreibungen, Einholen von Angeboten, Auswerten der Informationen von Anbietern unter wirtschaftlichen und fachlichen Gesichtspunkten
- Auswählen und Beauftragen des geeigneten Personals unter Beachtung des Arbeits- und Sozialrechts
- Abschließen von Arbeits-, Dienst-, Arbeitnehmerüberlassungs-, Miet-, Kauf- und Werkverträgen,
- Erwirken von Genehmigungen und Anzeigen anzeigepflichtiger Vorgänge
- Steuern der Abläufe, insbesondere Beauftragen, Verfolgen und Abnehmen von Arbeitspaketen, Berücksichtigen von Prioritäten, Überwachen von Budgets, Terminen und Qualitätszielen, Erkennen und Begrenzen von Risiken, Koordinieren der Arbeit im Team
- Koordinieren von Dienstleistern, externem und eigenem Personal
- Leiten der Errichtung, der Inbetriebnahme und des Abbaus von nicht stationären elektrischen Anlagen und von elektrischen Einrichtungen in Messe- und Szenenbauten, der Beleuchtungs- und Beschallungstechnik
- Leiten des Aufbaus, der Inbetriebnahme und des Abbaus sowie Überwachen von szenentechnischen und veranstaltungstechnischen Einrichtungen, fliegenden und temporären Bauten sowie von Traversensystemen
- Überwachen von maschinentechnischen Einrichtungen, ihren Antrieben und ihren Sicherheitseinrichtungen
- Veranlassen von Funktions- und Sicherheitsprüfungen sowie von Wartungs- und Instandsetzungsarbeiten

- Gewährleisten von Transport, Umschlag, Lagerung und Werterhaltung der Betriebsmittel,
- Überwachen und Gewährleisten des Veranstaltungsablaufes, Erkennen und Begrenzen von Risiken, Einteilen und Unterweisen des künstlerischen und technischen Personals für szenische Abläufe
- Bewerten lichttechnischer Größen
- Bewerten von Schallfeldgrößen, Überwachen der Einhaltung von Lärmschutzvorschriften
- Einleiten von Maßnahmen der Schadensabwicklung

Wesentliche Kompetenzen des Handlungsfeldes „Sicherheitsmanagement" sind:

- Erstellen von Gefährdungsbeurteilungen und Ableitung notwendiger Brandschutzmaßnahmen
- Beurteilen von Veranstaltungs- und Produktionsstätten hinsichtlich Sicherheit
- Beurteilen von technischen Einrichtungen hinsichtlich Sicherheit
- Veranlassen oder Durchführen technischer Prüfungen
- Veranlassen oder Durchführen statischer Berechnungen
- Einschätzen und Berücksichtigen des Verhaltens von Mitarbeitern, Mitwirkenden und Besuchern hinsichtlich Sicherheit
- Durchsetzen sicherheitsgerechten Verhaltens, Durchführen von Sicherheitsunterweisungen
- Durchsetzen von vorbeugenden Maßnahmen gegen Gefahren, insbesondere zu Unfällen, Bränden und Störung

Aufgaben- und Verantwortungsbereiche eines Meisters für Veranstaltungstechnik sind laut der Informationsschrift zur Sicherheit bei Veranstaltungen und Produktion der gesetzlichen Unfallversicherer (VBG 2016, S. 58):

- Technische Leitung von kleinen und mittleren Betrieben
- Leiten von Bereichen der jeweiligen Fachrichtung
- Leiten von Produktionsteams im veranstaltungstechnischen Bereich
- Koordination von verschiedenen Gewerken
- Ausbildung der Fachkräfte für Veranstaltungstechnik
- Einsatz als Fachkraft nach landesrechtlichen Bestimmungen
- Anzeigen bei Behörden, Einholen von Genehmigungen
- Veranstaltungen und Produktionen mit szenischer Darstellung oder szenischen Effekten
- Produktionen mit hohem technischem Einsatz (Kamerakran, Beleuchtungsgitter, Zuganlagen)
- Eigenständige Abwicklung komplexer Gewerke oder Arbeitsgebiete von Großveranstaltungen
- Organisation der Arbeitsabläufe

6.2.3   Hochschulausbildungen

Insgesamt bieten in Deutschland 31 staatliche und private Hochschulen ein Bachelor-
oder Masterstudium im weiteren Bereich des Event- oder Veranstaltungsmanagements
an, wie in der Tab. 6.5 sichtbar. Einige Studiengänge kombinieren Eventmanagement
mit einem Schwerpunkt Tourismus (Veranstaltungen der MICE-Industrie), dann kann
der Studiengang als Tourismus- und Eventmanagement oder als Tourismus-, Hotel- und
Eventmanagement benannt sein. Andere verbinden die Inhalte des Eventmanagements
mit einem Schwerpunkt Sportmanagement (Sportveranstaltungen) oder durch die Verbindung mit Medienindustrie und Musikmanagement wird der Studiengang als Musik-
und Eventmanagement (Konzertveranstaltungen, Kulturveranstaltungen) betitelt. Aus der
Übersicht der Modulbeschreibungen der Studiengänge ergibt sich, dass ein großer Teil
der vermittelten Grundlagen durch die Einbettung in ein betriebswirtschaftliches Grundstudium definiert sind. Fächerkombinationen wie Allgemeine Betriebswirtschaftslehre,
Marketing, Management, Personal, Volkswirtschaftslehre, Recht und Finanzwesen werden daher in der Regel im Grundstudium vom ersten bis zum vierten Semesters umfang-
reich angeboten. Lediglich bei Studienangeboten, die an Medienakademien angesiedelt
sind, werden die Grundlagenschwerpunkte in der Vermittlung der spezifischen Prozessen der Medienwirtschaft gesehen. In Abhängigkeit von der Ausrichtung der Hochschule
(z. B. Medienakademie mit dem Schwerpunkt Medienmanagement oder Ingenieurs-
wissenschaften mit dem Schwerpunkt Veranstaltungstechnik) gestaltet sich dann der
fachspezifische Lehrplan konzentriert auf Eventmanagement, Medienmanagement,
Eventmarketing oder Veranstaltungs-, Medien- bzw. Kameratechnik. An methodischen
Grundlagen werden häufig Module zum Projektmanagement angeboten. Ein weiterer
Schwerpunkt stellt die Vermittlung von Schlüsselqualifikationen in Fächern wie Selbstmanagement, Führung oder Kommunikation dar. Dies wird in der Regel mit nur einem
oder zwei Modulen in den ersten Semestern angeboten und richtet sich weniger an eine
zukünftige berufliche Praxis, sondern stärker an das Selbstmanagement als Studieren-
der mit einer entsprechenden Grundlagenorientierung und zumeist verbunden mit dem
Zusatz der Vermittlung der wesentlichen Elemente wissenschaftlichen Arbeitens.

Genauer wird das Curriculum der Studiengänge Veranstaltungstechnik und -management
bzw. Theatertechnik in den Tab. 6.6 sowie 6.7 (Veranstaltungstechnik und -management)
und 6.8 (Theatertechnik) ausgewertet. Als einzige der untersuchten Studiengänge im Bereich
Veranstaltungsmanagement enden diese mit den Abschlüssen Bachelor of Engineering
bzw. Master of Engineering. Der in seiner veranstaltungstechnischen Schwerpunktsetzung
vergleichbare Studiengang „Eventmanagement und -technik" der Technischen Hochschule
Mittelhessen schließt mit einem Bachelor of Science, der namentlich vergleichbare Studiengang „Veranstaltungsmanagement" der Hochschule Hannover schließt – wie die anderen
Studiengänge – mit dem Bachelor of Arts ab. Der erfolgreiche Abschluss des Studiums qua-
lifiziert die Absolventen nach § 39 MVStättVO und mit Nachweis einer mindestens einjäh-
rigen Berufspraxis zur Technischen Leitung in leitender Position als Verantwortlicher der

Tab. 6.5 Private und staatliche Hochschulen in Deutschland mit Studienangeboten im Bereich Event- und Veranstaltungsmanagement. (Quelle: Eigene Darstellung)

Hochschule	Träger	Name des Studiengangs	Abschluss	Schwerpunkt oder Besonderheit laut Selbstdarstellung oder Modulbeschreibung
Accadis Hochschule Bad Homburg	Privat	Marketing and Event Management	Bachelor	Eventmarketing
Ascenso Akademie für Business und Medien	Privat	Sport-, Event- und Medienmanagement	Bachelor	Medienmanagement, Studium in Palma de Mallorca
		Tourismus-, Hotel- und Eventmanagement	Bachelor	Praxisbezug, Studium in Palma de Mallorca
bbw Hochschule	Privat	Tourismus- und Eventmanagement	Bachelor	Tourismus
Beuth Hochschule für Technik Berlin	Staatlich	Veranstaltungstechnik und -management	Bachelor	Veranstaltungstechnik; Ingenieurswissenschaftliche Grundlagen
		Veranstaltungstechnik und -management	Master	Ingenieurswissenschaftliche Vertiefung, Konstruktion oder Schwerpunkt Betrieb
		Theatertechnik	Bachelor	Theatertechnik; Ingenieurswissenschaftliche Grundlagen
Bodensee Campus	Privat	Sport- und Eventmanagement	Bachelor	Sportmanagement
Business and Information Technology School (BiTS)	Privat	Sport- und Eventmanagement	Bachelor	Sportveranstaltungen
Campus M21	Privat	Sportmanagement, Eventmanagement und Medienmanagement	Bachelor	Sportmanagement
		Tourismusmanagement, Hotelmanagement und Eventmanagement	Bachelor	Hotellerie
		Management und Marketing, Sport-Event-Gesundheit	Master	Sportveranstaltungen, Marketing

(Fortsetzung)

Tab. 6.5 (Fortsetzung)

Hochschule	Träger	Name des Studiengangs	Abschluss	Schwerpunkt oder Besonderheit laut Selbstdarstellung oder Modulbeschreibung
Duale Hochschule Baden-Württemberg Mannheim	Staatlich	Messe-, Kongress- und Eventmanagement	Bachelor	Betriebswirtschaftliche Ausrichtung
		Messe-, Kongress-, und Eventmanagement	Bachelor	Messewirtschaft
		Destinations- und Kurortemanagement	Bachelor	Tourismus
EBC Hochschule	Privat	Tourism & Event Management	Bachelor	Tourismus
EC Europa Campus	Privat	Sportmanagement, Eventmanagement und Medienmanagement	Bachelor	Sportmanagement
		Tourismusmanagement, Hotelmanagement und Eventmanagement	Bachelor	Tourismus
		Management und Marketing, Sport-Event-Gesundheit	Master	Sportveranstaltungen, Marketing
Europäische Fachhochschule EuFH	Privat	Marketing-, Medien- und Eventmanagement	Bachelor	Duales Studium im 2plus3 Modell
Europäische Medien und Business Akademie	Privat	Studium Sport-, Event- und Medienmanagement	Bachelor	Angewandte Medien
		Musik- und Konzertmanagement	Bachelor	Angewandte Medien
		Tourismus-, Hotel- und Eventmanagement	Bachelor	Betriebswirtschaft
Fachhochschule des Mittelstands (FHM)	Privat	Eventmanagement und Entertainment	Bachelor	Eventkommunikation und Werbung

(Fortsetzung)

Tab. 6.5 (Fortsetzung)

Hochschule	Träger	Name des Studiengangs	Abschluss	Schwerpunkt oder Besonderheit laut Selbstdarstellung oder Modulbeschreibung
Fachhochschule Dresden – Private Fachhochschule gGmbH	Privat	Tourismus und Event Management	Bachelor	Tourismus
HMKW Hochschule für Medien, Kommunikation und Wirtschaft	Privat	Medien- und Eventmanagement	Bachelor	Medienmanagement
Hochschule Worms	Staatlich	Tourism and Travel Management	Bachelor	Tourismus
		Tourismusmanagement	Master	Tourismus
Hochschule Fresenius	Privat	Tourismus-, Hotel- und Event Management	Bachelor	Tourismus
Hochschule für Internationales Management Heidelberg	Privat	Eventmanagement	Bachelor	Veranstaltungen der MICE Industrie
Hochschule Hannover	Staatlich		Bachelor	Praxisorientierung, Organisationskompetenz
Hochschule Heilbronn	Staatlich	Betriebswirtschaft und Kultur, Freizeit-, Sportmanagement	Bachelor	Sportmanagement
	Staatlich	Hotel- und Restaurantmanagement	Bachelor	Hotellerie
	Staatlich	Betriebswirtschaft und Kultur, Freizeit-, Sportmanagement	Master	Sportmanagement
Hochschule Osnabrück	Staatlich	International Event Management Shanghai	Bachelor	Auslandsaufenthalt in Shanghai, Chinesisch
HWTK Berlin – Hochschule für Wirtschaft, Technik und Kultur	Privat	Event-, Messe- und Kongressmanagement	Bachelor	Betriebswirtschaftliche Ausrichtung
International School of Management (ISM)	Privat	Tourism und Event Management	Bachelor	Hotellerie

(Fortsetzung)

Tab. 6.5 (Fortsetzung)

Hochschule	Träger	Name des Studiengangs	Abschluss	Schwerpunkt oder Besonderheit laut Selbstdarstellung oder Modulbeschreibung
IUBH School of Business and Management	Privat	Internationales Eventmanagement	Bachelor	Internationale Ausrichtung
Karlshochschule International University	Privat	Internationales Eventmanagement	Bachelor	Internationale Ausrichtung; Betriebswirtschaft
Macromedia Hochschule für Medien und Kommunikation	Privat	Sport- und Eventmanagement	Bachelor	Medienmanagement
NBS Northern Business School	Privat	Tourismus- und Event Management	Bachelor	Betriebswirtschaftliche Ausrichtung
SRH Hochschule der populären Künste	Privat	Musik- und Eventmanagement	Bachelor	Medienmanagement
Staatliche Studienakademie Riesa (Berufsakademie Sachsen)	Staatlich	Event- und Sportmanagement	Bachelor	Marketing
Technische Hochschule Mittelhessen	Staatlich	Eventmanagement- und Technik	Bachelor	Veranstaltungstechnik
TU Chemnitz	Staatlich	Event- und Messemanagement	Bachelor	Messewirtschaft

Tab. 6.6 Kompetenzgruppen und Anteile an Gesamtumfang der Leistungspunkte im Bachelorstudium Veranstaltungstechnik und -management. (Quelle: Eigene Darstellung basierend auf Modulhandbuch)

Kompetenzgruppen gemäß eigener Einordnung	Kompetenzgruppen laut Modulbeschreibung	Anteil Credit an gesamten Leistungspunkten (ohne Abschlussprüfung; Wahlpflichtfächer werden mit 50 % berechnet)	
		LP	Anteil Kompetenzgruppe (%)
Bachelor Veranstaltungstechnik und -management			
Fachlich-methodische Kompetenzen: Betriebswirtschaftliche Kenntnisse	Fachübergreifende und allgemeinwissenschaftliche Grundlagen: Grundlagen der BWL, Kosten- und Leistungsrechnung, Studium Generale, Betriebs- und Personalführung,	20	10,3
Fachlich-methodische Kompetenzen: Planung und Konstruktion	Mathematische-naturwissenschaftliche und fachspezifische Grundlagen: Mathematik, Technische Mechanik, Werkstoffkunde, Fertigungsverfahren	35	17,8
Fachlich-methodische Kompetenzen: Veranstaltungstechnik	Fachspezifische Grundlagen und fachspezifische Vertiefung: Maschinenelemente und Konstruktion, Elektrotechnik und -steuerung, Leichtbau, Licht- und Videotechnik, Kommunikationstechnik, Dekorationsbau, Tontechnik	75	38,5
Fachlich-methodische Kompetenzen: Veranstaltungstechnik, Veranstaltungsrecht	Fachspezifische Grundlagen: Veranstaltungskunde, Baurecht	10	5,1
Aktivitäts- und umsetzungsorientierte Kompetenzen: Projektmanagement	Fachspezifische Grundlagen:, Eventproduktion, Versammlungsstättenplanung und -betrieb	12,5	6,4
Aktivitäts- und umsetzungsorientierte Kompetenzen: Kreativität	Fachübergreifende Grundlagen, fachspezifische Vertiefung: Zeichnerisches Darstellen, Veranstaltungsgestaltung, Lichtgestaltung, Mediengestaltung, Gestaltung Temporärer Räume	20	10,3

(Fortsetzung)

Tab. 6.6 (Fortsetzung)

Kompetenzgruppen gemäß eigener Einordnung	Kompetenzgruppen laut Modulbeschreibung	Anteil Credit an gesamten Leistungspunkten (ohne Abschlussprüfung; Wahlpflichtfächer werden mit 50 % berechnet)	
		LP	Anteil Kompetenzgruppe (%)
Bachelor Veranstaltungstechnik und -management			
Sozial-kommunikative Kompetenzen: Kommunikative Fähigkeiten	Fachspezifische Vertiefung: Darstellen und Präsentieren	2,5	1,3
Sozial-kommunikative Kompetenzen: Teamfähigkeit, Kommunikative Fähigkeiten	Fachspezifische Vertiefung: Praxisprojekt	20	10,3

Tab. 6.7 Kompetenzgruppen und Anteile an Gesamtumfang der Leistungspunkte im Masterstudium Veranstaltungstechnik und -management. (Quelle: Eigene Darstellung basierend auf Modulhandbuch)

Kompetenzgruppen gemäß eigener Einordnung	Kompetenzgruppen laut Modulbeschreibung	Anteil Credit an gesamten Leistungspunkten (ohne Abschlussprüfung; Wahlpflichtfächer werden mit 50 % berechnet)	
		LP	Anteil Kompetenzgruppe (%)
Master Veranstaltungstechnik und -management			
Fachlich-methodische Kompetenzen: Betriebswirtschaftliche Kenntnisse	Fachübergreifende Grundlagen, fachspezifische Vertiefung und allgemeinwissenschaftliche Grundlagen: Marketingstrategien und -instrumente, Studium Generale, Management und Controlling	15	24,9
Fachlich-methodische Kompetenzen: Sicherheitsplanung	Fachspezifische Grundlagen und Vertiefung: Technische Gebäudeausstattung, mathematische Modellbildung, Arbeits- und Betriebssicherheit	15	24,9
Fachlich-methodische Kompetenzen: Planung und Konstruktion	Fachspezifische Vertiefung (Schwerpunkt 1: Konstruktion und Planung): Steuerungstechnik, Theaterbau, Veranstaltungsstättenbau, Sondergebiete der Konstruktion	(15)	24,9
Aktivitäts- und umsetzungsorientierte Kompetenzen: Kreativität	Fachspezifische Vertiefung (Schwerpunkt 2: Produktion und Betrieb): Lichtgestaltung, Mediengestaltung, Szenischer Raum	(15)	24,9
Aktivitäts- und umsetzungsorientierte Kompetenzen: Projektmanagement	Fachspezifische Vertiefung: Veranstaltungsplanung, Projektmanagement	5	8,3
Fachlich-methodische Kompetenzen: Veranstaltungstechnik	Fachspezifische Vertiefung: Medientechnik und -steuerung	5	8,3
Sozial-kommunikative Kompetenzen: Teamfähigkeit, Kommunikative Fähigkeiten	Fachspezifische Vertiefung: Praxisprojekt	5	8,3

Tab. 6.8 Kompetenzgruppen und Anteile an Gesamtumfang der Leistungspunkte im Bachelorstudium Theatertechnik. (Quelle: Eigene Darstellung basierend auf Modulhandbuch)

Kompetenzgruppen gemäß eigener Einordnung	Kompetenzgruppen laut Modulbeschreibung	Anteil Credit an gesamten Leistungspunkten (ohne Abschlussprüfung; Wahlpflichtfächer werden mit 50 % berechnet)	
Bachelor Theatertechnik		LP	Anteil Kompetenzgruppe (%)
Fachlich-methodische Kompetenzen: Betriebswirtschaftliche Kenntnisse	Fachübergreifende und allgemeinwissenschaftliche Grundlagen: Grundlagen der BWL, Studium Generale, Betriebs- und Personalführung,	15	7,7
Fachlich-methodische Kompetenzen: Planung und Konstruktion	Mathematisch-naturwissenschaftliche und fachspezifische Grundlagen: Mathematik, Technische Mechanik, Werkstoffkunde, Fertigungsverfahren, Gebäudetechnik	37,5	19,2
Fachlich-methodische Kompetenzen: Veranstaltungstechnik	Fachspezifische Grundlagen und fachspezifische Vertiefung: Maschinenelemente und Konstruktion, Elektrotechnik Antriebstechnik und -steuerung, Bühnentechnische Anlagen, Licht- und Video- und Kommunikationstechnik, Dekorationsbau, Tontechnik, Methodisches Konstruieren	80	41,0
Fachlich-methodische Kompetenzen: Veranstaltungsrecht	Fachspezifische Grundlagen: Baurecht	5	2,5
Aktivitäts- und umsetzungsorientierte Kompetenzen: Projektmanagement	Fachspezifische Grundlagen: Veranstaltungsmanagement, Projektarbeit	7,5	3,8
Aktivitäts- und umsetzungsorientierte Kompetenzen: Kreativität	Fachübergreifende Grundlagen, fachspezifische Vertiefung: Zeichnerisches Darstellen, Lichtgestaltung, Theatraler Raum, Szenografie	30	15,4
Sozial-kommunikative Kompetenzen: Teamfähigkeit, Kommunikative Fähigkeiten	Fachspezifische Vertiefung: Praxisprojekt	20	10,4

Veranstaltungstechnik. Das Curriculum müsste somit die Qualifikationen widerspiegeln, von denen angenommen wird, dass sie zur erfolgreichen Ausführung der Aufgaben der Technischen Leitung erforderlich sind.

Das siebensemestrige Bachelorstudium „Veranstaltungstechnik und -management" legt den Schwerpunkt auf alle Aspekte der Veranstaltungstechnik (38,5 %), die ergänzt um die fachspezifischen und mathematisch-naturwissenschaftlichen Grundlagen 56,3 % aller Leistungspunkte ausmachen. Demgegenüber bleibt der Umfang der weiteren vermittelten Kompetenzen gering: Veranstaltungsmanagement und Veranstaltungsrecht (11,5 %) sowie mit je 10,3 % Gestaltung und Allgemeine Betriebswirtschaftslehre. Ein einziges Wahlpflichtmodul (zu 50 % in dieser Betrachtung berücksichtigt) vermittelt explizit Sozial-kommunikative Kompetenzen (1,3 %), wohingegen mit 10,3 % durch ein Praxissemester grundlegende methodische Kompetenzen vermittelt werden, die als Teamfähigkeit oder kommunikative Fähigkeiten berücksichtigt werden. Das Studium bildet somit eine wichtige Grundlage, den Anforderungen der Technischen Leitung fachlich-methodisch gerecht zu werden. Auch Projektmanagement und Kreativität als aktivitäts- und umsetzungsorientierte Kompetenzen werden vermittelt. Persönlichkeits- und Organisationskompetenzen sind nicht und sozial-kommunikative Kompetenzen nur im sehr geringem Maße Bestandteile des Curriculums.

Auch das siebensemestrige Bachelorstudium „Theatertechnik" (Tab. 6.8) legt den Schwerpunkt auf alle Aspekte der Veranstaltungstechnik (41,0 %), ist aber in stärkeren Maße auf Planung und Konstruktion ausgerichtet (19,2 %). Zusammen ergibt dies, ergänzt um die fachspezifischen und mathematisch-naturwissenschaftlichen Grundlagen, 60,2 % aller Leistungspunkte. Ein weiterer Schwerpunkt zeigt sich in den fachübergreifenden Grundlagen, die als Kreativität in der aktivitäts- und umsetzungsorientierte Kompetenzgruppe erfasst werden. 15,4 % aller Leistungspunkte vermitteln Inhalte in diesem Kompetenzbereich. Demgegenüber bleibt der Umfang der weiteren vermittelten Kompetenzen gering: Veranstaltungsmanagement und Veranstaltungsrecht (6,3 %) sowie mit 7,7 % Allgemeine Betriebswirtschaftslehre sind ergänzende Inhalte. Mit 10,3 % werden durch ein Praxissemester grundlegende methodische Kompetenzen vermittelt, die als Teamfähigkeit oder kommunikative Fähigkeiten berücksichtigt werden. Das Studium bildet somit eine wichtige Grundlage, den Anforderungen der Technischen Leitung fachlich-methodisch gerecht zu werden. Wobei durch die Ausrichtung auf Konstruktion und Planung sowie den hohen Anteil an Kompetenzvermittlung im Bereich Kreativität auf eine Technische Leitung im Veranstaltungsmarkt Kulturveranstaltungen vorbereitet, wie z. B. als Technischer Direkter in einer Spielstätte. Persönlichkeits- und Organisationskompetenzen sind dabei ebenso wenig wie sozial-kommunikative Kompetenzen Bestandteile des Curriculums.

Das dreisemestrige Masterstudium gliedert sich nach einer übergreifenden Einführung mit betriebswirtschaftlichen und fachspezifischen Grundlagen in die Schwerpunkte „Planung und Konstruktion" sowie den Schwerpunkt „Produktion und Betrieb" wie in der Tab. 6.7 erkennbar. Die Verteilung der Kompetenzgruppen ist abhängig vom gewählten Schwerpunkt. Während beim Schwerpunkt „Planung und Konstruktion" mit

24,9 % aller Leistungspunkte das Hauptgewicht auf Vermittlung genau dieser fachlich-methodischen Kompetenz liegt, werden im Schwerpunkt „Planung und Betrieb" die aktivitäts- und umsetzungsorientierte Kompetenzgruppe mit der Kompetenz „Kreativität" betont. Die fachspezifischen Grundlagen beider Schwerpunkte orientieren sich mit der mathematischen Modellbildung an der Planung von Großveranstaltungen und durch die technische Gebäudeausstattung an die leitende Funktion in einer Spielstätte. Sozial-kommunikative Kompetenzen werden als Modulgegenstand im Masterstudium nicht ausdrücklich vermittelt, jedoch werden in Projektarbeiten Teamfähigkeit und kommunikative Fähigkeiten gestärkt.

▶   Die auf eine spezifische Qualifikation in der Veranstaltungsbranche ausgerichteten Ausbildungen dienen der messbaren Ertüchtigung der Berufsausübung. Sie legen daher den Schwerpunkt auf die fachlichen und methodischen Kompetenzen. Persönlichkeits- und Organisationskompetenzen oder sozial-kommunikative Kompetenzen sind schwerer zu messen und nicht einfach in klar definierten Lernzielen zu vermitteln. Sie werden als Querschnittsfunktion betrachtet, die im Rahmen der Ausbildung bzw. des Studiums sozusagen „nebenbei" vermittelt werden.

Zusammenfassend vermitteln die bestehenden Ausbildungen, Fortbildungen und Hochschulabschlüsse eine fachlich-methodische breite und in Abhängigkeit vom Ausbildungsweg auch tief gehende Grundlage, die den Anforderungen in den jeweiligen Rollen gerecht wird. Fachkraft für Veranstaltungstechnik, Meister für Veranstaltungstechnik und das ingenieurswissenschaftliche Studium Veranstaltungstechnik und -management bzw. Theatertechnik bilden dabei die Basis für die Rolle der Technischen Leitung und ergänzt um Berufserfahrung auch der Veranstaltungsleitung. Wohingegen die Ausbildung zur Veranstaltungskauffrau bzw. zum Veranstaltungskaufmann mit der Möglichkeit eines Studiums Eventmanagement, konsekutiv oder unabhängig voneinander, die Grundlagen und Vertiefungen vermitteln, um die Anforderungen in der Rolle des Eventmanagements zu erfüllen. Die Rolle der Produktionsleitung jedoch wird mit den hier vorgestellten Ausbildungswegen nur in begrenztem Maße vermittelt.

Die Kompetenzanforderung der aktivitäts- und umsetzungsorientierte Kompetenzen hat in den vorgestellten Ausbildungen und Studiengängen einen zu geringen Umfang. Dabei gehen alle Ausbildungswege davon aus, dass die wichtigen Querschnittskompetenzen nicht gelehrt werden müssen, sondern als Persönlichkeitsprofil mitgebracht bzw. als Element des sozialen Miteinanders in Ausbildung und Studium selbstorganisiert erlernt werden. Dies stimmt jedoch nur zum Teil. Konsequente Projektarbeit, auch Studiengangs übergreifend, eine praxisnahe Vermittlung von anwendbaren Inhalten in Aus- und Fortbildung und die Vermittlung von Soft Skills auch in fachlich-methodischen Lerneinheiten durch Gruppenarbeit und dialogorientierte Wissensvermittlung fördern sozial-kommunikative Kompetenzen.

Fragen/Aufgaben

1. Was sind Qualifikationen?
2. Was ist Schwerpunkt der Ausbildung zur Veranstaltungskauffrau bzw. zum Veranstaltungskaufmann?
3. Was sind die Verantwortungsbereiche einer Fachkraft für Veranstaltungstechnik?
4. Nennen Sie die Handlungsfelder der Weiterbildung zum Geprüften Meister für Veranstaltungstechnik bzw. zur Geprüften Meisterin für Veranstaltungstechnik und für jedes Handlungsfeld je drei Beispiele.
5. Was sind die Verantwortungsbereiche eines Geprüften Meister für Veranstaltungstechnik bzw. einer Geprüften Meisterin für Veranstaltungstechnik?
6. Nennen Sie beispielhaft einige Schwerpunkte der Hochschulausbildungen in der Veranstaltungsbranche.
7. Was sind die Schwerpunkte der Studiengänge Veranstaltungstechnik und -management?

Literatur

Bladen, C., Kennell, J., Abson, E., & Wilde, N. (2012). *Events management. An introduction.* London: Routledge.

Bouncken, R. B. (2003). *Organisationale Metakompetenzen. Theorie, Wirkungszusammenhänge, Ausprägungsformen und Identifikation.* Wiesbaden: DUV.

Bowdin, G., Allen, J., O'Toole, W., Harris, R., & McDonnell, I. (2011). *Events management* (3. Aufl.). Abingdon: Routledge.

Bruhn, M. (2011). *Qualitätsmanagement von Dienstleistungen* (8. Aufl.). Heidelberg: Springer.

Bühnenverein. (o. J.). Technischer Direktor. http://www.buehnenverein.de/de/jobs-und-ausbildung/berufe-am-theater-einzelne.html?view=46. Zugegriffen: 14. Juni 2016.

Conway, D. (2009). *The event manager's Bible* (3. Aufl.). Begbroke: Spring Hill.

DGUV Vorschrift 17 Veranstaltungs- und Produktionsstätten für szenische Darstellung vom 1. Apr. 1998.

DIN 15750:2013-04: Veranstaltungstechnik – Leitlinien für technische Dienstleistungen.

EMBOK. (2013). EMBOK knowledge domains. http://www.embok.org/index.php/embok-model/domains. Zugegriffen: 20. Juni 2016.

Funk, S. (2015). Veranstaltungsleiter. http://www.basigo.de/handbuch/Grundlagen/private_Akteure/Veranstaltungsleitung. Zugegriffen: 31. Okt. 2016.

Gläser, M. (2006). Projektleitung – Leitung und Koordination von Medienprojekten. In C. Scholz (Hrsg.), *Medienmanagement* (S. 579–600). Berlin: Springer.

Holzbaur, U., Jettinger, E., Knauss, B., Moser, R., & Zeller, M. (2010). *Eventmanagement/Veranstaltungen professionell zum Erfolg führen* (4. Aufl.). Heidelberg: Springer.

Kaufhold, M. (2006). *Kompetenz und Kompetenzerfassung. Analyse und Beurteilung von Verfahren.* Wiesbaden: VS Verlag.

Klode, K. (2007). *Muster-Versammlungsstättenverordnung. Organisation von Versammlungsstätten nach MVStättV.* Berlin: Beuth.

Kommunale Gesellschaft. (1989). *Führung und Steuerung des Theaters.* Köln: Kommunale Gesellschaft für Verwaltungsvereinfachung.

Matthews, D. (2016). *Special event production: Process* (2. Aufl.). London: Routledge.

Michaels, A. (2016). Interview. In D. Matthews (Hrsg.), *Special event production: Process* (2. Aufl.). London: Routledge.

Modulhandbuch. (2011). Veranstaltungstechnik und -management Master-Studiengang. Berlin: BHT. http://www.beuth-hochschule.de/fileadmin/studiengang/modulhandbuch/m-vtm/Modulhandbuch_2011-12-21.pdf. Zugegriffen: 15. Juli 2016.

Modulhandbuch. (2014). Veranstaltungstechnik und –management Bachelor-Studiengang. Berlin: BHT. https://www.beuth-hochschule.de/fileadmin/studiengang/modulhandbuch/b-vtm/Modulhandbuch_2014-07-03.pdf. Zugegriffen:15. Juli 2016.

Modulhandbuch. (2015). Theatertechnik Bachelor-Studiengang. Berlin: BHT. http://www.beuth-hochschule.de/fileadmin/studiengang/modulhandbuch/b-tt/Modulhandbuch_2015-10-01.pdf. Zugegriffen:15. Juli 2016.

MVStättVO Muster-Versammlungsstättenverordnung. Musterverordnung über den Bau und Betrieb von Versammlungsstätten. Fassung Juni 2005 (zuletzt geändert durch Beschluss der Fachkommission Bauaufsicht vom Juli 2014).

Paul, S., & Sakschewski, T. (2012). *Wissensmanagement für die Veranstaltungsbranche – Besonderheiten, Barrieren und Lösungsansätze*. Wiesbaden: Springer Gabler.

Rahmenlehrplan. (2001). Rahmenlehrplan für den Ausbildungsberuf Veranstaltungskaufmann/Veranstaltungskauffrau (Beschluss der Kultusministerkonferenz vom 11.05.2001).

Rahmenlehrplan. (2002). Rahmenlehrplan für den Ausbildungsberuf Fachkraft für Veranstaltungstechnik (Beschluss der Kultusministerkonferenz vom 14.06.2002).

Rahmenlehrplan. (2016). Rahmenlehrplan für den Ausbildungsberuf Fachkraft für Veranstaltungstechnik (Beschluss der Kultusministerkonferenz vom 17.03.2016).

Reinecke, J. (2014). *Geprüfter Meister/Geprüfte Meisterin für Veranstaltungstechnik in den Fachrichtungen Bühne/Studio, Beleuchtung Halle. DIHK-Rahmenplan*. Berlin: DIHK.

Schäfer-Mehdi, S. (2009). *Event-Marketing. Kommunikationsstrategie, Konzeption und Umsetzung, Dramaturgie und Inszenierung*. Berlin: Cornelsen.

Schmitt, I. (2006). *Praxishandbuch Event Management* (2. Aufl.). Wiesbaden: Gabler.

Shone, A., & Parry, B. (2013). *Successful event management. A practical handbook* (4. Aufl.). Cheriton House: EMEA.

Silvers, J. R. (2005). The Potential of the EMBOK as a Risk Management Framework for Events. Conference Proceedings, Las Vegas International Hospitality and Convention Summit. Las Vegas: University of Nevada Las Vegas. http://www.juliasilvers.com/embok/EMBOK_as_Curriculum_Model.htm. Zugegriffen: 21. Juni 2016.

Stern, L., & O'Grady, N. (2016). *Stage management* (10. Aufl.). London: Routledge.

Tassiopoulos, D. (2005). Event role players. In D. Tassiopoulos (Hrsg.), *Event management. A professional and development approach* (2. Aufl., S. 37–55). Lansdowne: Jut Academics.

VBG. (2016). *Sicherheit bei Veranstaltungen und Produktionen. Leitfaden für Theater, Film, Hörfunk, Fernsehen, Konzerte, Shows, Events, Messen und Ausstellungen*. Hamburg: VBG.

VeranstMstrFortbV Verordnung über die Prüfung zum anerkannten Fortbildungsabschluss Geprüfter Meister für Veranstaltungstechnik/Geprüfte Meisterin für Veranstaltungstechnik (vom 21. 08. 2009, geändert am 26.3.2014).

VfAusbV Verordnung über die Berufsausbildung zur Fachkraft für Veranstaltungstechnik (vom 03.06.2016).

Besondere Aufgaben des Veranstaltungsmanagements

7

Die besonderen Aufgaben des Veranstaltungsmanagements lassen sich weder einzelnen Rollen noch einzelnen Teilmärkten zuordnen. Sie stellen wiederkehrende Anforderungen dar, die als Teilbereiche des Veranstaltungsmanagements inhaltlich und umfänglich über die allgemeinen Aufgaben und Tätigkeitsfelder hinaus gehen. Dabei hat die Sicherheitsplanung in den letzten Jahren zunehmend an Bedeutung gewonnen, so dass dieser Teilbereich trotz Nennung unter den Aufgaben und Tätigkeitsfeldern in Abschn. 5.1 hier noch einmal ausführlicher behandelt wird. Eng verbunden mit der Sicherheitsplanung ist die Genehmigungsplanung, schließlich kann nur eine sichere Veranstaltung auch genehmigungsfähig sein. Unter Genehmigungsplanung werden alle planenden und durchführenden Aufgaben zur Genehmigung einer Veranstaltung verstanden. Hier werden zunächst die allgemeinen Genehmigungsprozesse erläutert, um dann einzelne Genehmigungsverfahren wie die Ausnahmegenehmigung Lärm oder die Nutzungsänderung genauer zu beleuchten. Unter Informationsmanagement wird Veranstaltungsplanung als Kommunikationsaufgabe nach außen mit Behörden und Organisationen und nach innen im Team und mit den Besuchern begriffen. Hier werden Grundlagen der Veranstalter-Besucher-Kommunikation vermittelt. Eine besondere Form der Kommunikation verlangt der Austausch zwischen Kunst und Technik, da hier Übersetzungen zwischen unterschiedlichen Begriffswelten und Vorgehensweisen zu beachten sind. Mit einer Übersicht über aktuelle Ansatzpunkte beim Nachhaltigkeitsmanagement schließt das Kapitel ab.

7.1 Genehmigungsplanung

Die Genehmigungsplanung einer Veranstaltung umfasst alle Arbeiten zur Erstellung und Einreichung der Antragsunterlagen zur Genehmigung einer Veranstaltung. Die Genehmigungsplanung ist in Analogie zur vierten Leistungsphase gemäß der HOAI (Honorarordnung für Architekten und Ingenieure) zu verstehen. Die Grundleistungen sind demnach

© Springer Fachmedien Wiesbaden GmbH 2017
T. Sakschewski und S. Paul, *Veranstaltungsmanagement,*
DOI 10.1007/978-3-658-16899-5_7

die Erarbeitung der Antragsvorlagen für alle Genehmigungen einschließlich der Anträge auf Ausnahmen und Befreiungen, die Einreichung der Antrage und die Kommunikation und Begleitung der Genehmigungsverfahren (Anlage 10 zu § 34 Abs. 4 und § 35 Abs. 7 HOAI). Da sich Art und Umfang der Genehmigungsprozesse stark unterscheiden können, wird in dem folgenden Kapitel zunächst die Genehmigung als ein Verwaltungsakt beschrieben, der von den zuständigen Genehmigungsbehörden erteilt wird. Die Behörden und der zeitliche Verlauf der Genehmigungsprozesse wird im darauf folgenden Kapitel erläutert. Im weiteren Verlauf werden einzelne Genehmigungsverfahren genauer betrachtet.

Ziel der Genehmigungsplanung ist die Beantwortung folgender Fragen:

- Welche Genehmigungen werden für die Veranstaltung benötigt?
- Bei welchen Ämtern und Behörden sind die Anträge einzureichen?
- Welche Unterlagen werden zur Antragsstellung benötigt und welche formale Kriterien muss der Antrag erfüllen?
- Welche Fristen und Termine sind zu beachten?

Die Genehmigung einer Veranstaltung ist ein Verwaltungsakt als Ergebnis eines Verwaltungsverfahrens, das durch den Antrag ausgelöst wird. Das Verwaltungsverfahren ist die nach außen wirkende Tätigkeit der Behörden, die auf die Prüfung der Voraussetzungen, die Vorbereitung und den Erlass eines Verwaltungsaktes gerichtet ist (§ 9 VwVfg).

▶ **Verwaltungsakt** Ein Verwaltungsakt ist jede Verfügung, Entscheidung oder andere hoheitliche Maßnahme, die eine Behörde zur Regelung eines Einzelfalls auf dem Gebiet des öffentlichen Rechts trifft und die auf unmittelbare Rechtswirkung nach außen gerichtet ist (§ 35 VwVfg).

Ein Verwaltungsakt soll also die abstrakt-generell geltenden Rechtsgrundlagen für einen individuellen Fall konkretisieren. Die Genehmigung einer Veranstaltung ist somit in der Regel ein Einzelfall, der gemäß bestehender Rechtsgrundlagen durch eine Verwaltung nach Prüfung der formellen und materiellen Rechtmäßigkeit erfolgt. Im Zuge der formellen Rechtmäßigkeit ist die Zuständigkeit zu überprüfen, die Verfahrensart und die Form des Antrages, die sich aus Gesetzen wie die Schriftform bei der Baugenehmigung (§ 72 Abs. 2 MBO), aus Verwaltungs- oder Verfahrensvorschriften wie die Allgemeine Verwaltungsvorschrift zur Straßenverkehrs-Ordnung (VwV-StVO) oder internen Anweisungen ergeben. Die Prüfung der materiellen Rechtmäßigkeit verlangt die Kontrolle der Befugnis, ob überhaupt der Antragssteller einen Antrag in der Sache stellen darf, die Prüfung der Rechtsgrundlage des beschriebenen Tatbestands und die Prüfung der Rechtsfolge. In Hinblick auf die Rechtsfolge kann der Verwaltungsakt durch vorherige Entscheidungen in gleicher Sache bei gleicher Rechtsgrundlage gebunden sein oder im Ermessen liegen. Die Genehmigung von Veranstaltungen liegen in der Regel im Ermessen einer Verwaltung.

▶ Ermessen bedeutet die Wahlfreiheit zwischen möglichen Alternativen wie
der Ablehnung oder Genehmigung eines Antrages oder der Genehmigung
mit Nebenbestimmung. Damit drückt die Entscheidung im Ermessen eine
letztverbindliche Konkretisierung aus (Jestadt 2010, S. 370), die für den
Antragssteller eine unmittelbare Rechtswirkung bedeutet gemäß derer der
Veranstalter handeln kann.

Erfolgt eine Genehmigung mit Nebenbestimmungen, so beschränken diese einen im
Grundsatz befürwortenden Verwaltungsakt inhaltlich oder zeitlich. Eine Nebenbestimmung
kann so eine Terminierung verlangen, indem ein Anfang oder eine Ende der Genehmigung
oder deren Dauer genannt wird, wie bei einer Baugenehmigung oder einer Genehmigung
zur übermäßigen Straßennutzung öffentlichen Straßenlandes für die Veranstaltungslogistik. Eine Nebenbestimmung kann dem Antrag aber auch nur unter einer vorbehaltlichen
Bestimmung stattgeben und diese als Auflage in den Verwaltungsakt aufnehmen. Die
Auflagen schreiben dem Antragssteller konkret ein bestimmtes Handeln vor, wie z. B. die
Umzäunung des Veranstaltungsgeländes, die ausreichende Versorgung mit sanitären Anlagen oder ein erhöhter Lärmschutz durch Einmessen und Verplomben der Tonanlage.

7.1.1 Zuständige Ämter und Behörden

Die Zuständigkeit von Behörden und Ämtern zur Genehmigung von Veranstaltungen oder Teilen einer Veranstaltung kann nicht allgemeingültig für jede Art von Veranstaltung genannt werden. Grundsätzlich kann zwischen einer Veranstaltung in einem
Gebäude und einer Veranstaltung im Freien unterschieden werden, wie in der Abb. 7.1
verdeutlicht. Bei Volksfesten ist regelmäßig das Ordnungsamt die erste Anlaufstelle und
das Bauordnungsamt bzw. die Untere Bauaufsichtsbehörde verantwortlich für die Prüfung und Abnahme Fliegender Bauten. In Berlin jedoch erfolgt die Prüfung, geregelt
durch eine eigene Bauprüfungsverordnung, durch den TÜV und damit durch eine private Prüfungsgesellschaft. Findet eine Veranstaltung in einem Gebäude statt, ist bei der
Genehmigungsplanung entscheidend, ob das Gebäude als Versammlungsstätte gemäß
MVStättVO zugelassen ist. In diesem Fall ist zu prüfen, für welche Besucherzahl mit
welcher Bestuhlung der Veranstaltungsraum zugelassen ist. Bleibt die Veranstaltung
innerhalb der genehmigten Besucherkapazität und sind keine Veränderungen der Bestuhlung vorgesehen, so bleibt auch die Veranstaltung innerhalb der Rahmenbedingungen der
Genehmigung als Versammlungsstätte. Bei Versammlungsstätten mit Szenenflächen größer als 200 m² und bei Gastspielveranstaltungen mit eigenem Szenenaufbau muss jedoch
vor der ersten Veranstaltung eine nicht öffentliche technische Probe mit vollem Szenenaufbau stattfinden. Die technische Probe muss der Bauaufsichtsbehörde mindestens 24 h
vorher angezeigt werden. Auch wesentliche Änderungen des Szenenaufbaus sind der
Bauaufsichtsbehörde rechtzeitig zu melden (§ 40 Abs. 6 MVStättVO). Weitere Genehmigungen durch die Behörden sind nur im Ausnahmefall erforderlich.

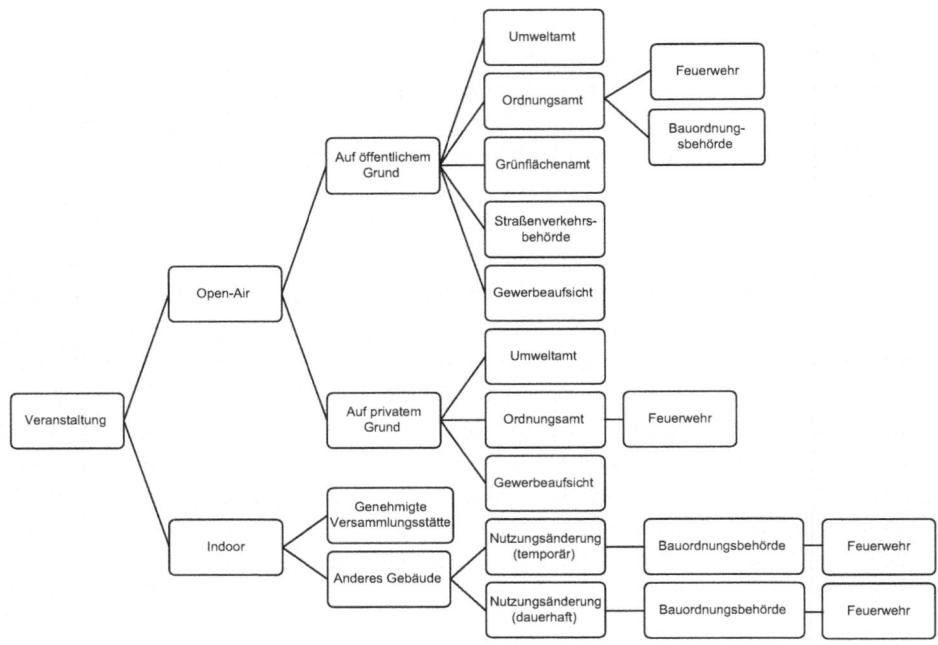

Abb. 7.1 Genehmigung einer Veranstaltung und zuständige Behörden. (Eigene Darstellung)

Ist das Gebäude keine genehmigte Versammlungsstätte könnte die Veranstaltung eine Nutzungsänderung darstellen. In diesem Fall ist zu ermitteln, ob es sich um eine lediglich temporäre Nutzung handelt oder ob eine grundsätzliche Nutzungsänderung vorliegt, denn dann hat die Genehmigung der Veranstaltung für diesen Veranstaltungsort im Sinne einer Baugenehmigung nach § 72 MBO zu erfolgen. Dies hat umfangreiche Konsequenzen, denn es sind, die entsprechenden Anforderungen an Bearbeitungsfristen, Unterlagen und Form zu beachten. Eine lediglich temporäre Nutzungsänderung stellt dem gegenüber ein vereinfachtes Verfahren dar.

Veranstaltungen im Freien können in den Anwendungsbereich der Musterversammlungsstättenverordnung fallen, wenn nach § 1 Abs. 1 MVStättVO Szenenflächen und Tribünen vorhanden sind, die keine fliegenden Bauten sind und insgesamt mehr als 1000 Besucher fassen oder bei Sportstadien und Freisportanlagen mit Tribünen, die keine fliegenden Bauten sind, und die jeweils insgesamt mehr als 5000 Besucher fassen. Dabei gilt als Größe immer die mögliche Besucherkapazität und nicht die reale Besucherzahl. Da hier länderspezifische Unterschiede existieren, muss zuvor überprüft werden, ob die länderspezifische Fassung der MVStättVO bzw. der besonderen Betriebsverordnung wie z. B. in Nordrhein-Westfalen oder Berlin angewendet werden muss, dann ist die zentrale Anlaufstelle die Bauaufsichtsbehörde. In den Städten und Gemeinden, bei denen wegen der landesspezifischen Umsetzung der Novelle, die Versammlungsstättenverordnung keine Anwendung findet, ist in der Regel das Ordnungsamt die zentrale Anlaufstelle. Findet die Veranstaltung auf öffentlichem Grund, Straßen, Wegen und Plätzen statt, so sind die Straßenverkehrsbehörden sowie das Grünflächenamt unbedingt einzubinden. Bei einer Veranstaltung auf privatem Grund sind diese jedoch nur bedingt einzubeziehen. Je nach Größe der Veranstaltung und der sich daraus ergebenden Belastungen durch den An- und Abreiseverkehr. Ist mit einer Lärmbelastung der Anwohner durch die Veranstaltung im Freien direkt oder indirekt zu rechnen, ist das Umweltamt wegen einer Ausnahmegenehmigung Lärm einzubeziehen.

Bei den Zuständigkeit, den Zuschnitten der Verwaltungen und den Aufgabengebieten bestehen zwischen den Bundesländern, aber auch zwischen einzelnen Gemeinden große Unterschiede. Dennoch sind in der Regel folgende Ämter und Behörden für die Genehmigungsplanung relevant:

- Das Ordnungsamt ist in der Regel zentrale Anlaufstelle für alle Veranstaltungen im Freien unter Nutzung von öffentlichem Verkehrsflächen. In vielen Fällen ist das Ordnungsamt auch die verfahrensführende Stelle, bei der die Kommunikation und die einzelnen Genehmigungen weiterer Behörden zusammenlaufen.
- Bauordnungsbehörde bzw. Bauaufsichtsbehörde überwachen die Einhaltung der Bauvorschriften und die Abnahme genehmigungspflichtiger, baulicher Anlagen. Sie sind erste Anlaufstelle und auch verfahrensführende Stelle bei der Genehmigung von Veranstaltungen, die gemäß § 1 MVStättVO in deren Anwendungsbereich fallen.
- Die Straßenverkehrsbehörde ist zuständig für die Gewährleistung der Sicherheit und Ordnung des öffentlichen Straßenverkehrs. In Abhängigkeit vom Umfang der notwendigen Verkehrsmaßnahmen und der betroffenen Straßen sind Ordnungsamt des Kreises, Straßenverkehrsbehörde des Bundeslandes oder das Bundesministerium für Verkehr und digitale Infrastruktur zuständig. Da bei Veranstaltungen häufig durch Auf- und Abbauarbeiten, Veranstaltungslogistik oder An- und Abreise von Besuchern eine verkehrsübliche Nutzung des öffentlichen Straßenlandes nicht oder nur eingeschränkt ermöglicht wird, ist häufig ein entsprechender Antrag bei der zuständigen Verkehrsbehörde erforderlich.
- Umweltamt und Naturschutzamt, in Abhängigkeit von der Zuständigkeitsverteilung in den Kommunen auch das Ordnungsamt, werden bei Vorhaben mit musikalischen Darbietungen mit elektronischer Verstärkung und möglicher Lärmentwicklung durch andere hinzugezogen, um die Zulässigkeit zu überprüfen, Maximalwerte für die Veranstaltungen tagsüber und während der Nachtruhe festzulegen und Ausnahmegenehmigung nach § 48 (Bundes-Immissionsschutzgesetz), Kap. 6 der TA Lärm (Technische Anleitung zum Schutz gegen Lärm) bzw. der Freizeitlärmrichtlinie des Länderausschuss für Immissionsschutz zu erhalten.
- Sind durch die Veranstaltung direkt, durch Nutzung als Veranstaltungsgelände oder mittelbar durch Belastungen während der An- oder Abreise Parks oder Grünflächen betroffen, muss das Grünflächenamt einbezogen werden, um den Schutz der jeweiligen Anlage und ihrer Fauna und Flora zu überprüfen.

- Die Feuerwehr ist generell bei Veranstaltungen zu informieren. Bei der Genehmigung von Veranstaltungen, die gemäß § 1 MVStättVO in deren Anwendungsbereich fallen, ist nach § 42 Abs. 1 MVStättVO eine Brandschutzordnung aufzustellen und eventuell nach § 41 MVStättVO eine Brandsicherheitswachse bei der örtlichen Feuerwehr oder privaten Brandschutzorganisationen zu bestellen. Auch bei einer Mehrzahl weiterer Veranstaltungen wird eine Überprüfung der geplanten Veranstaltung unter Berücksichtigung der Flucht- und Rettungswege durch die Genehmigungsbehörde verlangt.

- Die Polizei sollte bei einer Veranstaltung mit Gefährdungsbelastung informiert werden, damit die Veranstaltung bei der Einsatzplanung berücksichtigt werden kann. Sie ist nicht Genehmigungsbehörde, sondern leistet subsidiäre Hilfe, wenn Genehmigungen und Auflagen anderer Behörden durchgesetzt werden müssen und kommt zum Einsatz, wenn die Lage dies erforderlich macht. Die Bundespolizei ist bei der Planung der An- und Abreise zu berücksichtigen, wenn dies vermehrt über die Deutsche Bahn erfolgt. Treten bei Veranstaltungen politische Würdenträger auf, ist das BKA ebenfalls Gesprächspartner, da diese den Personenschutz leitet.

- Bei Veranstaltungen mit Verkaufsständen muss diese dem Gewerbeamt angezeigt werden. Hier sind entsprechende Gestattungsanträge gemäß § 12 des Gaststättengesetzes (GastG) zu stellen. Gestattungen ermöglichen bei Veranstaltungen den Betrieb eines erlaubnisbedürftigen Gaststättengewerbes unter erleichterten Voraussetzungen. Die Erlaubnis kann ausschließlich für einen Stand auf einer Veranstaltung oder für einen bereits bestehenden Betrieb erteilt werden.

- Das Gesundheitsamt überprüft die Einhaltung der Gesundheits- und Hygienevorschriften beim Umgang mit Nahrungsmitteln und Getränken.

- Der GEMA gegenüber ist eine Veranstaltung mit einer genauen Aufstellung der Künstler bzw. Interpreten, der voraussichtlich gespielten Titel, der Besucherzahl und der Zeitdauer anzuzeigen. Bei angemeldeten Versammlungsstätten ist die Vorgehensweise mit dem Betreiber abzustimmen.

- Das Luftfahrtbundesamt ist bei allen Veranstaltungen zu berücksichtigen die den Luftraum gefährden z. B. durch den Aufstieg einer großen Anzahl von Luftballons oder Sky-Beamer gefährden bzw. die Veranstaltung selbst durch den Einsatz von Helikoptern und Fallschirmsprüngen eine Nutzung des Luftraumes erforderlich macht.

- Das Veterinäramt ist bei Veranstaltungen, in denen Tiere auftauchen wie z. B. bei Zirkusveranstaltungen zu berücksichtigen.

- Für Material, technische Ausstattung oder Equipment der Künstler aus dem Nicht-Schengen-Raum müssen entsprechende Unterlagen (Carnet ATA) beim Zollamt eingereicht werden, um eine temporäre Einfuhr von Gütern zu ermöglichen.

- Bei der Prüfung und Abnahme von technischen Geräten und Einrichtungen z. B. bei Gasgeräten oder elektrischen Anlagen sind die Technischen Überwachungsvereine (TÜV) hinzuzuziehen.

Der Umfang der Genehmigungsplanung ist von der Art, der Komplexität und der Neuartigkeit der Veranstaltung und der sich daraus ergebenden Anzahl der beteiligten Behörden abhängig. Man kann dabei nicht von einer Veranstaltungsgenehmigung sprechen, sondern muss von einzelnen zum Teil voneinander abhängigen Verwaltungsakten ausgehen, die mit der jeweiligen Antragstellung eingeleitet werden. Die Aufgabenverteilung innerhalb einer Verwaltung ist nicht immer transparent, sodass die Bestimmung der Zuständigkeit einer Behörde durch den Antragsteller erfolgen muss. Deswegen haben einige Städte, in denen regelmäßig Veranstaltungen durchgeführt werden, zentrale Anlaufstellen für Veranstaltungsanfragen aufgebaut. In Stuttgart existiert beim Amt für öffentliche Ordnung eine derartige Koordinationsstelle. Der Koordinierungskreis, ebenfalls beim Amt für öffentliche Ordnung, übernimmt als federführende Stelle die Abstimmung aller beteiligten städtischen Verwaltungseinrichtungen. Die notwendigen Anträge des Veranstalters und Genehmigungen der unterschiedlichen Verwaltungseinheiten werden so koordiniert und gebündelt. Je nach Größe der Veranstaltung werden dabei drei Arbeitsgruppen eingerichtet, die sich mit den folgenden Themen befassen (Sakschewski 2016b, S. 57):

- Allgemeine Veranstaltungssicherheit: Ordnungsdienst, Sanitätsdienst, Sicherheitsbereiche, Pyrotechnik, Besucherlenkung, Reinigung, Veranstaltungsleitung, Krisenstab, etc.
- Belegung: Aufbauplanung, Flucht- und Rettungswege, Zufahrts- und Aufstellflächen der Rettungskräfte, Planerstellung, Erlaubnisverfahren StVO, Sondernutzung, Fliegende Bauten, Baurecht, etc.
- Verkehr: Planung, Abstimmung und Anordnung von Verkehrsmaßnahmen, Ausnahmegenehmigungen von Verkehrsverboten, Sonn- und Feiertagsrecht, Abstimmung mit Baustellen im Stadtgebiet, etc.

Bei Kommunen ohne eine derartige Koordinationsstelle ist der Veranstalter aufgefordert, alle notwendigen Informationen wie Kontaktdaten und Erreichbarkeit der zuständigen Behörde, erforderliche Antragsunterlagen, Antragsfristen und Antragsform selbst in Erfahrung zu bringen. Auch kleine Gemeinden unterstützen Veranstalter jedoch häufig durch Handreichungen oder Informationen auf den offiziellen Webseiten der Gemeinde (Sakschewski 2016b, S. 65). Dennoch können zumindest theoretisch in den 11.116 Gemeinden und 402 Kreisen laut Gemeindeverzeichnis (Destatis 2014) auch unterschiedliche Verteilungen der Aufgaben existieren. Grundsätzlich ist die Verwaltungsstruktur um so komplexer je mehr Einwohner die Gemeinde aufweist. In Gemeinden wie Göttin (Schleswig-Holstein) mit 62 Einwohner liegt das zuständige Amt im zehn Kilometer entfernten Büchen. Ein Ort mit 5686 Einwohnern. Alle Anträge für eine Veranstaltung wären dort beim Ordnungsamt zu stellen. In Berlin hingegen als Gemeinde und Stadtstaat mit seinen 3,5 Mio. Einwohnern ist die Verwaltungsstruktur und damit die Klärung der Zuständigkeit bei der Genehmigungsplanung aufwendiger. Als Stadtstaat werden in Berlin staatliche und gemeindliche Aufgaben nicht getrennt. Landesregierung und Bezirksverwaltungen nehmen gemeinsam Aufgaben wahr. Die Regelung erfolgt über die Berliner Landesverfassung (VvB), das allgemeine Zuständigkeitsgesetz (AZG) oder das Bezirksverwaltungsgesetz (BezVG). In Berlin sind somit die Behörden der Bezirke, aber auch Landesbehörden wie z. B. die zentrale Verkehrslenkung bei der Sondernutzung von öffentlichem Straßenland zuständig, eine eigenständige Behörde der Senatsverwaltung für Stadtentwicklung und Umwelt.

Durch die Verwaltungsstrukturreform, die dem Bürokratieabbau dienten, und Maßnahmen der Haushaltskonsolidierung haben einige kleinere Gemeinden keine eigenständige Stadt- bzw. Gemeindeverwaltung mehr. Dadurch werden Aufgaben zentralisiert und eine Genehmigung für eine Veranstaltung ist bei der Verwaltung des nächsthöheren Land- oder Stadtkreises zu beantragen. Für die Genehmigungsplanung kann dies die Verteilung einzelner Anträge auf unterschiedliche Behörden auf Gemeinde- und Kreisebene bedeuten. Dadurch bleibt es für Veranstalter bei Städten ohne zentrale Informations- und Koordinationsstelle für Veranstaltungen schwierig, den Aufwand und die Zeitdauer zur Genehmigung abzuschätzen. Trotz der sehr unterschiedlichen Angaben der Genehmigungsbehörden dienen als Orientierung folgende Bearbeitungsfristen.

▶ Veranstalter sollten bei kleineren Veranstaltungen mit einer Bearbeitungsdauer von mindestens sechs Wochen rechnen. Bei besonderen Veranstaltungen, die durch ihre Art oder Größe mehrere Behörden einbeziehen müssen oder durch die szenische Darstellung oder spezielle Effekte eine umfangreichere Sicherheitsplanung verlangen, sollten mindestens zwölf Wochen Bearbeitungszeit eingeplant werden. Großveranstaltungen müssen in der Regel bereits sechs Monate vorher angezeigt werden. Zu diesen Bearbeitungsfristen ist die Planungszeit, also die Recherche nach Ansprechpartnern und die eigentliche Antragsbearbeitung, zu addieren.

Die inhaltliche Bearbeitung eines Antrags liegt nicht allein in den Händen des Veranstalters, sondern ist abhängig von den Zuarbeiten der Dienstleister, so wie z. B. das Verkehrskonzept für die Logistik der Aufbauarbeiten von den Terminvorgaben und den Konstruktionsplänen der technischen Dienstleister abhängt. Hier ist die frühe Kontaktaufnahme mit den Ansprechpartnern der Behörden z. B. während der öffentlichen Sprechstunden sinnvoll, um eine Bearbeitung auch dann zu ermöglichen, wenn sich vielleicht die Einreichung einzelner Anlagen verzögern. Doch ist zu beachten, dass für eine fristgerechte Bearbeitung immer die Vollständigkeit der Antragsunterlagen maßgebend ist, dazu gehören auch alle Informationen zum Antragsteller (Namen, Ansprechpartner, Anschrift). Die sicherheitstechnische, technische und organisatorische Planung einer Veranstaltung sollte zum Zeitpunkt der Antragstellung daher möglichst vollständig abgeschlossen sein, was jedoch nicht immer möglich ist. Änderungen innerhalb eines laufenden Genehmigungsprozesses aber erschweren die Bearbeitung und können zu einer Vielzahl von Fehlinformationen und Missverständnissen führen. Daher empfiehlt es sich, die wichtigen Elemente der Veranstaltungsbeschreibung zu einem frühen Zeitpunkt der Veranstaltungsplanung fertig zu stellen.

- Veranstalter: Name, Kontaktdaten, Handlungsbevollmächtigte
- Betreiber: Name, Kontaktdaten, bei einer juristischen Person auch dessen gesetzlicher Vertreter

- Betreiberverantwortliche: Name Kontaktdaten, ggf. die erforderlichen Qualifikationen, insbesondere bei Veranstaltungsleiter und Verantwortlichen für Veranstaltungstechnik
- Weitere sicherheitsrelevante Beteiligte mit Namen und Kontaktdaten technischer Dienstleister soweit bereits bekannt
- Veranstaltungsbeschreibung: Veranstaltungsart, geplanter zeitlicher Ablauf, sicherheitsrelevante Einschätzung des erwarteten Publikums, erwartete Besucherzahl, Einlass, geplantes Veranstaltungsende
- Veranstaltungsort (falls keine genehmigte Versammlungsstätte): Maßstabsgerechter Plan des Veranstaltungsgeländes mit einer Verortung der Ein- und Auslässe und der verschiedenen Funktionsbereiche, kurze Beschreibung des Veranstaltungsgeländes unter sicherheitstechnischen Aspekten
- Hinweise zu noch fehlenden Unterlagen und Plänen

7.1.2 Vorgehensweise bei ausgewählten Genehmigungsverfahren

Nutzungsänderung

Veranstaltungen an besonderen Orten, die für Veranstaltungen nicht zugelassen sind, haben einen enormen Reiz. Die Veranstaltung als Interaktion und Inszenierung (Wünsch 2012) verheißt Wirkung nicht nur durch die Veranstaltung, sondern auch durch den inszenierten Veranstaltungsort. Wünsch spricht in diesem Zusammenhang von der gemeinschaftlich erstellten und geteilten Wirklichkeitskonstruktion eines Events, dass in der physischen Anwesenheit der am Ereignis Teilnehmenden eine Situation und eine Szene erschafft (Wünsch 2012, S. 127). Situation meint die innere Gegebenheit und Verfasstheit eines Besuchers, Szene hingegen die äußere Gegebenheit und Ausgestaltung. Situation der Besucher und inszenierte Wirklichkeit der Veranstaltung interagieren. Bei Veranstaltungen an besonderen Orten wird dieser wechselseitige Prozess bewusst gestaltet und der Ort selbst zum Akteur oder zumindest zum Gesprächsanlass. Eine Veranstaltung an einem besonderen Ort stellt jedoch in der Regel eine Nutzungsänderung dar, denn die Veranstaltung bedeutet die Änderung der genehmigten Benutzungsart einer baulichen Anlage wie bei einer geplanten Veranstaltung in einer Industriehalle oder einem Parkhaus. Unmissverständlich sagt hier § 59 MBO, dass eine Nutzungsänderung eine Baugenehmigung verlangt. Da dies für eine einmalige Veranstaltung, die keine dauerhafte Nutzungsänderung bedeutet, mit einem außerordentlichen Aufwand verbunden wäre, liegt es im Ermessen der Unteren Bauaufsichtsbehörde, die einzelne, beantragte Veranstaltung zu genehmigen und so trotz bestehender Nutzungsänderung eine baurechtliche Duldung der Nutzung ohne gesonderte Baugenehmigung zu ermöglichen. Bleibt es nicht bei einer einzelnen Veranstaltung an diesem Veranstaltungsort, sind für jede weitere Veranstaltung erneut Genehmigungen einzuholen. Irgendwann jedoch wird die Untere Bauaufsichtsbehörde auf eine Anpassung an die Bestimmungen der MVStättVO bestehen (Klode 2014a, S. 161).

Die Duldung aber bedeutet ein vereinfachtes Genehmigungsverfahren, bei dem meist folgende Nachweise ausreichen:

- Nachweise über die zu erwartende Besucherzahl
- Nachweis über die ungehinderte Zugänglichkeit für die Besucher
- Mindestens zwei gesicherte Rettungswege
- Bestuhlungs-, Belegungsplan in dem die höchst zulässige Besucherzahl (Fläche) und höchstzulässige Personenzahl aufgrund der vorhandenen Rettungswege nachgewiesen wird.
- Nachweis ausreichender Sicherheitsbeleuchtung
- gesicherte Entlüftung
- Nachweis der Begehbarkeit der Flucht- und Rettungswege (Klode 2014a, S. 162)

Veranstaltungen auf öffentlichen Straße und Plätzen

Die Nutzung von Straßen, Wegen und öffentlichen Plätzen ist ein unentgeltlicher Gemein- oder Jedermanngebrauch, solange diese Nutzung verkehrsüblich ist, also eine auf Ortsveränderung gerichtete Fortbewegung von Personen und Sachen beinhaltet. Die Satzung zu Sondernutzungen im Bezirk Mitte von Berlin definiert den Gemeingebrauch darüber hinaus:

> Gemeingebrauch ist der jedermann offenstehende Gebrauch der öffentlichen Straßen im Rahmen der Widmung für den Verkehr. Er umfasst nicht nur die Teilnahme am Verkehr, sondern auch den Aufenthalt, die Kommunikation, das Spielen und dergleichen auf den dafür vorgesehenen Flächen. Zum Gemeingebrauch gehören außerdem Aktivitäten auf der Straße, die traditionell in Berlin als gemeingebräuchlich angesehen werden (ortsüblicher Gemeingebrauch) (Sondernutzungen in Berlin Mitte o. J., S. 1).

Ein über den verkehrsüblichen Gebrauch hinausgehende Nutzung ist der Fall, wenn die Benutzung der Straße für den Verkehr wegen der Zahl oder des Verhaltens der Teilnehmenden oder der Fahrweise der beteiligten Fahrzeuge eingeschränkt wird. Da Veranstaltungen auf öffentlichen Straßen und Plätzen zu Absperrungen und Verkehrseinschränkungen anderer Teilnehmer führt, gehen sie über den Jedermanngebrauch hinaus und bedürfen der Erlaubnis (§ 29 Abs. 2 StVO).

Der Antrag auf eine Sondernutzung von Straßen und Wegen erfolgt in der Regel beim zuständigen Ordnungsamt. Die Entscheidung über den Antrag erfolgt auf Grundlage spezifischer Satzungen, wozu die Gemeinden und Städte nach den Landesstraßengesetzen das Recht haben (Risch und Kerst 2011, S. 435). Viele Städte haben detaillierte Satzungen für Plätze verfasst, die für Veranstaltungen besonders attraktiv sind, um die Art und die Anzahl der Veranstaltungen zu regulieren. In München muss eine Reservierung von öffentlichen Plätzen im begehrten städtischen Innenraum bis zu zwei Jahre im Voraus beim Kreisverwaltungsreferat angefragt werden. Diese prüft auf Basis des angefragten Termins, ob der geplante Veranstaltungstermin sich mit parallel geplanten Veranstaltungen überschneidet. Das Vergabekonzept der Stadt Köln führt grundlegende Qualitätsziele und Sicherheitsbestimmungen für sechs zentrale Innenstadtplätze an. Inhaltlich müssen die angefragten Veranstaltungen eines der nachfolgenden Kriterien erfüllen: keine gleichen Veranstaltungen in der erweiterten Region und überregionale Ausstrahlung der Veranstaltung, passend und förderlich für das Image der Stadt, Förderung der Brauchtumspflege, insbesondere des seit 1823 bestehenden Straßenkarnevals, Unterstützung gemeinnütziger Organisationen und Interessen oder Förderung stadt(teil)bezogener Entwicklungsplanungen (Sakschewski 2016b, S. 59). Im Bezirk Mitte von Berlin, der durch Großveranstaltungen und Versammlungen im besonderen Maße belastet ist, existiert eine Satzung zu Sondernutzungen. Für die wichtigen Innenstadtplätze mit internationaler Ausstrahlung wie das Brandenburger Tor und der Pariser Platz, aber auch für Lustgarten und Gendarmenmarkt und einige andere Plätzen gilt ein Positiv-Negativ-Katalog für die Genehmigung von Veranstaltungen. Danach gelten als Ausschlusskriterien Veranstaltungen für einen geschlossenen Personenkreis. Diese sind grundsätzlich nicht genehmigungsfähig. Veranstaltungen, die überwiegend der Werbung einer Firma oder eines Produktes dienen, sind ebenso wenig genehmigungsfähig. Für den Gendarmenmarkt in Berlin werden z. B. nur Sondernutzungserlaubnisse für Veranstaltungen mit ausgeprägtem Kunst- und Kulturanspruch wie z. B. klassische Konzerte erteilt, die in Beziehung zu den prägenden Gebäuden des Platzes stehen und städtebauliche sowie denkmalpflegerische Belange nicht beeinträchtigen. Für Brandenburger Tor und Pariser Platz werden Genehmigungen nur für Veranstaltungen von herausragender politischer, kultureller oder sportlicher Bedeutung erteilt (Sondernutzungen Berlin Mitte 2015, S. 13 f.).

Die Prüfung eines Antrages auf eine Sondernutzung muss also die Interessen der Allgemeinheit gegenüber den individuellen Interessen eines Veranstalters abwägen. Diese Abwägung erfolgt häufig nach den Kriterien der Größe einer Veranstaltung in Bezug auf die zu erwartende Besucherzahl, deren Bedeutung für die Kommune bzw. Stadt nach innen und in der Außenwirkung indirekt über Medien oder direkt durch einen Veranstaltungstourismus. In die Beurteilung fließt dabei der kommerzielle oder nicht kommerzielle Charakter ein, was sich z. B. in der Werbewirkung und dem öffentlichen Zugang einer Veranstaltung widerspiegelt. Unverhältnismäßig lang andauernde Absperrungen bzw. Verkehrseinschränkungen sollten daher vermieden werden. Gemäß § 8 Abs. 3 S. 1 FStrG haben Gemeinden das Recht, zusätzlich zu den anfallenden Bearbeitungsgebühren Benutzungsgebühren zu erheben, wenn eine Rechtsverordnung der Landesregierung oder eine Gemeindesatzung dies vorsieht. Grundlage der Höhe der Gebühren ist der wirtschaftliche Vorteil, der eine Veranstaltung durch die Sondernutzung erhält (Risch und Kerst 2011, S. 435).

Ausnahmegenehmigung Lärm

Veranstaltungen im Freien haben in der Regel in den Abend- und Nachtzeiten und an Wochenenden und Feiertagen eine höhere Lärmemission als zugelassen. Die Genehmigung von Veranstaltungen im Freien beinhaltet daher zumeist einen Antrag auf eine Ausnahme von den bestehenden Immissionsrichtwerten. Die rechtliche Grundlage für die Genehmigung von Veranstaltungen wird durch das Bundes-Immissionsschutzgesetz

(BImSchG) und – soweit vorhanden – die länderspezifischen Immissionsschutzgesetze, die Technische Anleitung zum Schutz gegen Lärm (TA Lärm) sowie die Freizeitlärmricht-linie des Länderausschuss Immissionsschutz gebildet. Das Bundes-Immissionsschutzge-setz nennt allgemeine Grundsätze (§ 48 BImSchG) und findet für Veranstaltungen keine direkte Anwendung. Die Landesimmissionsschutzgesetze hingegen schaffen die rechtli-chen Grundlagen für eine Ausnahmegenehmigung. So heißt es z. B. in § 9 Abs. 3 LIm-SchG-NRW, dass bei Vorliegen eines öffentlichen Bedürfnisses oder besonderer örtlicher Verhältnisse Gemeinden für Messen, Märkte, Volksfeste, Volksbelustigungen und ähnli-che Veranstaltungen Ausnahmen vom Verbot der Störung der Nachtruhe von 22.00 bis 06.00 Uhr genehmigen dürfen. Und § 11 LImSchG-Bln räumt der zuständigen Behörde bei Vorliegen eines öffentlichen Bedürfnisses für Veranstaltungen im Freien die Möglich-keit einer Genehmigung ein, wenn dies im Einzelfall unter Berücksichtigung des Schutz-bedürfnisses der Nachbarschaft zumutbar ist. Ein öffentliches Bedürfnis liegt in der Regel vor, wenn das Vorhaben auf historischen, kulturellen oder sportlichen Umständen beruht oder sonst von besonderer Bedeutung ist. Die rechtliche Ermöglichung, wie sie in diesen beiden Beispielen aus den Länderfassungen des Immissionsschutzgesetzes betont werden, wird durch die Technische Anleitung zum Schutz gegen Lärm (TA Lärm) sowie die Frei-zeitlärmrichtlinie des Länderausschuss Immissionsschutz konkretisiert.

Welche der beiden Rechtsgrundlagen für die Genehmigung Veranstaltungen Anwendung finden, ist abhängig von den zuständigen Behörden (Ebner 2010, S. 310). Da jedoch die zugrunde liegenden Immissionsrichtwerte gleich lautend sind, ist es in Bezug auf diese Werte letztendlich unerheblich, welche der beiden Richtlinien als rechtliche Grundlage herangezogen wird.

Die Immissionsrichtwerte betragen außerhalb von Gebäuden:

- in Industriegebieten 70 dB(A)
- in Gewerbegebieten: tags 65 dB(A) und nachts 50 dB(A)
- in Kerngebieten, Dorfgebieten und Mischgebieten: tags 60 dB(A) und nachts 45 dB(A)
- in allgemeinen Wohngebieten und Kleinsiedlungsgebieten: tags 55 dB(A) und nachts 40 dB(A)
- in reinen Wohngebieten tags 50 dB(A) und nachts 35 dB(A) (6.1 TA Lärm)

Als Tageszeit gilt der Zeitraum von 06.00 Uhr bis 22.00 Uhr, als Nachtzeit der Zeit-raum von 22.00 Uhr bis 06.00 Uhr. Nach 6.4 TA Lärm kann die Nachtzeit bis zu einer Stunde hinausgeschoben oder vorverlegt werden, soweit dies wegen der besonderen örtlichen oder wegen zwingender betrieblicher Verhältnisse unter Berücksichtigung des Schutzes vor schädlichen Umwelteinwirkungen erforderlich ist. Eine achtstündige Nachtruhe der Nachbarschaft im Einwirkungsbereich ist jedoch sicherzustellen. Ein Zuschlag von 6 dB(A) für Tageszeiten mit erhöhter Empfindlichkeit gibt die TA Lärm ebenfalls vor (6.5 TA Lärm). Von Berücksichtigung des Zuschlags kann die zuständige

Behörde jedoch im Einzelfall absehen. Als Zeiten mit erhöhter Empfindlichkeit gelten an Werktagen der Zeitraum 06.00 Uhr bis 07.00 Uhr und von 20.00 Uhr bis 22.00 Uhr sowie an Sonn- und Feiertagen der Zeitraum 06.00 Uhr bis 09.00 Uhr, von 13.00 Uhr bis 15.00 Uhr und von 20.00 Uhr bis 22.00 Uhr.

Ebner kommt nach ausführlicher Darstellung der TA Lärm zu dem Ergebnis, dass fast alle Open-Air-Veranstaltungen sowie ein erheblicher Teil von Veranstaltungen in Gebäuden nicht durchführbar wären, wenn nach dem Wortlaut der Technischen Anleitung entschieden würde.

Eine Möglichkeit bietet hier die Anwendung der Freizeitlärmrichtlinie (2015, S. 9 f.), denn diese erlaubt Ausnahmen bei seltenen Ereignissen. Seltene Ereignisse bedeutet, dass diese nicht häufiger als zehn mal im Kalenderjahr auftreten, bei Freizeit und Sportanlagen wie bei Stadien, die auch für Veranstaltungen genutzt werden, ist eine Erhöhung auf insgesamt 18 Kalendertage möglich. Unter „selten" ist zu verstehen, dass die Ereignisse nicht an zwei aufeinander folgenden Wochenenden stattfinden und sie eine hohe Standortgebundenheit aufweisen. Hohe Standortgebundenheit und soziale Adäquanz sowie Akzeptanz ist bei besonderem örtlichem oder regionalem Bezug gegeben.

> In diesem Sinne sind standortgebunden beispielsweise Großveranstaltungen wie der Hessentag, die Kieler Woche und mancherorts auch einzelne Konzerte in exponierter Innenstadtlage. Ebenso können hierunter Feste mit kommunaler Bedeutung – wie die örtliche Kirmes oder das jährliche Fest der Feuerwehr – sowie besondere Vereinsfeiern (z. B. Meisterschaften für Modellfahrzeuge) fallen (Freizeitlärmrichtlinie 2015, S. 9).

Wie schon in der allgemeinen Erörterung zum Charakter des Verwaltungsaktes beschrieben, liegt damit die Genehmigung einer Veranstaltung unter Berücksichtigung des Immissionsschutzes in der Regel im Ermessen der zuständigen Behörde, die für ihre Entscheidung wiederum das Gemeinwohl, auch das Gemeinwohl einer gemeinsamen Feier, gegen das Ruhebedürfnis Einzelner abzuwägen hat. Die Lärmbelästigung durch Veranstaltungen beschäftigt immer wieder die Gerichte und hat zu teilweise unterschiedlichen Urteilen geführt. Der Bundesgerichtshof entschied am 26.09.2003 zur Lärmbeeinträchtigung durch ein Rockkonzert: Von einem Rockkonzert ausgehende Lärmimmissionen, die die Richtwerte der so genannten LAI-Hinweise überschreiten, können unwesentlich im Sinne des § 906 Abs. 1 S. 1 BGB sein, wenn es sich um eine Veranstaltung von kommunaler Bedeutung handelt, die an nur einem Tag des Jahres stattfindet und weitgehend die einzige in der Umgebung bleibt. Das gilt in aller Regel aber nur bis Mitternacht. In der Zeit zwischen 20.00 Uhr und 24.00 Uhr gilt ein Beurteilungspegel von 70 dB(A) und eine Geräuschspitze von 90 dB(A) sowie zwischen 24.00 Uhr und 08.00 Uhr einen Beurteilungspegel von 55 dB(A) und eine Geräuschspitze von 65 dB(A). So argumentiert auch der Bayerische Verwaltungsgerichtshof, der am 22.11.2005 entschied, dass auch das schutzwürdigste Volksfest in der Nachtzeit nach 22.00 Uhr in der Regel wenigstens die Tagrichtwerte der Freizeitlärm-Richtlinie für seltene Ereignisse einhalten sollte. Ausnahmen kann es nur in sehr seltenen, nicht mehrere Nächte andauernden Fällen geben.

Wird die oben aufgezeigte Schädlichkeitsgrenze nach 22:00 Uhr an vier aufeinander folgenden Tagen überschritten, kann ein sehr seltenes Ausnahmeereignis nicht angenommen werden.

▶   Für den Veranstalter gilt es also aus planerischer Sicht, die Besonderheit der
     Veranstaltung und deren Bedeutung für das Gemeinwohl herauszustellen. Aus
     technischer Sicht sollten in der Veranstaltungsplanung Maßnahmen zur Reduktion der Lärmemission in Richtung von Wohngebieten eingeplant werden.

Fragen/Aufgaben
  1. Welche Fragen sollte die Genehmigungsplanung beantworten?
  2. Was ist eine Nebenbestimmung?
  3. Welche Aufgaben hat eine Koordinierungsstelle für Veranstaltungen?
  4. Mit welchen Vorlaufzeiten und Fristen bei der Genehmigung muss ein Veranstalter
     rechnen?
  5. Verlangt eine Veranstaltung in einem Gebäude, das nicht als Versammlungsstätte
     zugelassen ist, zwingend eine Nutzungsänderung?
  6. Auf welchen rechtlichen Grundlagen beruht eine Sondernutzung von Straßen?
  7. Was bedeutet ein seltenes Ereignis?

7.2   Sicherheitsplanung

Die Sicherheitsplanung einer Veranstaltung meint alle Aufgaben und Maßnahmen, die zur Sicherheit einer Veranstaltung notwendig sind. Dazu zählt die Planung und Kontrolle der Sicherheit der eingesetzten Veranstaltungstechnik, die Abschätzung und Bewertung der Gefährdungen sowie Planung und Umsetzung von Maßnahmen für die Sicherheit aller beteiligten Mitarbeiter und Darsteller während des Aufbaus, bei Proben, während der Veranstaltung und beim Abbau. Die Mitarbeiter und Darsteller fallen unter den Schutzbereich des Arbeitsschutzrechtes und können sich hierbei für die unterschiedlichen Tätigkeiten und daraus resultierenden Gefährdungen auf eine Vielzahl von Gesetzen, Normen und Vorschriften berufen. Die Besucher können beim Kauf einer Eintrittskarte, dem geschlossenen Werkvertrag zwischen Veranstalter und Besucher mit mietvertraglichen Aspekten (Risch und Kerst 2011, S. 35), auf eine für sie sichere Veranstaltung vertrauen. Sie dürfen von einer Führsorgepflicht des Veranstalters ausgehen, die sie vor Gefahren für Leib und Leben sowie zumindest in Grundsätzen auch ihres persönlichen Besitzes schützen. Die Mitarbeiter oder andere Mitwirkende können sich auf einen besonderen Schutz einstellen. Die Sicherheitsplanung einer Veranstaltung muss zwar ausnahmslos alle Beteiligen schützen, hat jedoch aufgrund der unterschiedlichen Ausgangslage einen Schwerpunkt bei den Besuchern. Zunächst werden in diesem Kapitel die Gestaltungs- und Planungsaufgaben für eine Sicherheitsplanung, die sich als

Crowd Management beschreiben lassen, dargestellt. Die Umsetzung der geplanten Maßnahmen erfolgt durch das Crowd Control als operative Besucherführung.

Das Krisenmanagement als Teil der Sicherheitsplanung meint in diesem Zusammenhang die Vorbereitung einer Koordination, die bei schweren Störungen oder den Abbruch einer Veranstaltung greift. Als Krisenmanagement ist hier die Gesamtheit der ergriffenen Maßnahmen zu verstehen, um auf Störereignisse reagieren zu können. Geleitet werden die Maßnahmen vom Koordinierungsstab. Der Koordinierungsstab oder die Koordinierungsstelle ist das Leitungsgremium des Veranstalters und ist besetzt mit Vertretern des Veranstalters, der Feuerwehr, der Polizei, der Genehmigungsbehörde, dem Ordnungsdienstleiter, der Leitung des Sanitätsdienstes und weiteren Beteiligten. Der Koordinierungsstab lenkt die Veranstaltung im Regelbetrieb. Der Koordinierungsstab muss durch einen Standort auf der Veranstaltungsfläche oder in dessen unmittelbarer Nachbarschaft wie im Eingangsbereich und durch eine geeignete technische Ausstattung in der Lage sein, Informationen zu einem Schadensereignis zu erhalten und zu bewerten (Sakschewski und Paul 2016, S. 266). Im Einzelnen bestehen die Aufgaben des Krisenmanagements daher in

- der Gewinnung eines einheitlichen Lagebildes,
- der Anforderung zusätzlicher Kräfte (insbesondere Polizei, Feuer- wehr, Sanitätsdienst),
- der Information der Besucher (siehe Abschn. 7.3.1) und der Mitarbeiter (Sprechfunk, InterCom, IT-gestützte Systeme, Codewörter in Durchsagen oder auf Anzeigetafeln),
- der Information externer (Behörden, Presse),
- der Anordnung geeigneter Maßnahmen (Abbruch der Veranstaltung, Evakuierung, Einsatz von Ordnungskräften) (Ebner 2014, S. 109).

Im Koordinierungsstab sollen trotz ihrer verschiedenen Blickwinkel Sanitätsdienst, Feuerwehr und Polizei mit dem Veranstalter und dessen Ordnungsdienst zusammenarbeiten. Der Sanitätsdienst wird vom Veranstalter beauftragt und hat das Ziel, durch den Einsatz von ausreichendem Personal und Einsatzmitteln eine vereinbarte Hilfsfrist sicherzustellen. Die Hilfsfrist ist die Zeitdauer von der Informationsannahme eines Einsatzbedarfs bis zur Leistung der Ersten Hilfe vor Ort. Die Sanitätsdienstkräfte sind in der Regel ehrenamtlich tätig. Ab 30.000 Besucher (Maurer 2005a, S. 32) ist auf dem Veranstaltungsgelände in leichter, störungsfreier Erreichbarkeit von außen als auch zu allen Bereichen des Veranstaltungsgeländes eine Unfallhilfsstelle (UHS) einzuplanen. Die Anzahl der Helfer in mobilen Sanitäts- und Rettungsteams, Rettungswagen und Krankentransportwagen ergeben sich nach Art und Größe der Veranstaltung (Granitzka 2005, S. 114 f.).

Die Polizei hat subsidiäre Aufgaben der Gefahrenabwehr bzw. die allgemeine Aufgabe zur Sicherstellung der Sicherheit und Ordnung. Sie nutzt eine eigenständige Einsatzleitung und sendet bei Bedarf in den Koordinierungsstab einen entscheidungsbefugten Mitarbeiter. Sie klärt zur Ermittlung von Gefahrenquellen auf oder wird hinzugezogen bei der Feststellung von Personen- und Sachschäden. Polizeikräfte unterstützen die privaten

Hilfsorganisationen beim Retten und Bergen und den privaten Sicherheits- und Ordnungsdienst bei einem Abbruch einer Veranstaltung und der Räumung. Sie leitet in einem Notfall Verkehrsmaßnahmen ein, um Anfahrts- und Rettungswege frei zu halten oder bei der Gefahr einer Überfüllung eines Veranstaltungsgeländes abzusperren (Tietz 2005, S. 144 f.).

Die Feuerwehr berücksichtigt in ihrer Planung die Anfahrtswege einschließlich möglicher alternativer Routen und deren Störungsanfälligkeit durch Falschparker. Auf dem Veranstaltungsgelände werden die Zu- und Durchfahrtsflächen oder die Möglichkeit zur stationären Positionierung von Einsatzfahrzeugen ebenso betrachtet wie die Löschwasserversorgung sowie die Anzahl und Platzierung mobiler Löschgeräte. Die Flucht- und Rettungswege werden nach den gesetzlichen Vorschriften und unter Einbeziehung möglicher Brandszenarien und feuergefährlicher Handlungen betrachtet (Maurer 2005b, S. 92 ff.).

7.2.1　Crowd Management

1993 hat Fruin auf einer Konferenz den Begriff des Crowd Managements definiert. „Crowd management is defined as the systematic planning for, and supervision of, the orderly movement and assembly of people" (Fruin 1993, S. 6). Als Hauptziel nennt er die Verringerung der Möglichkeit, dass Situationen mit großem Druck und unkontrollierten Bewegungen der Menge entstehen. Ebenso beschreibt auch Berlonghi Crowd Management noch im selben Jahr. „Crowd management includes all measures taken in the normal process of facilitating the movement and enjoyment of people. People attend an event for some purpose which can include being entertained, educated or to celebrate something. Crowd management assures people that they will get what they paid for and go home safely" (Berlonghi 1993, S. 15 f.).

▶　　Ziel des Crowd Management ist es, dem Besucher ein Höchstmaß an Sicherheit und Schutz zu bieten, indem größere Personendichten vermieden werden. Damit meinen Fruin und Berlonghi die Beschaffung aller notwendigen Informationen über das Veranstaltungsgelände und die örtlichen Gegebenheiten sowie die Erstellung von Besucherprofilen.

Zu den weiteren Aufgaben zählt eine Einschätzung der vorhandenen Flächen hinsichtlich Kapazität und Raumbelegung, Besucherfluss, Auslegung und Breite der Ein- und Ausgänge, das Einlassverfahren, aber auch die notwendige Information und Schulung von Personal und die Kommunikation intern wie extern. Rutley (1997, S. 76) fasst die Aufgaben in drei Tätigkeitsfelder zusammen:

- Unterstützung durch Information
- Lenkung durch Kommunikation
- Abschreckung von nicht gewünschten Besuchergruppen und Besucherverhalten

Eine sinnvolle deutsche Umschreibung der Aufgaben des Crowd Managements findet sich bei Walkenhorst.

▶ **Crowd Management** „[Crowd Management] umfasst das Management zur Gewähr-leistung der Besuchersicherheit durch eine strukturierte Planung und durch die Überwa-chung der durch die Vorplanung geordneten Bewegungen wie z. B. der Versammlung von Menschen und Menschenströmen" (Walkenhorst 2013, S. 33).

Der Event Safety Guide nennt als wesentliche Parameter des Crowd Managements:

- „design of the venue to allow good entry and exit and to allow for crowd movement within the venue;
- audience capacity;
- provision of adequate facilities for refreshments, sanitary requirements, etc.;
- clear, effective means of communication with the audience" (HSE 1999, S. 45).

In Anlehnung an Walkenhorst (2013, S. 33) können folgende wichtige Aufgaben des Crowd Managements genannt werden:

- Planung des Veranstaltungsgeländes
- Besucherzahl
- Einschätzung der Personendichten und Besucherströme
- Planung der An- und Abreise
- Einlasssituation zum Veranstaltungsgelände
- Planung von Entlastungsflächen und Rettungswegen

Nachfolgend werden diese Aufgaben genauer beschrieben.

Planung des Veranstaltungsgeländes bzw. des Veranstaltungsraumes Das Veranstal-tungsgelände bezeichnet die Fläche, auf der die Veranstaltung stattfinden soll. In Gebäu-den ergibt sich die Definition des Veranstaltungsraumes aus den baulichen Grenzen. Bei Veranstaltungen im Freien erfolgt die genaue Definition in Abstimmung mit den zustän-digen Behörden auf Basis detaillierter Planunterlagen im von der Behörde geforderten Maßstab (i. d. R. 1:100 oder 1:200). Die so definierten Grenzen des Veranstaltungsge-ländes bilden im juristischen Sinne auch die Grenzen des Verantwortungsbereiches des Veranstalters. Aufwendungen für Reinigungen oder Beschädigungen aber auch für Sanitäts- und Rettungsdienst hat der Veranstalter nur für Tatbestände innerhalb des Ver-anstaltungsgeländes zu tragen. Dennoch gehört es zur planerischen Sorgfaltspflicht des Veranstalters – als Selbstverpflichtung oder als Auflage durch die Genehmigungsbehörde explizit formuliert –, im Zuge der Planung der Zugänglichkeiten zum Veranstaltungsge-lände und der An- und Abreise auch die von den Besuchern genutzten Flächen bei einer Sicherheitsplanung zu berücksichtigen, die nicht zum Veranstaltungsgelände gehören.

Die ausführliche Beschreibung des Veranstaltungsgeländes beinhaltet nachfolgende Aspekte (Walkenhorst 2013, S. 35):

- Festlegung des Veranstaltungsgeländes mit einer eindeutigen Darstellung der Fläche unter Verwendung von maßstabgerechten Detailplänen. Bei der Auflage zur Umzäunung von öffentlich zugänglichen Veranstaltungen oder bei Veranstaltungen mit Eintritt erfolgt die Platzierung von Zäunen i. d. R. entlang der Grenzen des Veranstaltungsgeländes.
- Begehungen mit einer ausführlichen Aufnahme wichtiger Details wie die Erfassung von Bodenunebenheiten, Bordsteinkanten, Zustand der Flächen, Gefälle etc.
- Fotodokumentation zur Nachweisführung gegen mögliche Haftungsansprüche
- Beschreibungen
  - Allgemeine Beschreibung der Veranstaltungsfläche mit Maßangaben, Besonderheiten, Eigentümer, Straßenführung und übliche Nutzung.
  - Lage des Veranstaltungsgeländes in Hinblick auf anliegende Grundstücke, begrenzende Gebäude und Übergängen zu anderen öffentlichen Flächen.
  - Sichtlinien und Verbindungen zu attraktiven Geländebereichen, bei denen im Rahmen des Veranstaltungsverlaufs mit erhöhten Personendichten zu rechnen ist.
  - Aufteilung der Veranstaltungsgelände mit Kennzeichnung von Aufstellflächen für Feuerwehr und Sanitätsdienst, Bühnenbereich und weiterer Infrastruktur wie sanitäre Anlagen, Catering etc.
  - Geplante unattraktive Flächen auf dem Veranstaltungsgelände, bei denen Sichtverbindungen zur Szenenfläche unterbrochen sind und bei denen daher von einer geringeren Personendichte ausgegangen werden kann.
  - Kameraüberwachte Bereiche.
  - Visualisierungen durch Planunterlagen.

Besucherzahl
Die Versammlungsstättenverordnung kennt lediglich eine quantitative Größe bei der Berechnung der Anzahl der Besucherplätze. Bei Veranstaltungen unter freiem Himmel oder in Räumen, die nicht als Versammlungsstätte konzipiert sind und anlässlich der Veranstaltung auch nicht bestuhlt werden, behilft man sich mit dem Konstrukt der erwarteten Besucherzahl, aber auch hier wird nicht qualitativ unterschieden, sondern es wird lediglich die zur Verfügung stehende Veranstaltungsfläche abzüglich Durchwegungen, Aufbauten und Sicherheitsbereiche in Quadratmeter mit dem Faktor 2 multipliziert, da mit einem Platzbedarf von 0,5 m^2 je Besucher die Musterversammlungsstättenverordnung eine Berechnungsgrundlage liefert, um eine flächenmäßige Auslastung zu berechnen (Paul und Sakschewski 2014c, S. 31). In Tschechien z. B. darf mit einem maximalen Platzbedarf von 4 m^2 pro Person gerechnet werden (§ 1 Abs. 2 Vyhláška). In Österreich hingegen muss mit drei Personen pro m^2 (§ 13 Abs. 6 Wiener Veranstaltungsstättengesetz), aber in Polen mit einer Person pro m^2 (§ 236 Abs. 6 Prawo budowlane) gerechnet werden. Die rein rechnerische Größe der Besucherkapazität ist vor diesem Hintergrund keine zuverlässige Größe für die Beurteilung der Besuchersicherheit.

Für das Genehmigungsverfahren jedoch ist die maximale Besucherkapazität gemäß § 1 Abs. 2 MVStättVO zu berechnen. Hier gilt für Sitzplätze an Tischen eine Berechnungsgrundlage von einem Besucher je m², für Sitzplätze in Reihen und Stehplätze eine Größe von zwei Besuchern je m², für Stehplätze auf Stufenreihen eine Berechnungsgrundlage von zwei Besuchern je laufendem Meter Stufenreihe und bei Ausstellungsräumen ein Besucher je m² Grundfläche. Ausgehend von diesen rechnerischen Größen ist in Abhängigkeit von der Bestuhlung gemäß § 10 MVStättVO und der Lage der Rettungswege die höchstzulässige Besucherzahl zu ermitteln. Hierbei empfiehlt sich folgende Vorgehensweise:

„1. Ermittlung der für die Besucher zugänglichen Fläche.
2. Ermittlung der maximalen Besucherzahl auf Grundlage der für die Besucher zugänglichen Fläche.
3. Ermittlung der maximalen Besucherzahl auf Grundlage der vorhandenen Rettungswege.
4. Ermittlung der maximalen Besucherzahl auf Grundlage der vorhandenen Toiletten" (Klode 2007, S. 73).

Einschätzung der Personendichten und Besucherströme
Die quantitative Besucherzahl kann für sich keine verlässliche Größe sein. Zum einen bilden die Besucher von Veranstaltungen keine statischen, sondern dynamische Größen, da sich die Besucher in Abhängigkeit von internen und externen Einflüssen bewegen, zum anderen verhalten sich Besucher in Abhängigkeit von zahlreichen Einflussfaktoren, wie z. B.

- „multiple-stage entertainment;
- provision of satellite stages, platforms and stage thrusts;
- sound and video towers;
- sight-line obstructions or restricted views;
- multiple-barrier systems and pens;
- location of facilities;
- the psychological state of the audience;
- special effects" (HSE 1999, S. 45).

In der Aufzählung des Event Safety Guide werden soziale und psychologische Faktoren ebenso aufgeführt, wie gestalterisch-planerische.

Betrachten wir die Umsetzung einer Veranstaltung als eine Form der Interaktion mit den Besuchern (Wünsch 2012), so sind Topografie und Tempografie, d. h. die räumliche Umsetzung und die zeitliche Planung des Veranstaltungsprogramms, als Codes zu verstehen, die von den Besuchern bewusst und unbewusst wahrgenommen werden und das Narrativ der Veranstaltung bilden. Die „Rauminszenierungsstrategie" (Bürkle 2013, S. 29) ist dabei ganz gezielt auf ein Erlebnis ausgerichtet und hat Auswirkungen auf das Besucherverhalten und somit auf Personendichten und Besucherströme. „Indem [der Besucher] in Atmosphären und Bilder eintaucht, wird er dabei gleichzeitig Teil der Inszenierung des Ereignisses und damit auch als Akteur involviert" (Bürkle 2013, S. 29). Dies wird besonders deutlich, wenn wir die Menge der Besucher nicht einfach als eine Anzahl von einzelnen Besuchern berücksichtigen, und so lediglich vom Individuum zur Menge als eine Agglomeration von Individuen skalieren.

Quantitativ ist die Gesamtbesucherzahl die Summe der Besucher. Zur Einschätzung der Auswirkungen von Personendichten und Besucherströme sind jedoch weitere soziodemografische Aspekte einzubeziehen. Moussaïd et al. (2010) konnten zeigen, dass für eine realitätsnahe Betrachtung der Bewegungsströme neben der Mikroebene des Individuums und der Makroebene der Menge, auch die Mesoebene der Gruppe und das Gruppenverhalten zu berücksichtigen ist, denn Gruppenmitglieder bewegen sich bei geringen Dichten nebeneinander. Unabhängig von der Personendichte ist der Abstand zwischen den Mitgliedern immer kleiner als der Abstand gegenüber fremden Personen (Helbing 1997, S. 11). Auch empirisch (Moussaïd et al. 2010; Streitz 2012) konnte eine Alltagswahrnehmung bestätigt werden. Je größer die Gruppe, desto geringer wird die Bewegungsgeschwindigkeit. Die Verlangsamung ist dramatisch. Schon Gruppen mit einer Größe von vier Mitgliedern bewegen sich nur noch halb so schnell wie ein Einzelner. Eine Übersicht der Bewegungsgeschwindigkeiten in Abhängigkeit von der Gruppengröße ist in der Abb. 7.2 sichtbar.

Die einzelnen Besucher können als Individuum, Paare (Dyaden) oder Gruppen auf Basis von längerfristigen und engen sozialen Beziehungen – also auf Basis von „strong ties" (Granovetter 1973, S. 1361) – eine Veranstaltung besuchen, um gemeinsam mit anderen, ihnen bislang nicht bekannten Besuchergruppen die Veranstaltung zu erleben. Aus einer Menge heraus können sich situativ z. B. bei unerwarteten Ereignissen soziale Beziehungen bilden, die aber kurzweiliger, schwacher Natur sind. In derartigen spontanen Gruppen wie bei dem gemeinsamen Warten in einer Schlange sind die sozialen Beziehungen von schwachen Bindungen geprägt, wie in Abb. 7.3 ersichtlich. Granovetter (1973) spricht hier von der Macht der „weak ties".

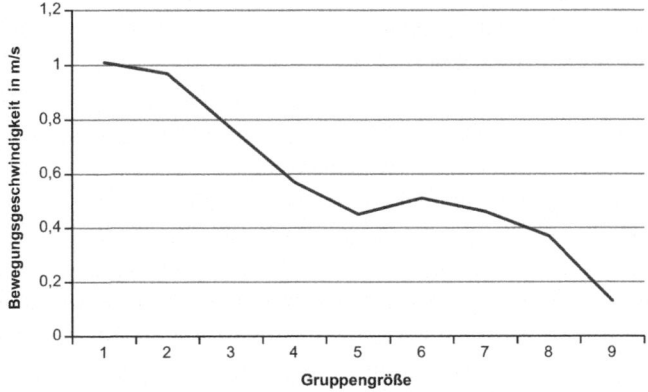

Abb. 7.2 Bewegungsgeschwindigkeit in Abhängigkeit von der Gruppengröße. (Quelle: Streitz 2012, S. 45)

Abb. 7.3 Strong und weak ties bei Besuchern einer Veranstaltung. (Quelle: Eigene Darstellung in Anlehnung an Paul und Sakschewski 2014c, S. 32)

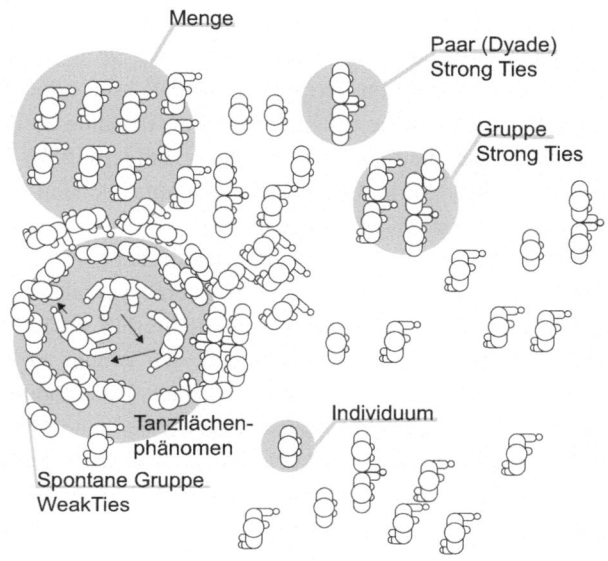

In Mengen, die situativ entstehen, und bei denen sich einzelne Individuen ungehindert bewegen können oder die in Aufenthaltsbereichen warten, müssen die Individuen keine sozialen Bindungen aufbauen. Sie verteilen sich nahezu gleichmäßig über die gesamte Fläche, wenn die Fläche gleichmäßig attraktiv ist (Helbing 1997, S. 9). Als Tanzflächenphänomen (Helbing 1997, S. 9) wird dabei der Effekt verstanden, dass sich bewegende Individuen wesentlich mehr Raum in Anspruch nehmen als stehende. Während die Zuschauer rund um die Tanzfläche dicht gedrängt beieinander stehen, bewegen sich die Besucher innerhalb des durch ihre Bewegungen definierten Flächenbedarfs. Bestehen räumliche Unterschiede in der Beleuchtung, der Temperatur oder dem Grad des gebotenen Schutzes, wie z. B. eine nur teilweise Überdachung von Bahnsteigen im Regen, ist der Grad der Dichte abhängig von der Attraktivität der jeweiligen Teilfläche. Bei Wartesituationen mit beliebigem Platzangebot jedoch ergibt sich eine Verteilung von etwa 2,0 bis 2,9 P/m^2 (Weidmann 1992, S. 48).

Mit zunehmender Verdichtung werden die Abstände zwischen den Individuen kleiner. Wir können dies als Handtuchphänomen begreifen. Frühmorgens am Strand besetzen die Frühaufsteher die attraktivsten Plätze in direkter Wassernähe – aber so weit entfernt, dass der Strand trocken ist – durch Platzierung von Stellvertretern in Form von Handtüchern und Strandmatten. Diese schaffen gleichmäßig verteilt in großen Abständen einen Territorialbeweis. Nachfolgende, später aufstehende Urlauber besetzen in gleich verteilten Abständen die nächsten, von der Wassergrenze entfernteren Reihen am Strand, wenn auch mit zunehmender Wasserentfernung die Dichte abnimmt. Erst wenn die Entfernung zum Wasser so groß wird, dass unter der Prämisse der persönlichen Nutzenmaximierung die Handlungsalternative einer noch größeren Entfernung zum Wasser negativer erscheint, als die unangenehme Nähe zum fremden Territorium, beginnen die nachfolgenden Urlauber, ihre Handtücher in die Mitte zwischen den durch Handtuch bzw. Strandmatte definierten Territorien zu platzieren oder sie nehmen den feuchten Strand in direkter Wassernähe in Kauf. Sind die Abstände zu Beginn sehr groß gewählt, erhöht sich die Verdichtung noch einmal durch Halbierung der Territorialabstände am Vormittag um eine weitere Stufe. Für die sehr spät aufstehenden Urlauber ergeben sich neue Handlungsalternativen, indem sie die mittlerweile frei gewordenen Plätze von denjenigen besetzen, die bereits den Strand verlassen haben. Diese Verteilungs- und Verdichtungsprozesse benötigen zumeist nur dann eine verbale Kommunikation bzw. Moderation, wenn die in Anbetracht der Gesamtdichte auf einer Fläche als gerecht empfundenen Abstände übertreten werden. Platziert sich jemand zu nahe an einem fremden Territorium, so wird dies als Störung betrachtet. Das Handtuchphänomen der Territorienbehauptung ist immer dort festzustellen, wo sich eine Menge von Individuen und Gruppen aufhalten, zwischen denen keine weiteren Gemeinsamkeiten oder soziale Beziehungen bestehen, außer dem gemeinsamen Aufenthalt innerhalb desselben Raumes.

Ein direkter Zusammenhang zwischen der Personendichte und der Bewegungsgeschwindigkeit Einzelner und damit indirekt der Entfluchtungsdauer der Gesamtheit der Besucher konnte vielfach experimentell und durch Auswertung von Übungen sowie realer Räumungssituationen bewiesen werden (Peacock et al. 2011, S. 31; Streitz 2012, S. 45 f.; Weidmann 1992, S. 44). Bei einer Personendichte von 5 P/m^2 bleibt gerade noch genügend Raum zwischen den einzelnen Besuchern, um sich zumindest eingeschränkt, wie z. B. durch einen Ausfallschritt, zu bewegen. Bei 6 P/m^2 ist eine Bewegung in der Gruppe noch möglich, doch kann ein Einzelner die durch die Personendichte auftretenden Kräfte von außen nicht mehr auspendeln, weil kein Bewegungsspielraum mehr für die einzelnen Personen bleibt. Wenn einer strauchelt, werden sich die Kräfte der einzelnen Person, die ebenfalls straucheln, aufaddieren (Oberhagemann 2012, S. 10). Der Zusammenhang liegt auch physikalisch auf der Hand. „Bei maximaler Geschwindigkeit misst die mittlere Schrittlänge 0,65 m bei einer Schrittfrequenz von 2,05/s […], der benötigte Platz beträgt aber etwa 1 m […]. Mit zunehmender Dichte muss die Schrittlänge (und damit die Geschwindigkeit) immer mehr reduziert werden, womit auch der Platzbedarf abnimmt. Bei einer Dichte von 5,4 P/m^2 kommt die Gehbewegung schließlich zum Stillstand […]" (Helbing 1997, S. 9). Eine Übersicht der Bewegungsgeschwindigkeit in Abhängigkeit von der Personendichte ist in Abb. 7.4 zu finden.

Die Personendichte wird in der Anzahl von Personen pro Quadratmeter gemessen, doch können die Körpergrößen und Volumen stark voneinander abweichen. Aber auch wenn von einer ähnlichen Körpergroße mit einem vergleichbaren Körpervolumen ausgegangen werden kann, bildet die physikalische Größe der Dichte das subjektive Empfinden der Enge nicht komplett ab. Ein Gefühl der Enge hängt eben auch von der Raumatmosphäre und dem eigenen Empfinden bei einer Veranstaltung ab, denn bei einer Veranstaltung wird eine Dichte, die weit größer als 2 Personen pro Quadratmeter sein kann, sogar gewünscht. Kruse (1975) führt hierzu den Begriff des „Crowding" als subjektives Gefühl der sozialen Dichte ein. Soziale Dichte (Loo 1972) wird als Ergebnis von Gruppengröße

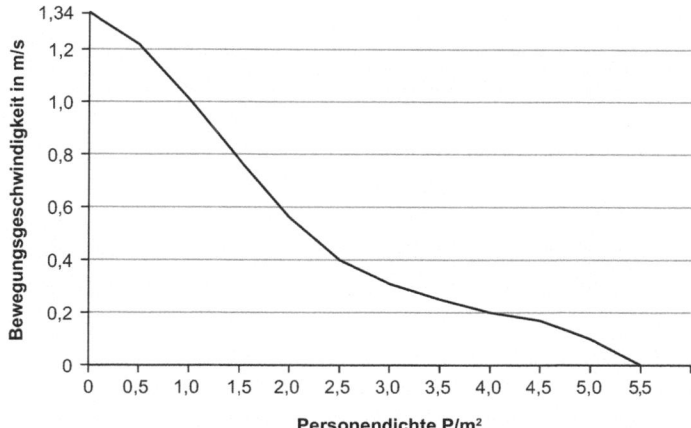

Abb. 7.4 Bewegungsgeschwindigkeit in Abhängigkeit von der Personendichte. (Quelle: Weidmann 1992, S. 44)

mit der Möglichkeit sozialer Interaktion verstanden. Bei Veranstaltungen wird ein höheres Level der physischen Dichte als Teil des gemeinsamen Erlebnisses begriffen und damit die bestehende soziale Dichte nicht als störend bewertet, während eine überfüllte Straßenbahn als Enge empfunden wird. Das Verhalten des Einzelnen ändert sich in sozialen Gruppen. Er verhält sich in Abhängigkeit von den realen oder angenommenen Verhaltenserwartungen der Gruppe. Für auftretende Verhaltensweisen von Besuchergruppen lassen sich verschiedene sozialpsychologische Erklärungsmodelle finden.

Einen grundlegenden Ansatz bilde die Theorie der sozialen Identität (Tajfel 1974; Turner 1982) sowie die Emergent Norm Theorie (Turner und Killian 1972, 1987). Nach der Theorie der sozialen Identität wird die soziale Umwelt mit Hilfe von Kategorisierungsprozessen strukturiert und bewertet. Die Zugehörigkeit zu einer sozialen Gruppe und der Vergleich der eigenen mit anderen sozialen Gruppen erfolgt in einem Bewertungsprozess, nach dem das eigene Ansehen höher oder niedriger eingestuft wird, wobei die personale Identität und die soziale Identität unterschieden werden kann. Die soziale Identität ist damit das Ergebnis aus der Mitgliedschaft zu einer sozialen Gruppe und der Bedeutung dieser Mitgliedschaft für die Selbsteinschätzung. Die personale Identität ist durch individuelle Eigenschaften beschreibbar. Im Sinne der Emergent Norm Theorie ist Gruppenverhalten das Ergebnis von wirksam gewordenen Gruppennormen, die nach einem Gruppenbildungsprozess handlungsbestimmend werden können und in extremen Situation zu einer situativen Adaption von Verhaltensweisen der prominenten Person führen kann. Die Prominenz kann Resultat eines langwierigen Abstimmungsprozesses in dauerhaften sozialen Gruppen sein (strong ties), aber sich auch spontan in einer Krisensituation ergeben. In Krisensituationen werden existierende Normen infrage gestellt. Vertraute Verhaltensweisen von Individuen erscheinen ebenfalls fragwürdig. Individuen sind nach diesem Modell in einer Menschenmasse nicht deindividualisiert, sondern passen sich der emergenten Norm an, die durch einen Führer (First Mover) vorgegeben wird. Die Theorie der sozialen Identität hat Reicher (Reicher 1982; Reicher und Levine 1994; Reicher 1996) weiter entwickelt. In dem Elaborated Social Identity Model of Crowd Behaviour wird die soziale Identität als Grundlage für ein gemeinsames Handeln betrachtet. Massen werden als Begegnungen von Gruppen verstanden. Die resultierenden Handlungsweisen sind wiederum Resultat von Prozessen zwischen den Gruppen. Die soziale Identität wird somit nicht mehr statische Summe von Merkmalen und Attributen betrachtet, sondern als eine Interaktion zwischen rivalisierenden Gruppen wie z. B. zwischen Polizei und Fans. Das Selbstverständnis einer Gruppe bestimmt die Handlungen einer Gruppe. Diese werden von anderen Gruppen bewertet und kategorisiert. Die Kategorisierungen bestimmen wiederum deren Handlungsweisen, die in wiederholten Interaktionsmustern Bestätigung finden. Auch das SIDE-Modell (Social Identity Model of Deindividuation Effects) beschreibt Verhaltensweisen von Gruppen auf Grundlage von Selbstkategorisierungen zur Bewertung der eigenen Person in Abhängigkeit von Umfeld und Situation. Auch im SIDE-Modell wird De-individuation nicht als Verlust der eigenen Identität begriffen, sondern durch die Annahme sozialer Identitäten begründet, so verstärkt die Anonymität in der Gruppe die Annahme von Gruppennormen. Je stärker die soziale Identität der Gruppe ausgeprägt ist, desto stärker orientieren sich Personen an den Normen und Werten der Gruppe. Hochkohäsive Gruppen vermitteln so nach außen durch Distinktion eine erhöhte Attraktivität bzw. Abwehr und nach innen einen erhöhten Normierungsduck auf den Einzelnen. Einen anderen Ansatz verfolgt das Place Script Modell von Donald und Canter (1992). Das Verhalten von Menschen in Notfällen wird als Ergebnis von verinnerlichten Regeln begriffen, die aus früheren Erfahrungen, Erwartungen und Annahmen über einen Ort abgeleitet werden. Diese Erfahrungsmuster bilden automatisierte Bewegungsmuster, die nur schwer zu ändern sind, da Notfallsituationen zu selten auftreten, um dafür ein situativ angepasstes Script zu entwickeln.

Die Bewegungsgeschwindigkeit der Individuen unabhängig von Gruppenprozessen ist natürlich nicht nur abhängig von der Personendichte, sondern auch von Alter, Geschlecht, Körpergröße, Körperproportionen, Energieverbrauch, Tageszeit, Jahreszeit, Umgebungsklima, Absicht und Ziel der Bewegung sowie weiteren individuellen Umständen wie z. B. körperlichen Behinderungen. Auch neuere Quellen verweisen hierbei in der Regel auf Weidmann (1992), der nach Auswertung verschiedener Quellen die in der Tab. 7.1 dargestellten Werte zusammenfassen konnte.

Planung der An- und Abreise

Veranstaltungen mit festgelegten Beginn und Ende erfordern eine sorgfältige Planung des An- und Abreiseverkehrs, da in den Stoßzeiten, ein bis zwei Stunden vor Veranstaltungsbeginn bzw. Einlass und ein bis zwei Stunden nach Veranstaltungsende, von einer maximalen Verkehrsdichte bei ÖPNV (Öffentlicher Personennahverkehr) und MIV (Motorisierter Individualverkehr) ausgegangen werden muss. Ziel der Planung der An- und Abreise ist eine sichere und effiziente Zu- und Abführung der erwarteten Besucher

Tab. 7.1 Bewegungsgeschwindigkeit von Fußgängern in Abhängigkeit vom Verkehrszweck und Alter sowie Angaben zur Streuung. (Quelle: Weidmann 1992)

Verkehrszweck	
Pendlerverkehr	1,49 m/s
Einkaufsverkehr	1,16 m/s
Nutz- und Werkverkehr	1,61 m/s
Touristik- und Freizeitverkehr	1,10 m/s
Alter	
15–18 Jahre	1,5 m/s
18–25 Jahre	1,6 m/s
25–40 Jahre	1,5 m/s
40–50 Jahre	1,4 m/s
50–60 Jahre	1,2 m/s
>60 Jahre	1,0 m/s
Streuung	
0,13 %	<0,56 m/s (-3σ)
2,28 %	<0,82 m/s (-2σ)
15,87 %	<1,08 m/s (-1σ)
50,00 %	<1,34 m/s (Mittel)
84,13 %	<1,60 m/s ($+1\sigma$)
97,72 %	<1,86 m/s ($+2\sigma$)
99,87 %	<2,12 m/s ($+3\sigma$)

in den gewünschten Zeiträumen bei möglichst geringer Beeinträchtigung anderer Verkehrsteilnehmer und der Anwohner am Veranstaltungsort. Ein Verkehrskonzept für eine Veranstaltung muss daher folgende Elemente berücksichtigen:

- Veranstaltungsdauer, erwartete Besucherzahl, Veranstaltungsart
- Lage des Veranstaltungsortes in Bezug auf die bestehende Verkehrsinfrastruktur und Anbindung an den ÖPNV
- Dimensionierung und Lage von Parkplätzen
- Maßnahmen der Verkehrslenkung
- Freihalten von Rettungswegen und Anfahrtzonen
- Zu- und Abfahrten für Anlieger sowie weitere Maßnahmen des Anwohnerschutzes
- Lieferverkehr und Zufahrten für VIPs und Mitarbeiter
- Maßnahmen der Besucherlenkung

▶ Je geringer die erwartete Besucherzahl einer Veranstaltung, desto kurzfristiger werden tendenziell die Besucher anreisen, da sie nicht von Verzögerungen bei Anreise oder Einlass ausgehen.

Bei mehrtägigen Veranstaltungen ohne definiertem Veranstaltungsbeginn wie bei Volksfesten bestehen große Besucherschwankungen zwischen Werktagen und Wochenenden sowie im Tagesverlauf mit einem Schwerpunkt in den frühen Abendstunden an Werktagen. Liegt der Veranstaltungsort in Ballungsgebieten oder Großstädten wie z. B. im Ruhrgebiet oder in München, so wird ein größerer Teil der Besucher mit dem ÖPNV anreisen. Zusätzliche Parkplätze stehen meist nicht zur Verfügung. Bei Open-Air Festivals wiederum wird die Mehrheit der Besucher mit dem PKW anreisen, um Kleidung, Verpflegung, Zelt und ähnliches zu transportieren.

Der An- und Abreiseverkehr bei Großveranstaltungen belastet auch eine sehr gut ausgebaute Verkehrsinfrastruktur. Verkehrsstörungen wie Staus oder überfüllte Busse und Bahnen sind die Folge, denn die Leistungsfähigkeit der Infrastruktur ist begrenzt und nicht für die besondere Situation einer Veranstaltung sondern für die durchschnittliche Verkehrsnutzung ausgelegt. Zur Einschätzung der Lage des Veranstaltungsortes in Bezug zur bestehenden Verkehrsinfrastruktur sind daher zunächst die Hauptan- und -abfahrtswege sowie die voraussichtlich benutzten Verkehrsmittel zu identifizieren. Dabei muss das erwartete, zusätzliche Verkehrsaufkommen im Verhältnis zur Leistungsfähigkeit des Verkehrsnetzes berücksichtigt werden.

▶ **Leistungsfähigkeit eines Straßenabschnitts** Die Leistungsfähigkeit eines Straßenabschnitts wird definiert als die maximale Anzahl von Fahrzeugen, die diesen Abschnitt in einer bestimmten Zeit, z. B. einer Stunde, passieren können.

Diese rein quantitative Betrachtung erfolgt ohne Berücksichtigung von verkehrstechnischen Einschränkungen oder Verringerung der Bewegungsgeschwindigkeit durch das Verkehrsnetz z. B. durch eine Kreuzung oder eine Ampelanlage, Witterung, Fahrverhalten oder sozial-psychologischen Einflussaktoren bei der Stauentstehung. Zur Orientierung können die Richtlinien für die Anlage von Straßen – Teil: Querschnitt (RAS-Q) herangezogen werden. Nach diesen beträgt die Leistungsfähigkeit von Ortsverbindungsstraßen oder Erschließungsstraßen in dünn besiedelten Gebieten bis zu 3000 Fahrzeuge, davon 60 Lkw pro Tag. Bei Landstraßen kann mit einer Leistungsfähigkeit von bis zu 15.000 Fahrzeugen, davon 300 Lkw pro Tag und bei Bundesstraßen mit einer Leistungsfähigkeit von bis zu 20.000 Fahrzeuge pro Tag gerechnet werden. Nach anderer Quelle (Roelecke und Ritter 2014, S. 148) wird die Leistungsfähigkeit von Straßen in Personeneinheiten je Zeiteinheit bemessen, wobei in nachfolgender Form die Verkehrsteilnehmer in Personeneinheiten umgerechnet werden:

- 1 PKW = 1,0 Personeneinheit
- 1 Moped = 0,3 Personeneinheiten
- 1 Kraftrad = 0,5 Personeneinheiten

- 1 Omnibus = 2,0 Personeneinheiten
- 1 Lastzug = 3,5 Personeneinheiten

Bei der Leistungsfähigkeit wird zwischen unterschiedlichen Straßen unterschieden:

- Fahrstreifen mit Gegenverkehr: 1000–1200 PE/h
- Schmale Wohn- und Anlegerstreifen: 500 PE/h
- Straßen mit Richtungsverkehr: 1500–1800 PE/h

Für die Planung und Dimensionierung der Parkplätze wird zunächst der Bedarf an Stellplätzen festgestellt und mit den vorhandenen Stellplätzen abgeglichen, um bei zusätzlichem Bedarf eine mögliche Erweiterung des Stellplatzangebots oder andere Maßnahmen zur Besucherbeeinflussung vorzunehmen wie z. B. die frühzeitige Empfehlung über Radio und Tageszeitungen zur Nutzung von Ausweichplätzen, Shuttle-Bussen oder den ÖPNV. Für die Ermittlung der notwendigen Stellplätze sind folgende Informationen notwendig.

- Erwartete Besucherzahl an einem Tag
- Anteil des motorisierten Individualverkehrs an der gesamten Mischung der genutzten Verkehrsmittel (Modal-Split)
- Anzahl der Personen je Fahrzeug
- Umschlagsrate der Stellplätze während der gesamten Veranstaltung bzw. am Veranstaltungstag (Bachmeier et al. 2015, S. 72).

Zur Beurteilung der zur Verfügung stehenden Stellplätze ist folgender Platzbedarf in Abhängigkeit von der Aufstellform zu berücksichtigen:

- Längsaufstellung: Breite des Parkstreifens 2,00 m, Länge pro Pkw 6,00 m, Fahrgassenbreite beim Einparken vorwärts 3,25 m, beim Einparken rückwärts 3,50 m
- Schrägaufstellung: Tiefe des Parkstreifens 5,00 m, Breite pro Pkw 2,50–3,50 m, Fahrgassenbreite beim Einparken vorwärts 3,00–5,25 m
- Senkrechtaufstellung: Tiefe des Parkstreifens 5,00 m, Breite pro Pkw 2,50 m, Fahrgassenbreite beim Einparken vorwärts 6,00 m, beim Einparken rückwärts 4,50 m (ivm 2007, S. 49).

Ergänzend sind noch Sonderbereiche einzuplanen:

- Erforderliche Anzahl von Stellplätze für einen Personenkreis mit eingeschränkter Mobilität
- Haltebereiche und Stellplätze Omnibusse bzw. Shuttle-Busse
- Haltebereiche Taxiverkehr und Bring- bzw. Abholverkehr

Die Anzahl der notwendigen Stellplätze für einen Personenkreis mit eingeschränkter Mobilität ergeben sich laut § 13 MVStättVO aus der Anzahl der gemäß § 10 Abs. 7

erforderlichen Besucherplätze für Rollstuhlfahrer (1 % der Besucherplätze, mindestens zwei). Für mindestens die Hälfte der Besucherplätze für Rollstuhlfahrer sind Stellplätze vorzusehen. Mindestbreite: 3,50 m. Für die Dimensionierung der Stellplätze von Omnibussen sind folgende Größen zu beachten:

- Längsaufstellung: Breite des Seitenstreifens mit Ein- und Ausstieg 3,00 m; Länge pro Bus: unabhängiges Ausfahren: 12,00–15,00 m
- Senkrechtaufstellung: Breite mit Ein- und Ausstieg 3,50 m, Tiefe: 12,00–15,00 m (ivm 2007, S. 51).

▶ **Verkehrslenkung** Verkehrslenkung meint die planmäßige und weiträumige Führung von Verkehrsströmen, die durch einzelne und miteinander vernetzte Verkehrsregelungsmaßnahmen erzielt werden.

„Die Zuständigkeit der Verkehrsplanung bei Großveranstaltungen obliegt der jeweiligen Landes-Straßenverkehrsbehörde (§§ 44,45 StVO). Die Polizei ist nur subsidiär bzw. beratend zuständig/tätig" (Roelecke und Ritter 2014, S. 150). Zuständig ist die Polizei jedoch bei allen nicht vorhersehbaren Ereignissen. Bei Gefahr im Verzug und zur Aufrechterhaltung der Sicherheit und Ordnung des Straßenverkehrs wird die Polizei anstelle der an sich zuständigen Behörde tätig. Sie bestimmt dann die Mittel zur Sicherung und Lenkung des Verkehrs. In der Polizeidienstvorschrift gilt als Grundsatz der Verkehrslenkung die LUBAS-Regel (PDV 100, Anlage 13, 6):

- Leiten: Leitbeschilderung mit Zielhinweisen, Presseinformationen mit Angaben zu den Verkehrswegen und -mitteln
- Unterbringen: Parkraumkonzept
- Beschleunigen: Steigerung der Leistungsfähigkeit des Verkehrsraumes durch Vorfahrtregelungen auf den An- und Abreiserouten; Vorbereiten der Einrichtung von Einbahnstraßen auf den Routen; Einrichten von Halte- und Parkverboten entlang der Routen; Anpassen der Phasenzeiten von Ampeln oder deren komplette Abschaltung; Verkehrsregelung an Knotenpunkten durch Polizeibeamte (Roelecke und Ritter 2014, S. 166).
- Ableiten: Regelungen und Maßnahmen zur Nutzung von Nebenrouten
- Sperren: Totalsperren zur Schaffung verkehrsfreier Zonen oder Teilsperren zum Ausschluss bestimmter Verkehrsarten

▶   **Planung der Einlasssituation zum Veranstaltungsgelände** Die zeitliche und räumliche Planung der Einlasssituation beinhaltet die Auswahl und Abstimmung der Einsatz- und Einsatzmittelplanung mit dem Sicherheits- und Ordnungsdienst, die Abstimmung mit Polizei sowie privaten und öffentlichen Sanitäts- und Rettungsdiensten für den Fall von längeren Warteschlangen sowie bauliche und sicherheitstechnische Maßnahmen im Einlassbereich.

Bei der baulichen und sicherheitstechnische Planung der Einlasssituation sind Aspekte der Veranstalter-Besucher-Information und des Veranstaltungsmarketings besonders die Interessen von Sponsoren und Medienpartnern gegenüber sicherheitstechnischen Überlegungen und den Platzbedarf für eine reibungslose und zügige Ticket- und Personenkontrolle zu berücksichtigen. Standard Einlass-Schleusen oder Einlasskontrollen über Barrikadentore mit sicherem Verschluss gegen Personendruck vermindern den Druck durch erhöhte Personendichten und ermöglichen eine nachfolgende Vor- oder Ticketkontrolle sowie die Einschränkung der Besucherzahl durch automatische oder manuelle Besucherzählung. Walkenhorst empfiehlt daher die Einlass-Schleusenbereiche möglichst unattraktiv zu gestalten und sie abseits von Szenenflächen anzuordnen oder bestehende Sichtlinien durch bauliche Maßnahmen sowie die Positionierung von Toilettenwagen zu unterbrechen (Walkenhorst 2013, S. 45). Aber der Einlass soll auch die Besucher freundlich empfangen, über die Veranstaltung, die Lage von wichtigen Angeboten und die Lokalisierung von Notfallhilfen oder Rettungswegen informieren. Für die Planung der Einlasssituation sind folgende Punkte zu berücksichtigen:

- Erwartete Besucherzahl sowie Einschätzung und Bewertung besonderer Besuchergruppen (Fans, frühzeitig anreisende Besucher, rivalisierende Gruppen etc.)
- Erwartete Ankunftszeiten der Besucher sowie Einschätzung des Zeitpunktes des größten Besucherandrangs
- Anzahl, Lage und Kapazität sowie Ausstattung und bauliche Gestaltung der Zugänge (Unter Berücksichtigung der DIN EN 13200-7:2014-06)
- Information und Einweisung der Mitarbeiter Sicherheits- und Ordnungsdienstes
- Kommunikationsplanung mit Definition der Entscheidungsbefugnisse und der Nachrichtenkette
- Form der Zugangskontrolle (Ticket- und Personenkontrolle)
- Geplante Durchflusskapazität je Zugang und gesamt
- Größe, Beschaffenheit und Ausstattung des Wartebereiches
- Notfallplanung (Unwetter, Überfüllung, Terror etc.)

Planung von Rettungswegen

Grundsätzlich gilt für die Planung von Rettungswegen, dass die Entfernung von jedem Besucherplatz bis zum nächsten Ausgang aus dem Versammlungsraum nicht länger als 30 m sein darf. Durch die Raumhöhe kann aus Sicht des Brandschutzes der Weg verlängert werden, da es um die sogenannte rauchfreie Schicht geht, die bei hohen Räumen länger bestehen bleibt. Er darf allerdings nicht länger als 60 m von jedem Besucherplatz aus sein. Die Verlängerung des Weges von Besucherplatz zum nächsten Ausgang darf dabei erst ab einer lichten Höhe von mehr als 5 m umgesetzt werden. Dabei darf der Weg pro zusätzlicher Raumhöhe in Schritten von 2,5 m um jeweils 5 m verlängert werden (§ 7 Abs. 1 MVStättVO).

Die Breite der Rettungswege ist nach der größtmöglichen Personenzahl zu bemessen. Dabei muss die lichte Breite eines jeden Teils von Rettungswegen für die darauf angewiesenen Personen bei Versammlungsstätten im Freien sowie Sportstadien mindestens je 1,20 m je 600 Personen, bei Versammlungsstätten je 200 Personen betragen. Da angenommen werden kann, dass im Brandfall die Rauchbelastung durch ein Feuer in einer Versammlungsstätte im Freien geringer ist, da der Rauch ungehindert nach oben steigen kann als in einem Versammlungsraum, gilt es die Besucher in geschlossenen Versammlungsräumen schneller zu entfluchten. Auch die lichte Mindestbreite eines jeden Teils von Rettungswegen muss 1,20 m betragen (§ 7 Abs. 4 MVStättVO). Soweit die aktuelle Fassung der MVStättVO bereits in Landesgesetzen gültig ist, verliert damit die bisherige Staffelung in Schritten von 0,60 m ihre Gültigkeit und es sind nun Zwischenwerte möglich. Bei Gültigkeit der vorherigen Fassung wird weiterhin in Schritten von je 0,60 m die Rettungswegbreite berechnet. Grundlage der Berechnung der Rettungswege ist die DIN EN 13200-1:2012-11 bzw. die Musterversammlungsstättenverordnung. Alle Rettungswege sind zu jedem Zeitpunkt frei zu halten. Die Rettungswege müssen ins Freie zu öffentlichen Verkehrsflächen führen (§ 6 Abs. 1 MVStättVO). Sowohl bei Veranstaltungen im Freien, als auch bei Veranstaltungen in geschlossenen Räumen ist die Lage und die Erreichbarkeit der Entfluchtungsflächen so zu planen, dass die Besucher geordnet und sicher das Gelände verlassen können oder im Notfall durch Rettungs- und Sanitätsdienste vor Ort versorgt werden können. Bei Open-Air-Veranstaltungen in Städten wie z. B. bei Volksfesten verlangt die Planung der Rettungswege auch eine Berücksichtigung der Anfahrtswege und Aufstellflächen der das Veranstaltungsgelände begrenzenden Gebäude. Fragen, die aus Sicht der Feuerwehr hier berücksichtigt werden müssen, sind (Görtzen 2014, S. 128):

- „Wie ist die Situation der angrenzenden baulichen Anlagen?
- Führen durch den Aufbaubereich Rettungswege aus angrenzenden Gebäuden?
- Liegen im Aufbaubereich Aufstell- oder Bewegungsflächen für die Feuerwehr?
- Werden durch Fliegende Bauten Entnahmestellen für Löschwasser zugestellt?
- Wie kann die Feuerwehr im Schadensfall während der Veranstaltung zu den angrenzenden Objekten gelangen?"

7.2.2   Crowd Control

Während Crowd Management die Organisation und Planung von Maßnahmen betont, konzentriert sich Crowd Control auf die Reaktion in Notfällen. Damit sind operative Maßnahmen und Verhaltensregeln gemeint, um unerwünschte Verhaltensweisen von Besuchern oder Besuchergruppen zu verhindern oder zu kontrollieren (Fruin 1993; Drury und Reicher 2010). Eine schlüssige Abgrenzung zum Crowd Management bieten Avery und Soo.

▶ **Crowd control** Crowd control is associated with the response techniques that may be necessary when a crowd's behaviour begins to disrupt acceptable crowd management expectations. Examples of crowd control issues my include fights, throwing foreign objects, offensive behavior, language or ejection. When unlawful and/or unsafe behaviours surface, then crowd control becomes an issue (Avery und Soo 2003, S. 35).

Die Aufgaben des Crowd Controls sind

- Separierungsmaßnahmen
- Zugangskontrolle
- Krisenkommunikation
- Platzverweis von Personen
- Dynamische Besucherführung
- Notfallräumung
- Umgang mit Menschen in Notfallsituationen
- Raumbeschränkung/Absperrungen

Für die Umsetzung der im Rahmen des Crowd Managements geplanten Maßnahmen der Besucherlenkung ist der Sicherheits- und Ordnungsdienst zuständig. Gemäß § 43 Abs. 3 MVStättVO sind der vom Betreiber oder Veranstalter bestellte Ordnungsdienstleiter sowie die von ihm geleiteten Ordnungsdienstkräfte für die betrieblichen Sicherheitsmaßnahmen verantwortlich und damit für einen Großteil der Aufgaben des Crowd Controls. Bei der Genehmigung von Veranstaltungen ist in der Regel auch die Anzahl und die Position der eingeplanten Ordnungsdienstkräfte zu nennen. Die Entscheidung über die Mindestanzahl der notwendigen Kräfte und die Definition der Positionen werden üblicherweise der Ordnungsdienstleitung überlassen. Eine über die Einzelbetrachtung einer Veranstaltung hinausgehende, Veranstaltungsort übergreifende oder länderweite Vereinbarung oder Regelung zur Bemessung und Positionierung der einzusetzenden Ordnungsdienstkräfte existiert nicht. Hier verlassen sich Veranstalter und Betreiber, Genehmigungsbehörden und Feuerwehren auf die Erfahrungswerte der Sicherheits- und Ordnungsdienstleister. Diese entscheiden in einer Mischung aus Einzelbeurteilung, Gesamtbewertung und präzisen Erfahrungswerten über das Verhalten von Menschen in Bewegung (Besucherströme), an Engstellen wie beim Einlass (Besucherkontrolle) und in Notfällen (Krisenmanagement). Als Entscheidungsfaktoren können genannt werden (VABEG 2010, S. 9).

- Art der Veranstaltung
- Anzahl der Besucher sowie deren Gefährdungspotenzial
- Betreuung Parkplatz und Einweisung
- Kasse, Einlass und Personenkontrolle
- Besetzung von Flucht- und Rettungswegen
- Absicherung von Besucherbereichen
- Bühnengraben, Abschrankungen, Durchlässe
- Absicherung spezieller Sicherheitsbereiche, Schutz einzelner Personen

Der Ordnungsdienst ist damit der erster Ansprechpartner bei Problemen und Konflikten der Besucher. Vor diesem Hintergrund ist er maßgeblich für die Sicherheit vor Ort und besonders für das Erscheinungsbild einer Veranstaltung gegenüber dem Besucher verantwortlich. Hier zeichnet sich ein Spannungsverhältnis ab, in dem die

Sicherheitsdienstleistungsunternehmen stehen. Sie haben zwar eine hohe Verantwortung bei der Steuerung und Kontrolle von Besuchern, aber nur geringe Möglichkeiten zur Mitgestaltung der für die Besucherführung relevanten Elemente der Veranstaltungsplanung. Sie bieten also Sicherheit und Ordnung als Dienstleistung auf Basis einer in großen Teilen bereits vorgegebenen Veranstaltung an. Diese Diskrepanz wird umso deutlicher, wenn die Aufgaben des Sicherheits- und Ordnungsdienstes betrachtet werden (Paul und Sakschewski 2014b, S. 200 f.):

Kontrolle an den Ein- und Ausgängen

- Zufahrtskontrollen zum Veranstaltungsgelände
- Parkplatzaufsicht und Einweisung der Individualverkehrs zu den
- Parkplätzen
- Einlasskontrolle
  - Personenkontrolle
  - Taschenkontrolle
  - Sicherstellung gefährlicher und verbotener Gegenstände
  - Kapazitätskontrolle
  - Kartenabriss
- Platzeinweisung der Besucher durch Kontrolle und Zuführen der Besucher zum Sitz- bzw. Stehplatz, zu Blöcken oder bestimmten Besucherbereichen (Normal – VIP)
- Leiten der Besucherströme beim Einlass, in Pausen und beim Auslass

Besucherbetreuung (Hospitality)

- Primärer Ansprechpartner für Besucher
- Weitergabe von grundlegenden Informationen wie z. B. Hinweis zu den nächstgelegenen Toiletten oder zur Erreichbarkeit des öffentlichen Nahverkehrs bzw. den Parkplätzen

Sicherheitsdienste

- Eingreifen bei einem Verhalten von Besuchern, das die Sicherheit und Ordnung gefährdet
- Meldung strafrechtlich relevanter Sachverhalte an die Polizei
- Schutz bestimmter Veranstaltungsbereiche oder einzelner Objekte
- Personenschutz wie der durchgängige Schutz von Künstlern an der Unterkunft, bei der An- und Abfahrt sowie im Backstage- Bereich oder der Schutz von VIPs im Besucherbereich
- Durchsetzen des Hausrechts

Brandschutz

- Beachtung der Einhaltung des Rauchverbots
- Unterstützung des Feuerwehr, Brandsicherheitswache und der Notdienste

- Freihalten der Notausgänge, Zufahrten und Bewegungs- und
- Stellflächen für Notdienste
- Missbrauch der Fluchttürverriegelungen verhindern
- Meldung von Entstehungsbränden und sicherheitsrelevanten Störungen

Durchführung einer Evakuierung

- Steuerung der Besucherströme zu den Ausgängen und Sammel- plätzen
- Betreuung der Personen an den Sammelplätzen
- Einweisung und Unterstützung der Sanitäts- und Rettungsdienste
- Sperrung von Gefahrenbereichen
- Unterstützung bei der Rettung verletzter Personen

Das Hausrecht bildet die rechtliche Grundlage für den Ausschluss von Besuchern und das Verbot bestimmten Besucherverhaltens. Das Hausrecht muss ausdrücklich und in schriftlicher Form durch den Veranstalter oder Betreiber als Hausrechtsinhaber komplett oder in eingeschränkter Form dem Sicherheits- und Ordnungsdienstleister übertragen werden, denn der Dienstleistungsvertrag selbst beinhaltet nicht die automatische Über- tragung des Hausrechts (Paul und Sakschewski 2014b, S. 207). Eine Übertragung der Ausübung des Hausrechts kann an eine oder mehrere natürliche Personen wie Supervi- soren oder den Ordnungsdienstleiter oder bei Rahmenverträgen auch an eine juristische Person als Dienstleistungspartner für eine über eine Einzelveranstaltung hinausgehende Zusammenarbeit erfolgen. Die Durchsetzung des Hausrechts erfolgt durch die Auffor- derung, den durch das Hausrecht geschützten Bereich zu verlassen (Hausverweis) oder den dauerhaften befristeten oder unbefristeten Hausverweis, das so genannte Hausver- bot. Aufgabe des Veranstalters oder Betreibers ist es, eine Hausordnung zu erstellen. Sie muss durch den sichtbaren Aushang an den Zugängen vor Ort öffentlich bekannt gemacht werden. In der Hausordnung sollten folgende Angaben gemacht werden (Tei- chert 2010):

- Geltungsbereich der Hausordnung
  - Versammlungsstätte sowie Zuwege und Frei- und Parkflächen
- Ziel der Hausordnung
  - Gefährdung verhindern
  - störungsfreien Ablauf gewährleisten
- Beschädigungen und Verunreinigungen unterbinden
- Zugangsberechtigung
  - Eintrittskarte, Gültigkeit der Eintrittskarte, Wiedereintritt
  - Mindestalter, Ausweispflicht, Zutritt nur in Begleitung eines Erziehungsberechtigten
- Erfordernis einer Personenkontrolle

- Verweigerung des Zutritts für Besucher, die
  - die Kontrolle verweigern
  - den Anordnungen des Ordnungsdienste nicht Folge leisten
  - erkennbar unter Alkohol- oder Drogeneinfluss stehen
  - erkennbar gewaltbereit sind
  - ein örtliches oder bundesweites Hausverbot inne haben
  - verbotene Gegenstände mit sich führen
- Verbotene Gegenstände
  - Waffen jeder Art und Gegenstände, die als Waffe oder Wurfgeschosse eingesetzt werden können
  - Glasbehälter, Flaschen, Dosen oder Gegenstände, die aus zerbrechlichem, splitterndem oder besonders hartem Material herstellt sind, insbesondere pyrotechnisches Material
  - feuergefährliche oder sperrige Gegenstände
  - mechanisch oder elektrisch betriebene Lärminstrumente
  - rassistisches oder fremdenfeindliches Material
  - alkoholische Getränke aller Art
  - Drogen im Sinne des Betäubungsmittelgesetzes (BtmG)
- Verhalten der Besucher, verbotene Verhaltensweisen der Besucher
  - Störungen und Bedrohungen
  - ggf. Verbot von Audio- und Videoaufzeichnungsgeräten sowie Foto- und Filmkameras (teilweise auch Handys) und Ton- oder Bildaufzeichnungen
  - Verbot des Weiterverkaufs von Eintrittskarten (Eindämmung des Schwarzmarktes)
- Haftung

Fragen/Aufgaben

1. Nennen Sie die wichtigsten Aufgaben des Crowd Managements.
2. Wie gehen Sie bei der Ermittlung der höchstzulässigen Besucherzahl vor?
3. Was bedeutet das Handtuchphänomen?
4. Erläutern Sie den Zusammenhang zwischen Personendichte und Bewegungsgeschwindigkeit.
5. Was bedeutet Leistungsfähigkeit einer Straße?
6. Definieren Sie Verkehrslenkung und beschreiben Sie deren Grundsätze.
7. Was sind Aufgaben des Crowd Controls?
8. Erläutern Sie die Bedeutung des Hausrechts für den Sicherheits- und Ordnungsdienst bei einer Veranstaltung.

7.3   Informationsmanagement

Die Kommunikationsprozesse bei der Planung und Organisation von Veranstaltungen sind mannigfaltig. Informationen müssen gesammelt, verdichtet, sortiert und weiter gegeben werden. Schnittstellenpartner sind in der Regel Auftraggeber, Betreiber, Dienstleister,

Veranstalter, Ordnungsamt, Polizei, Feuerwehr, Sanitätsdienst, weitere Ämter und Behörden, Unternehmen, Interessengruppen und natürlich auch die Besucher. Um eine gemeinsame Sprache zu sprechen, müssen viele Schnittstellen und Kommunikationsprobleme berücksichtigt werden, denn es gibt viel mehr Möglichkeiten, Nachrichten misszuverstehen, als sie zu verstehen. Dazu wird im ersten Abschn. 7.3.1 auf die Problemfelder von Kommunikation und Information eingegangen. Im zweiten Abschn. 7.3.2 werden die Möglichkeiten und Mittel der Veranstalter-Besucher-Kommunikation dargelegt.

7.3.1 Kommunikation und Information

Kommunikation bedeutet mehr als der einfache Transport einer Information vom Sender zum Empfänger. Kommunikation ist mehrdimensional. Schulz von Thun spricht von vier Seiten eines Nachrichtenquadrats, in dem auch bei einer fachlich-beruflichen Kommunikation der Empfänger einer Nachricht vier Ohren für die Inhalte hat: Ein Ohr für den Sachinhalt (Worüber informiert wird.), für den Beziehungsaspekt (Was vom anderen gehalten wird.), den Selbstoffenbarungsaspekt (Was ich von mir selbst kundgebe.) und den Appellcharakter (Wozu der Andere veranlasst werden soll.). Wenn wir also „Miteinander reden" (Schulz von Thun 2008), so bedeutet das, mit Hilfe der Sprache und einer Vielzahl nicht-sprachlicher Kommunikationselemente wie Mimik und Gestik, Körperhaltung oder Kleidung mit einem Gegenüber eine Beziehung aufzubauen. Diese Beziehung ist wechselseitig und sagt auch immer etwas über den Charakter der Beziehung aus. Die Interpretation der Nachricht erfolgt in Abhängigkeit von der Beziehung, von dem was wir erreichen, durchsetzen oder mitteilen wollen. Das passiert immer. Selbst dann, wenn wir gar nicht antworten. Scheinbar gleiche Kommunikationsinhalte werden unterschiedlich interpretiert. Kommunikationsbarrieren stören die Weitergabe von Informationen. Mit Filtermechanismen manipuliert der Sender Nachrichten, um negative Inhalte wie z. B. Verzögerungen oder Fehler beim Aufbau zu verschleiern. Aufgrund selektiver Wahrnehmung werden nur die Kommunikationsinhalte einer Nachricht gesehen, die den persönlichen Bedürfnissen, Motiven und Erwartungen entsprechen (Streich und Brennholt 2012, S. 67). Spätestens in der Anlaufphase, wenn der Arbeitsort und damit das Kommunikationszentrum, vom Unternehmensstandort zum Veranstaltungsort umzieht, steigt die Kommunikationsintensität und -frequenz über eine Vielzahl von Kanälen (Telefon, E-Mail, Instant-Messaging-Systeme, Face-to-Face Kommunikation, Pläne und Dokumente über browserbasierte Anwendungen) und somit auch die Informationsmenge exponentiell an. Da die Fähigkeit zur Informationsverarbeitung jedoch begrenzt ist, besteht gerade in dieser Phase die Gefahr der Informationsüberlastung mit der Folge, dass Informationen verloren und fehlerhaft bewertet werden.

Streich und Brennholt (2012, S. 62 f.) identifizieren bei Projekten drei Systemebenen der Kommunikation. Unternehmensebene, Projektebene und Kommunikationsebene. Auf der Unternehmensebene werden strategische Ziele definiert, die Rahmenbedingungen für die einzelne Veranstaltungen bilden, wie z. B. die ökonomische Bedeutung der Veranstaltung für das Gesamtunternehmen. Auf der Projektebene werden Abläufe geplant und deren Umsetzung kommunikativ begleitet, wobei auf der Kommunikationsebene „Kulturaspekte und Verhalten von Beteiligten, wie z. B. der individuelle Umgang mit Pünktlichkeit, thematisiert und besprochen" (Streich und Brennholt 2012, S. 63) werden. Informationen müssen in unterschiedlichen Planungsphasen und für die unterschiedlichen Akteure in einer Form aufbereitet sein, dass sie den jeweiligen Interessenten auch erreichen. Während der Betreiber bzw. Veranstalter bemüht ist, mit maßstäblichen Plänen in großem Maßstab und Balkendiagrammen eine Übersicht zu behalten, benötigt der technische Dienstleister einen Detailplan. Die Entfluchtungsszenarien als Teil eines Sicherheitskonzeptes müssen während der Veranstaltung in verständlicher Form und als klare Anweisung der Leitung des Sicherheits- und Ordnungsdienstes vorliegen. Im Sinne einer Aufbereitung von Informationen ergeben sich also Probleme bei der Informationstiefe, der Informationsbreite und der Visualisierung von Informationen.

Das Kommunikationsumfeld, die Situation und Kommunikationspartner verändern sich zwischen Vorbereitung, Durchführung und Nachbereitung einer Veranstaltung. Jede Phase kennt unterschiedliche Akteure und Kommunikationsorte. Während in der Planungsphase Treffen beim Veranstalter oder der Agentur sinnvoll sind, wird in der bei Anlaufphase (Aufbau), der Aktivphase und in der Nachlaufphase (Abbau) das Produktionsbüro am Veranstaltungsort auch Kommunikationsort. Das Produktionsbüro ist die Zentrale für alle Anfragen Externer, Raum für Besprechungen und Informationszentrum. Meist ist es auch Zwischenlager für Kleinmaterial wie Beschilderungen und Werkzeug. Es ist Treffpunkt, Garderobe und Umkleide, Wechselstube für das Cash Handling, zumeist ist das Produktionsbüro auch Funkbasis und Funkgeräteabholstelle (Heinze 2003, S. 74). Dies verlangt eine funktionale Ausstattung mit guter Kommunikationsanbindung über Festnetz-Telefonie und Internetanschluss, PC und Drucker sowie verschließbare Schränke und besonders für das Bargeld Handling auch einen abschließbaren Safe. Die Wände werden zur Übersicht und zur schnellen Information zur Präsentationsfläche von Regie-, Ablauf- und Einsatzplänen, Kommunikationslisten und einem Organigramm mit allen Ansprechpartnern. Der Kommunikationsort und die Begleitumstände wie Geräuschbelastung, Stress, Klima wechseln im Veranstaltungsverlauf. In Folge muss die Kommunikation der Situation angepasst sein: Meetings in großer Runde mit ausführlichem Protokoll, eventuell mit Zuschaltung von Externen wie Künstlervertretern durch Video- oder Telefonkonferenz in der Initialisierungs-, Start- und Vorlaufphase, kurze Arbeitstreffen für Ad-hoc-Entscheidungen in kleiner Runde in der Anlaufphase und die konzentrierte Atmosphäre eines Produktionsbüros während der Veranstaltung.

Innerhalb einer Organisation sind Kommunikationswege und Weisungsberechtigungen definiert. Interne Vorgaben wie Anweisungen und Verfahrensvorschriften vermitteln klare Richtlinien, welche Schnittstellen zwischen den Behörden, den Abteilungen oder zwischen Stelle und Instanz existieren und welche Informationen dort fließen müssen. Bei der Planung von Veranstaltungen sind jedoch die Schnittstellen nicht immer präzise zu beschreiben. Die Angaben zum Informationsfluss sind in starkem Maße veranstaltungsabhängig. Wer welche Planunterlagen zu welchem Zeitpunkt benötigt, muss der

Situation entsprechend entschieden werden. Erschwerend kommt hinzu, dass die Schnittstellen sehr unterschiedlichen Einflüssen unterliegen.

Organisationsform Unternehmen in der Veranstaltungsbranche haben zumeist eine sehr flache Hierarchie mit einem hohen Grad an Selbstständigkeit der jeweiligen Produktionsleitung bzw. Technischen Leitung. Auf der anderen Seite stellen viele einzelne Arbeitsschritte ausgelagerte Tätigkeiten dar, die von Dienstleistern oder selbstständigen Kräften ausgeführt werden. Innerhalb des Betreibers ergeben sich also immer mehrfache Schnittstellen, die sehr häufig andere Unternehmen einbeziehen. Der Bühnenaufbau wird zwar vom Veranstalter in Absprache mit den Künstlern und dem Auftraggeber oder der Agentur konzipiert. Die Umsetzung jedoch erfolgt im Auftrag des Veranstalters durch einen oder mehrere technische Dienstleister, der wiederum spezialisierte Nachunternehmen beauftragt und selbstständig oder in Absprache mit dem Betreiber bzw. Veranstalter die Abnahme der Fliegenden Bauten veranlasst. Eine der Kernaufgaben des Betreibers bzw. Veranstalters besteht also darin, nach innen mit den einzelnen Akteuren in kontinuierlichem Kontakt zu stehen und nach außen die Schnittstellen zu pflegen. Ämter und Behörden hingegen sind hierarchisch organisiert. Die Kompetenzen der Mitarbeiter sind definiert und klar geregelt.

Unternehmenskultur Die Akteure entstammen unterschiedlichen Milieus, die sich auch in ganz verschiedenartigen Unternehmenskulturen widerspiegeln. Bühnentechnik und Polizei, Schausteller und Ordnungsamt, Prüfingenieur und Agentur, Künstler und Betreiber bilden häufig sehr gegensätzliche Kommunikationspaare, die nur schwerlich eine gemeinsame Sprache sprechen. Was für den Sachbearbeiter ein Verwaltungsakt, kann für den Künstler die Erfüllung seiner Träume meinen. Die Veranstaltungsplanung und -organisation muss mit einer großen Anzahl von festen und freien Mitarbeitern und Volunteers umgehen, so dass für die Veranstaltungsdauer mit Auf- und Abbau eine positive Atmosphäre entsteht, denn Veranstaltungen haben auch immer eine soziale Komponente. „Events are significant social activities; they are often communal and good natured, and this is reflected in their culture" (Shone und Parry 2013, S. 280). Als Bausteine einer Unternehmenskultur der Veranstaltungsorganisation nennen Shone und Parry (2013, S. 277):

- Geschichten und Helden: Erzählungen und Erlebnisse früherer Veranstaltungen
- Symbole: Maskottchen, T-Shirts, Bänder oder Taschen
- Machtstrukturen: Gruppen und Cliquen
- Kontrollmethoden: Informell oder über soziale Gruppen
- Organisationsstruktur: Gremien, Volunteers, Unternehmen
- Rituale und Routinen: Soziales Handeln, Umgangsformen

Ziele Die Ziele der Akteure unterscheiden sich. Während der Betreiber bzw. Veranstalter seine wirtschaftlichen Interessen mit den Vorgaben und Wünschen der Künstler oder des

Auftraggebers in Einklang bringen muss, steht für den Technischen Leiter die termingerechte und sichere Umsetzung des geplanten Veranstaltungskonzepts im Vordergrund. Die Bauaufsichtsbehörden erwarten einen störungsfreien Verlauf unter Beachtung aller Auflagen und die Sanitäts- und Rettungsdienste einen Normalbetrieb unter möglichst geringem Einsatz der bereitgestellten Kräfte. Die Ziele unterscheiden sich nicht nur offensichtlich wie bei präventiven Brandschutzmaßnahmen als Vorgabe der Feuerwehr und den wirtschaftlichen Interessen des Veranstalters. Sie unterscheiden sich auch viel weniger offensichtlich innerhalb von Organisationen in den Interessen und Zielen des Mitarbeiters (Sicherheit, finanzielle Absicherung, Bestätigung der Leistung von außen) und den Zielen der Organisation (Bearbeitung eines Vorgangs, Realisierung einer Idee). Diese so genannten Interessendivergenzen sind systemimmanent, denn die Ziele einer Organisation und die Ziele der Mitarbeiter sind nie vollkommen deckungsgleich. Interessensdivergenz meint dass Mitarbeiter und Organisation unter einer Reihe möglicher Alternativen nicht übereinstimmende Präferenzen haben (Spieß 2004, S. 205).

Aus diesen algemeinen Grundlagen ergeben sich Regeln und Hinweise für den Umgang mit einer Vielzahl von Schnittstellen (Paul und Sakschewski 2014a, S. 250 f.):

- Zentrale Kommunikation: Kommunikation über eine Vielzahl von Zwischengliedern erhöht die Wahrscheinlichkeit von Informationsverlusten und Missverständnissen. Notwendige Absprachen zwischen einzelnen Akteuren sollten auch direkt zwischen diesen getroffen werden.
- Vernetzte Führung: Auch bei einer vernetzten Führung bedarf es einer kontinuierlichen Kommunikation mit eindeutigen, über die verschiedenen Planungsphasen gleich bleibenden Gesprächspartnern. Dies erleichtert den Austausch zwischen unterschiedlichen Akteurgruppen und verringert die Gefahr von Informationsverlusten. Die vernetzte Führung reduziert das „Flaschenhals-Problem", in dem ein Engpass an einer Zwischenstelle zum Engpass für alle wird, durch den Aufbau mehrerer Kommunikationswege.
- Schriftform bevorzugen: Die Schriftform getroffener Absprachen, sei es auch nur als Stichwortprotokoll, ist dringend zu empfehlen, denn das gesprochene Wort ist stark interpretationsbedürftig.
- Mit visuellen Mitteln arbeiten: Eine visuell leicht verständliche und übersichtliche Darstellung aller Akteure mit den wichtigsten Schnittstellen erleichtert den Umgang. Diese Übersicht kann in Form einer Mind Map, eines Organigramms oder als Kontaktliste erfolgen. Wichtig ist ein direkter Zugriff für alle Beteiligten.
- Webbasierte Planung: Die große Anzahl an Schnittstellen, die verteilten Standorte, die dynamische Anpassung der Planung an veränderte Rahmenbedingungen und nicht zuletzt der Umgang mit unterschiedlichen Dateiformaten erfordern zunehmend den Einsatz webbasierter Planungslösungen wie bei einem virtuellen Projektraum. Das ist ein webbasiertes Projektserver-System, in dem alle projektbezogenen Dokumente und die damit verbundene elektronische Korrespondenz zwischen internen und externen Projektpartnern gesteuert und verwaltet wird. Unter dem Schlagwort des Cloud

Computings werden verschiedene Angebote zusammengefasst, die eines gemein haben: Leistungen werden nach Bedarf flexibel und in Echtzeit als Service über das Internet bereitgestellt und nach Nutzung abgerechnet. Für kleinere Vorhaben, mit variablen Nutzergruppen und für eine rasche Nutzung in der Praxis ohne Schulungsaufwand sind virtuelle Projekträume nicht geeignet. In der Veranstaltungsbranche muss regelmäßig wechselndes Personal an unterschiedlichen Standorten innerhalb kürzester Zeit zusammenarbeiten. Hier ist die sofortige Verfügbarkeit von Informationen von herausragender Bedeutung. Plattformen für den Datenaustausch sollen sicherstellen, dass alle Beteiligten wirklich dann Zugriff auf die jeweils aktuellen Informationen haben, wenn sie diese benötigen (Sakschewski und Winkler 2013, S. 38).

7.3.2 Veranstalter-Besucher-Kommunikation

Die Veranstalter-Besucher-Kommunikation beginnt in dem Moment, wenn aus dem Interessenten ein Besucher wird, und endet, wenn der Besucher nach der Veranstaltung sicher zu Hause ankommt. Die Veranstalter-Besucher-Kommunikation spielt damit eine bedeutsame Rolle, um Besucher zu leiten und Besucherströme in Notfällen zu steuern und so zu kanalisieren, dass Verlangsamungen in den Besucherflüssen oder gar Stauungen und Pfropfenbildungen vermieden werden.

> Mathematicians and engineers who model 'crowd dynamics' often rely on similar assumptions describing behaviors such as 'herding,' 'flocking' and, of course, 'panic'. […] Efforts to 'design out disaster' have typically treated people as unthinking or instinctive rather than as rational, social beings. Therefore, more emphasis is placed on the width of doorways than on communication technologies that might help people make informed decisions about their own safety (Drury und Reicher 2010, S. 59).

Besucher in Simulationsrechnungen mit Stressfaktoren zu belegen, die in Folge die Bewegungsgeschwindigkeit erhöhen, sind zur Darstellung der komplexen Kommunikationsprozesse nicht ausreichend. Banale Auslöser, wie das Bestaunen einer Performance im Eingangsbereich, eine bis in die Hauptwege reichende Schlange vor einem Getränkestand oder einfach nur eine Irritation an einer Weggabelung, an der nicht zu ersehen ist, wohin die Wege führen, können so fatale Auswirkungen haben. Lesbare, aktuelle und relevante Informationen für die Besuchergruppe, zu dem Zeitpunkt und an dem Ort, an denen diese benötigt werden ist das Ziel der Veranstalter-Besucher-Kommunikation. Sie kann über viele Kanäle erfolgen, einige davon sind ausschließlich in der Vorfeld-Kommunikation zu bedienen, andere nur während und nach der Veranstaltung. Dabei ist Kommunikationsanlass, die Kommunikationssituation und damit auch die Offenheit beim Empfänger zu berücksichtigen. Über eine Fundsachensammelstelle muss im Vorfeld nicht informiert werden über Parkplätze schon.

Die Veranstalter-Besucher-Kommunikation soll folgende vier Fragen beantworten (Klode et al. 2014) :

- Wie komme ich am besten zur Veranstaltung?
- Wo kann ich hin, wenn ich ankomme?
- Was mache ich, wenn ich vor Ort bin?
- Was darf ich mitführen?

Dadurch ergeben sich folgende Kommunikationsinhalte:
  An- und Abreise (Vorfeldkommunikation)

- Angaben zu den nächsten Haltepunkten des ÖPNV und Weglängen von dort bis zu den Veranstaltungszugängen
- Zufahrten und Zufahrtsregelungen für Parkplätze
- Informationen zu Busshuttles und Komplettpaketen (Anreise und Eintritt)
- Bei mehrtägigen Veranstaltungen bzw. Veranstaltungen mit großer überregionaler Ausstrahlung: Hinweise zu Campingplätzen (Preise, Lage, Anfahrt) anderen Übernachtungsmöglichkeiten und Unterkünften
- Barrierefreie Anreisemöglichkeiten und Hinweis zu Behindertenparkplätzen

Programm (Vorfeldkommunikation und Vor-Ort-Kommunikation)

- Einlasszeiten, Pausen, Anfangszeiten
- Sonderprogramme für Familien, Kinderprogramme
- Übersicht zu den Zugängen zu bestimmten Besucherbereichen

Aufgeteilt auf die Kommunikationskanäle sind für Wegeleitsysteme und zentrale Information folgenden Kommunikationsinhalte wichtig.
  Zentrale Information an den Zugängen (Vor-Ort-Kommunikation)

- Orientierungsplan
- Informationen für Notsituationen
- Hausordnung
- Krisen und Notfälle (Vor-Ort-Kommunikation)
- Telefonische Erreichbarkeit einer zentralen Informations- und Hilfestelle
- Flucht- und Rettungspläne
- Treff- und Sammelpunkte
- Feuerlöschmittel
- Polizei

Wegeleitsystem (Vor-Ort-Kommunikation)

- Hinweise zu den Bühnen und Hauptwegen
- Hinweise zu den Standorten von Serviceeinrichtungen

- Catering (Orientierungsschilder zum jeweils nächstliegenden Standort und zu speziellen Angeboten wie z. B. vegetarische und vegane Speisen)
- Trinkwasser
- Toiletten (Orientierungsschilder zum jeweils nächstliegenden Standort und Hinweise zu barrierefreien Toiletten)
- Spielplätze, Kinderhort, Familieneinrichtungen
- Personenbesetzte oder unbesetzte Informations- und Orientierungspunkte
- Garderoben, Schließfächer und zentrale Fundsammelstellen
- Standort der Erste-Hilfe-Stelle
- Ausgänge mit Hinweise zu den von dort erreichbaren Parkplätzen, Örtlichkeiten und Verbindungen zum ÖPNV

▶ Die Kommunikationsmedien in der Vorfeld- und Vor-Ort-Kommunikation werden sehr unterschiedlich wahrgenommen. Während in der Vorfeldkommunikation ein primäres Kommunikationsziel auch im Marketing und im Vertrieb begründet ist, muss der Besucher vor Ort nicht mehr vom Besuch überzeugt werden. Die Bereitschaft, relevante Informationen für die persönliche Sicherheit aufzunehmen, ist daher groß.

In der Vorfeldkommunikation hingegen steht die Entscheidung der Besucher eine Veranstaltung zu besuchen im Vordergrund. Entscheidungsrelevant sind hier nicht sicherheitsrelevante Überlegungen sondern das Programm. Fragen zur Erreichbarkeit mit dem öffentlichen Personennahverkehr oder zur Lage der Parkplätze sind lediglich entscheidungsbegleitend, die Aufnahmebereitschaft für etwas anderes als die Programminformation ist gering.

Kommunikationsmittel im Vorfeld

- Eintrittskarte: Die Eintrittskarte, ob direkt selbst ausgedruckt oder klassische Karte im Vorverkauf, bietet Platz für wichtige Informationen wie Angaben zu Ort, Datum, Einlasszeiten sowie Sitzplatznummer und Lage innerhalb der Versammlungsstätte wie Parkett, Rang oder Block. Als zusätzliche Hinweise können hier Informationen zu den Eingängen, Vermerke über Sichtbehinderungen oder besondere Verbote der Hausordnung aufgeführt werden.
- Massenmedien: Die Berichterstattung in den Massenmedien wie Zeitungen, Radio oder Fernsehen ist primär ein Medium des Marketings, kann aber auch für aktuelle Hinweise bei Parkplatzauslastungen oder ausgeschöpften Kapazitäten des ÖPNV genutzt werden.
- Internet: Die eigene Veranstaltungswebsite bzw. die Seite innerhalb sozialer Netzwerke und Weblogs bieten auch im Vorfeld ein wichtiges Medium, um frühzeitig Themen zielgruppengerecht zu kommunizieren. Durch die wachsende Bedeutung und Verbreitung von mobilen Endgeräten sowie Smartphones vermischt sich hier

Vorfeld- und Vor-Ort-Kommunikation, so dass die im Vorfeld bereits erlernten Wege der Informationsbeschaffung über den zur Verfügung gestellten Informationskanal auch für aktuelle Informationen vor Ort sinnvoll eingesetzt werden können. Im Vorfeld werden wichtige Inhalte wie Anreise oder Nutzungshinweise und Neuigkeiten über das Internet vermittelt und durch aktuelle Information während der Veranstaltung ergänzt.

- Programmhefte: Programmhefte, Broschüre oder Faltblätter sollten nicht nur das Programm enthalten sondern zumindest einen Übersichtsplan, der die wichtigsten Hinweise für Anreise und Zugang enthält und vor Ort eine Übersicht zu den Service- und Notfalleinrichtungen bietet.

Kommunikationsmittel der Vor-Ort-Kommunikation

- Beschilderung: Auch die besten Schilder können Planungsfehler nicht ausgleichen. Sie helfen Besuchern, sich zu orientieren, müssen sich aber den vorhandenen baulichen und topografischen Gegebenheiten anpassen. Je unübersichtlicher Veranstaltungsgelände und Zugang sind, desto mehr Schilder scheinen erforderlich, doch zu viele Schilder überfordern den Besucher schnell. Für Art und Umfang der Beschilderung sind daher folgende Fragen zu klären:
  - Wie viele Hinweise und Tafeln werden benötigt?
  - Welche Typen von Schildern wie Warnungen, Hinweise oder Pfeile werden gebraucht?
  - Wo und in welcher Weise werden die Schilder aufgestellt?
  - Welche Informationen sollen die Schilder vermitteln?
  - Wie groß müssen welche Informationen sein?
- Wegeleitsystem: Ein Wegeleitsystem soll die Besucher in die Lage versetzen, die gewünschten Orte möglichst ohne Verzögerung auf direktem Weg auch dann zu erreichen, wenn das Veranstaltungsgelände ihm unbekannt ist. Ein funktionierendes Wegeleitsystem muss Informationen kontinuierlich wiederholen, bis das Ziel erreicht ist. Dabei sollte am Eingangsbereich eine Gesamtübersicht als Orientierungsplan positioniert sein. An zentralen Stellen deinen Richtungsangaben als Wegweiser. Ist das Ziel bereits in Sichtnähe, sollte das vor Ort, verbunden mit Detailinformationen, deutlich kenntlich gemacht werden. Die genutzten Zeichen müssen auffällig und deutlich sein, die verwendeten Bezeichnungen sollten beständig sein (Hölscher et al. 2007, S. 7).
- Anzeigetafeln oder Großbildwände: Anzeigetafeln erlauben in der Veranstalter-Besucher-Kommunikation aktuelle Informationen zu vermitteln und geben Hinweise und Warnungen z. B. auf Falschparker oder auf verbotene Handlungen wie das Anzünden eines Bengalischen Feuers.
- Durchsagen: Über die Beschallungsanlage (PA System) oder die Lautsprecheranlage für Notfälle (Elektroakustische Anlage) können die vorbereiteten Notfall-Durchsagen oder andere wichtige Informationen wiedergeben.
- Personal: Alle Personen, die direkt in den Kontakt mit dem Publikum stehen, sind Teil der Veranstalter-Besucher-Kommunikation dazu gehören Ordner, Einlasspersonal, Erste-Hilfe-Kräfte, Park- und Platzeinweiser, Garderobe, zum Teil Techniker,

Catering-Personal oder Reinigungskräfte. Das Personal kann reagieren, aktiv eingreifen und vor Ort auch Krisensituationen entspannen. Sie werden als Gesicht der Veranstaltung befragt und müssen auch bei allgemeinen Fragen reagieren können, aber dazu brauchen sie Informationen, die sie durch die Veranstaltungsleitung erhalten müssen.

Fragen/Aufgaben

1. Beschreiben Sie die Bedeutung des Produktionsbüros bei einer Veranstaltung.
2. Nennen Sie die Bausteine einer Kultur der Veranstaltungsorganisation.
3. Welche Fragen soll die Veranstalter-Besucher-Kommunikation beantworten?
4. Was sind die wichtigsten Kommunikationsmittel der Vor-Ort-Kommunikation mit den Besuchern?

7.4 Kunst und Technik

Der Umgang mit Künstlern verlangt Einfühlungsvermögen, Fingerspitzengefühl und Verständnis. Werden Veranstaltungen geplant und umgesetzt gilt es, unterschiedliche Zielvorstellungen in Einklang zu bringen. Vermittlungsabsichten und Budgetvorgaben kollidieren mit der Eigenständigkeit des kreativen Prozesses, in der das Werk und nicht die Auslastungsquote das Ziel ist. Künstler bilden dennoch keine klar eingrenzbare Gruppe. Sie können verständig, kompromissbereit, eitel, überheblich, arrogant oder kollegial sein. Doch wie immer sie sich auch verhalten, am Ende stehen sie auf der Bühne und nicht Veranstaltungsleitung, Technische Leitung, Produktionsleitung oder Eventmanagement. Sie sind Zentrum der Veranstaltung. Die Technik muss die Kunst voll unterstützen. Dafür werden im nachfolgenden Kapitel zunächst einige Besonderheiten im Umgang mit Künstlern, also auch Entscheidungs- und Kommunikationswege beschrieben. Dann werden mit den Methoden eines agilen Projektmanagements Ansätze für die Produktionsleitung von Kulturveranstaltungen und Kunstausstellungen aufgezeigt.

7.4.1 Umgang mit Künstlern

In der „Kunst des Handelns" beschreibt De Certeau Kreativität als Antidisziplin, die Ordnung als Disziplin (De Certeau 1988, S. 13 ff.). Er nennt hierbei kreative Praktiken im Alltag, die sich gegen die Mechanismen der Disziplinierung durch Ordnung richten und deren Funktionsweise unterlaufen. In diesem Sinne müsste Kunst und Technik die Differenz zwischen Kreativität und Organisation zu überwinden versuchen, um trotz der Unterschiede eine fruchtbare Zusammenarbeit zu ermöglichen. Doch sind die Unterschiede wirklich so gewaltig? „Künstler sind keine guten Organisatoren. Sie hassen Bürokratie, Sitzungen und Versammlungen. Sie finden das langweilig. Es fehlt ihnen auch die nötige Geduld, ein dauerhaftes Verteidigungssystem aufzubauen" (Haacke und Bordieu 1995, S. 20). Doch einige Künstler sind Initiatoren großer Projekte. Nach einem aufreibenden, 23 Jahre dauernden politischen Prozess gelang es Christo und Jean-Claude, 1995 den Reichstag zu verhüllen. Die Floating Piers auf dem Lago d'Iseo von Christo haben 2016 in nur zwei Wochen 1,5 Mio. Besucher aus der ganzen Welt angezogen. Ai Weiwei betreibt mit viel künstlerischem, politischem und nicht zuletzt auch wirtschaftlichem Geschick eine Kunstfabrik, die zum einen chinesische Zensurbehörden beschäftigt und zum anderen international Ausstellungen, Installationen, Vorträge und Ehrungen plant und umsetzt. Künstler sind eben nicht nur Selbstvermarkter – das waren sie schon in der Renaissance – sondern Initiatoren von Projekten. Und auch wenn die Künstler Bürokratie langweilig finden, so gelingen ihnen im Widerstreit mit Bürokratie, erstaunliche Vorhaben, meist im Team mit einer Technischen Leitung als Projektleiter.

Eine einfache Opposition zwischen Kreativität und Ordnung beruht auf Bilder von einem ergebnisorientiertem und effizientem Handeln auf der einen Seite und einem spielerischem, zögerlichem und nicht planbarem künstlerischen Schaffensprozess auf der anderen Seite. Diese Bilder sind Resultat eines tradiertes Verständnis von Kunst und Kreativität (Richter und Maier 2011, S. 291). Kreativität und Organisation schließen sich nicht aus, sondern kommunizieren miteinander. Organisation und Kreativität sind eigenständige Disziplinen, die sich in einer vergleichbaren Struktur eines unterschiedlichen Sprachschatzes bedienen.

> Sowohl im Bereich der Kreativität als auch im Bereich der Organisation wird mit Repräsentationen gearbeitet. Die Einen hantieren mit Geschäftsmodellen, Organigrammen, Tabellen und Zahlen. Die Anderen produzieren Romane, Bilder und Klänge und arbeiten mit Noten. […] Management ist also, wie die Kreativität, ein Vorgang, bei dem Komposition und Repräsentation eine wichtige Rolle spielen (Richter und Maier 2011, S. 296 f.).

▶   Die Produktionsleitung bei Kunstausstellungen und Kulturveranstaltungen ist somit als Übersetzer künstlerischer Repräsentationen in organisationale Sprache und umgekehrt zu verstehen.

Restriktionen müssen dem Künstler vermittelt werden. Außergewöhnliche Ideen, wagemutige Darbietungen, atemberaubende Effekte müssen Partnern und technischen Dienstleistern erläutert werden, die wenig oder gar keine Vorkenntnisse zur Kunst besitzen. Die Methoden dafür bietet das Projektmanagement, bei dem die Lösung von Transferaufgaben mit den damit verbundenen Ungewissheiten essenzieller Bestandteil der Projektarbeit ist (Peters 2012, S. 163). Die Ausrichtung an Schnittstellen und somit ein Denken in Projektnetzwerken, also temporären und zweckgebundenen Kooperationen, die sich an klaren Zielvorgaben und der gemeinsamen Bearbeitung von definierten Aufgaben orientieren, bildet eine Grundlage für das Projektmanagement komplexer Aufgaben (Paul und Sakschewski 2012, S. 207). Diese Kommunikationsaufgaben werden in der Projektorganisation durch Ergebnisorientierung, Interdisziplinarität und Befristung ergänzt.

In der Folge muss Produktions- bzw. Projektleitung in Konflikten zwischen Termi-nen, Kosten und Aufwand, zwischen Sach-, Inhalts- und medialen Zielen, zwischen Nut-zungsanforderungen durch Organisation und Besucher und Nutzungsausschluss durch den Künstler eigenständig entscheiden, in welchem Maße diese Anforderungen erfüllt werden können, ohne dass die Ergebnisorientierung des künstlerischen Werks dadurch gemindert wird. Die Schwierigkeit besteht dabei in der Balance zwischen einem dem Projektmanagement inhärenten Blickwinkel der Zerlegung von Aufgaben in Teilaufga-ben und dem holistischen Selbstverständnis der Kunst, in der das Werk eben nicht der Summe der Einzelteile entspricht, sondern nur ganzheitlich zu erfassen ist (Bendixen 2009, S. 178). Jede Diskussion um eine Verringerung des Leistungsumfangs führt so zu einer Diskussion um das Werk als Ganzes.

Da die Produktionsleitung nicht nur erster Ansprechpartner für den Künstler ist, son-dern sich auch mit Veranstalter und Betreiber, Veranstaltungsleitung und Technische Leitung sowie den beauftragten veranstaltungstechnischen Dienstleistern und Genehmi-gungsbehörden abstimmen muss, hat die Produktionsleitung bei Ausstellungen und Kul-turveranstaltungen neben Koordinationsaufgaben auch Konfliktmanagement nach innen und Projektmarketing nach außen zu betreiben. Die Produktionsleitung befindet sich in einer „Sandwich-Position" (Streich und Brennholt 2012, S. 65). Sie trägt daher eine hohe persönliche Verantwortung für die Zielerreichung. Die Produktionsleitung ist für die inhaltliche Erfüllung der Sachziele, für die Einhaltung der Zwischen- und Endtermine sowie für die Einhaltung des Kostenrahmens verantwortlich (Rübner und Wünsch 2009, S. 84). Zudem ist die Produktionsleitung als Vermittler gefragt und sollte über Kennt-nisse von Moderations-, Gesprächsführungs- und Feedback-Techniken sowie von Metho-den aus der systemischen Beratung verfügen (Rübner und Wünsch 2009, S. 66). Gerade in der Anlauf- und Aktivphase (siehe Abschn. 4.1) wird von der Projektleitung eine hohe Stressresistenz verlangt, die durch die häufige Improvisation in letzter Sekunde verstärkt wird. Das Schaffen von Kunst ist ein Prozess. Kunstproduktion ist nicht mit Ausschrei-bung und Vergabe einer Dienstleistung vergleichbar. Der künstlerische Prozess bedeutet nicht die Umsetzung eines vorgegebenen Plans, aber auch nicht die einfache Realisie-rung eines inneren Bildes, sondern eine schrittweise Annäherung. Häufige Änderungen von geplanten Maßnahmen stellen die Regel dar. Hier nimmt die Produktions- oder Pro-jektleitung die Rolle eines Begleiters ein, der zwar bereit ist, alles sofort zu ermöglichen, aber auch Einwände formulieren darf, wenn durch Änderungswünsche abzusehen ist, dass das Budget überschritten wird, Termine nicht eingehalten werden können oder die technische Machbarkeit infrage gestellt wird. Die besonderen Anforderungen für eine Produktionsleitung bei Kulturveranstaltungen und Ausstellungen bestehen somit in fol-genden Punkten:

- Selbststeuerungskompetenz
- Vermittlung zwischen Kreativität und Organisation
- Hohe Schnittstellenkompetenz
- Dialogische Ergebnisorientierung

Agiles Projektmanagement

Projektmanagement hängt in großem Maß von der Art und Weise ab, mit der Informationen im Projekt weitergegeben und verarbeitet werden (Bemmé 2011, S. 40). Dabei sind folgende Regeln und Hinweise zu beachten (Paul und Sakschewski 2014c, S. 249 f.):

- Die Produktionsleitung übernimmt die Rolle eines Information-Hub mit einer zentralisierten Kommunikationsschnittstelle. Kommunikation über eine Vielzahl von Zwischengliedern führt zu Informationsverlusten durch Übermittlungsfehler oder Missverständnissen. Dies kann sowohl soziologisch als Alltagserfahrung, wie bei dem Kinderspiel der „Stillen Post" verstanden werden, als auch technisch: „Since, ordinarily, channels have a certain amount of noise, and therefore a finite capacity, exact transmission is impossible" (Shannon 1948, S. 635). Informationssysteme unterliegen also den Gesetzen der Entropie und Informationsverluste sind zwingend. Die Zentralisierung der Kommunikation verringert jedoch nicht nur die Informationsverluste, sondern verringert auch die Gefahr der Informationsverzerrungen durch unkontrollierte und informelle Kommunikationsprozesses zwischen beteiligten Partnern.
- Der Dialog mit Künstlern ist ein kreativer Prozess. Abstimmungen und Zwischenschritte werden häufig mündlich und auf Grundlage von einfachen Handskizzen oder Fotos geklärt, doch diese reichen bei der Weitergabe an veranstaltungstechnische Dienstleister nicht aus, sondern müssen in Schriftform gebracht werden.

Für die Produktionsleitung zwischen Kunst und Technik eignen sich die klassischen Methoden und Werkzeuge des Projektmanagements nur bedingt. Hier bietet sich ein agiles Projektmanagement an. Agiles Projektmanagement konzentriert sich auf erreichbare Zwischenergebnisse, die im Dialog entstehen, anstatt sich auf Zielvorstellungen zu

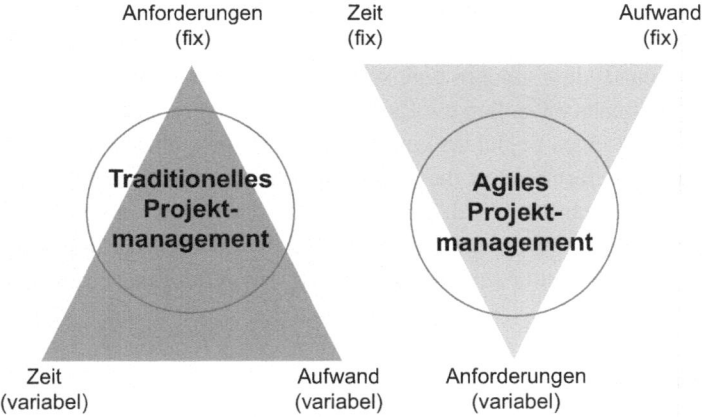

Abb. 7.5 Das Magische Dreieck des traditionellen Projektmanagements im Vergleich zu dem des agilen Projektmanagements. (Eigene Darstellung in Anlehnung an Müller und Gross 2011)

fixieren, die in einer frühen Planungsphase definiert worden sind. Dadurch wird es bei Beibehaltung der Vorteile des Projektmanagements wie Planungstransparenz, Ergebnisorientierung und Teamarbeit möglich, mit Entscheidungsspielräumen zu planen. Als Grundlage dient das so genannte agile Manifest:

- Personen und Interaktionen sind bedeutender als erklärte Prozesse und Werkzeuge
- Funktion ist bedeutender als umfassende Dokumentation
- Zusammenarbeit mit dem Kunden ist wichtiger als Vertragsverhandlungen
- Offenheit für Veränderung ist wesentlicher als eine einfache Verfolgung des Plans (Hanisch 2013; S. 77; Meyerbröker 2011a, S. 6; Pröper 2012, S. 26).

Ein agiles Projektmanagement kann im Umgang mit Künstlern schneller auf sich verändernde Anforderungen reagieren. Die drei Parameter des Magischen Dreiecks (Aufwand, Zeit, Anforderungen), wie in der Abb. 7.5 dargestellt, können flexibler gestaltet werden, um den Erfolg der Produktion in den Vordergrund zu stellen. Im traditionellen Projektmanagement wird sehr früh eine genaue Leistungsbeschreibung verlangt. Veränderungen gelten dann als Feind des Projektmanagers (Meyerbröker 2011a). Veränderung im agilen Projektmanagement hingegen soll als Chance für das Projekt nutzbar gemacht werden. Bei künstlerischen Vorhaben ist ein Projektverlauf ohne wesentliche Veränderungen kaum denkbar. Der Umfang der Leistungen lässt sich in der Initialisierungsphase höchstens grob schätzen. Wird der Leistungsumfang jedoch zu Beginn fixiert, so gilt dieser im Projektmanagement als Zielvorgabe. Steht aber der Leistungsumfang nicht mehr zur Diskussion, weil dieser z. B. als Vertragsgrundlage dient, werden häufig Zeit- und Kostenziele überzogen, um den anfänglich formulierten Leistungsumfang trotz Änderungen zu erreichen. Im agilen Projektmanagement wird der Leistungsumfang in der Initialisierungsphase nur ungenau beschrieben und erst im Projektverlauf spezifiziert. Dadurch bleibt der Leistungsumfang lange Zeit variabel und ist abhängig vom kontinuierlichen Dialog mit den Partnern. Termin und Kostenziele werden dagegen als fix betrachtet (Müller und Gross 2011). Für die Produktionsleitung im Umgang mit Künstlern, in denen das Werk häufig ebenfalls inkrementell entsteht, würde eine starre Vorgabe in der Initialisierungsphase die Enttäuschung beim Abschluss des Projekts bereits einschließen. Was zu Beginn an Idee und Vision diskutiert wurde, wird bei künstlerischen Projekten in der Regel nicht genauso am Ende auch umgesetzt.

Da der Leistungsumfang in einem agilen Projektmanagement jedoch flexibel ist, sind Vertragsvereinbarungen anders zu erfassen. Für den Einsatz bei der Produktionsleitung künstlerischer Vorhaben bieten sich hier drei verschiedene Varianten an (Meyerbröker 2011b):

- Reviews der getroffen Vereinbarungen in regelmäßigen, zeitlichen Abständen: Dieses Konzept bietet sich vor allem bei der langfristigen Planung von Veranstaltungen an und verhindert die negative Wirkung von Nachverhandlungsrunden, wenn im Planungsverlauf mit wachsender Konkretisierung deutlich wird, dass frühere Ideen in der Form oder zu den Kosten nicht umsetzbar sind. Sind diese Runden von vorne herein eingeplant, ist die Wahrscheinlichkeit geringer, dass die Situation als Schwäche der jeweiligen anderen Seite gedeutet wird und es zu eingefrorenen Konflikten entlang einer zunächst nur eingebildeten, im Konfliktverlauf zunehmend realen Front ‚Kunst gegen Technik' kommt.

- Eine eher ungenaue Absichtserklärung in Form eines ‚Letter of Intent' für das gesamte Vorhaben und eine fixe Vereinbarung für die ersten Projektphasen: Dieses Vorgehen bietet sich bei einer erstmaligen Kooperation an. Statt wegen bestehender Ängste und Zweifel über das Ausmaß und die Form der geplanten Veranstaltung gar nicht zusammen kommen zu können, ermöglicht die Absichtserklärung plus einer fixen Vereinbarung ein Kennenlernen und Ausprobieren, was dem gegenseitigen Vertrauen dient.
- Als agilen Festpreis kann die dritte Variante bezeichnet werden, bei der auf Basis einer genauen Projektbeschreibung für das gesamte Projekt eine pauschale Gesamtsumme vereinbart wird. Beiden Seiten wird aber das Recht eingeräumt, Teile der im Vertrag aufgeführten Leistungen umzuwandeln, solange der dafür benötigte Ressourcenaufwand bzw. die inhaltlichen Ausrichtungen auch als gleichwertig eingeschätzt wird. Die Flexibilität des Leistungsumfangs kann auch auf einen Teil des Gesamtumfangs wie z. B. 30 % oder 40 % der Tätigkeitsfelder laut Projektbeschreibung begrenzt werden. Diese Variante eignet sich für alle Formen einer engen Zusammenarbeit mit Künstlern hat aber einen besonderen Vorteil bei bestehenden Kooperationen, da hierbei aufgrund bereits bestehender partnerschaftlicher Beziehungen die Gefahr gering ist, den flexiblen Vertragsteil für den eigenen Vorteil auszunutzen (Hidden Agenda) und so bereits zu Beginn eine Atmosphäre des Misstrauens zu schaffen.

Fragen/Aufgaben
1. Was sind die besonderen Anforderungen für eine Produktionsleitung bei Kulturveranstaltungen?
2. Erläutern Sie kurz das Konzept eines agilen Projektmanagements.
3. Vergleichen Sie die Ansätze eines ‚Letter of Intent' mit dem agilen Festpreis.

7.5 Nachhaltigkeitsmanagement

Nachhaltigkeitsmanagement meint die systematische Planung und Umsetzung von integrierten ökologischen, ökonomischen und sozialen Maßnahmen für eine nachhaltige Veranstaltung. Die Planung und Organisation von nachhaltigen Veranstaltungen erfährt in der aktuellen Diskussion eine große Aufmerksamkeit. Die Legitimation einer nachhaltigen Veranstaltung wird nicht mehr infrage gestellt, doch über die Umsetzung existieren sehr unterschiedliche Ansichten, in Abhängigkeit von den Teilmärkten und den dort relevanten Akteuren. Deswegen werden im ersten Schritt des Kapitels, die aktuellen Diskussionsstränge zusammen getragen. Nachfolgend werden bestehende Leitfäden und Empfehlungen sowie komplexe Indikatorensysteme kritisch erörtert und in Bezug auf den Grad der Integration in Unternehmensprozessen und die Anwendbarkeit in den Teilmärkten bewertet und verglichen.

Aktuell können vier nachhaltigkeitsbezogene Themenfelder im Veranstaltungsmanagement identifiziert werden (Wall und Behr 2010):

1. Die physisch-funktionalen Herausforderungen in der Veranstaltungsorganisation und somit die unmittelbaren Ansatzpunkte zur Berücksichtigung der ökologischen Dimension der Eventproduktion. Dabei werden Einzelfaktoren wie die Verringerung der Belastungen durch Lärmemission bei Open Air Konzerten oder Abfallmanagement bei Straßenfesten genauso berücksichtigt wie integrierte Managementkonzepte, die wie bei Lucas und Gross (2007) Qualitäts- und Umweltaspekte verbinden.
2. Die Berücksichtigung von Stakeholderinteressen zur Legitimierung von Veranstaltungen bildet den Schwerpunkt der Veröffentlichungen aus den Bereichen Sporttourismus. Dies begründet nicht nur einen wichtigen Fokus bei sportlichen Großveranstaltungen wie z. B. bei der Vorbereitung und Planung der Olympiade 2012 in London, sondern geht auch in Indikatoren-Modelle ein wie bei dem DIT-ACHIEV Modell von Griffin (2009).
3. Events als Träger sozio-ökonomischer und sozio-kultureller Entwicklung sowie der Kommunalentwicklung bildet die wesentliche Betrachtungsperspektive für Events als Instrumente des Standortmarketings bzw. der Standortentwicklung ob aus regionaler (Kiez- oder Stadtteilperspektive) Perspektive oder aus Überlegungen eines internationalen Wettbewerbs heraus wie bei der Konkurrenz um die globale Standortfrage der Creative Industries. Events wirken hier als Distinktionsmerkmale im internationalen Wettbewerb (Foley et al. 2009, S. 14 f.). Dabei ist die Art des Eventprodukts abhängig von den spezifischen, regionalen Bedingungen und kann die globale Vermarktung traditioneller Brauchtumsfeste wie das Festival San Fermin in Pamplona mit den Auswirkungen für regionale Wirtschaft und sozialem Gefüge ebenso beinhalten, wie die Folgen eines wachsenden Kulturtourismus auf die lokale Infrastruktur der Destinationen wie z. B. in Venedig.
4. Das Themenfeld einer programmatischen und inhaltlichen Auseinandersetzung mit Themen nachhaltiger Entwicklung umfasst nicht allein eine Entwicklungsperspektive wie die Themenfelder eins bis drei, sondern berücksichtigt zusätzlich inwieweit die Veranstaltungen selbst, erzieherische Funktionen haben. Im Maßnahmenkatalog des Green Meeting Industry Council wird z. B. die Formulierung eines Environmental Statements, das an alle Stakeholder, Lieferanten wie Teilnehmer kommuniziert werden soll, als ein integraler Bestandteil der nachhaltigen Veranstaltungsplanung betrachtet (Reiser und Scherle 2014, S. 320).

In der Breite dieser Themenfelder spiegeln sich die unterschiedlichen Disziplinen wider, wie Eventmarketing, Kulturwissenschaften, Projektmanagement, Tourismus- oder Sportmanagement, die Ansätze dafür bieten, Fragen des Veranstaltungsmanagements zu beantworten. Je nach Disziplin können die Antworten dabei sehr verschieden ausfallen.

Während aus touristischer Perspektive die regionalen kulturellen oder ökonomischen Entwicklungen im Vordergrund stehen, wird unter Einbeziehung des Projektmanagements die Lösung einzelner Faktoren wie der Aufbau einer nachhaltigen Infrastruktur die relevante Größe für eine nachhaltige Entwicklung darstellen.

Nachhaltigkeit ist auch in der Veranstaltungsbranche ein Teil des Mainstreams. Maßnahmen für eine nachhaltigere Veranstaltung haben sich im Großen (Olympiade London 2012) wie im Kleinen (Veganer Imbiss auf Straße- und Bürgerfesten) durchgesetzt. Es besteht damit nicht mehr die Frage, ob eine Veranstaltung nachhaltig sein soll, sondern in welchem Maße und in welcher Form eine nachhaltige Veranstaltung ausgestaltet werden kann. Hierbei verläuft die Diskussion entlang zweier Achsen. Zum einen sind aus dem Nachhaltigkeitsmanagement bekannte Indikatorensysteme auf Ihre Relevanz für die Veranstaltungsbranche hin überprüft worden. In diesem Zusammenhang sind auch bestehende branchenübergreifende Standardisierungen wie der EMAS aber auch branchenspezifische Standards wie der BS 8901 und die sich daran orientierende DIN ISO 20121 in der Diskussion. Dabei wird die Frage gestellt, inwieweit ganzheitliche Systeme individuell mit direktem praktischen Nutzen anwendbar sind, oder ob nicht die Einzigartigkeit und Eigenständigkeit einer einzelnen Veranstaltung, dem Standardisierungsbestreben mit den Notwendigkeiten messbare Einzelgrößen zu definieren, widerspricht. Die Achse dieser Diskussion verläuft also entlang des Grades der Standardisierung und Formalisierung. In den Extrempositionen stehen sich hier die Interessen der im internationalen Wettbewerb stehenden Tagungs- und Kongresszentren, den Wirkungsfeldern von Kleinst- und Kleinunternehmen, zumeist regional tätiger Agenturen und veranstaltungstechnischer Dienstleister gegenüber. Die zweite Achse der aktuellen Diskussion verläuft entlang des Grades der Integration der geplanten Maßnahmen und reicht von einem Verständnis des Nachhaltigkeitsmanagements als ganzheitliches Konzept mit einer strategischen Kommunikationsabsicht für Kunden, Lieferanten und anderen Stakeholdern bis hin zu Akteuren, die Einzellösungen wie z. B. nachhaltige, mobile Sanitäranlagen anbieten. Die Diskussionsstränge verlaufen dabei nicht gleichmäßig entlang der beiden Achsen, sondern kristallisieren sich in den Teilbereichen der Veranstaltungswirtschaft mit den Schwerpunktsetzungen, die einen größtmöglichen Nachhaltigkeitseffekt versprechen. Beispielhaft sind in der Tab. 7.2 einige aktuelle Diskussionsschwerpunkte zusammengefasst:

Zur Messung, Bewertung und Kontrolle der Nachhaltigkeit von Veranstaltungen sind Indikatoren notwendig, die den Grad der Umsetzung von Nachhaltigkeitszielen widerspiegeln. Die nachfolgenden branchenspezifischen Beurteilungssysteme lassen sich nach dem Komplexitätsgrad grob unterscheiden in Handreichungen, die mit Hilfe von Checklisten als Empfehlungen und Richtlinien für ein Teilsegment der Veranstaltungsbranche oder einen spezifischen Auftraggeber dienen und umfassenden Indikatorensystemen für die Nutzung in allen Teilbereichen der Veranstaltungsbranche.

Tab. 7.2 Übersicht über aktuelle Diskussionsthemen in verschiedenen Teilbereichen der Veranstaltungsbranche nach Grad der Integration und Grad der Formalisierung. (Quelle: Eigene Darstellung in Anlehnung an Sakschewski 2016a, S. 98 f.)

Teilbereiche	Ansatzpunkt	Grad der Formalisierung	Grad der Integration	Konflikte
Kongresse, Volksfeste, Sportveranstaltungen	Multimodales Reisemanagement	Hoch	Hoch	Anbindung der Veranstaltungsstätte an den ÖPNV; Taktung ÖPNV; Convenience der Teilnehmer; Frühzeitige Information und Kommunikation
MICE Industrie, Sportveranstaltungen, Konzertveranstaltungen	Nachhaltigkeit als Teil des Marketings	Hoch	Hoch	Green Meeting und Nachhaltige Entwicklung
Messe- und Ausstellungsbau	Wiederverwendbarer oder in Teilen zweitnutzbarer Individualbau	Gering	Hoch	Kundenwünsche; Marktdynamik; Transportfähigkeit und Flexibilität
Private Veranstaltungswirtschaft (ohne öffentlichen Sektor)	Corporate Social Responsibility	Gering	Gering	Hoher Anteil an freien Kräften; Sozial verträgliche Arbeitszeiten und Arbeitszeitlagen; Termindruck
MICE Industrie	Catering	Gering	Gering	Qualifikation und Kompetenz der Anbieter; Kosteneffekte; Logistik; Kundenwünsche
Veranstaltungstechnik	Energieeffizienz, Verpackung	Gering	Gering	Mehrwegverpackungen; Einsatz LED-Leuchtmittel
Open Air Festivals	Sanitäre Anlagen	Hoch	Hoch	Machbarkeit nachhaltiger Lösungen; Aufbau temporärer Infrastruktur; Vor-Ort-Kommunikation
Open Air Festivals	Elektrizität	Hoch	Hoch	Vorsorge für Spitzenlast; Lärm- und Abgasemission durch Generatoren; Standortwahl

(Fortsetzung)

Tab. 7.2 (Fortsetzung)

Teilbereiche	Ansatzpunkt	Grad der Formalisierung	Grad der Integration	Konflikte
Großveranstaltungen	Abfallmanagement	Hoch	Hoch	Mülltrennung vor Ort; Vor-Ort-Kommunikation; Pfandsysteme; Logistik im Veranstaltungsbetrieb
Großveranstaltungen	Anwohnerschutz	Hoch	Hoch	Koordination An- und Abreise; Lärmemission; Stakeholdermanagement
Großveranstaltungen	Zertifizierung	Hoch	Gering	Transparenz der Indikatoren und Maßnahmen; Transfermöglichkeit auf mittelgroße und kleine Veranstaltungen
MICE Industrie, Tourismus, Spielstättenmanagement	Zertifizierung	Hoch	Hoch	Internationale Standardisierung; Kosten; Interne und externe Kommunikation
Spielstättenmanagement	Nachhaltiges Facility Management	Hoch	Hoch	Lieferantenkontrolle; Planung baulicher Maßnahmen; Erneuerung veranstaltungstechnischer Ausstattung; Entwicklung eines Manuals zur internen Kommunikation
Trendsport Events	Verträglichkeit	Hoch	Gering	Stakeholdermanagement; Teilnehmer- und Besuchermanagement; Temporäre Infrastruktur
Volksfeste	Veranstaltungsmanagement	Hoch	Hoch	Strukturierung der Maßnahmen; Gewachsene Organisationsstrukturen; Wandel der Besuchererwartungen; Sicherheits- und Genehmigungsplanung; Barrierefreiheit
Veranstaltungen an besonderen Orten	Denkmalschutz	Hoch	Gering	Sicherheitsanforderungen der Veranstaltung und des Bauwerks; Lärmemission; Security vor Ort während der Veranstaltungsdauer; Schnittstellenmanagement mit den Gewerken

7.5.1   Leitfäden und Empfehlungen zur Bewertung der Nachhaltigkeit

Umweltbundesamt

Der Leitfaden für die nachhaltige Organisation von Veranstaltungen des Umweltbundesamtes (2014) in der aktuellen zweiten Auflage beschreibt zehn Handlungsfelder für ein nachhaltiges Veranstaltungsmanagement. Der Leitfaden kann für die Vorbereitung von Veranstaltungen in verschiedenen Gebieten genutzt werden. Die Hinweise und Maßnahmen sind Empfehlungen. Ihre Relevanz hängt von der Art der Veranstaltung und dem Veranstaltungsort ab. Ist der Veranstaltungsort durch bauliche Rahmenbedingungen festgelegt, kann z. B. der Strom- und Wärmebedarf der Gebäude oder der Wasserverbrauch nur noch in sehr engen Grenzen beeinflusst werden (Umweltbundesamt 2014, S. 5).

- Mobilität mit dem Ziel der Reduzierung der verkehrsinduzierten Umweltbelastungen, Klimaneutralstellung der veranstaltungsbedingten Reisetätigkeit
- Veranstaltungsort und Unterbringung der Teilnehmer mit den Zielen: Übertragung der Zielstellungen aus den weiteren Handlungsfeldern, Vermittlung regionaler Besonderheiten
- Energie und Klima mit den Zielen: Berücksichtigung der Klimarelevanz von Veranstaltungen, Kompensation der mit der Veranstaltung verbundenen Treibhausgas-Emissionen, Maßnahmen zum sparsamen Energieverbrauch
- Beschaffung von Produkten und Dienstleistungen mit dem Ziel: Beachtung von Umweltbelangen bei allen Beschaffungsvorgängen
- Catering mit den Zielen: Signifikanter Anteil von Produkten aus ökologischem Landbau, Förderung saisonaler Lebensmittel, Förderung von Produkten aus fairem Handel
- Abfallmanagement mit den Zielen: Abfallvermeidung bzw. Reduktion des Abfallaufkommens, Einsatz ökologisch vorteilhafter Verpackungen, Reduktion Papiervolumen
- Umgang mit Wasser zur Schonung der Ressource Wasser
- Gastgeschenke sollen die generellen Grundsätze des vorliegenden Leitfadens auch bei der Auswahl von Geschenken berücksichtigen
- Kommunikation hat den Erfolg der Initiative zur nachhaltigen Organisation von Veranstaltungen sicherzustellen
- Soziale Aspekte sind in Hinblick der Bedürfnisse behinderter Menschen und der Grundsätze von Gender Mainstreaming bei der Veranstaltungsvorbereitung und -durchführung zu berücksichtigen

Green Champions für Sport und Umwelt

Der Leitfaden für die nachhaltige Planung und Durchführung von sportlichen Großveranstaltungen berücksichtigt Erfahrungen, die mit den Umweltkonzepten von Sportgroßveranstaltungen wie der nordischen Ski-WM in Oberstdorf 2005, „Green Goal" für die FIFA WM 2006 und für die Bewerbung Leipzigs für die Olympischen Sommerspiele 2012 gewonnen wurden. In den Leitfaden sind ebenfalls die Ergebnisse des Forschungsvorhabens „Stoffstromanalysen zur Beurteilung der Umweltbelastungen von

Sportgroßveranstaltungen" des Öko-Instituts und der Deutschen Sporthochschule Köln im Auftrag des Umweltbundesamtes eingeflossen (BMU 2007, S. 22 f.). Green Champions ist 2007 vom Bundesministerium für Umwelt, Naturschutz und Reaktorsicherheit und dem Deutschen Olympischen Sportbund (DOSB) gemeinsam herausgegeben worden und beschreibt vornehmlich die ökologischen Auswirkungen von sportlichen Großereignissen in den nachfolgenden Handlungsfeldern:

- Klimaschutz
- Verkehr
- Energie
- Abfall
- Materialverbrauch
- Wasser und Abwasser
- Natur und Landschaft
- Lärm
- Catering
- Beschaffung und Merchandising

Die sich daraus ableitenden Maßnahmen werden im Leitfaden nach ihrer Relevanz in den unterschiedlichen Phasen der Planung und Organisation sportlicher Großveranstaltungen, wie Bewerbung und Konzept; Bau, Umbau und Erweiterung von Sportstätten; Planung der Veranstaltung; Durchführung; Nachnutzung und Rückbau und auch nach Sportarten unterschieden. Zu jeder Phase beschreibt der Leitfaden die relevanten Handlungsfelder und die dafür geeigneten Maßnahmen. Dabei unterstützt der Leitfaden die Entscheidungsträger durch eine Auswahl mit einem praxisrelevanten Bezug auf bestimmte Schwerpunktbereiche und einer begrenzten Anzahl von Maßnahmen.

Sounds for Nature
Der Leitfaden für Open-Air-Festivals ist 2005 vom Bundesamt für Naturschutz herausgegeben worden und stellt ausdrücklich kein einheitliches Indikatorensystem dar, sondern bietet als praxisorientierte Handlungsanweisung Tipps und Anregungen, wie Open-Air-Festivals ökologischer gestaltet werden können (BfN 2005). Die Sounds for Nature Stiftung ist aus einem Projekt des Bundesamtes für Naturschutz (BfN) entstanden. Sie wurde davor als Kooperationsprojekt vom BfN, der Musik-Agentur K.O.K.S., der Deutschen Rockmusik-Stiftung und dem Institut für Umweltkommunikation (ifu Bonn) in Form einer Arbeitsgemeinschaft getragen. Sounds for Nature beschreibt sieben Handlungsfelder für die nachhaltige Planung von Open-Air-Festivals:

- Verkehr: Förderung der Benutzung von öffentlichen Verkehrsmitteln durch Sonderkonditionen des ÖPNV, Reduzierung des motorisierten Individualverkehrs, Organisation von Mitfahrgelegenheiten, Vorrang von Fahrrad- und Fußgängerverkehr, Öffentlichkeitsarbeit

- Abfall: Abfalltrennung, Geschirr und Geschirrreinigung, Pfandsysteme, Einschränkung des Mitbringverbots von Getränken, Kommunikation an Aussteller und Standbetreiber
- Abwasser/Toiletten: Trennung von Grauwasser, ausreichende Anzahl von Toiletten
- Belastung durch Geräusche: Abstimmung mit der zuständigen Behörde, Angepasste räumliche Anordnung, Beachtung der gesetzlichen Bestimmungen auch bei Auf- und Abbauzeiten
- Verpflegung: Regionale und saisonale Lebensmittel, Zusammenarbeit mit Direktvermarktern
- Camping: Deutliche Kennzeichnung des Geländes, Autoverbot auf dem Campingplatz, Abfallmanagement auf dem Gelände, Reduktion der Umwelt- und Naturbelastungen durch temporäre Zeltplätze
- Naturerlebnis und Umweltbildung: Kooperation mit Umwelt- und Naturschutzverbänden, Exkursionen

Green Meetings
Der Begriff der Green Meetings „umschreibt allgemein die Organisation von Veranstaltungen unter Berücksichtigung umweltpolitischer Aspekte" (Chehimi 2010, S. 29). „Green Meetings als Zukunftsprojekt für die Veranstaltungsbranche" (Große Ophoff 2016) umfasst sechs Wirkungsfelder: Energie, Wasser, Beschaffung, Abfall, Kommunikation und CO_2 Kompensation. Dabei geht Green Meetings als Initiative für Veranstaltungen der MICE Industrie davon aus, dass die größte Belastung von der An- und Abreise der Teilnehmer ausgeht, worauf aber der Veranstaltungsort und der Veranstalter, anders als bei den sechs zuvor genannten Wirkungsbereichen, nur einen sehr geringen Einfluss hat. Im Rahmen der Green Meetings werden mit dem Fokus auf Veranstaltungen der MICE-Industrie folgende Maßnahmen vorgeschlagen:

- Energie: Einsatz von Energiesparlampen, Einsatz von Öko-Strom, Nutzung von Bewegungsmeldern, Einschalten von Technik nur auf Anfrage
- Wasser: Einbau von Sparperlatoren und Durchflusskonstanthaltern in den Waschbecken, Wasser sparende Spülkästen, Auffangen von Regenwasser für die Gartenbewässerung
- Beschaffung: Einkauf von recycelbaren Produkten mit Umweltlabel, Verwendung von abwaschbaren Tischunterlagen statt Tischtüchern, Einsatz von umweltfreundlichen Reinigungsmitteln, Einkauf von regionalen und saisonalen oder fair gehandelten Bio-Produkten, Aufstellen von zentralen Wasserdispensern, biologisch abbaubare Handseife, Abgabe nicht verbrauchter Lebensmittel an gemeinnützige Stellen
- Abfall: Mülltrennung in allen Bereichen, Kompostierbare Müllbeutel, Mehrwegverpackungen, Rücknahmepflicht der Lieferanten
- Kommunikation: Regelmäßige Mitarbeiterschulungen, Erstellen eines Umwelthandbuchs für den internen Gebrauch, Erstellen von Informationsbroschüren für die Kommunikation nach außen, Hinweisschilder für die Wasser sparende Nutzung

- Mobilität: Jobticket für Mitarbeiter, Mobilitätsticket für Gäste, Bonus für Fahrgemeinschaften und Nutzung des ÖPNV (Chehimi 2010, S. 41 ff.)

Fairpflichtet

„Fairpflichtet" lautet des 2012 in den Fachverbänden EVVC (Europäischer Verband der Veranstaltungs-Centren e. V.) und GCB (German Convention Bureau) abgestimmten Nachhaltigkeitskodex der Veranstaltungsbranche. Die bewusst niederschwellige Selbstverpflichtung sollte möglichst viele Unternehmen entlang der gesamten Wertschöpfungskette in ihrer unternehmerischen Verantwortung für Nachhaltigkeit bei der Organisation und Durchführung von Veranstaltungen einschließen (Schultze und König 2016, S. 40). Die Leitlinien sind (Fairpflichtet 2016):

- Strategie. Nachhaltiges Wirtschaften heißt strategisch handeln, in Führung gehen und heißt Integration in die Unternehmensprozesse.
- Nachhaltigkeit wird vor allem als Chance verstanden; zur Lösung von Auswirkungen unternehmerischen Handelns in der Zukunft und zum Nutzen aller.
- Der „nachhaltige Unternehmer" erfüllt seine Verantwortung in der Region zur Steigerung des Gemeinwohls.
- Ökonomie in Ausgewogenheit mit Ökologie und sozialen Aspekten sind gleichberechtigte Anliegen für eine langfristige Stabilität des Unternehmens.
- Verantwortlicher Umgang mit Ressourcen und Energie heißt 1. vermeiden, 2. vermindern und 3. regenerierbar ersetzen.
- Der „nachhaltige Arbeitgeber" erfüllt eine anspruchsvolle Sozialkompetenz gegenüber seinen Mitarbeiterinnen und Mitarbeitern, steigert deren Qualifikation und sichert die Beschäftigung.
- Aus Respekt vor den Menschen setzt sich der „nachhaltige Unternehmer" für die Einhaltung der Menschenrechte ein und richtet sich gegen jede Form von Diskriminierung und Korruption.
- Offenheit ist eine Einstellung. Transparenz der Maßnahmen für Nachhaltigkeit ist die Konsequenz.
- Die freiwillige Selbstverpflichtung zur Nachhaltigkeit ist eine Pflicht an sich selbst, die zum Anspruch der Gesellschaft wird.
- Der „nachhaltige Unternehmer" setzt Anreize zum Umdenken und Handeln, um Mitarbeiter und Partner in einen ständigen Verbesserungsprozess der Nachhaltigkeit einzubeziehen.

7.5.2   Indikatorensysteme und Zertifizierungen

Green Globe

Green Globe ist ein international wirksames Programm zur Zertifizierung, das speziell für die Reise- und Tourismusindustrie entwickelt wurde und berücksichtigt branchenspezifische Indikatoren im Bereich der Nachhaltigkeit, basierend auf den drei Säulen Umweltfreundlichkeit, sozialer Verantwortung und wirtschaftlicher Rentabilität. Um das Thema Nachhaltigkeit in der Kongress-, Tagungs- und Event-Branche zu verankern, haben das German Convention Bureau e. V. (GCB) und der Europäische Verband der Veranstaltungs-Centren e. V. (EVVC) eine Kooperation mit Green Globe vereinbart. Eine Auswahl von über 300 so genannten Einhaltungsindikatoren wird dabei auf 36 einzelne Zertifizierungskriterien angewendet. Die zutreffenden Indikatoren variieren nach Kategorie der Zertifizierung, geografischem Gebiet wie auch örtlichen Faktoren. Das Zertifikat wird zweimal jährlich überprüft. Die Prüfung der Einhaltung erfolgt durch einen unabhängigen Auditor. Die Indikatoren der Zertifizierung sind in den folgenden Teilbereichen unterteilt: A) Sustainable Management, B) Social/Economic lauten, C) Cultural Heritage und D) Environmental untergliedert (Green Globe 2015).

- A Sustainable Management/Nachhaltigkeitsmanagement: Einführung eines Nachhaltigkeitsmanagement Systems, Einhaltung der Rechtsvorschriften, Fort- und Weiterbildung, Kundenzufriedenheit, Richtigkeit der Marketingmaßnahmen, Aufteilung Flächennutzenplan, Gestaltung und Konstruktion, Interpretation, Kommunikationsstrategie, Gesundheit und Sicherheit
- B. Social and Economic/Sozial und ökonomisch: Regionale Entwicklung, Lokale Beschäftigung, Gerechter Handel, Unterstützung regionaler Unternehmen, Rücksicht auf die lokale Gemeinschaft, Ausnutzung, Angemessene Miete, Arbeitsschutz, Grundlegende Services
- C. Cultural Heritage/Kulturerbe: Verhaltensregeln, Historische Artefakte, Schutz von Kulturstätten, Ausdruck der Kultur
- D. Environmental/Ökologisch: Erhalt der Ressourcen, Reduktion der Umweltbelastungen, Erhalt der Biodiversität, des Ökosystems und der Landschaft

FAMAB

Der Verband für direkte Wirtschaftskommunikation e. V. (FAMAB) hat sich gegen eine Übernahme bestehender Indikatorensysteme entschieden und im Arbeitskreis Nachhaltigkeit zusammen mit Partnern aus der Wirtschaft ein eigenständiges, branchenspezifisches Nachhaltigkeitskonzept entwickelt. Seit 2011 bietet der Verband den Mitgliedern ein Nachhaltigkeitszertifikat unter dem Titel Sustainable Company für Unternehmen und unter dem Titel Sustainable Project für einzelne Vorhaben an. Die branchenspezifischen Zertifizierungen werden dabei von einem externen Zertifizierer durchgeführt. Die insgesamt elf verschiedenen Zielkategorien sind inhaltlich angelehnt an ISO/EMAS, SCOPE 1 und 2 (FAMAB 2015a). Der Zertifizierungsprozess verläuft in einem strukturierten Prozess zunächst auf Basis eines Erhebungsbogens und Weitergabe an den staatlich anerkannten Zertifizierer sowie einem Telefoninterview zur Plausibilitätsprüfung des Erhebungsbogens. Die Indikatoren der Zertifizierung, die mit den Leitfragen bewertet werden, lauten (FAMAB 2015b):

- A. Grundsätze der Unternehmensführung
- B. Außenbetrachtung: Kunden, Lieferanten und Subunternehmer, Geldgeber, Behörden und Verbände
- C. Innenbetrachtung: Kommunikation, Mitarbeiter
- D. Operatives Geschäft: Grundlagen der Organisation, Grundlagen bei Design und Planung, Umweltverträglichkeit in der Produktion, Logistik, Montage und beim Einkauf

DIN ISO 20121

Die DIN ISO 20121 legt Anforderungen an ein nachhaltiges Veranstaltungsmanagementsystem für jegliche Art von Veranstaltung oder veranstaltungsbezogene Tätigkeiten fest und gibt dazu eine Anleitung zum Erfüllen dieser Anforderungen. Die internationale Norm unterstützt Organisationen dabei, ein nachhaltiges Veranstaltungsmanagementsystem einzuführen, zu verwirklichen, aufrechtzuerhalten und zu verbessern sowie die Einhaltung der erklärten Leitlinien zur nachhaltigen Entwicklung sicherzustellen und eine freiwillige Konformität mit dieser Internationalen Norm zu demonstrieren. Diese internationale Norm wurde gestaltet, um das Management einer verbesserten Nachhaltigkeit während des gesamten Zyklus des Veranstaltungsmanagements zu thematisieren (DIN ISO 20121: 2013-04). In der Norm werden die Prozesse definiert und die Verfahren beschrieben, wie eine Organisation nachhaltig Veranstaltungen planen und durchführen kann, dazu werden nicht Indikatoren festgelegt, sondern der Weg hin zur Identifikation und Bewertung organisationsspezifischer Handlungsfelder beschrieben. Die Organisationen sind aufgefordert, eine Methodik zu entwickeln, um zu beurteilen, wie wichtig die direkten und indirekten Handlungsfelder sind und bei der Festlegung der Felder zu helfen, auf die sich die Organisation konzentriert. „Es gibt kein einzelnes Verfahren zur Identifikation maßgeblicher Handlungsfelder einer nachhaltigen Entwicklung. Dennoch sollte das verwendete Verfahren folgerichtige Ergebnisse bereitstellen sowie Bewertungskriterien festlegen und anwenden" (DIN ISO 20121: 2013-04). Die DIN führt in der Anlage C mit ausdrücklichen Verweis auf die DIN ISO 26000 und das Sector Supplement für Veranstaltungsorganisatoren der Global Reporting Initiative folgende Liste von Handlungsfeldern auf:

- Zugänglichkeit
- Räumlichkeit
- Tierschutz

- Wettbewerbswidriges Verhalten
- Bestechung und Korruption
- Kommunikation
- Örtliches Gemeinwesen
- Arbeitsrichtlinien
- Zustand des Arbeits- und sozialen Schutzes
- Verbraucherverhalten
- Diskriminierung und gefährdete Gruppen
- Wirtschaftsleistung
- Wahl der Materialien
- Energie
- Essen und Getränke
- Gesundheit und Sicherheit am Arbeitsplatz
- Personalentwicklung und Schulung am Arbeitsplatz
- Illegale Drogen und Anti-Doping
- Indirekte wirtschaftliche Auswirkungen
- Marktauftritt
- Verhinderung der Nutzung verbotener Chemikalien
- Emissionsverminderung
- Artenvielfalt und Umweltschutz
- Ressourcenauslastung
- Sicherheitspraktiken
- Suchen und Beschaffen von Produkten und Dienstleistungen
- Transport und Logistik
- Wasser und Abwasserentsorgung
- Veranstaltungsorte
- Abfall
- Lärm

Nachhaltigkeitsindikatoren nach Wall und Behr

Wall und Behr (2010) haben ein Indikatorensystem für das Eventmanagement entwickelt und darin qualitative sowie quantitative Indikatoren berücksichtigt. Den nachhaltigen Kernzielen werden dabei abgeleitete Indikatoren zugeordnet, die in „Wirkungsindikatoren" und operative „Leistungsindikatoren" unterteilt werden. Wirkungsindikatoren beziehen sich auf die gewünschten Auswirkungen. Leistungsindikatoren beschreiben die Messgrößen zum Erreichen oder Nicht-Erreichen vorgegebener Ziele. Handlungsfelder des Indikatorensystems von Wall und Behr sind Wirtschaftlichkeit, Gesundheit und Sicherheit, nachhaltige Wertschöpfungskette, Ressourcennutzung, Emissionsreduzierung, Schutz des sozialen und natürlichen Umfeldes, Erfüllung der Ansprüche der Stakeholder, Kommunalentwicklung sowie Verbreitung und Erhöhung der Bildung.

Nachfolgend werden die Wirkungsindikatoren genannt und jeweils anschließend die zu berücksichtigenden Leistungsindikatoren aufgeführt:

- Wirtschaftlichkeit: Finanzen, Zufriedenstellung der Zielgruppe und finanzieller Unterstützer, Perspektiven des Events
- Gewährleistung von Gesundheit und Sicherheit: Sicherheit und Risiko, Arbeitsbedingungen/-sicherheit
- Nachhaltige Wertschöpfungskette: Produkte, Dienstleistungen, Energie, Wasser, Abfall
- Emissionsreduzierung: CO_2, Lärm, Sonstige gefährliche Emissionen
- Schutz des natürlichen und sozialen Umfelds: Veranstaltungsfläche und Biodiversität, Verkehr
- Erfüllung der Ansprüche der Stakeholder: Teilhabe der Anspruchsgruppen, Soziale Gemeinschaft, Lokale Kultur und Tradition
- Nachhaltige Kommunalentwicklung: Regional-wirtschaftliche Entwicklung, Lebensqualität, Perspektiven der Region, Infrastrukturentwicklung
- Verbreitung nachhaltiger Inhalte und Erhöhung der Bildung für eine nachhaltige Entwicklung: Information, Bewusstsein und Werte

GRI Event Organizers Sector Supplement (EOSS)
Das Indikatorensystem der Global Reporting Initiative (GRI) beschreibt Richtlinien welche Faktoren, in welcher Form gemessen werden können. Das Event Organizers Sector Supplement beschreibt hierbei branchenspezifische Indikatoren für Business Events, Sport und Kultur sowohl für einzelne Veranstaltungen als auch für das Veranstaltungsmanagement. Dabei wird der gesamte Planungszeitraum von der Initialisierung, über die Durchführung bis zur Nachbereitung abgebildet. Das Indikatorensystem ist unterteilt in die Handlungsfelder Economic, Environmental, Labor Practice and Decent Work, Society, Product Responsibility, Sourcing und Legacy. Darüber hinaus werden die Indikatoren unterteilt nach Wichtigkeit in Schlüsselindikatoren, Zusatzindikatoren und in Indikatoren, die nur für Branchenteile relevant sind. Es werden die nachfolgenden Indikatorengruppen erfasst (Globalreporting 2015):

- Ökonomische Leistungsindikatoren: Wirtschaftsleistung, Marktpräsenz, Indirekte wirtschaftliche Auswirkungen
- Ökologische Leistungsindikatoren: Material, Energie, Wasser, Biodiversität, Emission und Abfall, Produkte und Dienstleistungen, Transport, Generell
- Arbeitspraxis und menschenwürdige Beschäftigung: Beschäftigung, Anteil Arbeit und Management, Gesundheit- und Sicherheitsvorsorge, Fort- und Weiterbildung, Gleichberechtigung und Diversität, Gleichbezahlung

- Menschenrechte: Investitionen und Beschaffung, Nicht-Diskriminierung, Koalitions-freiheit, Kinderarbeit, Zwangs- und Pflichtarbeit, Sicherheitsübungen, Rechte von Ureinwohnern
- Gesellschaft: Lokales Gemeinwesen, Korruption, Öffentliche Ordnung, Wettbewerb, Einhaltung von Gesetzen, Inklusion
- Produktverantwortung: Gesundheit und Sicherheit, Kennzeichnung, Marketing, Kun-dendaten, Einhaltung, Essen und Trinken
- Vermittlung

7.5.3 Vergleich und Bewertung der Leitfäden und Indikatorensysteme

Mit den Checklisten, Ratgebern, Leitfäden, Indikatorensystemen, branchenspezifischen Normierungen und Standardisierungen liegen mittlerweile fundierte und aussagekräf-tige Bewertungssysteme vor, um ein nachhaltiges Veranstaltungsmanagement einzufüh-ren. Trotz einer generellen Akzeptanz von Nachhaltigkeitsthemen bestehen Vorbehalte und Widerstände, die zum Teil in der Struktur und den Besonderheiten der Branche begründet sind und sich zum Teil durch die bestehenden Marktbedingungen erklären las-sen. Angesichts der selbstorganisierten, auf Autonomie bedachten, erfahrungsgeprägten Akteure in der Veranstaltungsbranche sind Zertifizierungssysteme schon alleine durch das geringe Dokumentationsniveau wenig hilfreich. Die Akteure auf der Bühne des Ver-anstaltungsmanagements sind mit Instrumenten, die für hierarchisch geprägte, starre Organisationen entwickelt wurden, nur begrenzt erreichbar und zum Teil schlichtweg überfordert (Paul und Sakschewski 2012, S. 13). Denn in Teilbereichen der Veranstal-tungsbranche wie bei Event-Agenturen, veranstaltungstechnischen Dienstleistern, im weiterhin im großen Maße von Vereinen und Ehrenämtern geprägten Management von Sportveranstaltungen sowie in kleineren Kulturbetrieben existiert eine nur gering ausge-prägte Steuerungs- und Dokumentationskultur. Die erfolgreiche Umsetzung einer Ver-anstaltungsidee steht im Vordergrund. Jegliche Messung und Bewertung verlangt jedoch die periodische Erfassung von Ist-Werten mit zuvor definierten Kenngrößen.

Bei Spielstätten in Trägerschaft der öffentlichen Hand werden im Rahmen der not-wendigen haushaltsrechtlichen Transparenz relevante Kennzahlen ebenso regelmäßig erfasst wie bei Kongress- und Tagungszentren der MICE-Industrie. Bei Veranstaltun-gen wie Open-Air.Festivals, Volksfesten oder Events in besonderen Locations wer-den einzelne Indikatoren wie der Energie- und Wasserverbrauch oder die Abfallmenge erfasst, denn zumeist sind die veranstaltungsbezogenen Mengen bekannt und werden auch gegenüber den jeweiligen Dienstleistern bzw. Versorgern abgerechnet. Andere

Tab. 7.3 Übersicht und Einschätzung der Anwendbarkeit der Leitfäden und Indikatorensysteme. (Quelle: Eigene Darstellung in Anlehnung an Sakschewski 2016a, S. 106 f.)

Leitfaden/Indikatorensystem	Anwendbarkeit in der gesamten Veranstaltungsbranche	Welches Segment wird thematisiert	Hoher Praxisbezug, Einfache Anwendung	Handlungsfelder, die im besonderen Maße gewichtet werden	Grad der der Integration	Besonderheiten
Fairpflichtet	Ja	MICE Industrie	Nein; zu allgemein gültig	Kein	Gering	Selbstverpflichtungserklärung der Verbände EVVC und GCB
FAMAB	Nein	Messe- und Ausstellungsbau	Starker Praxisbezug	Treibhausgasemission, Kommunikation der Maßnahmen	Mittel	Aufteilung der Handlungsfelder in Innen- und Außenbetrachtung
Green Champions	Nein	Sportveranstaltungen	Ja	Abfall, Naturschutz und Landschaftspflege	Hoch	Maßnahmenbeschreibung entlang der Projektphasen
Green Globe	Eingeschränkt	MICE Industrie, Tourismus	Gering, hoher Abstraktionsgrad	Nachhaltigkeitsmanagement, Soziale und ökonomische Indikatoren	Hoch	Berücksichtigung des kulturellen Erbes
Green Meetings	Eingeschränkt	MICE Industrie	Ja	Wasser und Abfall	Gering	Kommunikationsmedium für Tagungs- und Kongresshotels
GRI Event Organizers Sector Supplement	Ja	Großveranstaltungen	Mittel	Gesellschaft und Produktverantwortung	Mittel	Auswahl an zusätzlichen Indikatoren und Indikatoren, die nur für Teilbereiche der Veranstaltungsbranche gültig sind

(Fortsetzung)

Tab. 7.3 (Fortsetzung)

Leitfaden/Indikatorensystem	Anwendbarkeit in der gesamten Veranstaltungsbranche	Welches Segment wird thematisiert	Hoher Praxisbezug, Einfache Anwendung	Handlungsfelder, die im besonderen Maße gewichtet werden	Grad der der Integration	Besonderheiten
ISO DIN 20.121	Ja	Keine Zuordnung	Nein	Kein	Hoch	Liste von ungewichteten Einzelmaßnahmen, Anpassung und Integration erfolgt durch Zertifizierungsstelle; umfassender Ansatz
Nachhaltigkeitsindikatoren nach Wall und Behr	Ja	Keine Zuordnung	Mittel	Soziale Faktoren	Mittel	Betonung des Prozesscharakters durch den ausdrücklichen Zusammenhang zwischen Wirkungs- und Leistungsindikatoren
Sound for Nature	Nein	Open Air Festivals	Ja	Camping, Lärm und Abfall	Gering	Checklisten als praktische Handreichung für Veranstalter
Umweltbundesamt	Nein	MICE Industrie	Ja	An- und Abreise, Kommunikation der Maßnahmen	Gering	Öffentliche Hand als Auftraggeber bzw. Veranstalter

Indikatoren jedoch wie die Kundenzufriedenheit oder die nachhaltige regionale Entwicklung werden nur selten systematisch dokumentiert.

Umfassende Indikatorensysteme wie Green Globe sind daher sehr gut anwendbar in der MICE-Industrie mit festen Häusern, einem hohen Anteil an fest angestellten Kräften und einem hohen Grad an integrierten Informations- und Kommunikationssystemen. Sollen umfassende Indikatorensysteme auf die gesamte Veranstaltungsbranche übertragen werden, ist eine unternehmens- bzw. veranstaltungsspezifische Adaption notwendig. Aber gerade diese verlangt nicht nur weitergehende fachliche Kenntnisse, sondern auch einen hohen Erfahrungsstand in Bezug auf die Praxistauglichkeit der einzelnen Indikatoren mithin also eine erfahrene und geschulte Führungskraft, die mit der Anpassung des Systems betraut wird. In der Tab. 7.3 werden die unterschiedlichen Ansätze abschließend miteinander verglichen.

Fragen/Aufgaben

1. Wie lauten die vier aktuellen nachhaltigkeitsbezogenen Themenfelder im Veranstaltungsmanagement?
2. Erläutern Sie die beiden unterschiedlichen Achsen der Diskussion zur Nachhaltigkeit.
3. Nennen Sie die Indikatoren des Green Globe.
4. Vergleichen und bewerten Sie die Schwerpunkte der Leitfäden „Sound for Nature" und „Green Meeting".

Literatur

Avery, W. H., & Soo, J. (2003). *Emergency/disaster guidelines and procedures for employees.* Toronto: CCH Canadian.

Bachmeier, P., Thomann, J., & Vosteen, D. (2015). *Veranstaltungssicherheit.* München: Landeshauptstadt München, Kreisverwaltungsreferat.

Bemmé, S.-O. (2011). *Kultur-Projektmanagement. Kultur- und Organisationsprojekte erfolgreich managen.* Wiesbaden: VS Verlag.

Bendixen, P. (2009). Kulturmanagement als Handwerk. In S. Bekmeier-Feuerhahn, et al. (Hrsg.), *Kulturmanagement und Kulturpolitik. Jahrbuch für Kulturmanagement 2009* (S. 169–186). Bielefeld: Transcript.

Berlonghi, A. (1993). Understanding and planning for different spectator crowds. In R. Smith & J. Dickie (Hrsg.), *Engineering for crowd safety* (S. 13–20). Amsterdam: Elsevier.

BfN. (2005). Sounds for Nature. Bundesamt für Naturschutz. http://soundsfornature.eu/wp-content/uploads/SfN_Leitfaden.pdf. Zugegriffen: 19. Apr. 2016.

BImSchG Gesetz zum Schutz vor schädlichen Umwelteinwirkungen durch Luftverunreinigungen, Geräusche, Erschütterungen und ähnliche Vorgänge (vom 15.03.1974 zuletzt geändert 26.07.2016).

BMU. (2007). *Green Champions für Sport und Umwelt.* Berlin: Bundesministerium für Umwelt, Naturschutz und Reaktorsicherheit.

Bürkle, S. (2013). *Szenografie einer Großstadt. Berlin als städtebauliche Bühne.* Berlin: parthas.

Chehimi, N. L. (2010). *Green Meetings. Eine Einführung in klimaneutrale Veranstaltungen.* Berlin: Uni-edition.

Chichilnisky, Graciela. (1996). An axiomatic approach to sustainable development. *Social Choice and Welfare, 13*(2), 231–257.

De Certeau, M. (1988). *Die Kunst des Handelns.* Berlin: Merve.

DIN EN 13200-1:2012-11: Zuschaueranlagen – Teil 1 Allgemeine Merkmale für Zuschauerplätze.

DIN EN 13200-7:2014-06: Zuschaueranlagen – Teil 7 Eingangs- und Ausgangsanlagen und Wege.

DIN ISO 20121:2013-04: Nachhaltiges – Anforderungen mit Anleitung zur Anwendung.

DIN ISO 26000: 2011-01: Leitfaden zur gesellschaftlichen Verantwortung.

Donald, I., & Canter, D. (1990). Behavioral aspects of the King's Cross under ground fire. In D. Canter (Hrsg.), *Fires and human behaviour* (2. Aufl., S. 15–30). London: Fulton.

Drury, J., & Reicher, S. (2010). Crowd control. *Scientific American Mind, 21,* 58–65.

Ebner, M. (2010). *Sicherheit in der Veranstaltungstechnik. Checklisten, Rechtsgrundlagen, Gefährdungsanalyse* (2. Aufl.). Berlin: Beuth.

Ebner, M. (2014). Aufbau und Gliederung eines Sicherheitskonzeptes. In S. Paul, et al. (Hrsg.), *Sicherheitskonzepte für Veranstaltungen* (2. Aufl., S. 104–134). Berlin: Beuth.

Fairpflichtet. (2016). Leitlinien der unternehmerischen Verantwortung für Nachhaltigkeit bei der Organisation und Durchführung von Veranstaltungen. http://www.fairpflichtet.de/de/information/leitlinien/. Zugegriffen: 20. Okt. 2016.

FAMAB (2015a). Nachhaltigkeit in unserer Branche. http://famab.de/fileadmin/user_upload/1.0_FAMAB/1.6_Nachhaltigkeit/Flyer_Nachhaltigkeit_2015.pdf. Stand: 10.07.2015.

FAMAB (2015b). Leitfaden zur Erstellung eines Nachhaltigkeitsberichts. http://famab.de/fileadmin/user_upload/1.0_FAMAB/1.6_Nachhaltigkeit/Nachhaltigkeitsleitfaden__deu_.pdf. Stand: 10.07.2015.

Foley, M., McGillivray, D., & McPherson, G. (2009). Policy, politics and sustainable events. In: R. Razaq & J. Musgrave (Hrsg.), *Event management and sustainability.* (S. 13–21).Wallingford: Cabi.

Freizeitlärmrichtlinie (2015). Freizeit-Lärmrichtlinie der LAI (vom 06.03.2015).

Fruin, J. J. (1993). The causes and prevention of crowd disasters. In R. A. Smith & J. F. Dickie (Hrsg.), *Engineering for crowd safety* (S. 99–108). Amsterdam: Elsevier.

FStrG Bundesfernstraßengesetz (vom 28. 06.2007, zuletzt geändert am 31.08.2015).

Globalreporting. (2015). GRI Standars. https://www.globalreporting.org/standards/gri-standards-download-center/#user-details. Zugegriffen: 19. Nov. 2016.

Görtzen, C., & Ritter, F. (2014). Brandschutztechnische Risikobewertung. In J. Schreiber (Hrsg.), *Sicherheit und Gefahrenabwehr bei Großveranstaltungen. Prävention und Reaktion als private und öffentliche Herausforderungen im Eventmanagement.* (2. Aufl., S. 113–138). Edewecht: Stumpf + Kossendey.

Granitzka, U. (2005). Aufgaben des Rettungs- und Sanitätsdienstes. In: H. Peter & K. Maurer (Hrsg.), *Gefahrenabwehr bei Großveranstaltungen* (S. 99–128). Edewecht: Stumpf + Kosserndey.

Granovetter, M. S. (1973). The strength of weak ties. *American Journal of Sociology, 78*(6), 1360–1380 (Mai).

Green Globe. (2015). Green globe. http://greenglobe.com/germany/membership/. Stand: 10.07.2015.

Griffin, K. A. (2009). Indicators and tools for management. In R. Razaq & J. Musgrave (Hrsg.), *Event management and sustainability* (S. 43–55). Wallingford: Cabi.

Große Ophoff, M. (Hrsg.). (2016). *Nachhaltiges Veranstaltungsmanagement. Green Meetings als Zukunftsperspektive der Veranstaltungsbranche.* München: Oekom.

Haacke, H., & Bourdieu, P. (1995). *Freier Austausch.* Frankfurt a. M.: Fischer.

Hanisch, R. (2013). *Das Ende des Projektmanagements. Wie Digital Natives die Führung übernehmen und Unternehmen verändern.* Wien: Linde.

Heinze, R. (2003). *All Area Access. Produktionsleitung in der Veranstaltungsbranche.* Bergkirchen: PPV.

Helbing, D. (1997). *Verkehrsdynamik: Neue physikalische Modellierungskonzepte*. Berlin: Springer.

HOAI Verordnung über die Honorare für Architekten- und Ingenieurleistungen (in der Fassung vom 10.07.2013, in Kraft getreten am 17.07.2013).

Hölscher, C., Büchner, S. J., Brösaml, M., Meilinger, T., & Strube, G. (2007). *Signs and maps – Cognitive economy in the use of external aids for indoor navigation*. Freiburg: Universität Freiburg.

HSE. (1999). *The event safety guide* (2. Aufl.). Richmond: The Office of Public Sector Information.

Ivm. (2007). *Leitfaden zum Veranstaltungsverkehr*. Frankfurt a. M.: Ivm.

Jestadt, M. (2010). Maßstäbe des Verwaltungshandelns. In H.-U. Erichsen & D. Ehlers. (Hrsg.), *Allgemeines Verwaltungsrecht* (14. Aufl., S. 329–379). Berlin: De Gruyter.

Klode, K. (2007). *Muster-Versammlungsstättenverordnung. Organisation von Versammlungsstätten nach MVStättV*. Berlin: Beuth.

Klode, K. (2014a). Eignung der Versammlungsstätte/des Open-Air-Geländes für die geplante Veranstaltung. In: S. Paul, et al. (Hrsg.), *Sicherheitskonzepte für Veranstaltungen* (2. Aufl., S. 156–169). Berlin: Beuth.

Klode, K., Paul, S., & Sakschewski, T. (2014). Wechselwirkungen zwischen Veranstaltungsplanung und Sicherheit. In S. Paul, et al. (Hrsg.), *Sicherheitskonzepte für Veranstaltungen* (2. Aufl., S. 221–242). Berlin: Beuth.

Kruse, L. (1975). Crowding: Dichte und Enge aus sozialpsychologischer Sicht. *Zeitschrift für Sozialpsychologie, 6*, 2–30.

LImSchG-Bln Landes-Immissionsschutzgesetz Berlin (vom 05.12.2005).

LImschG-NRW Gesetz um Schutz vor Luftverunreinigungen, Geräuschen und ähnlichen Umwelteinwirkungen (vom 18.03.1975).

Loo, C. M. (1972). The effects of spatial density on the social behavior of children. *Journal of Applied Social Psychology, 2*, 372–381.

Lucas, R., & Gross, A. (2007). *Eventkultur und Nachhaltigkeit – auf der Suche nach einem angemessenen Managementansatz*. Wuppertal: Institut für Klima, Umwelt, Energie.

Maurer, K. (2005a). Risikobewertung von Großveranstaltungen. In H. Peter & K. Maurer (Hrsg.), *Gefahrenabwehr von Großveranstaltungen* (S. 17–34). Edewecht: Stumpf und Kossendey.

Maurer, K. (2005b). Aufgaben im Brandschutz und in der technischen Leitung. In H. Peter & K. Maurer (Hrsg.), *Gefahrenabwehr von Großveranstaltungen* (S. 89–100). Edewecht: Stumpf und Kossendey.

MBO Musterbauordnung (in der Fassung vom 01.11.2002; zuletzt geändert am 21.09.2012).

Meyerbröker, P. (2011a). Agiles Projektmanagement – eine Einführung: Teil 1: Grundsätze und ihre Anwendung in der Praxis. *ProjektMagazin, 2011*(17), o. S.

Meyerbröker, P. (2011b). Agiles Projektmanagement – eine Einführung: Teil 2: Empfehlung für die Umsetzung. *ProjektMagazin, 2011*(18), o. S.

Moussaïd, M., Perozo, N., Garnier, S., Helbing, D., & Theraulaz, G. (2010). The walking behaviour of pedestrian social groups and its impact on crowd dynamics. *PLOS ONE, 5*(4), e10047.

Müller, T., & Gross, B. (2011). Agile Methoden im traditionellen Projektmanagement-Umfeld einsetzen, *ProjektMagazin, 2011*(10), o. S.

MVStättVO Muster-Versammlungsstättenverordnung. Musterverordnung über den Bau und Betrieb von Versammlungsstätten. Fassung Juni 2005 (zuletzt geändert durch Beschluss der Fachkommission Bauaufsicht vom Juli 2014).

Oberhagemann, D. (2012). Statische und dynamische Personendichten bei Großveranstaltungen. TB13-01. Altenberge: vfdb. http://www.vfdb.de/download/TB_13_01_Grossveranstaltungen.pdf. Zugegriffen: 15. Nov. 2016.

Paul, S., & Sakschewski, T. (2012). *Wissensmanagement für die Veranstaltungsbranche – Besonderheiten, Barrieren und Lösungsansätze*. Wiesbaden: Springer Gabler.

Paul, S., & Sakschewski, T. (2014a). Informationsmanagement. In S. Paul, et al. (Hrsg.), *Sicherheitskonzepte für Veranstaltungen* (2. Aufl., S. 243–269). Berlin: Beuth.

Paul, S., & Sakschewski, T. (2014b). Umsetzung des Sicherheitskonzepts während der Veranstaltung durch Sicherheits- und Ordnungsdienste. In S. Paul, et al. (Hrsg.), *Sicherheitskonzepte für Veranstaltungen* (2. Aufl., S. 199–208). Berlin: Beuth.

Paul, S., & Sakschewski, T. (2014c). Typologisierung von Veranstaltungen. In S. Paul, et al. (Hrsg.), *Sicherheitskonzepte für Veranstaltungen* (2. Aufl., S. 7–70). Berlin: Beuth.

PDV 100: Polizeidienstvorschrift (PDV) 100 „Führung und Einsatz der Polizei" (vom 11.11.1999).

Peacock, R. D., Hoskins, B. L., & Kuligowski, E. D. (2011). Overall and local movement speeds during fire drill evacuations in buildings up to 31 stories. In R. D. Peacock, E. D. Kuligowski, & J. D. Averill (Hrsg.), *Pedestrian and evacuation dynamics* (S. 25–36). New York: Springer.

Peters, S. (2012). Selbstorganisation und Projektmanagement unter den Bedingungen zunehmender Komplexität. In S. Böhle & S. Busch (Hrsg.), *Management von Ungewissheit. Neue Ansätze jenseits von Kontrolle und Ohnmacht* (S. 137–176). Bielefeld: Transcript.

Prawo budowlane (Fassung vom 07.07.1994, zuletzt geändert am 12.04.2002).

Pröper, N. (2012). *Agile Techniken für klassisches Projektmanagement. Qualifizierung zum PMI-ACP.* mitp: Qualifizierung zum PMI-ACP.

RAS-Q: Richtlinien für die Anlage von Straßen (RAS) – Teil: Querschnitte (Ausgabe 1996).

Reicher, S. (1982). The determination of collective behaviour. In H. Tajfel (Hrsg.), *Social identity and intergroup relations* (S. 41–84). New York: Cambridge University Press.

Reicher, S. (1996). The battle of Westminster: Developing the social identity model of crowd behaviour in order to deal with the initiation and development of collective conflict. *European Journal of Social Psychology, 26,* 115–134.

Reicher, S., & Levine, M. (1994). On the consequences of deindividuation manipulations for the strategic communication of self: Identifiability and the presentation of social identity. *European Journal of Social Psychology, 24,* 511–524.

Reiser, D., & Scherle, N. (2014). Green events. In U. Eisermann, L. Winnen, & A. Wrobel (Hrsg.), *Praxisorientiertes Eventmanagement. Events erfolgreich planen, umsetzen und bewerten* (S. 320–333). Heidelberg: Springer.

Richter, N., & Maier, M. (2011). Kreativität, Organisation und Management. In Bekmeier-Feuerhahn, et al. (Hrsg.), *Kulturmanagement und Kulturpolitik. Jahrbuch für Kulturmanagement 2011* (S. 285–303). Bielefeld: Transcript.

Risch, M., & Kerst, A. (2011). *Eventrecht kompakt* (2. Aufl.). Heidelberg: Springer.

Roelecke, C., & Ritter, F. (2014). Verkehrssicherheit. In J. Schreiber (Hrsg.), *Sicherheit und Gefahrenabwehr bei Großveranstaltungen. Prävention und Reaktion als private und öffentliche Herausforderungen im Eventmanagement* (2. Aufl., S. 145–171). Edewecht: Stumpf + Kossendey.

Rübner, W., & Wünsch, U. (2009). *Professionelles Projektmanagement in Kultur und Event: Baupläner, Methoden, Kompetenzen und Werkzeuge.* Göttingen: Business Village.

Rutley, J. A. (1997). *Security in event operations.* Washington: International Festivals an Event Association.

Sakschewski, T. (2016a). Das Projekt planen – Mit agilen Methoden kreative Prozesse steuern. In C. Baumgarth & B. Sandberg (Hrsg.), *Handbuch Kunst-Unternehmens-Kooperationen* (S. 349–364). Bielefeld: Transcript.

Sakschewski, T. (2016b). Best Practice der Kommunen. In Sakschewski, et al. (Hrsg.), *Sicherheitskonzepte für Veranstaltungen – Best Practices. Beispiele und Lösungen* (S. 52–70). Berlin: Beuth.

Sakschewski, T., & Paul, S. (2016). Glossar. In Sakschewski, et al. (Hrsg.), *Sicherheitskonzepte für Veranstaltungen – Best Practices. Beispiele und Lösungen* (S. 254–275). Berlin: Beuth.

Sakschewski, T., & Winkler, F. (2013). Cloud-Computing: Vor- und Nachteile verschiedener Systeme bei der Veranstaltungsplanung. *Bühnentechnische Rundschau 3*(13), 38–41.

Schultze, M., & König, J. (2016). Bedeutung Nachhaltigkeit in der Veranstaltungsbranche und fairpflichtet als soziale Gemeinschaftskunst. In M. Große Ophoff (Hrsg.), *Nachhaltiges Veranstaltungsmanagement. Green Meetings als Zukunftsperspektive der Veranstaltungsbranche* (S. 33–44). München: Oekom.

Schulz von Thun, F. (2008). *Miteinander reden. Band 1: Störungen und Klärungen.* Hamburg: Rowohlt.

Shannon, B. C. (1948). A mathematical theory of communication. *The Bell System Technical Journal, 27,* 379–423, 623–656.

Shone, A., & Parry, B. (2013). *Successful event management. A practical handbook* (4. Aufl.). Cheriton House: Cengage Learning EMEA.

Sondernutzungen in Berlin Mitte. (2015). http://www.berlin.de/ba-mitte/politik-und-verwaltung/aemter/strassen-und-gruenflaechenamt/strassenverwaltung/festlegungen_genehmigung_sondernutzungen_06_2015.pdf. Zugegriffen: 19. Nov. 2016.

Spieß, E. (2004). Kooperation und Konflikt. In H. Schuler (Hrsg.), *Organisationspsychologie – Gruppe und Organisation* (S. 193–250). Göttingen: Hogrefe.

Streich, R., & Brennholt, J. (2012). Kommunikation in Projekten. In M. Wastian, I. Braumandl, & L. von Rosenstiel (Hrsg.), *Angewandte Psychologie für das Projektmanagement* (2. Aufl., S. 61–82). Heidelberg: Springer.

Streitz, W. (2012). *Untersuchung von Kommunikations- und Koordinationsstrategien für ein Integratives Massenmanagement.* Kiel: KFS.

StVO Straßenverkehrs-Ordnung (StVO) (vom 06.03.2013).

TA–Lärm Technische Anleitung zum Schutz gegen Lärm (vom 26.08.1998).

Tajfel, H. (1974). Social identity and intergroup behaviour. *Social Science Information, 13,* 65–93.

Teichert, O. (2010). *Dokumentation zum Agenda-Workshop zur Fortschreibung des Programms „Forschung für die zivile Sicherheit – Herausforderungen der staatlichen Sicherheitsvorsorge".* Bonn: Bundesministerium für Bildung und Forschung.

Tietz, K. D. (2005). Aufgaben der Polizei. In H. Peter & K. Maurer (Hrsg.), *Gefahrenabwehr bei Großveranstaltungen* (S. 141–163). Edewecht: Stumpf + Kossendey.

Turner, J. C. (1982). Towards cognitive redefinition of the social group. In H. Tajfel (Hrsg.), *Social identity and intergroup relations* (S. 15–40). New York: Cambridge University Press.

Turner, R. H., & Killian, L. M. (1972). *Collective behaviour.* Englewood Cliffs: Prentice Hall.

Umweltbundesamt. (2014). Leitfaden für die Nachhaltige Organisation von Veranstaltungen. http://www.umweltbundesamt.de/sites/default/files/medien/378/publikationen/leitfaden_fuer_die_nachhaltige_organisation_von_veranstaltungen.pdf. Stand: 14.07.2015.

VABEG. (2010). *Grundsätze und Leitfaden für sichere Veranstaltungen, Versammlungsstätten, Feste und Festivals jeglicher Art im Gebäude oder im Freien.* Donauwörth: VABEG.

VwV-StVO Allgemeine Verwaltungsvorschrift zur Straßenverkehrs-Ordnung (vom 26.01.2001, in der Fassung vom 22.09.2015).

VwVfG Verwaltungsverfahrensgesetz (vom 23. Januar 2003, zuletzt geändert durch Artikel 20 des Gesetzes vom 18. Juli 2016).

Vyhláška 15/2003 (Fassung vom 01.08.2003).

Walkenhorst, H. (2013). *Sicherheitskonzepte.* Köln: FeuerTrutz.

Wall, A., & Behr, F. (2010). Ein Ansatz zur Messung von Nachhaltigkeit von Events. Lüneburg: Leuphania. http://www2.leuphana.de/umanagement/csm/content/nama/downloads/download_publikationen/Wall_Behr_Ein_Ansatz_zur_Messung_der_Nachhaltigkeit_von_Events.pdf. Stand: 14.07.2015.

Weidmann, U. (1992). *Transporttechnik der Fußgänger Transporttechnische Eigenschaften des Fussgängerverkehrs.* Zürich: ETH.

Wiener Veranstaltungsstättengesetz (Fassung 29.01.1971, zuletzt geändert am 31.07.2013).

Wünsch, U. (2012). *Event als Interaktion und Inszenierung. Ein Beitrag zu Theorie und Praxis der Medienästhetik.* Berlin: uni-edition.

Sachverzeichnis

© Springer Fachmedien Wiesbaden GmbH 2017
T. Sakschewski und S. Paul, *Veranstaltungsmanagement*,
DOI 10.1007/978-3-658-16899-5

The manufacturer's authorised representative in the EU is Springer
Nature Customer Service Centre GmbH, Europaplatz 3, 69115 Heidelberg,
Germany. If you have any concerns regarding our products, please
contact ProductSafety@springernature.com

Printed and bound by CPI Group (UK) Ltd, Croydon, CR0 4YY
27/04/2026
02097652-0014